美国社会
隐性教育研究

陈志章 著

中国社会科学出版社

图书在版编目(CIP)数据

美国社会隐性教育研究/陈志章著. —北京：中国社会科学
出版社，2017. 12
ISBN 978 - 7 - 5203 - 1264 - 6

Ⅰ. ①美… Ⅱ. ①陈… Ⅲ. ①社会教育—研究—美国
Ⅳ. ①G779. 712

中国版本图书馆 CIP 数据核字（2017）第 261082 号

出 版 人　赵剑英
责任编辑　陈肖静
责任校对　韩海超
责任印制　戴　宽

出　　　版　中国社会科学出版社
社　　　址　北京鼓楼西大街甲 158 号
邮　　　编　100720
网　　　址　http://www.csspw.cn
发 行 部　010 - 84083685
门 市 部　010 - 84029450
经　　　销　新华书店及其他书店

印　　　刷　北京明恒达印务有限公司
装　　　订　廊坊市广阳区广增装订厂
版　　　次　2017 年 12 月第 1 版
印　　　次　2017 年 12 月第 1 次印刷

开　　　本　710×1000　1/16
印　　　张　23.25
插　　　页　2
字　　　数　348 千字
定　　　价　99.00 元

目　录

前言　行千里路,读万卷书

　　行千里路，读万卷书。我认为，行千里路胜过读万卷书。读书是学习的重要方面，而在异国文化中的亲身体验更是重要。正如古语所言："人不登高山，不知天之高也；不临深溪，不知地之厚也。"

　　所见胜于所闻。华盛顿儿童博物馆的格言："我听到了，就忘记了；我看见了，就记住了；我做过了，就理解了。"（I hear and I forget. I see and I remember. I do and I understand.）也就是孔子格言的真谛："吾听吾忘，吾见吾记，吾做吾悟!"研究表明，通过听和看，能记住不到 20%；但亲身经历的事儿，我们却能记住 80% 以上。

　　美国各地特点不一，区域差异性很大，风土习惯也有很大不同。美国文化遍布世界各地，自然有它的独特性。要想了解美国，途径很多，离开家门走向社会，与人交流，体验社会与生活，亲身经历亲眼所见，自然是一条不错的途径。

　　第一次到美国时，主要居住在得州农工大学，其他地方去得少，又加上不到一年的时间，自然无法真正了解美国。第二次去美国时，待在得州二十多天，自由出行二十多天，在一个城市待上几天，乘坐公交、步行、观光拍照、与人交流。到这个城市之前，提前订好宾馆，到达后买张公交卡，每天乘坐公共交通出行，边走边看边聊，时刻拍照，不懂就问，实在是一种不错的体验，只是感到匆匆忙忙，仅是局部片面地了解美国。比如说起休斯敦，许多华人认为就是一个很小很小的市中心。实际上，许多人对"市中心"（downtown）一词的理解有偏差。休斯敦高楼林立的地方是市中心的核心区域，周边十几公里的地方也是市中心。在休斯敦的五天，我较多地了解了这座城市，和五年前偶尔到机场、唐人街、火箭队主赛场等的经历完全不一样。

总体感觉是，美国的教育铺天盖地，是家庭、学校和社会三位一体的教育，是通力合作的教育。如果说学校教育侧重于专业知识和做人的双重教育，那么社会教育则侧重于潜移默化的教育，通过遍地的公共设施及文化载体，如教堂、国家公园及州市公园、博物馆、艺术馆、展览馆、图书馆、雕塑、纪念碑、媒体、货币等，时刻宣扬着美国的自然、历史和文化，通过隐性途径对公民进行教育，潜移默化的特点特别突出，非常重要。记得爱因斯坦说过，什么是教育？教育是忘掉学校所学剩下的东西。你没有意识到受教育而它却深入人心，润物细无声，才是非常重要的。这样被"洗脑"了，是很难再回归原样的。

一　古董店、博物馆是不二选择

要想了解一个城市、一个小镇的地方文化，闲逛古董店，参观当地的博物馆，是绝佳的途径。

古董（antique）一词在美国人和中国人心目中的概念也许有所不同。美国人愿意保存具有历史意义的东西，也许是因为美国的历史短暂，是相对新兴的国家，更应该存旧而怀古吧。

院子里一辆破汽车趴在那里，风吹日晒，有什么意义？然而美国人仿佛把它当作旧日的好时光、好友一样看待它，有它的存在，就有往日的记忆。

得州的一个小镇叫 Chappel Hill（注：不是 Chapel Hill，位于北卡罗来纳州），几十家店铺的样子，你会找到一个"古董"店，琳琅满目的物品，满是得州历史和地方的特色。再如在得州布莱恩市的一个古董店，简直就是一个小型博物馆。我买了一本 20 世纪 60 年代的杂志，是有关肯尼迪总统被枪杀的话题。当时并没有仔细阅读，近期找出来再读时发现是 1963 年 12 月的《邮报》（*Post*），封面是已故的美国第 35 任总统约翰·肯尼迪，里面有一篇第 34 任总统艾森豪威尔写的文章《总

美国社会隐性教育研究

统职位易手时》（*When the Highest Office Changes Hands*），对于总统的安全保障、职权过渡等提出了自己的看法和建议。杂志的另外一个主题是枪杀过程以及经典图片，还有新任总统约翰逊的情况，退役总统对白宫的大力支持，等等。

肯尼迪说过："以我自己的经验看，我知道在很多地方和各行各业频繁接触公民，一直都是新知识的来源，灵感的来源，精力恢复的来源。"（In my own experience I know that frequent contact with citizens in many localities and walks of life always has been a source of new knowledge, of inspiration, of refreshment of purpose. ）[1]

在他任职期间，平均每周有 250 封信是来自狂想家（crackpot）。

杂志最后一页的上部是肯尼迪家人参加葬礼的黑白照片，幼小的儿子举手行礼，约翰的两个弟弟站在杰奎琳的两边。照片下面是桂冠诗人埃德温·马卡姆（Edwin Markham，1852—1940）的诗歌，这首诗歌在当年林肯总统被枪杀时也曾被刊物引用过：

> 他在旋风中倒下了，
> 倒下时，就如一棵神圣的雪松，叶绿繁茂
> 倒下时，山川传来一声巨响
> 留下了孤独凄凉的空地，应对天空。
>
> （And when he fell in whirlwind, he went down/As when a lordly cedar, green with boughs, /Goes down with a great shout upon the hills, /And leave a lonesome place against the sky. ）[2]

我还淘到一本 1975 年 12 月的《时代周刊》，封面是修女特蕾莎（Mother Teresa）的照片。

我还花了几十美元买了一个 1986 年生产的纪念盘子（见下图）：较远处是一个带有露台、白柱的住房，一位着白色衣裙的女士静静地观

---

[1]　Steward Alsop, "The New President", *Post*, December 14, 1963, p. 22.

[2]　Ibid. , p. 84.

望，仿佛在注视着这边的一举一动。草坪上狗、鹅、鸭在觅食。左边是身着方格墨绿色西装西裤的男士斜倚着马车，这是美国西进运动时期典型的马车；右腿直立，左腿休闲地搭在右腿前面，他右手握拳抵在腰上，手中还握着一个鸡毛掸子模样的东西，左手轻轻地握着一位女士的右手，面对面，表情庄重，情意浓厚。女士头戴白色低矮的礼帽，帽子前面有花饰，绿黄相间的丝带把帽子笼在头上，在腭下打了一个漂亮的花结；白色丝绸面料的上衣，微微隆起的胸脯，橙色的长裙几近触地，左手手腕上挎着一个桶状的包包，包带也是黄绿相间；手中握着一把长柄遮阳伞，伞布是深绿色的。

通过查询，了解到这个盘子是莫特·孔斯特勒（Mort Kunstler）的作品，莫特生于1931年，是位美国艺术家。他分别在布鲁克林大学、加州大学洛杉矶分校以及普瑞特艺术学院学习艺术，毕业后在纽约工作，成为一名自由插画家。他最钟爱的主题是战争、冒险、女人等。他以"俄克拉荷马州"（Oklahoma）为主题，创作了一些作品。

这个盘子是为了纪念20世纪40年代的歌曲"I Cain't Say No"（《我不能说不》），歌词大意是一个乡村姑娘，爱上了一个小伙子，深陷爱情不能自拔，姑娘唱道"一个小伙强吻姑娘时，我知道她该给他一巴掌！但有人亲吻我的那当儿，我有点想再亲吻他"。（When a person tries to kiss a girl, I know she oughta give his face a smack! But as soon as someone kisses me, I somehow sorta want to kiss him back!）

这首歌被 1955 年上映的电影《俄克拉荷马》选用，电影描述了一位牛仔男子爱上乡村姑娘的故事。电影获得两项奥斯卡金像奖，一是最佳原创歌曲奖，二是最佳音响奖。

歌曲是由奥斯卡·汉默斯坦创作的。奥斯卡（Oscar Hammerstein Ⅱ，1895—1960），美国著名音乐人、歌词作家、音乐剧制片人、导演，曾同理查德·罗杰斯合作，两次获得奥斯卡最佳原创歌曲奖。他的祖父是美籍犹太人作曲家。

大家都熟知电影《音乐之声》获得奥斯卡最佳影片奖，其享誉全球的插曲《雪绒花》就是奥斯卡·汉默斯坦的作品，而且是他的遗作。时代广场通过熄灯一分钟、伦敦西区①通过减弱灯光来纪念他。

通过这个例子，可以看出一个小小的盘子竟然含有这么丰富的内容，对于英语学习和文化理解都有很大的帮助。

二 深入生活才能更好地了解美国

如果到纽约、华盛顿、波士顿、费城、洛杉矶等大都市待上一天半天，而没有融入当地人的生活是很难了解这个城市的真实面貌的。

到一个城市住下来，带着好奇和问题，与当地人交流，以小学生的态度，虚心地询问，才能真正地学习。

1. 建议乘坐公交游览城市

购买一张当地的公交卡，这样可以多次乘坐公交车，不仅方便，而且实惠。公交卡的画面设计也是多彩多姿的，是一个很好的纪念品。我

---

① 伦敦西区（West End）与纽约百老汇（Broadway），是齐名的世界两大戏剧中心。伦敦西区有限的区域内集中了 40 多家剧院，为英国戏剧界的代称。纽约百老汇为美国戏剧运动的同义词，也是美国现代歌舞艺术、美国娱乐业的代名词。中心地带在第 42 街"时代广场"附近，周围云集了几十家剧院。

在加州洛杉矶市暂住了几天，去买公交卡时，一位热心的本地居民领着我，东转西转，走了很远的路，其间的交流是很好的学习，他的热情助人也令人感动。之后，我一大早出发，晚上回到宾馆，一天在外 10 多个小时，博物馆、商店是我的首选，就是问路也能看出美国人的态度。有时，1 个多小时的公交就是一部很好的"电影"，上上下下的乘客是不同肤色的"演员"。在高峰期，你也看得到人山人海的场面，也为大都市的拥挤而庆幸自己幸福地生活在一个中小城市。

2. 建议购买景点一卡通

美国各大城市都销售一卡通，可以帮助你更好地参观博物馆等地。比如，在休斯敦，如果要参观博物馆、动物园等，可以购买一张城市旅游一卡通，50 美元让你参观票值近 200 美元的景点，便捷、实惠。

罗马不是一日建成的。文化的积累需要过程和时间，需要一点一滴天长地久地积累。美国的教育是显性和隐性的结合，是全方位的立体综合教育。有人比喻说美国的教育是野生放养，是自由自在的野生成长，这并不为过。潜移默化和润物细无声是一大特点，也是非常值得我们学习的。

另外，在研究美国国家公园、博物馆、艺术馆等社会、经济、管理、教育、艺术诸多领域的问题时，会感到知识面的局限性带来的不便。在写作过程中，深得多位教授的大力支持，文学院教授刘家忠，经济管理学院教授王广起，外国语学院教授韩泽亭、王智玲，生物与农业工程学院教授曹慧等在校阅、建议、讨论时，付出了大量的心血，我无法言谢，且当作隐性教育的一种方式默默地记在心里，努力做好教育事业。本研究也得益于省教育厅资助的出国访学项目，受益于省社会科学规划研究项目"构建多元化双向度的大学英语评价体系"和省教育科学"十二五"规划课题"大学英语后续课程 ESP 体系建设研究"等项目的支持。

我们要时刻充满问题意识，不管走到哪里都要带着问题，仔细观察异国文化，同时比较本民族文化，才能更好地了解异国异族文化，才能做到取其精华，弃其糟粕，为我所用，振兴民族，强我中华。

上篇　美国隐性教育概述及实施路径

第一节　美国隐性教育概述

美国重视教育，同时非常重视隐性教育，让人耳濡目染中接受教育。比尔·盖茨曾说，没有伟大的教育就不可能有同等的机会。

隐性教育（Implicit Education；Hidden Education）是相对于显性教育而言的。显性教育是指正规的课堂教育，有一定的计划性，教育方式一般以灌输为主，具有一定的直接性、公开性和略带强制性。在显性的思想政治教育中，教育者以直接感知的内容和形式对受教育者进行直接的教育，如说教、会议、政论课、思想灌输等。这种方式具有一定程度的负面作用，久而久之会让受教育者产生一种厌烦甚至敌对的情绪，感觉教育者在"说教"。

隐性教育不同于显性教育，是指受教育者没有受到教育者基于具体明确的教学目的而实施的各种教育措施，而是仅凭自身对周围的人、事、物、景的感知、熏陶、认同、欣赏，进而被感染。教育方式往往是寓教于乐、喜闻乐见、方式多样、潜移默化，受教者不知不觉地接受了教育。隐性方式有利于受教育者主动、自觉地接受内容和思想，是心服口服地接受教育，内化于心，外化于行，润物细无声地融入自我认识和价值观念中去，对今后的人生起着关键的指导作用。

国外有实验证明，相对于显性教育，隐性教育能更好地克服受教育者的逆反心理和对抗意识，使其更好地接受教育。它与显性教育一起完成教育目标，即培养完整的人格。显性教育主要构成人才的骨骼框架，隐性教育主要构成人才的灵魂血肉，两者共同完成培养全面发展的"全人"之目的。

本节主要内容有以下三个方面：美国早期教育及隐性教育回顾；美国隐性教育的现状与特色；研究美国隐性教育的意义。

一　美国早期教育及隐性教育回顾

从早期教育来看，教育要追溯到古罗马的大师级人物柏拉图、亚里士多德等。柏拉图的教育思想中已经包含了大量丰富的隐性教育思想。亚里士多德的教育思想也具有深远的影响，他的自然教育、自由教育与和谐教育思想对隐性教育都产生了很大影响。

从近代教育来看，隐性教育可以追溯到杜威（John Dewey，1859—1952）等早期的现代教育学家。按照杜威的教育思想，学生不仅能取得正式学习的结果，而且可以"无意地"获得理念、情感、意志、兴趣、动机等意料之外的效果，对研究素质教育具有重要意义。

杜威详细分析了环境的渗透作用，他说："在野蛮的未开化的社会，这种直接的参与（环境的无意识的影响），几乎成为教育青年的唯一影响，使他们获得群体的习俗和信仰。"①

另一位著名的教育家、杜威的学生克伯屈（W. H. Kilpatrick，1871—1965）提出了"主学习"（primary learning）、"副学习"（associate learning）和"附学习"（concomitant learning）理论，对于隐性教育的实施具有重大的意义。"主学习"指的是对事物的直接学习；"副学习"指的是伴随"主学习"的关联学习；"附学习"则指的是伴随学习而获得的有关情感、态度等方面的学习，是隐性地获得教育。

20 世纪初，美国课程论先驱博比特（John F. Bobbitt，1876—卒年不详）是科学化课程理论的奠基者和开创者，其研究涉及了"隐性课

---

① 谭艳芳：《现代思想政治教育环境与方法论》，《人民论坛》2009 年 1 月。

程"及相关研究，认为教育的基本职责是为 50 年的成人生活做准备。美国视听教育创始人查特斯（W. W. Charters，1875—1952），最早提出教育工程学思想，将人类生活作为教育的主要目标。

沃勒（Willard W. Waller，1899—1945）于 1932 年在其著作《教学社会学》（*The Sociology of Teaching*）中提出了学校文化（School Culture）的概念。美国教育评价之父拉尔夫·泰勒（Ralph Tyler，1902—1994），在他 80 岁的时候，游历全国，给教师和管理人员提供关于如何在各自学校确立开展最佳教学目标的建议。

20 世纪 60 年代，美国的隐性课程教育得以迅猛发展。1968 年，美国教育家杰克逊（Philip W. Jackson，1928—　　）在其著作《课堂中的生活》（*Life in Classroom*）中首次提出隐性课程（Hidden Curriculum）这一概念。学生不仅要接受读、写等技能方面的知识，而且要获得态度、动机、价值和其他心理成长方面的知识。1970 年，美国学者 N. V. 奥渥勒（生平不详）明确了隐性教育课程的概念，用以与学校中的显性课程相区别，也进一步明确了隐性教育的具体要求。美国学者沃伦斯（Elizabeth Vallance，生平不详）将隐性课程的研究归纳为三个层次。

20 世纪 70 年代，社会行动德育模式兴起。美国教育家弗雷德·纽曼（Fred Newman，1935—2011）等把社区服务作为公民教育的一种方式。1972 年，布卢姆（Benjamin Bloom，1913—1999）在其著作《教育学的无知》（*Innocence in Education*）中使用了显性课程和隐性课程概念，并指出历来的课程研究忽视了隐性课程。

美国学者托马斯·里克纳（Thomas Liekona，生平不详）提出了 12 条品格策略，包括在教室里创建一个道德社区、实施道德纪律、创建民主的教室环境、培养教室外的关系等。1991 年他出版著作《为品格而教：我们的学校怎样教授尊敬和责任》，为隐性教育提供了现实的隐性途径，包括营造校园道德文化气氛、课程教育、民主模式的课堂生活、故事讨论法及角色模拟训练等。

二　美国隐性教育的现状与特色

美国的隐性教育是三位一体的教育，是家庭、学校和社会的密切配合、综合教育。

1. 家庭教育

美国的家庭教育注重三点：自主意识、民主意识、经济意识。

美国的孩子个个自信十足、自律性强。

我曾与一位有4个孩子的美国白人交流，他说从小让孩子学会"谦让、和解或妥协"（compromise）。不能因为你喜欢吃薯条，今天家里一定要准备薯条，从小学会和兄弟姐妹相处，该妥协就妥协。

我到过得州大学城郊区的一户人家做客。9年前，他们花了4万美元买下了6英亩地皮，约合24000多平方米（每平方米约1.6美元）。

院子里有好多孩子玩的东西，如马蹄铁、小橄榄球。由石头围起来的篝火，大人、孩子来烤热狗。有的用铁叉子，有的用竹签，围成一圈，互不干扰。

饭后，大人、孩子都坐上长长的拖车，用草垛当座位，称为hayride（乘坐铺有干草的大车郊游），主要庆祝秋天的丰收。主人Bruce驾驶着拖拉机，伴着月光穿梭在乡间道路上。夜非常静，拖拉机不是我们心目中的形象，几乎没有"突突"的声音，有的只是大家有说有笑，好不开心。

美国社会是以赞扬为主的国家，处处洋溢着赞美的话语。一说话就笑，满是阳光灿烂的面容。特别是在拍照时，一定要笑露牙齿，令人很舒服。在狗狗主人那里，你表扬一下他的小狗，他们非要小狗做几个炫示的动作不可。

家长的付出是孩子成长的关键。

大家看过电影《阿甘正传》，阿甘的智商低下、身体残疾，受人歧视，被拒入学，母亲不惜一切代价让他进入公立学校，而不是特殊学校。对于路人的白眼，母亲一直鼓励儿子结交朋友，让阿甘感到自己是个正常人，从猫王那里学习舞蹈。最终，阿甘大学顺利毕业，参加典礼的母亲流下了热泪。

得州达拉斯市有一个男孩叫科迪·麦卡斯兰（Cody McCasland，2002— ）生下来就先天残疾，两腿没有胫骨。15个月大时做了截肢手术，到 14 岁时，已经做了超过 25 次外科手术。2004 年美国人为他及医院专门创建了募捐网站"Team Cody"，该网站收到各方直接捐款 20 多万美元，还有许多间接捐助。

截肢位置在膝盖以上，因此腿部弯曲非常不方便。然而科迪乐观向上、吃苦耐劳、从不言弃、勤奋锻炼。现在，戴上假肢的科迪不仅可以走路、跑步，还可以游泳、踢足球、打高尔夫球、打冰球、练空手道，他甚至还加入了童子军，练习攀岩。父母每年带他参加"奋勇前进运动会"（Endeavor Games），这是国际上为残疾儿童举行的运动会。他的梦想是参加残奥会拿到金牌。

科迪乐观的精神和坚强的毅力鼓舞了许多美国人，一些在伊拉克或阿富汗战场上受伤截肢的美国大兵将科迪视为他们眼中的小英雄。他的成绩和成就离不开父母的爱和训练，可以想象科迪的父母要比其他人付出更多的努力。

付出和鼓励是父母的责任。然而，大多数父母是孩子严厉的老师。说"不"时，毫不含糊，绝对不会溺爱孩子。还有的父母专门在家教育孩子，这就是所谓的"家庭学校"，不接受公立学校的教育，他们认为学校教育速度较慢，不利于孩子的成长。

2. 学校教育

学校的教育突出了隐性教育，学校的隐性教育主要通过设置综合的哲学社会科学课程、开展社会实践活动等方式进行隐性教育。

1）发挥哲学社会科学的"渗透作用"进行隐性思想教育

学校把思想政治理论课和哲学社会科学课程相融合，利用历史资料、民间传说、经典故事、名人传记等来给学生进行教育，形象生动的讲述无形中培养了受教育者的爱国主义和民族精神。

美国研究者在对学生使用的近百本教材研究中发现，这些教材都是在向学生展示一个"伟大、强盛、民主、自由的美国"。

广泛阅读名著也是进行隐性教育的重要途径。

美国的历史虽然短暂，但是美国人不忘自己的历史，通过各种途径传授历史知识，宣扬历史精神，培养公民的历史感。历史课自然发挥主要作用，是对孩子进行历史教育的主要途径。课本图文并茂、栩栩如生，而且特别重视成就史和苦难史的教育。比如，四年级的历史课，老师给学生布置的作业是：查找资料，从任何一个或多个方面讲述你的祖国。这个作业全部由孩子独立完成，老师教育他们无论身在何方，都要心系自己的国家。然后在课堂上向全班同学做这个题目的汇报，通过这种方式学生不仅提高了表达能力，也提高了自豪感和自信心。

2）建设校园文化体系进行隐性教育

校园文化是隐性教育的一个重要方式。优美的校园环境，先进的实验室，安静的图书馆、纪念馆，教师的示范等，都是隐性教育的资源。

马克思说过："人创造环境，同样，环境也创造人。"整个校园，就是思想品德教育的大课堂。

漫步校园，嫩绿的草地、鲜艳的花朵、常青的苍松翠柏、醉人的假山湖泊、典雅的亭台楼榭、色彩斑斓的校园服饰、宽敞明亮的教室、振奋人心的警言妙句等，都吸引着学生、陶冶着他们的情操。苏霍姆林斯基说过，让校园的每一块墙壁都会"说话"。

人格教育是教育的核心。良好的班风校风、优良传统、良好的人际关系、学校领导和教师的言行举止、道德风范，是一股潜移默化的巨大力量，影响着学生的精神境界和思想情操。例如，得州农工大学有近 150 年的历史，有许多优良的传统，如美式足球第 12 人精神（12th Man），戒指日（Aggie Ring Day），安息纪念日（Silver Taps），年度集会悼念日（Aggie Muster），校园行走日（Elephant Walk），子夜呐喊仪式（Midnight Yell）等，都塑造着学生的人格。（详情请参考《美国文化管窥》[①]）

3）拓展校园外活动进行隐性教育

参加社团组织和活动是学校进行隐性教育的重要途径，活动不只是在校内，步入社会也是他们的工作重心。学校教育体制注重的不仅是学生的学习成绩，还特别重视兼职工作的经历、社团活动等，社会注重学

---

① 陈志章：《美国文化管窥》，吉林大学出版社 2011 年版，第 87—100 页。

生的全面发展，认为社团活动能够让学生较好地分配众多事务所占用的时间，保持好平衡，这样才拥有最高的综合素质。

以得州农工大学为例，他们社团非常多，5万名学生约有800个社团。有至少33个不同的运动俱乐部，如射箭（archery）、击剑（fencing）、冰球（ice hockey）等。

社会实践活动贯穿着整个教育的不同阶段。大学里有些专业如教育专业，从一年级开始就由老师负责和中小学生结对子，每周义务辅导两次，除了单独辅导学生，他们还进入教室帮助老师进行课堂教学，中学的老师把这个大学生义工的表现报给他大学的老师，作为成绩。我跟着一位中国台湾的大学生 Paul 去中学实习过，一个学期结束后，他收到了实习学校的一张与学生合作时的照片，还有一小盒巧克力。6年后，我再去农工大学，发现他已经就职于美国的一所高中（Harmony Science Academy）。我去他任职的学校观摩，一大早老师们值班，亲自在学校门口给学生开车门迎接学生，两个车道行车、停车，一位指挥车辆，两位分别在两个车道给学生开车门。这时，我发现一位执勤的老师，挺着肚子，估计怀孕好几个月了，试想如果在我们的一些学校，是不是领导早就考虑她的身孕，或者她早就提出来不干这么脏、污染这么重、这么不利于胎儿成长的工作啊？这些示范带头作用，对学生的成长真是无价之宝！

3. 社会教育

社会环境中的隐性教育主要是指大众传媒、公共设施、社会文化和社会风气给受教育者的教育。

媒体是政治教育和政治社会化的重要工具。西方政府每年都斥巨资用于 BBC、美国之音（VOA）之类的传媒机构上，通过媒体宣扬发达国家的理念。

美国非常重视建设公共文化设施，不计成本地进行博物馆、纪念馆、历史遗迹、名人故居等文化设施建设。哪怕一个很小的城市也有博物馆等。众多的博物馆、展览馆和艺术馆，给人们提供足够的场所以欣赏理解艺术，理解认识历史。

充分利用航空航天飞机的发射活动，宣扬美国的冒险、探索、进取、科学精神，激励年轻人不断努力进取。

政治家的演讲活动，也是对美国公民进行教育的重要阵地。克林顿总统卸任时，相比其他总统是贫穷的。然而，几年后他们的收入颇丰，2013年，克林顿希拉里夫妇仅演讲一项就收入2285万美元，其中希拉里的演讲赚了968万美元。2015年，他们收入高达1060万美元，克林顿演讲收入600万美元，希拉里新书版税也高达300万美元。联邦所得税率为34.2%，也就是缴税约360万美元，相当于美国总统9年的年薪。克林顿基金会2015年收到1.08亿美元捐款，2014年收到1.72亿美元捐款。克林顿家族基金会与知名度更高的克林顿基金会不同，克林顿家族基金会致力于捐助博物馆、学校等。

还有一个重要的阵地是教堂。每到周日上午，教友们几乎全部进入教堂。大人们唱赞美诗、学习《圣经》、见证信教过程等，稍大的孩子和大人一起活动，稍小的孩子由专人带领。教堂内有学习室，孩子们可画画游戏，教堂外也有锻炼的器材和场地。

从政府层面，充分利用一切机会向国人及世界传达他们的理念。比如，每年感恩节时，美国总统要赦免一两只火鸡。2007年小布什赦免了两只火鸡，分别叫"五月"（May）和"花"（Flower），纪念当年清教徒来到新大陆时所搭乘的"五月花"号轮船。

遍地是雕像，每个都有美丽的故事，不仅让优美的自然环境更加人性化，而且激励着后人。几乎每个大学、城市的广场、市政厅的楼前楼内都有地标性的人物铜像，他们都曾经是显赫的人物。

总之，美国的隐性教育铺天盖地，家庭、学校、社会三位一体，注重环境建设，潜移默化地把意识形态灌输给公民，并使其付诸行动。

三 研究美国隐性教育的意义

我们已经了解了美国隐性教育的状况，那么它到底对我们有什么启发呢？

研究美国的隐性教育，是形势的需要。

中国经济发展迅猛，已经成为世界大国。经济的飞速发展，得益于我国 20 世纪 70 年代末的改革开放政策。同时，全球化进程让西方新鲜的事物扑面而来，令人应接不暇。特别是意识形态的融合与同化是一个严峻的考验。西方敌对势力利用所谓自由、民主、人权等问题通过思想和文化的渗透，淡化马克思主义，一些腐朽的生活方式很大程度地影响了年轻人的发展，使他们盲目地接受西方的价值观，而民族意识不强，学生的思想政治教育面临着严峻的挑战。

经济发展与教育之间的问题，促使我国教育应注重隐性教育的研究和实施。当前"80 后""90 后"年轻人具有一些特殊性，比如，自主意识强，以自我为中心；助人意识薄弱；集体主义意识淡薄，享乐主义盛行；辩证思维意识弱；抗挫折能力弱。应试教育和社会上的不良现象造成部分学生思想素质偏低，一味地为了应试，为了分数，为了升学，为了高学位就业，课程方面的隐性教育开展较为薄弱，政治思想教育被当作一门显性的课程，老师刻板说教，学生死记硬背，枯燥无味而不能深入人心。

针对这些问题，我国教育应借鉴国外的经验，及时改善我国的教育。另外要防止西方"温水煮青蛙"的教育方式，以预防西方的和平演变。再有，各地孔子学院对外宣传中国文化时，也应该借鉴美国的做法，通过大量的活动，做到潜移默化地实施教育。

总之，学习西方隐性教育对于进行合格公民教育、确立民族自豪感和建设伟大中国梦都具有重大的意义。

第二节　美国隐性教育的实施路径

隐性教育对于一个人的成长至关重要，美国教育的目标是培养合格的美国公民，把美国社会的统治思想、价值观念、道德文化移植给受教育者，使他们成为合格的接班人。

美国实施隐性教育主要有两大路径：学校环境下的隐性教育和社会环境下的隐性教育。当然，隐性教育也离不开家庭教育，是家庭、学校和社会三位一体的综合体。学校环境下的隐性教育离不开社会，比如老师要求学生参加社区义工活动，学生走出了学校，走上了社会。我把这一条归于学校，是因为活动的主体是学生，而且由学校作为评价考核的单位。

环境具有逐渐渗透、大象无形、潜移默化、润物细无声的基本特征，具有强大的教育力量，影响和制约着受教育者的思想情感、价值观、人生观、世界观以及行为方式。因此，创造良好的教育环境是实施隐性教育的重要途径。

本节主要包括以下两方面内容：一、学校环境下的隐性教育（营造良好的教育环境、增加阅读量、加强课程的隐性教学、拓展课堂教学、开设通识课程、增加课外活动、强化社区服务）；二、社会环境下的隐性教育（建设国家公园体系、开放博物馆艺术馆等、开放政府大楼、发挥教堂的育人作用、充分利用媒体效应、其他方面）。

一　学校环境下的隐性教育

美国学校的任务是教给学生公民技术。美国一直致力于把培养合格公民作为教育目标。随着时代的发展，合格公民的内涵不断地发生着变化，但是培养合格公民的宗旨始终未变。美国不叫思想政治教育，而是叫公民教育。

美国学校注重品格教育，教育家托马斯·里克纳提出了 12 条品格策略，包括在教室里创建一个道德社区、实施道德纪律、创建民主的教室环境、培养教室外的关系等。他的著作《为品格而教：我们的学校怎样教授尊敬和责任》，为隐性教育提供了现实的隐性途径，包括营造校园道德文化气氛、课程教育、民主模式的课堂生活、故事讨论法及角色模拟训练等。

1. 营造良好的教育环境

学校想方设法创设良好的教育环境，因为它是一种潜在无形而又强大的力量，这是实施隐性教育的重要途径。

从建筑方面来看，著名大学的办学历史悠久，因此校园内林立着独特风格的建筑，每位师生都能感到每个楼的庄严、幽雅与肃穆，同时，每个楼都与名人密切相关，具有浓厚的人文情怀。校舍兴建委员会也一再强调学校建筑要考虑精神的作用和人文的功能。

真正的大学不在大楼，而在大师。世界一流大学的隐性教育策略包括如下几个方面：注重师生之间、学生之间的相互教育，注重学生对老师的挑战，重视学术范围的建设，重视大学人文精神的塑造，尊重大学历史传统的传承。加州大学前校长田长霖教授（1935—2002）曾经强调说，哪一所学校的教授力量大，哪一所学校将来就会成为最著名的学校。

环境育人是通过有目的地利用环境、有计划地建设环境，通过美好的环境进行育人活动。如同自然万物受环境的影响一样，人也受环境的影响，良好的环境能更好地促进人格的发展与完善，对人的身心发展具有重大的影响，所谓"近朱者赤，近墨者黑"。

如何把美国的社会意识形态有效地固化于公民教育中，并成为人们生活的一部分，是美国政府、社会及每个教育者的任务。学校一直努力建设物质环境和文化环境，改善教育的硬件设施，如学校建筑、公共设施以及设备等，不断建设校园文化、加强班风和校风建设等，有意地体现其核心价值体系。同时，学校开展各种项目推动隐性教育，大多采取一些间接的、多渠道的、广泛的渗透和规范的教育方法，通过学生喜闻乐见的形式影响学生，学生在不知不觉中接受教育，并将所学内容在无意识中消化吸收，从而达到"春风轻化雨，润物细无声"的境界。

基础教育非常重视爱国主义教育。学生每天上学的第一件事情就是全班背诵国旗宣言：我宣誓为美利坚合众国的旗帜和它所代表的共和国效忠。上帝庇佑下的国家不可分割，民众自由平等。（I Pledge Allegiance To The Flag, /Of the United States of America, /And To the Republic For Which It Stands, /One Nation, Under God, Indivisible, /With Liberty And Justice For All.）①

当国歌响起的时候，走廊里走动的老师立马停下来，静止不动，目视前方，虔诚地听完国歌，同时把手放在胸前。这种震撼力，实在是无形的榜样。宣传栏上悬挂着优秀教师的相片，不仅鼓励着老师，也让他

① The United States Code, https://en.wikipeadia.org/wiki/Pledge_ of_ Allegiance_ (United_ States）.

的学生倍感骄傲，教师自己学习和提高的热情会更加高涨。

教室内的布置非常丰富多彩，墙壁上张贴悬挂着《独立宣言》《人权宣言》等，美国历届总统的相片，以及美国国旗和其他一些国家的国旗。

2. 增加阅读量

学校和社会着力构建良好的阅读环境。

从幼儿园开始，美国的各个部门就重视阅读，适度地增加阅读量，通过阅读进行隐性教育。阅读比例占到课程的80%以上。每晚睡前进行20分钟的亲子共读已经成为中产阶级家庭的习惯。

小学教师给学生布置了较多的阅读量。告诉学生"阅读竞赛"的规则和事项。孩子读完一本书，家长在"读书确认表"上签字，记下书名、作者和页数，交给老师；每个月至少要读两本书，家长的记录交给老师后，孩子可获得去餐馆吃一顿免费比萨的奖励。

开学伊始，老师将全班同学分为两组，在规定时间胜出的小组享受"比萨午餐"（Pizza Lunch）。读书页数最多的前5名学生还会被小学校长邀请吃午餐。

学生每月作一次读书报告：或者介绍这个月最喜欢的书，或者画出书中印象最深刻的一幕，或者为一本书续个不同的结尾。

老师让孩子们读人物传记，然后选择某一人物作读书报告。寓知识于游戏中，在一个空咖啡罐的外面贴上与人物有关的图片，在里面放上5到10个关于该人物的暗示纸条。作报告时，报告人念纸条，让大家根据纸条内容和图片进行匹配。

每个孩子都要作读书报告，大多数学生喜欢阅读美国历史名人传记：如棒球明星贝比·鲁斯（Babe Ruth，全名为 George Herman Ruth Jr.），盲聋作家海伦·凯勒（Helen Keller），推翻奴隶制的林肯总统（President Lincoln），美国国父华盛顿总统（President Washington），争取黑人平等的罗莎·帕克（Rosa Park）、马丁·路德·金博士（Dr. Martin Luther King Jr.）等。

下面是一位同学（名叫安安）的读书记录，一个月里读了不少人物传记：作家马克·吐温（Mark Twain），黑人教育家布克·华盛顿（Booker Washington），印第安裔美国奥运冠军吉姆·索普（Jim Thorpe），还有早期到中国传教的英国传教士戴德生（Hudson Taylor）等十几本书。

他写了 8 个暗示，让大家猜测这个人物是谁？

（1）他曾与他的父亲和叔叔旅游。（He went on a journey with his father and uncle.）

（2）他喜欢探险。（He loved adventure.）

（3）他的旅行比哥伦布还要早（哥伦布发现美洲大陆）。（He travelled before Christopher Columbus.）

（4）他来自意大利的威尼斯。（He is from Venice，Italy.）

（5）哥伦布的探险是受他的影响。（Christopher Columbus was influenced by him.）

（6）他 13 世纪时到了中国。（He goes to China in the 1200's.）

（7）他向欧洲人介绍了煤炭和米饭。（He introduced Europeans to coal and rice.）

（8）他与忽必烈可汗会面。（He meets Kublai Khan.）

这种形式像剥洋葱一样，层层展示，不仅诱发着听众的兴趣，也潜移默化地对听众进行着熏陶。单纯看这 8 个条目，我这个大学教师也答不上来，可知这是小学二年级学生的做法和问题。答案是：意大利的马可波罗。

这种读书竞赛的好处很多，不仅提高了孩子们的阅读能力，开阔了视野，而且通过读书报告从小培养了孩子们的分析、思考、组织和表达能力。

一个学年下来，他阅读了 108 本课外书，共约 8000 页。

家长签字的确认表如下：

我证实_____（孩子姓名）读了_____（作者）的书：_____（书名）签字_____（家长）日期_____页数_____

[I verify that_____（name of child）read_____（title of book）

by _____（name of author）Signed _____（Signature of Parent）
Date _____ Pages _____]

　　学校图书馆或者活动室中，摆放着各种阅读书籍，还有分级的阅读资料，满足不同学生的需求。

　　大学生到中学跟班实习，给任课老师当教学助手，辅导学生阅读，有时把学生叫到院子、走廊里边玩边学，寓教于乐。通过故事中的人物，潜移默化地熏陶学生。

　　每个城市都有一个或多个公共图书馆，到社区图书馆读书成为学生及家长的业余爱好。当然，各种博物馆、艺术馆等也能丰富学生的知识面，提高他们的综合素质。

　　书店也是读书的好地方。那里桌椅齐全，简直就是图书馆，坐在那里看书，空调开着，饿了、渴了到一角的甜点摊喝杯咖啡、吃些东西，然后继续读书。

　　大学里的一些课程，阅读量更是繁重。一方面，课程本身要求的阅读量就不小，要在课余时间完成阅读，老师要求读懂较厚页码的书本。我听过一门有关美国西进过程中印第安人生活状况的一门课。课堂上的教学方式主要是讨论交流，老师也准备了电影以加深学生的理解。周二讨论前150页，周四讨论后150页，如果不读或者没读懂小说，课堂上就会非常被动，老师给你的成绩自然很低。另一方面，课程要求广泛阅读其他相关书籍，并通过和同学的合作，共同完成课堂口头汇报，并应对同学的挑战性提问。

　　还有一些课程，主要靠自主学习完成。也许课程只有1个小时，而学生课下得花3个小时甚至9个小时去读书和实验。

　　相比发达国家，目前，我国的购书和读书数量令人担忧。以色列每人平均每年买44本书，韩国人买12本书，中国人买0.5本书。

　　中国新闻出版研究院组织的全国国民阅读调查显示，近几年（2008—2014年）中国成年人平均读书本数不超过5本（2008年，4.75本；2009年，3.88本；2010年，4.25本；2011年，4.35本；2012年，4.39本；2013年，4.77本；2014年，4.56本）。例如，2011年我国人

美国社会隐性教育研究

均读书仅为 4.3 本，远低于韩国的 11 本，法国的 20 本，日本的 40 本，犹太人的 64 本。

纸质书本的阅读群体少，是不是说他们读电子书籍了？调查指出，18—70 岁的国民中 3/4 以上仍倾向于阅读纸质图书。

精力用在了哪里？也许考研、考证（教师资格证、四六级证、法律职业资格证等）占用了大量时间；也许手机、电脑游戏浪费了许多时间；也许各种活动消耗了大量时间。

如果说人人离不开手机，人们通过手机主要进行微信、QQ 群聊天、玩游戏、点赞、抢红包、浏览新闻、收看视频、收发邮件、银行账户管理等，我认为这大多是碎片式的活动，这不能算是阅读。社会分工精细，碎片化更加严重，通过手机看不到整体，不易深度思考，精神空间很难填满。读书特别是纸质书本能让读者更好地静下来，放慢了速度就能更好地品味。看美国博物馆里的美国游客，慢慢地看，仔细地听讲。我们走马观花，只是找到到此一游的体验。如何慢下来是每个国民应思考的。

习近平主席在接受俄罗斯媒体采访时曾说："读书已成了我的一种生活方式。读书可以让人保持思想活力，让人得到智慧启发，让人滋养浩然之气。"

3. 加强课程的隐性教学

"社会科学"的课程主要包括历史、地理、经济和公民等范畴。每门课程都注重学生品德、公民意识教育，让学生树立自信心和自豪感。

教师及课程设置都必须围绕三个问题展开：（1）让学生学习什么？（2）用什么方法教育学生？（3）毕业时，学生除了学位和所学的知识外，还具备何种世界观？

通过多元文化的教育，辩证思维的培养，促进学生对多种族文化的理解，学会相互尊重，平等合作，也培养学生对多元文化的理解和民族自豪感。

老师给小学生出的题目：讨论已知的有关乔治·华盛顿的知识；写出问题；讨论我们所学的新的事实；在一个纸盘正面画出他的头像；在反面写出他的三个事实。

从学生的作品可以看出，因为年龄和作画水平的问题，华盛顿总统的画像实在是五花八门，不过许多学生画出了一条小辫；有的是正面，有的是侧面，有的用几种颜色，有的简单到就是一个椭圆形的脸，两个点是眼睛，一个弯弯的曲线是嘴巴，大有污秽领导形象的嫌疑。

不过，通过老师引导的讨论，小学生们会对国父有一个较为全面的理解，就像身边的某个熟人一样亲切。

4. 拓展课堂教学

小学生上自然地理课，老师会组织学生到河边钓鱼。老师不仅讲解钓鱼技巧，针对不同的鱼类采用不同的诱饵，而且对钓到鱼的同学进行鼓励和奖励。老师对学生是因材施教，学生对鱼儿是"因鱼施饵"。当然，河边专设的钓鱼平台设施非常安全，不会有安全问题。

老师要求小学生合作建鸽舍，养鸽子。旨在锻炼孩子的动手动脑能力，同时，通过养鸽子，学会爱护小动物，提高环保意识。

4—12 岁的儿童，经常被家长和老师带着到沙漠、两极、丛林、岛屿、海洋等地外出野营，锻炼自己，提高在艰苦的环境下的生存能力。每次一个主题。例如，一个阳光明媚的日子，我们刚要上课，施文娟（Swearingen）教授就让所有的大学生到校园里去，围坐在弧形的水泥台阶上，让学生进行口头汇报。

大学生通过社团活动提高自己的凝聚力和参与意识。得州农工大学校园内经常举办各种慈善募捐活动，如献血活动、捐助乳腺癌病人活动，等等。fast-a-thon 活动是要求参与者几天不吃饭，他们认为"你饥饿一天，就有人不饿"。志愿者忍耐 60 小时的寒冷与饥饿，向人们说明全世界挨饿的人中有 7/10 是妇女和孩子，75% 的文盲是妇女。这些学生仅仅依赖捐赠的食品生活，在此过程中，他们既没有帐篷，没有手机，也没有手提电脑。还有一个团体名叫 shack-A-Thon，有一次，从周一至周五，学生们在校园一角（Kyle Field 后面），建起了一个简陋的房子，叫作 shack，或者翻译成"棚屋，窝棚"，目的是宣传穷人的房子状况，如何建房子，为社会捐款。

校园里也有社团的广告活动，如"荷枪实弹"的真人紧握仿真枪进行枪战宣传，野营爱好者在校园里搭帐篷进行宣传，从中午到子夜 Wolf Pen 公园提供免费的音乐会进行宣传活动。

竞选学生会的宣传横幅前有一辆特别的车子，类似滑板车（scooter）上面加了保温箱样子的座位，你可以骑在上面体验一下，在玩中接受他们的友好而甘愿支持他们。

桃李不言，下自成蹊。美好的物质环境和精神环境，令人心旷神怡，更容易接受教育。良好的人际交往可以让学生获得良好的社交技能，懂得礼节礼仪、待人接物的方式。良好的师生关系也非常关键。师生爱校如家，亲如一家人，合作互助，真诚相待。在校园里，当你看到校长和你亲切挥舞手臂时，当你接到他寄给你的明信片时，你不由得钦佩他的人格魅力。

我在迈阿密海边遇到一群初中女学生，不停地奔向大海，跳入水中。当时水还是比较凉的，令人惊讶。也许老师是为了锻炼他们的耐寒力，也许是老师在上体育课，因为只有老师是男的。

美国大学经常聘请国内外知名人士到学校讲课、作学术报告等，使学生有机会聆听大家的思想和心声，以便有更高远的眼光、更宽广的胸怀，进而提升他们的生命价值和生活品质。

5. 开设通识课程

美国高校本科教育已从重视专才教育转变为重视通才教育，即坚持一个"中心"、三个"结合"，即以学生为中心，课内与课外相结合，科学与人文相结合，教学与研究相结合。

哈佛大学艾略特的"选修制"和康奈德的"通识教育"在大学中扮演历史性领导角色，他们认为，大学本科教育始终应该以培养具有广泛文化意识与修养的人才为目的。

通识教育目标是培养完整的人，具有高瞻远瞩的眼光、广阔的知识视野，具有全面的人格素质，具有博雅精神和善良正直的优美情感。

美国的高校课程综合性强，通识课开展得较好，以政治、思想和道德教育等方面为核心，以美国文化和人文社会科学的大学科为主轴，注重整合考古学、地理学、历史学、哲学、宗教学、政治学、经济学、法学、人类学、社会学、心理学、文学以及自然科学等多门学科，注重挖掘跨学科、交叉学科资源以及美国文化传统的历史教育来对大学生进行思想政治教育。

教师在开展这些课程的同时，将符合社会要求的价值观念、社会规范、思想信仰和生活态度渗透在课程教学中。

6. 增加课外活动

节假日里，孩子们都参加棒球、垒球、橄榄球、篮球、网球、冰球等各种各样的俱乐部。这些俱乐部大多由孩子们自愿组成，教练一般由家长自愿担任。

学校与学校之间经常举行比赛，通过比赛，检验学生的水平，也敦促学校采取更多措施。美国的公共设施众多，活动场地众多，比如得州布莱恩市某高中的网球场地，是塑胶场地，有高高的网墙，你随时可以进入场地进行锻炼。

高校录取侧重通过课外活动看学生是否具有良好的学习能力和时间管理能力。他们认为如果一个学生花大量时间参加了各项活动仍然表现优秀，那么他就是一个能够平衡课内和课外、兼顾学习和活动的人，他既能有效地学习，也能很好地自我管理。同时，通过活动可以看出学生是否具有领袖气质，领袖气质是大学生的培养目标。因此，活动不一定越多越好，关键是学生有什么改变，有什么认识和能力上的提高。

另外，还有各种提高能力的项目，比如农工大学有专门针对大学生如何当好教师的课外学习班。我全程参加了学习，每周一次，教材免费，不收学费，上课教室里有冰箱，可以喝饮料，在讨论和活动中，同学们既很好地提高了将来担任教师的素质，也提高了交流、合作的能力。最后学校还颁发证书，让学员很有成就感。

还有，美国的假期多、公园众多、高速免费、门票实惠、油价便宜、徒步路线建设成熟，只要时间允许，再穷的家庭，也能轻松地游山玩水。如果家长没有时间，学校或社会团体会组织各种夏令营、冬令营活动。这种野外学习和锻炼，让学生身临其境，潜移默化地接受教育，极大地弥补了课堂的局限性。

课外活动融学术性、知识性、趣味性、娱乐性为一体，营造了良好的人文氛围，通过这些活动的开展，增长了学生的知识、陶冶了学生的情操、提高了学生的素质。

哥伦比亚大学最强调的一点是实践，注重学校与社会结合，不仅要求学生，也鼓励教师走出课堂和学校，学以致用。

7. 强化社区服务

社区服务，是指到所居住的区域内参加义务工作，包括到医院、老人院、孤儿院、福利中心、收容所等地提供服务。主要是帮助病人、老人、孤儿、残疾人等料理生活，向流浪者或无家可归者发放免费食品，参与不以营利为目的各种商业活动等。

20 世纪 70 年代开始，学校把社区服务作为公民教育的一种方式。从国家层面、社会层面一直到学校层面都有激励社区服务的措施。国家有法律的保障，如 1990 年美国颁布了《全国综合实践活动法案》《全美服务希望法案》等。法律规定，凡是做满 1400 小时义工的青少年，美国政府每年奖励其 4725 美元的奖学金，用来上大学或做职业培训。如果只在高中三年做义工，完成这个要求是不容易的。相当于 365 天里每天都要完成近 1.3 个小时的服务，实属不易。

社区服务活动已经制度化了，社区对学生参加的每一次活动和时间都有详细的记录。

美国越来越多的公立学校规定，学生在高中毕业之前必须完成规定时间的社区服务，否则不能毕业。许多大学也有要求。例如，马里兰州高校规定，学生要顺利毕业，必须有 60 小时以上的社区志愿服务记录。高校认为，如果一个学生不参加社会服务，那么他在品德上是不健全的，因而不被录取，不值得培养。

美国学生一般从 12 岁开始参加社区服务活动。得州某中学曾规定，要想在上课期间获得免费去首府春游的机会，那就得完成 15 小时的社区服务。学校里的义务工作也是可以的，但是必须有校外的服务。这样，家长和孩子会齐心协力完成这个要求。

学习班和社区服务的置换。学校鼓励孩子参加各类课外班，弥补课堂的不足，补充课本上学不到的东西。还有，可以把每周学画、学游泳等的时间折合成社区服务时间。

小学学校开学之际，家长可报名当志愿者，指导其他家长如何办理入学手续，时间是 2 个小时。孩子帮忙，可以把义工时间记录在孩子身上，计算在校内实习的时间内。

寒假是学生做义工的大好时机。他们会参加各种义务服务活动，比如，去救助中心为无家可归的人做饭，到不发达国家支教等。

我参加过农工大学去波士顿的一次志愿活动，他们进学校和学生面对面交流；和高中生一起拆房子、把拆下的木料归类；帮助社区里的孤寡老人；到哈佛大学附近施粥、发放衣物；等等。更令人佩服的是，一周时间的花费及往返机票都是个人自理，由带队者到超市买食品，学生自己动手做饭。波士顿某慈善组织给学生提供场地，晚上睡在地板上的睡袋里。

发放衣物前，首先用各种衣物箱把衣服分门别类，装箱后标签注明，如外套、羊毛衫、内衣、裤子、袜子、手套等。这个活动被称为哈佛广场避难所（Harvard Square Shelter），或称作街头救助（Streetlight Outreach），每周三晚上 7 点开始，持续 2 个小时。

当然，学校对社区服务的学生进行指导培训，告知他们一些要求。

做到准时；要先向志愿协调员电话确认你的帮助是否是人家所需要的，先与代办处联系好再去。如果你要迟到或是缺席，请打电话给你的志愿协调员；遵循志愿协调员要求你的规则、指导方针；时刻保持可靠可信、灵活大方、尊敬他人和礼貌客气，你代表着你自己和你的学校；穿着要适当；享受这个经历，并享受帮助有需要的人所获得的精神回报。

社区服务不仅要求学生，对老师也提出了要求。

考核教师从教学、科研、服务三个方面，所占的比例分别为：60%、30%、10%。教学和科研对于我们来说比较好理解，而服务工作是我们不太重视的。服务方面的考核在于教师是否为学校、区域、行业及社会提供高质量的服务。

美国社会隐性教育研究

二 社会环境下的隐性教育

美国的教育及隐性教育研究已经取得了丰硕的成果，同时其社会环境下的隐性教育的开展已经有了很大规模。

社会环境下的隐性教育是指利用公共设施、社会文化、社会风气以及大众传媒等强化受教育者对教育目标的认同、接受和内化。

利用公共设施特别是文化设施进行隐性教育，除了进行以自然风光为特色的国家公园建设，美国不计成本地建设教堂、博物馆、艺术馆、纪念（碑）馆、历史遗迹、名人故居、文化广场等文化设施，把这些公共设施当作向国民特别是学生进行政治、思想、道德教育的重要基地和生动教材，不仅展现了美国的物质文明和精神文明，而且宣扬着美国的政治制度和价值观念。

通过这些设施，提高学生的自我管理、自我教育及社会生存的基本能力，培养学生自主、自重、服务的精神，树立尊重他人、与人合作、和谐人际的规范，强化社会责任感和公民教育水平，弥补家庭和学校教育的不足。

1. 建设国家公园体系

美国是最早建立国家公园的国家，其理念是让每一个普通人都能享受到大自然的馈赠。美国人把国家公园看作"美国最大的、没有围墙的教室"，承担着给青少年提供生态、历史教育的使命，也就是爱国主义教育基地。

被尊为"国家公园之父"的约翰·缪尔是著名的自然环境保护者，他毕生倡导和从事自然保护事业，走遍名山大川，著书宣传自然，游说政府国会，为美国自然生态的保护做出了重大贡献。约翰·缪尔、第一任国家公园管理局局长史蒂文·马瑟都坚信大自然能对人类灵魂进行净化和洗礼。

从林肯总统到老罗斯福总统也对美国国家公园的建立立下了汗马功劳。

现在，美国国家公园管理局管理着 59 个以自然风光闻名的国家公园，419个具有国家意义的自然景观、历史文化、休闲度假国家公园。还有12000个历史遗址和其他建筑，8500座纪念地和纪念馆。

各州还有众多的州立、市立公园。这些公园给人们提供自然环境，供人们远足徒步、背包旅行、登山攀岩、划独木舟、垂钓等，身体不仅得以锻炼，灵魂也得以净化和洗礼。

科学家、教育家参与合作，开发针对不同年龄孩子的教程，寓教于乐。同时，国家公园的工作人员也进入学校和学生面对面交流。国家公园管理局让教师利用夏天的时间到国家公园任职，相当于我们常说的"挂职"，这个项目在得州称作 Teacher-Ranger-Teacher（TRT），老师穿上制服，而且被给予一定的补贴（stipend）。自然，如果拿到补贴，老师必须完成相应的课程项目要求。

艺术家常住项目（Artist-In-Residence Program）为专业作家、作曲家等艺术家提供机会，让他们发挥艺术特长，每年分阶段比如春夏秋冬各选取一位或几位艺术家，邀请他们到国家公园常住而创作（在网站上有申请表格）。

还有为孩子们提供的各种学习计划，比如得州瓜达洛普山国家公园的小小游骑兵（Junior Ranger）项目，完成50个项目中的3个将获得一个证书和徽章，完成6个获得一个证书、徽章和补贴（patch）。家长陪同，孩子完成后到游客中心领取奖品。

项目一：动物足迹。图片上分别列出8种动物和足迹，包括人的，让孩子们对应连线。

项目二：动物的适应力。因为在沙漠干旱的区域，有的动物白天藏起来。这个项目让孩子提出一个自己想象出来的动物的名字；住在哪里；吃什么；有没有敌人；如何适应环境；画出它们的图片。通过解答这些问题，提高孩子们的想象力。

项目三：你能在此生存下来吗？想象一下，没有现代化的便利设施，你不得不在这里生存，你在哪里居住？吃什么？如何蔽体（shelter）？衣服或者工具是什么？观察这里的动植物，你可以利用哪些帮你幸存下来？让孩子把它们画下来。

项目四：公园游骑兵（ranger）干什么？介绍各种工作人员的职责，提出问题，你如何保护这里的环境。

最后获得证书，成为小管理员，还要签名一个小管理员誓言。"我_____承诺以我能做到的最好的方法帮助保护美国的国家公园。我将帮助别人享受学习自然、历史和确保在我们国家公园里的安全。我将尽我的职责来确保我们的国家公园和里面的一切都保持它们的本色，让每个人在现在和将来都能够享受。"（Junior Ranger Pledge：I _____ promise to help in the best way that I can to preserve America's National Parks. I will help others to enjoy learning about nature, history, and safety in our national parks. I will do my part to see that our national parks and everything in them are kept as they are for everyone to enjoy both now and in the future. ）

有了证书，学生就可以参加公园里组织的小小护林员的活动，在这个完全免费的活动中，公园的科研人员会根据季节的不同，带着孩子们去观察不同时节里各种动植物的生活状况，特别是在哪一个季节最有可能看到哪一种（些）野生动物。

晚上，这个公园是观看星空的好地方。伴随着各种故事和传说，孩子们的想象力能最大限度地得以发挥。

在大峡谷公园内景点的解说牌和旅游手册中，着重传播科学知识，还画出游人所站地点能看到的岩层的剖面图，标出不同岩层的名称、特点和形成年代以及为什么会出现这些特定的形状和颜色。这不但增加了游玩的兴趣，也让游客增长了见识。

大峡谷最底层的岩石是世界上最古老的岩石，大峡谷最上层的岩石是锡安峡谷最底层的岩石，而锡安峡谷最上层的岩石是布莱斯峡谷最底层的岩石。布莱斯峡谷最上层的岩石是地球上最年轻的岩石。通过这三个国家公园，游客就能对地球的地质年代有个整体的认识。

黄石公园有着超过 1770 公里的徒步路径。每个景点的停车场旁，都有指示牌标出附近的徒步线路。步道入口处有景点步道的指南册子，每本 0.5 美元（捐赠），里面有步道地图和沿途每个有名的热泉介绍。步道上也有讲解牌，图文并茂，介绍历史变迁、地质概况等，仔细阅读确能增长见识。旅行不仅仅是下车拍照那么简单，慢下来欣赏学习，人生会丰富很多。

国家公园春夏秋冬都是书，满足地理系、美术系、历史系等不同专业学生的需求。

2. 开放博物馆艺术馆等

美国的博物馆数量众多，至少有 15000 个。

美国到处都是主旨鲜明的博物馆、艺术馆、名人故居和雕像等标志性设施，更重要的是，这些设施大多免费向青少年开放，学生参与时潜移默化地接受美国的民族精神、制度文化和价值观念，是美国政府对公民进行政治社会化和公民教育的重要载体和生动教材。

博物馆等让人们潜移默化地接受着历史的熏陶，这些个事件在美国历史上都具有重要意义，对当今美国的现状做出了重大贡献，是民族精神的杰出代表。通过这些资源，让人们更好地了解这些民族精神并对其产生敬意。比如，在休斯敦市中心北部不远，将军休斯敦的雕像赫然而立。大家都知道休斯敦市，好多并不知道他是领导得州从墨西哥独立出来的先驱。为纪念他，以他的名字命名了休斯敦市，得州许多城市的街道也以"休斯敦"命名，休斯敦市莱斯大学不远的公园也显赫地屹立着骑马的休斯敦将军。

3. 开放政府大楼

美国各州政府和市政厅免费对公众开放。

总统官邸白宫也对外开放，允许百姓参观，让百姓更加接近政府官员，以体现其民主。

白宫是世界上唯一开放的国家元首官邸。开放年代追溯到 1800 年，源自第三任总统杰斐逊。

参观需要门票，有人说在那里排队就可以领到票，先来先得，有人说需要预约。美国公民需提前一个月申请，向自己所在州的国会议员预约，最早可提前三个月提交申请。而外国公民则需要向本国驻华盛顿的大使馆申请，得到批准才能进去。

开放时间也会因为财政和局势而变化。一般说来，白宫每年向公众开放两次，分别在春秋两季的某个周末各两天，每天开放 1 个小时。奥巴马于 2013 年 11 月开放 3 天，由原先的 1 周 5 天减少至 3 天。

参观区域有规定。仅仅允许参观一楼的大厅和部分设施，也就是东翼区域。二楼的总统生活区和西翼的椭圆形办公室是禁区，不对外开放。

涉及国家安全的部门是不开放的，比如西翼西侧设有处理危机的"应变室"，也叫时局值班室，全天候处理国内政事。

白宫里还有儿童游乐场，据说主要是用于总统夫人接见儿童时的场所。

孩子们在白宫见到特朗普时尖叫、一个幸运的孩子向前合影，特朗普说："努力工作。"（Work hard.）这些活动会给孩子们留下深刻的印象，增强其自信心。

如果不能亲临，可以网上参观白宫。

4. 发挥教堂的育人作用

谈论美国的隐性教育，不得不提及美国的教堂，可以说是遍布各地。

宗教信仰在美国人的精神生活中占有重要地位，日常生活与《圣经》息息相关。约 90％的美国人信仰宗教，宗教是维系社会与人际关系的重要形式，教堂是实现这种形式的重要场所。

美国人从出生、结婚到死亡、葬礼等，都离不开宗教仪式。美国人以上帝选民的身份进行自我改进，也以上帝的名义约束、惩戒自己的言语与举止。

在学校，《圣经》类的宗教书刊在人文社会学科中被当成文学或历史来讲授。在日常查经和团契活动中，教友们认真研读《圣经》，一字一句学习，通过讨论和见证，让自己的行为更加趋近于《圣经》的要求，因此《圣经》成为信徒的道德标准。

5. 充分利用媒体效应

另外，美国政府让电视、报纸、广播、网络等大众传媒更好地发挥教育的功能。每年都花费巨资用于美国之音之类的传媒上，对外宣传美国。

对于正面积极的事件，媒体争相报道。对于丑恶现象，也不吝笔墨。例如，2016年5月，内华达州3名男子醉酒后在死亡谷国家公园中狂欢，导致一条魔鳉鱼（Pupfish）死亡，3人遭到了公园管理处等机关的联合悬赏通缉。目前，魔鳉鱼全世界现仅存115条左右。

免费报纸遍布各地，在超市门口、地铁出入口等处随手可得当天的报纸。例如，波士顿地铁每天免费发放Metro报纸。地铁的报纸箱里有好多免费的杂志和报纸，比如，Phoenix报纸，为周报，共60版。农工大学也有免费的军营报（Battalion）纸制报纸（后来仅以电子版方式发行）。

其商业广告也带有隐性教育特点。

雪佛兰汽车公司的一则广告以"敢于梦想"为主题，一个小男孩想投篮，总是够不着，于是想方设法，敢于梦想，最后背上喷气式背包成功灌篮，隐含寓意是雪佛兰不停地创新。

雪佛兰的另一则广告也是感人之至，开始少男少女因女孩搬家而分别，女孩在车中，男孩骑自行车追赶。15年后，男孩收到女孩的信件，他高兴之至，开车去见她，穿过荒漠、询问店老板、经过棕榈林、驶过湖泊，千辛万苦，最后他到达女孩的居住地时，一辆警车停在门口，几发子弹壳闪过，女孩躺在地上，男孩拼命向前，警察极力阻拦，最终，广告以跪地的男孩献上玫瑰花、低头沉思而结束，这个广告感人泪下，在故事中既宣传了汽车，也以浓浓的情意打动观众。

另一则广告根本不提及汽车的优点和性能，而是反复强调"伟大的美国""了不起的美国""勤劳的美国人民"，展现飘扬的美国国旗，以慢镜头描绘各种感人的场面，展示美国人的工作、生活情况，从西部加州到东部纽约，全美30多处景观非常清晰，不时插入雪佛兰汽车的图像和车标。这种宣传，既激发了人们的爱国热情，又诱发了大批消费者的购买欲。

6. 其他方面

在美国，到处飘扬着美国国旗，只要有人居住的地方，都挂有美国国旗。许多城市、街道大都以华盛顿、杰斐逊等重要历史人物命名，一个城市几乎就是一部历史，使美国公民在日常生活中，接受着无形的道德教育。

通过重大节日或地方节日的庆典活动及升旗仪式，向人们灌输忠于国家的思想理念。

社会上的团体众多，包括慈善机构等，他们的做法会给社区和社会带来正能量。例如，离婚关怀团体（Divorce Care，www.divorcecare.org），在全美国有几千个团队。他们有专题讲座：13 周的课程，每年两次，解决诸如气愤、压抑、孤独、孩子、家庭结构变化、财政变化、谅解等问题，致力于离婚后的恢复。注册后，网站会每天给你发一封邮件，帮助你尽早治愈创伤。还有反抗家暴组织（opposeCruelty.org）。

在许多地方安装着铜色标牌，非常精美，对该地方进行介绍和讲解。波士顿某地有 1991 年市长雷蒙德的名言，主题是：波士顿：移民的大门口（gateway）。内容如下：美国的承诺吸引了来自世界各个角落的人们来到波士顿，为自己和他们的家人寻求更好的生活。他们的传统和价值观已经成为我们社区的一部分。在波士顿这里，我们努力实现承诺，让以这个伟大城市为家的人，享受充满和平、尊严和机会的生活。（America's promise has drawn people from all corners of the world to Boston, in search of a better life for themselves and their families. Their traditions and values have become the fabric of our neighborhoods. Here in Boston we seek to fulfill that promise by providing a life filled with peace, dignity and opportunity for all who make this great city their home.）

在许多大城市的超市一角，有回收瓶罐的自动机器，分为三类：玻璃（Glass）、塑料（Plastic）和易拉罐（Cans）。因为易拉罐数量多，设有两个机器。把相应瓶罐投入，机器自动记录，然后返还美元。这不仅让人们有所收入，关键是培养人们的环保意识。

总之，美国的隐性教育范围广，从国家政府、社会，到学校、家庭，有一套日臻完善的措施，例如，公共设施齐全，法律保障健全，学校经验丰富，考核录取标准多元，不以分数为核心，等等。这一系列的做法都值得我们借鉴和实践。

下篇　美国社会环境下隐性教育举隅

　　美国的隐性教育是家庭、学校和社会的统一整体，教育的最终目的是培养踏入社会的健全之人。美国的教育发达，学校的基础教育和高等教育功不可没。学校办学的自主性较强，形成了完善的管理体系，在世界一流大学的引领下，美国创办了诸多世界闻名的高校。

　　美国政府在教育上持续的资金保障，也是教育改革改进的关键。以州政府投资为主体，联邦和市地政府为补充的三级投资体制趋于稳定成熟，各自承担的投资比例基本确定。对公立学校联邦政府投入约6.5%，州政府约48.5%，市地政府约45%。联邦政府不断增加教育经费投入，2015年教育财政预算总额为686亿美元，较2014年增长13亿美元，较2013年增长30亿美元。

　　政府和企业加大对社会组织、机构以及公共设施的投入建设，不断改善的社会环境不仅给本国人民带来了福祉，更让国际游客对美国赞赏有加。

　　本篇从基督教文化、博物馆艺术馆、雕像纪念物、公园体系、硬纸币等方面细微地观照美国社会环境下的隐性教育。它们时时刻刻都在潜移默化地熏陶教育着美国及世界各地的公民。

第一节　潜移默化的基督教文化

　　我第一次到美国得克萨斯州农工大学访学时（后文简称得州），举目无亲，非常需要朋友。中午楼上的邻居徐博士太太给做了一小锅面条，还有大块的牛肉，饥肠辘辘的我，实则体会到了面条的可口，我说这是38年来最好、最香的面条。当天晚上，我随着邻居去参加附近的华人聚会，主要是想吃顿中国饭，同时结交一些朋友。去了发现这是在美国留学或定居的华人基督教团体，也遇到了自己同城的老乡，实在是感受到了"老乡见老乡，两眼泪汪汪"的悲壮。

后来发现美国的教堂太多，相当普遍；《圣经》遍及各地，各种版本的都有。

本节主要包括以下内容：一、基督教文化对西方文化的影响；二、美国基督教文化的特点；三、得州大学城的基督教文化；四、农工大学校园内的教堂；五、大学校园里的布道和讲座；六、有规律的聚会交流；七、遍布全国的教堂与活动。

一 基督教文化对西方文化的影响

基督教文化（Christian Culture）是信仰基督教为主的人群长期形成的一种文化，并构成了基督教文明的主体（Christian civilization）。

在西方，基督教历史悠久，基督教文化的影响巨大，不仅影响哲学、人们的思维方式，甚至影响到科学的发现。信徒们定期举办各种团契活动，或在教堂或在家庭，认真学习《圣经》，讨论《圣经》内容，他们把《圣经》中的人和事当作真实的历史。

1. 鼓励探险扩张，注重生命与人性的发展

基督教认为世界是上帝创造的，对世界的探索，就是对上帝的认识，所以极力推动科学研究。鼓励人们去探索冒险，积极去探知了解自然，开发利用自然，征服未知世界，这种文化培育出大批的探险家、科学家。了解了地球，就向月球发展，然后飞出太阳系，热情最高、探索最早的主要是基督教国家，可以说基督教文化的扩张性很强。最早的科学家，几乎都是虔诚的信徒，也许就是这原因。

由于基督教文化的扩张性，一些探险家或教士发现了新大陆和东方，通过他们的游记传记等介绍，让欧洲人了解了东方和中国，他们把

中国的商品、生活、习俗、礼仪、艺术、哲学等带到欧洲，让欧洲人知道了中国，也引发了后来帝国列强的入侵掠夺。

基督教非常重视人，爱护人，歌颂人，对每一个人都要给予尊重和关爱。耶稣以"迷路的羊"做比喻向门徒讲道，100只羊丢失了1只，一定要把它找回来。谈及尊重人、爱护人，许多人都会说这种话，然而说了能不能做到，就很难说了。"爱护人"这种话是对人的整体而言，并不是针对个体。因此，只有对每一个人，特别是对后进的人的关爱，才是最真实的。美国好莱坞大片中也时常反映这个主题，比如《黑鹰坠落》，一架黑鹰直升机困于敌手，美军不惜一切代价营救出来。《拯救大兵瑞恩》也是如此。

基督教文化不允许自杀，也不害怕死亡。基督教文化把对死亡的恐惧降低到最小，它是爱的文化，告诉人从哪里来要到哪里去，人死后肉体归于尘土，而灵魂却回到天父的怀抱，是爱的升华，是美好与永恒。这一生只是自己永久生命的一小部分，真正的生命是到天国的生命，而不是在凡间的短暂时光。在《阿甘正传》中阿甘妈妈临死前说的话非常有哲理："死亡只是生命的一部分。……把神给你的恩赐发挥到极致。"（Death is just a part of life... You have to do the best with what God gave you.）

从另外一个角度可以看出基督徒对待死亡的看法，那就是墓地。他们会把一块很好的土地给那些逝去的亲人，在周末可以看到人们拿着鲜花去墓地祭拜亲人。墓地也是碧草如茵，就是一个公园，很难看到荒凉和恐惧。

畏惧心理会让人更加具有原则性，基督教民族害怕上帝的惩罚，因此他们积极争取上帝的恩宠，这不仅可以抑制贪欲自私，还可以抑制强权暴政。因为上帝和人的契约，西方国家特别是美国的法律非常完备，是抑制罪行的关键。除了法律，上帝成了社会均衡的杠杆，这有利于社会的进步。

在上帝面前，人可以犯错，但不害怕失败，因为上帝宽容地允许人去赎罪，人类因而可以选择千万次的机会和方式，以证实上帝的伟大。

2. 影响权力与政治

基督教坚持精神世界服从上帝，客观上形成了对世俗王权的制约。西方的王权没有像东方君主那样具有几乎超强超大的权力。中国古诗云："普天之下，莫非王土，率土之滨，莫非王臣。"而美国三权分立的体系自然受到基督教文化的影响，认为人是有罪（sin）的，因此需要制度的制约。一如美国总统福特卸任演说时讲道："在此期间，我懂得了立国先辈们通过立法、行政和司法三权分立，来达到相互制约与平衡的道理，我高度赞赏这一治国方略。我完全知道，制衡往往会造成困难和拖延，尽管如此，这样做就是把最高权力置于上帝手中，使任何人、任何机构、任何多数人、任何党派都无法获得这种权力。宪法是一切自由的基础；你们要捍卫它、珍爱它；你们要保持国会的荣誉和秩序；唯有如此，我们的国家才能长治久安。"①

3. 影响人们的价值观和责任感

基督教提倡关注弱者，建立了大量学校、孤儿院、养老院、医院。美国人认为教育是提高国民素质的关键，高等教育是迈入中产阶级的关键。养老在东方往往被认为是家庭的责任，"养儿防老"，而西方养老是社会的责任。

基督教强调工作，反对懒惰，通过《圣经》引入了犹太人的哲学成就。到达美国的早期移民，认为自己是应着上帝的召唤，来开拓疆土，把在新大陆的创业视为天职。他们把信仰生活与现实生活密切结合起来，清教徒把工作看作修道的方式、上帝安排的任务、神圣的天职。每个人都要入世修行，将自己在世间的工作和生活做好，这样才能"荣神益人"。

清教徒认为创业的同时要禁欲、节俭。他们限制那些纵欲、享乐以及过度消费的行为，而将消费性的支出用在生产性投资和扩大再生产上。所以，对美国的认识，并不是像今天一些人所认为的那样美国只是纵欲和贪婪，而是勤奋创新加上克制和禁欲才使得美国财富快速地增长。

---

① 王楠：《历届美国总统离任时都在想什么？》，http://history.eastday.com/h/20170120/u1a12651863.html，2017 年 1 月 20 日。

4. 影响人际关系、爱情与家庭观念

基督教强调上帝赐给每个人的礼物是要互相爱戴，倡导用上帝的礼物做自己能做到的事情。

基督教文化特别强调爱情、歌颂爱情，赞美对妇女的礼让和崇敬，即便只是形式上的。基督教强调夫妻是在上帝面前结合的，对配偶忠诚，牢记摩西十诫，提倡一夫一妻制，因此，自古至今西方的国王是不纳妾的。

《圣经》具体指明建立和谐家庭的范式，要和睦相爱；做子女的要和睦相处、孝敬父母；夫妻恩爱持守婚约；做父母的要给子女树立榜样。天主教对离婚的要求非常严格，让人们在恋爱、择偶方面特别谨慎、认真，他们不会草率行事。"同教结婚"的比例很高。

二 美国基督教文化的特点

维系美国道德价值的三大柱石是家庭、学校和社会，而教会活动是一个非常普遍的文化现象。美国社会的隐性教育离不开基督教信仰文化的传承与实践。美国文化的核心在基督教，基督教的根本是感恩文化、博大之爱。

西方发达国家中，美国的宗教色彩极为浓厚。美国的货币上印有"我们信任上帝"（in god we trust），不论币额大小；总统就职、部长就职、毕业典礼等，都要按着《圣经》宣誓，可见宗教文化的影响力。宣誓就职演说中祈求上帝保佑，每一位总统在演说完毕后，都会提到"上帝保佑美国"（God bless America）。基督徒认为，世界上只有上帝是完美的、全知全能的，而人是罪性和神性的合体。

美国基督教文化的主要特点有以下几方面。

1. 清教徒价值观塑造了传统的美国

从最初英国的清教徒到达美国，获准在殖民地定居，这些清教徒就与美国的发展密切相关。加尔文教的禁欲观念，涉及人们工作、生活的各个方面。这种新教入世禁欲主义伦理为资本主义企业家提供了心理驱动力和道德能量，也是现代资本主义得以产生的重要条件之一。

马克斯·韦伯（Max Webber，1864—1920）提出了新教伦理理论。基督徒在尘世中工作和生活的一切活动，都是为了遵从上帝的戒律，完成上帝的旨意。清教徒满怀使命感、神圣感来创业，将开拓疆土、扩大产业、创新创业、增加财富、捐赠社会视为天职，是为了荣耀上帝而进行的工作。

韦伯认为开国先驱富兰克林是新教伦理的代言人。

2006年出版的《清教徒的恩赐：美国梦的得胜、坍塌和复兴》是一本好书，不仅追溯了美国清教徒的历史，而且追溯了美国管理文化的起源及特性，源头是美国第一批欧洲清教徒移民。他们认为，目前商业社会的一切问题，都是源于商业本身背离了清教徒精神。

2006年，80多岁高龄的现代管理学领袖霍博兄弟根据他们几十年在欧亚美的职业之旅，创作了这本书。哥哥是肯尼斯·霍博（Kenneth Hopper，1926—　），弟弟是威廉·霍博（William Hopper，1929—　）。肯尼斯做过几十年商业管理和研究咨询工作，曾帮助爱尔兰政府和其制造业重组，以适应共同市场的竞争，为爱尔兰经济飞速发展起到了重大作用。

爱尔兰曾经被誉为"凯尔特之虎"。（亚洲"四小龙"，英文也译成tiger，虎）1995—2007年，是爱尔兰经济发展的黄金岁月。1995—2000年的5年间，爱尔兰的GDP增长一直维持在惊人的5%—11%。戴尔、英特尔和微软都在爱尔兰开设工厂。爱尔兰很快从欧洲最穷的国家变成了最富的国家，2003年爱尔兰的人均GDP世界第二，仅次于卢森堡。

然而，历史上爱尔兰的经济一直不好，爱尔兰人曾经一度被称为"马贼、乞丐和小偷"。历史上，该国大量种植土豆，1845年始，马铃薯瘟疫席卷爱尔兰，导致了大部分土豆腐烂，被称为"马铃薯饥荒"（Irish Potato Famine）。人们或饥饿而死，或逃亡海外，7年间，爱尔兰人口减少了1/4。逃亡海外者从事低下的工作，在黑帮电影中时有出现。

该书总结了传统美国社会的四个特点：1）人生目标不管多么模糊，归根到底都是建造人间天国（Kingdom of Heaven on Earth）的坚定

33

信念；2）拥有机械天赋、喜欢亲力亲为的技师精神；3）把集体利益置于个人利益之上的道德观念；4）能够根据大小目的协调各种财力、物力和人力的组织能力。所有这些特点都与清教主义密切相关。

加上后来重视技术和尊重技术人员的特点，真正推动美国社会成为现代管理技术的发祥地，促成美国龙头企业的发展。然而，后来"营销人"和"财务人"成为公司的主导，使美国企业下滑，最终导致金融危机。危机过后，以清教徒价值观为基础的优秀管理方式逐渐回归，重塑传统的美国梦。

教徒精神的思想精华可以用18世纪中叶著名的清教徒布道家约翰·卫斯理的名言来概括，"拼命地挣钱、拼命地省钱、拼命地捐钱"。这种精神是成就伟大国家的力量源泉。

清教徒的信仰规范着人们在工作中的做法和底线：勤奋拼命地劳动，增进财富；节俭；战胜自然的冲动和享乐；诚实守信、珍视信誉，绝不坑蒙拐骗；增进回馈社会意识，勇于担当社会责任，做好社会公益事业。

清教徒精神就是"美国精神"，比如对生活充满信心，勇于面对困难，善于创新，不断开拓。清教徒一方面自信地宣称自己是选民，另一方面必须用实践来证明他是选民，是蒙神恩典者。

美国的富豪们，大多也是慈善家。盖茨2003年立下遗嘱，将98%的财产奉献给社会。巴菲特将其99%的财产捐献给各种社会公益基金等。

美国清教的集体主义，很容易被忽视，大家常常认为自殖民地时代开始美国社会盛行的只有个人主义。但是，清教运动还擅长把个人团结在一起为共同目标奋斗。

霍博兄弟在对日本企业的考察中发现：日本之所以能够在战后几十年中塑造出一系列让人信赖的品牌，得益于对美国的清教徒生活方式的学习。

反思今天的一些不良做法，仅仅把职业当作谋利的工具。信仰缺乏导致对工作和事情不虔诚、不执着。拼命工作为的是享受生活，不能得过且过混日子。很多人不会把职业与自己的生命追求联系起来。

2. 清教主义重视教育

不少清教徒相信《圣经》包含了一切必要的救赎。

说到美国著名的"常春藤大学"（Ivy League）盟校，除了康奈尔大学（Cornell Univ.）以外，其他的 7 所全部都是建立在神学院的基础之上。

3. 教堂林立，教派众多

在得州大学城（College Station）这个人口不到 10 万的城市，据说有近千家教堂。从全美国范围看，它有 30 多万个基督教教堂、犹太教会堂、清真寺等宗教活动场所。

美国教派多种多样，主要有新教、天主教；犹太教；摩门教等。新教包括：浸信会（浸礼会，Baptist）、卫理公会（Methodist）、路德教会（Lutheran）、末世教会（Church of Christ）。

3. 信教比例大，人数多

根据 2000 年美国 General Social Survey 和 National Election Study 统计数据显示，成人中有接近 80% 为基督教徒，2%—3% 为犹太教徒，各约 1.5% 为穆斯林和佛教徒。

4. 花费的精力多

美国人花在宗教上的时间和金钱比用在体育方面的多。

据报道，1990 年，美国人观看职业或大学橄榄球、棒球、篮球、冰球、拳击、网球、足球等比赛为 3.88 亿人次，而出席宗教活动的人次则为 52 亿，也就是说观看体育比赛的总人次只是出席宗教活动的 1/13。

1992 年，美国人捐献给宗教事业的资金总额为 567 亿美元，而花在棒球、橄榄球和篮球三大联赛上的费用是 40 亿美元，前者是后者的 14 倍多。

5. 以《圣经》为经典，以荣耀上帝为信念

基督教徒以传播福音为己任，以让全人类信奉上帝为己命，以《圣经》为经典，传播基督教文化，征服"异教徒"。

各个教堂都有免费的《圣经》，而且版本众多，《圣经》已成为世界上翻译文字种类最多的一本书。在宾馆中，床头抽屉里如果找到一本书的话，那就是《圣经》。甚至在 1925 年 3 月 23 日，田纳西州颁布一条法

令，公立学校的老师如果教授与《圣经》上关于人的起源的描述相违背的话，就是犯罪。哥伦比亚大学的校训也刻在门框上，即是出自《圣经》的"IN LUMINE TUO VIDEBIMUS"，意指在神的光中，我们发光。

他们定期学习《圣经》，大学把《圣经》当文学课学习。奥巴马按着当年林肯总统使用过的《圣经》宣誓就职。

他们学习《圣经》之前、吃饭之前都要祈祷，最后以"阿门"或者说"A门"（Amen）结束祈祷。经常说哈利路亚，甚至是词不离口。哈利路亚（Hallelujah，Halleluyah，或 Alleluia），天主教译作"阿利路亚"等，意思是"（让我们）赞美上帝耶和华"，或译为"赞美主"。

一个人如果跟随了基督，就会改变世界。（One person makes a difference when the mission of Christ meets the world.）

他们认为人是有罪的：在生活中，两种东西一直存在着，一是上帝，二是魔鬼撒旦（Satan）。因此，人需要时时刻刻靠近光明的神，而不是黑暗的魔鬼。信仰不是偶像崇拜，任何偶像崇拜都会通向虚妄。

三 得州大学城的基督教文化

大学城（College Station）是得州农工大学的所在地，距离休斯敦一百多公里的里程，是一个人口不到10万的城市。

教堂很多，有人说那里有上千家教堂，不知是否为实。在我租住的公寓附近就有四五家，有浸信会学生协会（Association of Baptist Student，ABS）、圣玛利亚天主教中心（St. Mary's Catholic Center）、大学路德教会（University Lutheran Chapel）、浸信会学生中心（Baptist Student Center，BSC），校园里也有一个教堂。

一说教堂，大家都非常敏感。其实，学生参加的教会，就像是一个俱乐部，有说有笑，也歌也舞，有辅导英语的活动，也有外出志愿者活动，可以免费吃饭，也组织各种捐款活动。

1. 华人的恩谷聚会（Grace Valley）

每周五下午5点，在麦当劳等地，刚到美国的留学生或没车的华人在那里集合，有人开车来，分期分批地把他们拉到城郊的教堂，一起吃饭聚会。活动流程是：吃饭、唱赞美诗、新来的自我介绍、学习《圣经》，最后是购物、送回家。这些费用都是教徒们个人提供的，他们轮流做饭，在自己家里做好，带到教会。他们个个豁达开朗、热情友好，以兄弟姐妹相称，给刚到美国的学生、家属提供了一个吃饭交友的机会，让人倍感温暖。当然，一开始有的人是纯粹混饭吃的，但是这种聚会久而久之就会让参与者由稍微有点感觉，到最后成为忠实的教友。

那个教堂属于美国社团，免费给华人使用，可见教友的情谊之深。教堂前面是广阔的草坪和孩子玩乐的秋千等设施，周日是信徒们的聚会时间，美国人和华人上下午分开使用此教堂。

在那里有很多华人，也有少数美国人。组织者是真正的信徒，好多是留在美国工作的华人，他们有大学教授，有辞职专门从事传教工作的（专心服侍神），也有一些在读华人博士。临时来聚会的很多是刚到美国的学生、探亲的家属，有白发斑斑的老人，也有坐着婴儿车的小孩。

每次聚会结束，一起去麦当劳或 HEB 等大超市各自购物，最后他们一个一个送回住所。

他们还帮助需要席梦思床垫的人解决困难，并驱车送到家门口，一切免费。

后来，他们还多次组织郊游活动，比如，到湖边烧烤活动。9点半从麦当劳出发，车队浩浩荡荡，到了湖边公园，有踢球的、有玩飞碟的、有交流的、有做饭的，其乐融融。

2. 华人满恩聚会

华人的满恩教会也定期举行活动（Association of Baptist Students，ABS），字面意思是：浸信会学习协会。一次，农工大学的张教授讲解《圣经》中雅各的故事，他们分析得非常细致，分析人物胜过文学作品赏析，同时结合实际生活，启发灵感诱发激情。

竖立在路边的牌子上写着周四晚上 7 点半，学习《圣经》、吃饭。他们还邀请达拉斯市著名人士来作报告。

3. 圣玛利亚天主教中心（St. Mary's Catholic Center）

圣玛利亚教堂距离农工大学英语系办公室不远，尖尖的塔顶映衬在蓝天白云之下，很是庄严肃穆。那是天主教教会，特别是周日许多美国人来做礼拜。对天主教的敏感和畏惧让我敬而远之，甚至感到有些恐惧。后来由邻居领着进入教堂，人很少，很冷清，倍感紧张，发现里面有好几个区域。

一层的大厅设施齐全，有乒乓球台、物品架、台球、桌式足球、沙发、音乐播放器、冰箱、饮水机、无线网络、24 小时空调、免费报纸，可以在那里学习。二楼有单独的房间供人们沉思忏悔（Mediation rooms），也有钢琴房、图书室。

在那里你可以跟世界各地的乒乓球爱好者切磋球技，累了，可以坐在沙发上听音乐。我经常利用那里的无线网络，跟家人通过 skype 软件电话交流。这个区域，开放到晚上 11 点，任何人都可以去。

然而，我很想知道他们到底怎么聚会，后来看到宣传活动就去了。聚会的地方在北边的另外一个大厅，一进门，先登记姓名，用记号笔在即时贴标签上写上自己的姓名，撕下来贴在左胸上，便于交流。

来参加活动的主要是大学生。先是吃饭，主要是大米、鸡腿、蔬菜等，那位义工给了我一个很大的鸡腿，当时印象最深的是吃饭，也为了了解一下美国文化，至于他们什么活动，根本不知道。

吃饭过程中，主持人说让大家相互认识一下。他说着国家的名字，来自这个国家的人要站起来，你会吃惊地发现，两大国家占了整个大厅的90%，一站起来乌压压一片，那就是中国和印度。和印度人交谈，好费劲儿！如果根据肤色判断印度人，一个特点是肤色深，再有就是他们说的英语我们很难听懂。

法国人和德国人站起来时，简直是少得可怜，孤零零一两个人，和我们"超级大国"实在是无法比拟。

最后，主持人问还有没有他没有提到的国家或地区，有人喊：得克萨斯。这时大家都笑了，意思是家门口的就算了，还起什么哄。

聚会者会主动、热情地和你交谈，气氛融洽。

还有一个区域是真正的教堂，非常宽敞。从周一到周五下午五点半，是弥撒（mass）时间，也就是天主教的一种宗教仪式，用面饼和葡萄酒表示耶稣的身体和血来祭祀天主，而周六，这里用不同的语言，如英语、西班牙语和韩语分别进行弥撒活动。具体怎么个礼节，我就不知道了。

这是某学生写给牧师的信：

> 亲爱的教父布莱恩，我来到得州农工大学时，很惊喜地发现这是一个如此笃信强烈的天主教社区。你和教会的工作人员点燃了我燃烧的欲望，我要更多地了解基督耶稣。（主耶稣）您在我心中有一个特别的位置。在我生命中，有您这样一位令人惊喜的神样的人，是我的福气。谢谢。
>
> (Dear Father Brian, When I arrived at Texas A&M, I was amazed to find such a strong Catholic faith community. You and the pastoral staff ignited my burning desire to learn more about Jesus Christ. You have a special place in my heart. I am blessed to have such an amazing man of God in my life. Thank you.)

在教会的张贴栏上有各种宣传单，比如，有找保姆（babysitter）的，时间是每周二上午8点到11点半；有零活广告：割草（mowing）、草坪修边（trimming）、修剪树枝（tree pruning）、筑栅栏（fencing）、搬运东西（hauling）；有发动捐款捐物的广告，有的捐物附带要求，如拒收可回收物品（recyclable item）、电脑、床垫（mattress）、婴儿床或者婴儿车（stroller）。拒收电脑可能是因为美国太多太便宜的缘故，也可能是卫生问题。拒收其他东西可能是从卫生角度考虑的吧。

还有的宣传是帮助要堕胎（abortion）的，如果需要帮助，给他们打电话。

他们还到校园组织聚餐游戏，不远处是以黑人为主的活动，黑人的电子琴等乐器摆放在一旁，节奏明快，凸显黑人风格。整个公园黑白分明，井水不犯河水，各玩各的，相得益彰。

4. 浸信会学生中心（Baptist Student Center, BSC）

BSC每周三中午免费就餐，然后在大厅一起唱赞美诗，有领唱的，在墙上有歌词投影。聚会的学生有挥动双臂的、有放在胸前的，不管什么动作，大家都站立在那里，看上去是那么虔诚。然后牧师乔（Joe）讲了些东西，都是很实用的。布伦达（Brenda）总是面露笑容，亲切和蔼。如果墙上没有十字架，怎么看也不像是教会。周五中午聚餐聚会，只交1美元。

他们还组织免费的英语辅导，每周几个晚上，辅导老师都是农工大学的大学生、志愿者，当然也是基督徒。

开学前BSC搞活动，免费赠送物品（free giveaway）。你会看到很多人在排队，组织者发放号码。喊着号码依次进入大厅，电脑、桌子、床、锅碗瓢盆、书籍等一应俱全，放有标签的物品说明是物有所属了。大件物品，他们用车帮你送回家。

我碰巧路过，没有好的名次，也就没能挑选到"大件"，找了一个高压锅，可是没有压阀，不过还好用，用它炖土豆、熬稀饭，在美国近一年的生活几乎都靠的是它。

他们还定期组织学生到餐馆吃饭，一年多次，去吃饭的学生把收据给BSC的工作人员，餐馆把营业额的总数再添加部分钱，或者按照总消费的比例，捐赠给教会。

5. 卫理公会（Methodist）

卫理公会的教堂离我公寓不远，我从没有进去过。只是参与了他们于一个周六组织的大义卖（Giant Sale Sat）。

我到了那里，一个大大的平房，附近几乎没有看到人。在拐角处看到一个小孩，以为这是他的家。我绕着这个房子转了一圈，也没有找到有出售东西的，于是又回到了原点。这时看到有白人、印度人从里面出来，就拉开门进入。

进入大厅，发现琳琅满目的东西，上面写着价格，不过非常便宜。比如，塑料密封盒，超市要3.34美元，而义卖只要25美分。出售的东西包括：婴儿床（crib）、桌子、椅子、沙发、橱子；灯，蜡烛；微波炉、餐具；家庭日用制品亚麻布（linen）、纺织品（fabric）；装饰品（decor）；打印机，书籍等。

我买了两个灯，一个床罩（2美元），一个吹风机（2美元），这是我买的最贵的东西。回到住处，觉得那天也没有什么事情，干脆再去看看，找找有没有需要的东西。这次，我挑了几本书，一个收录一体机（3美元）和一个电动足部按摩盆（2美元）。正在转来转去，忽然听到有人喊，现在一切免费了（free）。我以为听错了，哪有这样的好事儿？我平生还是第一次遇到，谁要是好占便宜，那天可就赚大了。好多的"好"东西，只是对我这个外国人用途不大。

在那里工作的全是中老年妇女，应该是信徒。我遇到了经常在 ABS 教会里的华人老夫妇，也在挑拣东西，我想可能是他们自己用，也可能是用于再次捐献帮助别人吧。

6. 路德教会（Lutheran）

路德教会的门上，挂着一个纸袋，里面放着英语学习的时间表。一周进行多次语言和文化的学习，志愿者是农工大学的大学生 Anya，她一说话就脸红，开车时却仿佛变了一个人，飞速疾驰，令人惊讶。她给来自中国、韩国、日本等地的家属上课，辅导英语。黑板上写着：发音和习语、Gig'em。来这里学习的韩国人、中国人居多。

有一次，她还带着许多人，到郊区一户人家做客，主人有一儿一女两个孩子。下午在院子里扔马蹄铁，烧烤，吃鹿肉熬成的汁，晚上乘坐拖拉机拉动的铺有干草的拖车观赏月亮，等等。

James 和 Joan 是一对夫妻，他们一直是路德教会的志愿者，和大学生一起给外地人提供语言教学等服务，他们相爱于 20 世纪 50 年代，一个是士兵，一个是护士。

路德教会的 Paul 牧师在我眼里是最"高贵"的，他的办公室里有微型高尔夫球，时不时打上几杆。他们还组织去冰球馆滑冰，他优雅的姿态和教会里的他形成鲜明的对比。

7. 另外一家路德教会

圣诞节前的平安夜，是教会忙碌的时候。在大学城另有一家路德教会，室内是灯光闪闪的圣诞树，有一位特胖的男子手拉大提琴，一个烛台上插有五根蜡烛，中心蜡烛比四周的又高又粗，颜色是白色的，象征着耶稣。

那年在这家教会体验了平安夜的传统习俗。

前排坐着一个大门牙不全的小女孩，让我印象深刻。一拍照，她就笑，一转头，她就冷冰冰的。

走在大学城，不用多远就能看到教堂，例如，华盛顿教堂（Washington Chapel）、College Heights 教堂、城市教会（The Church in College Station）、After the Rain 教会，等等。

四　农工大学校园内的教堂

可以说，大学城就是农工大学，农工大学就是大学城。整个城市不到 7 万人（2009 年），农工大学学生近 5 万人。

在大学校园里有教堂，令人惊讶。

第一次去见导师时，必经之地是一片碧绿的草坪，后面是低矮的房子，门口蓝白色的小花盛开，我禁不住好奇，推门而入，没有一个人，空调开放着，非常安静，我有些紧张。

室内还隔开了一个大厅，木头墙上挂着许多铜牌，镂刻着一些格言，全是取自《圣经》的。例如，一个牌子上的内容是：约翰一书第四章第 4.7.8 节——爱是出于神的……不爱弟兄的，未曾认识神；因为神就是爱。(Love is of God... he who does not love does not know God; for God is love.)

原来这是个教堂，名字是 All Faiths' Chapel（所有信仰教堂），供大学生使用。

木墙的里面是一排排的座椅，前面有一台钢琴。在另一个出入口处，有沙发、图书、公告栏，中间像冰箱样子的东西是直饮水机器。

每次和导师见面交流，如果时间还早，我就在沙发上先休息一会儿，随便翻翻书，这里离我导师的办公室很近。

我想如果一个不太讲究的人，完全可以不用去图书馆，也不用住宾馆，那里就是天然的免费旅舍。

五 大学校园里的布道和讲座

大学里有很多的学术报告、专题演讲、文艺演出等，也有一些是与基督有关的，有些在室内，有的直接在露天。

1. 校园内的露天布道

橄榄球场后面是一个很大的草坪，草坪的一角矗立着高高的钟塔，经常有学生在草坪上遛狗、游戏、锻炼。有一天夜晚，一名黑人牧师在演讲，是关于耶稣的，这种演讲被称为布道（sermon）。讲到人生中的石头时，他让一位学生躺在地上充当石头，随后领着祈祷，一字一句。

那晚比较冷，估计有100多人，他们坐在水泥地上，有的披着一次性雨披（我纳闷为什么披雨披），有的仅仅穿着短裤，那么长时间，那么认真，我实在是佩服他们的耐心和耐冻。站在旁边观望的没有几个人，一是警察，二是我，三是几个学生，看样子和我一样恰巧路过。

我惊叹，美国的大学生大都比较健壮，肌肉发达，因此也很抗冻。我觉得冷得要命，而人家女孩子只是穿着短裤拖鞋，坐在那里岿然不动，可能是身体的原因，也可能是精神的力量，"书中自有黄金屋"的陶醉，心中自有热火炉的执着，坚定的信念可以让一切问题都烟消云散。

他讲完后，音乐就响起来了，而且节奏很快，声音很大，和刚才的庄严肃穆的状态形成鲜明的对比。我就要离开，走到一辆警车面前，想

问问是怎么回事，正好有两个学生过来，她们说是 mass fast（字面意思是弥撒斋戒），于是我又回去了，想看个究竟。

他们在草坪上铺着又长又宽的蓝色防水塑料布，端来五六个大大的塑料箱子，里面盛着白色的面浆样的东西。每个箱子后面有许多学生排成长队，赤着脚，发号命令一出，一个个飞快地跑到箱子前，把脚伸进去，用脚捞出来一个什么东西，捡起来，跑回原地，第二个接着跟上去，同样用脚捞。应该是很凉很冷吧，有的女生颤巍巍地伸出脚。看他们的激情，简直不可思议！我走到近处观看，捞出来的原来是字母符号，他们要组成某个单词。

最后，他们用面浆互相攻击嬉戏，甚至把箱子搬起来，泼向"敌人"，像是泼水节。演讲台处，随着节奏快捷的音乐，他们扭来扭去，快乐无比，也正好取暖。演讲人和警察站在一旁闲聊，我在录像，演讲者的两个未成年儿子在教大学生跳街舞。旁边是牧师自己带来的发电机，突突地响着，供应高高竖起的照明灯。

我瑟瑟发抖，而他们热火朝天，这就是美国人的疯狂。

2. 体育馆内的布道

我去听过一次，那是 After Dark 组织来农工大学演讲。该组织成立于 2000 年，到 2009 年 10 月底，演出 165 场，这是第四次来大学城。

正式演讲之前，学生们在校园内拉着横幅宣传，横幅上写着 After Dark 将于 2009 年 11 月 2 日在西校区的体育馆 Reed Arena 举行活动。在宣传栏处，学生用卡片摆成一个 T 字，T 代表得州农工大学的 Texas。

西校区体育馆内座无虚席，这个体育馆常用来进行篮球比赛和毕业典礼等活动。布道者扛着一根重 250 磅（225 斤）的木头，气喘吁吁地走上舞台，放在三脚架上，然后用斧头用力地砍着木头，整个过程，他不停地演讲着，声情并茂，现身说法。到后来，每砍一斧头，木屑飞扬，他气喘吁吁，然而是精神的力量让他连续不断地进行，演讲非常感人。这是我第一次见到这样动人的表演，不一会儿，他砍好了一个凹槽，把一个横木放上，用钉子固定，估计钉子很长很粗，他用力地敲击钉子，锤子和钉子的碰撞声铿锵入耳，同时听到他急促的呼吸，仿佛替人受难的耶稣艰辛地行走。他做好十字架后，扛起十字架，继续布道演讲。

整个会场，鸦雀无声。

他叫乔·怀特（Joe White），那时是社会团体 Kanakuk Kamps 的创办者、主席，农工大学橄榄球队的前教练。他出版多本专著，2005 年出版《纯粹的激情：通往性、爱和约会的正确之路》（*Pure Excitement：a Radical，Righteous Approach to Sex，Love and Dating*），帮助青少年理解神的真爱，帮助曾经犯过错误的人，点燃他们的勇气和信念，追求最美好的东西。

3. 有关信仰的研讨辩论会

在西校区某教室，举办宗教研讨会，从全球的角度谈论宗教。由 6 名博士、教授组成的讲演小队（Panelist），在讲台上一字排列，每个人面前放着一个简易纸牌，打印着名字和所信仰的宗教。

主持人是一名学生，白色衬衣，淡红色条文领带，乳白色休闲西裤，精神焕发。在主席台上就座的从左到右第一位是无神论者 Bob Presley（Secular Humanism，世俗人文主义），穿着黑色西装。第二位是哲学系的 Richard Stradelmann，代表基督教，当然他是基督徒，穿着红色西装。后来听我的老师、英语系教授 MacCan 说他是很不错的教授，仿佛家人还是他本人曾经得了重病，依然乐观地工作生活。下一位是 Venkata Raju，代表印度教（Hinduism）；Sammuel Cohn 代表佛教（Buddhism）；Amman 代表伊斯兰教（Islam），他的特点是黑色浓密的大胡子；Peter 代表犹太教（Judaism）。最右边是老师主持人，负责提醒告知每个人的演讲时间。

每位专家用两分钟的时间，概括自己宗教的核心。印象较深的有：无神论者 Bob 说，宗教正慢慢地死亡。他的声调有些激动，这时基督教代表 Richard 幽默地对答了一句：谢谢你的宗教。（Thank you for your religion.） 当然 Bob 认为没有神，没有宗教，Richard 是不赞同 Bob 的观点的，仍然说感谢，我们可以理解到他的感谢中含有讥讽的味道，也很幽默地表达了自己坚信有宗教信仰。

Richard 在演讲时，双臂伸展，激动地站立起来，感觉就像总统在拉选票。

　　伊斯兰教代表说，有些国家违背了基本教义。犹太教代表说，爱你的邻居；己所不欲勿施于人。佛教专家开始讲话前先轻轻地咳嗽一声，然后像是闭着眼睛念经一样侃侃而谈。他说："如果不能改变世界，那就改变个人（individual）。"

　　出席活动的几乎所有的学生都是正装，没有穿西装，只是衬衣领带、西裤皮鞋，很是精神。从辩论中，我们看出美国人之间的尊重与倾听，各抒己见、畅所欲言（周日教堂聚会时他们的着装最正式，美国的好多场合是不打领带的，然而教友聚会必定打领带）。

　　然后是学生向专家提出问题，最精彩的是6名专家用6种不同的角度，回答同一个问题。

　　当然，校长办公的大楼（rudder）也经常组织关于《圣经》的报告，如 FOCUS 组织的活动。focus 本意是"集中"，这里的意思是：Fellowship of Catholic University Students（www. focusonline. org）的首字母缩写，"天主教大学生团契"。

六　有规律的聚会交流

　　要不断地提高自己，需要交流，来自中国台湾的华人称为"交通"。每周最稳定、最有规律的聚会是教友的聚会，也就是团契，他们以兄弟姐妹相称。有家庭聚会，也有来自不同城市教友的大聚会。他们一起唱赞美诗，讨论学习《圣经》。

佩吉（Peggy）来自中国台湾，在美国读了大学，嫁给了美国人格伦（Glenn），70多岁了，他们家每周都有小聚会，聚会者来自不同的国家，有信徒，也有新人。格伦擅长弹吉他，声音浑厚，高高的个子。他曾经一个人开车去佛罗里达看望家人，除了在路上加油、吃饭，一路跑去跑来，单程近20个小时。他还和妻子佩吉驱车从南到北穿越美国，到五大湖区域的一个城市，看望生子的女儿，他们的精神状态令人惊喜。在他们家，我遇到了比尔（Bill），非常高大，擅长炖肉。他带我参加过多个家庭聚会，也在我的公寓交流过。然而不幸的是他于2014年下半年去世，没有留下任何财产，连葬礼的钱都是教友们给凑的。

他们还组织周末大聚会，有时到不同的城市去。

他们赞美耶稣，宣扬慈爱：

1. 我生命中最伟大的事情是认识你、爱你、服侍你。（The greatest thing in all my life is knowing you/loving you/serving you.）

2. 他的爱高得无法言喻，那样奇妙的爱，那样温柔的爱，永远称颂他的名，我们赞美，我们欣欢。（Human lips can never utter/all His wondrous tenderness. We can only praise and wonder, and His Name forever bless.）

3. 愿你脚下的草常青，愿柔风吹拂你的面颊，愿你所到之处仁慈陪伴着你，愿上帝之爱在你身后相随。（May the grass be always green under your feet/May the wind always be gentle on your cheek/May only kindness surround you wherever you go /May God's love behind you follow.）

七 遍布全国的教堂与活动

走进每一个大城小镇，都能看到各种教堂。

教堂是人们聚会的地方，交谈、学习、放松、娱乐。而教会不仅仅指的是一个组织，一个地方，关键的是他们持续不断地活动。另外，他们言语中的教会，不单突出教堂所在地的聚会活动，更强调家庭和平日的学习，两个人学习《圣经》也是"教会"，这和我们平常说的"教会"概念不太一致。

我到得州圣安东尼奥市时，看到一座天主教教堂，圆拱形大门，一进门就是一排排点燃的白色蜡烛。高高的圆柱，宽敞的空间，排排座椅，座椅靠背的后面都有一本《圣经》。正堂中间有各种天使神像，墙上有壁画，这是典型的天主教堂。

得州沃斯堡市的一家教堂有点像林肯纪念堂，只不过白色的大理石立柱少了一些，在立柱后悬挂着三面锦旗，分别写着"和平、爱、喜乐"（peace，love，joy）。从一旁的标牌上看出这是"第一基督教堂"（First Christian Church）。

在沃斯堡我们停车后，发现前面是一家天主教教堂，是典型的哥特式建筑，广场上矗立着白色的大理石耶稣圣像。

得州有全国最大的十字架。洛杉矶郡好莱坞市的一个标志性象征是竖立在山坡上的白色大字"好莱坞"（Hollywood），不远处是高大洁白的十字架。

在路易斯安那州州府巴吞鲁日有一家乳白色的教堂，所有的窗门都是拱形，最高处是一个钟塔，上部是尖尖的锥状设计，安放着高高的十字架。

路州新奥尔良市的圣路易斯大教堂（St. Louis Cathedral），于1794年重建，是美国现存大教堂中最古老的一座。教堂前是宽阔的第七任总统杰克逊广场，矗立着杰克逊骑马的雕像。广场濒临密西西比河，车水马龙的街道，卖画的艺术家，高高悬挂的国旗，人们谈笑风生，吃着美味的小龙虾，不远处就是著名的酒吧一条街波旁街（Bourbon St），那里酒吧林立，霓虹闪烁，人们通宵达旦，爵士乐伴随着人们饮酒消遣，与凌晨的宁静和肃穆的教堂形成鲜明的对比。新奥尔良是爵士音乐的发祥地，爵士乐大师路易·阿姆斯特朗当年从那里起家。

大教堂里有祈祷的人们，酒吧街里有边走边喝啤酒的人们，也有肩扛十字架的信徒。

各教会经常发起志愿者帮扶活动，比如 BSC 教会发动大学生志愿者，于 2009 年 10 月 6 日，去帮助飓风受害者，志愿者去工作 3 天，费用自理，每人交 40 美元，由牧师带队，一起吃住。

基督教活动家谢恩·克莱本（Shane Claiborne, 1975— ）曾经说：
"我们尽可能地让世界安稳，只要有成千上万的人生活在贫穷之中，而
只有少数人如愿地生活，这个世界就永远不会安全。"（We try and make
the world safe, knowing that the world will never be safe as long as millions
live in poverty so a few can live as they wish. ）

信徒们到大街上免费发放《圣经》，欢迎加入他们的活动。

教堂里张贴着各种激励性的语言："我们相信每个人都会被召唤，
使魂、体、灵的全部潜能得以充分发挥。为了实现此潜能，我们承诺用
体贴、爱心和奉献给所有的人提供义务服务。"（We believed that each
person is called to achieve full potential of mind, body, and spirit. To enable
the fulfillment of the potential, we pledge to render service to all with sensi-
tivity, compassion, and commitment. ）

在美国国内，这些信徒们到各地做很多事情，让信仰普及延伸，也
到国外去，他们的主旨可以用下面的首字母缩略词来阐明，"我们服侍
之地" WHERE WE SERVE （Worldwide outreach—WHERE WE SERVE
AND WORSHIP）：

W：Where we serve and worship	服侍和崇拜的地方
H：Helping Hands	助人一臂之力
E：Everyday miracles	每天创造奇迹
R：Rejoicing in God's Promise	在神的应允中喜乐
E：Encourage Each Other	互相鼓励
W：Witnessing to Others	给他人做见证
E：Enjoying His Creation	喜爱神的创造
S：Singing Praises	唱歌赞美主
E：Engaging the Soul	全心灵投入
R：Responding to Needs	关心他人需要
V：Vibrant Blessings	响亮的祝福
E：Embracing the Season	拥抱美好时光

49

相邻大学城的姊妹市布莱恩市（Bryan）的 29 街，有一个机构叫"好撒玛丽人加百利生命中心"（Good Samaritan Gabriel Project Life Center）。Gabriel 来源于希伯来语人名，含义是"上帝给了我力量"（God has given me strength），该中心从事的事情包括：1. 怀孕测试；2. 怀孕指导；3. 怀孕和育儿辅导；4. 孩子用品；5. 孕妇装（maternity clothes）；6. 情感支持（emotional support）；7. 精神支持（spiritual support）；8. 教育信息。

信仰给人信心，他们相信未来世界：眼睛能够看到的就不是希望，因为谁会希望他眼睛看见的东西？（A hope that is seen is not hope, for who hopes for what he sees?）人是神的样子，神靠人来彰显，努力做个好人；人的空虚是从灵那里发出来的，有了神在灵里生活才精彩；把人分为体、魂、灵，灵是和神交流的，他们经常使用的一个比方是：手套让手进来才起作用，人的灵里有了神才是人生价值所在。

接受主耶稣的一个重要的仪式是受洗（Baptized），在牧师的主持下，在教友的赞美歌声中，受洗者的全部身体被牧师浸入水中，起来的时候，意味着彻底换了一个人，也就是说受洗的人从此接受了耶稣作为自己人生的方向。我遇到过一位来自中国的大妈，到美国不久就接受了洗礼，当她进入洗礼圣水池（浴缸）时，庄严的仪式令人敬佩，在赞美诗和人们的祈祷中，受洗者从此就开始了跟随主服侍主的新的人生。受洗仪式后，还有一个见证的仪式，主要是介绍自己接受主耶稣的过程。

基督教注重"劳碌、忍耐、爱心、悔改、忠心、行善"等；基督徒富有爱心，会为别人祷告，认为这样可以给别人带来福分，因为耶稣保佑着他们，家庭聚会时，他们会问你家人有没有需要祈祷的，总之，他们很善良，富有爱心。

牧师的奉献精神和舍己为人的做法令人敬佩。"二战"期间的 1943 年 2 月 3 日，美国的运输船被德军的鱼雷击中，船体迅速下沉，救生衣不足，这时四名随军牧师（chaplain）把自己的救生衣脱下来给了四名士兵，他们随船消失。关键的时候，牧师们舍弃了自我的生命，把希望给予他人，自己选择了死亡，选择了荣耀归主。

美国社会隐性教育研究

2011 年 5 月，美国的中西部和南部发生两场飓风，夺去了近 150 人的生命，还致使 100 多人失踪。这是自 1953 年以来，龙卷风致死人数最多的一年。许多人自愿为他们举行悼念活动，祈祷祝福。奥巴马从欧洲立马飞回，赶赴灾区乔普林市，并出席那里的悼念活动，向在灾难中去世的人们表示哀悼。

目前，我国信教人数逐年增加，具体人数不好计算，据 2014 年 8 月 6 日《人民日报》文章，中国基督教信徒人数在 2300 万至 4000 万之间，约占我国人口总数的 1.7%—2.9%，这个数据也得到了中外学界的认可。

国家宗教事务局局长王作安表示，中国基督教告别了"多一个基督徒就少一个中国人"的旧时代，进入了"多一个基督徒就多一个好公民"的新时期。

2010 年 8 月中国社科院发布的《宗教蓝皮书》指出，中国现有基督徒 2305 万人，其中，因自己或家人生病而信仰基督教的信徒占到了 68.8%。从这一点上来看，信仰基督和信佛的目的是相似的。这也是中国特色的信仰基督群体。

没有宗教信仰的人做事的原则会波动很大，甚至出现问题，不能坚守道德的底线，原则与底线如云随风而去。

"八项规定"之前，许多中国人与美国人的差别是一字之差，开会、酒会、聚会与教会的差别。

我国比较突出的是开会和酒会。开会自然有好处，但也有不足，文山会海浪费了人们的时间。

酒会，更是我国的特色。从生到死，酒文化时刻陪伴身边：孩子出生、百日、孩子生日、老人大寿、金榜题名、就业、结婚（甚至离婚）、获奖或者奖学金、出门送行、回来接风、各种节日宴会、求人办事、感谢办事人的帮助等，都要喝酒，喝酒不足不够意思，酒过三巡尽开颜，酩酊大醉够朋友，然后再追加烧烤、唱歌、扑克、麻将等才够味、够哥们儿。喝酒是习惯，喝酒能增加友谊，然而酗酒会带来很多问题，伤身、伤情、伤害社会。

在我国，家里聚会的机会越来越少，总觉得在家里，档次不够。非常要好的朋友还可以，稍微陌生点的朋友就不在家里。

教会活动在美国是很常见的，教堂是美国社会给公民提供的活动场所，让孩子从小跟随父母耳濡目染，接受教育。教会活动培养孩子的爱心、勤奋、节俭、开拓等品格，使其严格要求自己，时时处处彰显自己是神的选民之优秀品质，对他们今后的工作和生活都具有深远的意义。

第二节　遍布各地的博物馆艺术馆

在得州农工大学访学时，有一天出门碰巧下雨，匆忙间找避雨的地方，无意中跑到了一个公立图书馆门前。到姊妹城市布莱恩时，发现那里有好多家古董店、博物馆。凭着这种初级的感性认识，我又到大城市休斯敦去看博物馆，发现图书馆、博物馆、艺术馆就更多了。后来又到迈阿密、达拉斯、华盛顿特区、波士顿、纽约、洛杉矶等市及许多小镇，我感到博物馆相当普遍，不管城市大小，都建有大大小小的博物馆。其博物馆数量多、规模大、门类全、展品精，具有教学研究的功能，令人惊叹。

你不禁要问，美国为什么要建立这么多博物馆？到底有多少博物馆？是不是全球博物馆数量最多的国家呢？

美国的历史虽然不长，不过美国人特别自信，总想通过博物馆展示自己"悠久"的历史和灿烂的文化。利用博物馆把美国在历史文化遗产和科技水平等方面充分展示在众人面前，让人们看到美国辉煌的成就，让人们了解美国艰难的创业历史，启发人们的创新思想。

从美国国内角度看，他们把博物馆当作一个城市的灵魂，它能够提升城市的品位，能够彰显多元文化的魅力，也能促进旅游业的发展。博物馆更是一个很好的教育基地，是孩子们认识自然、启迪智慧的第二课堂，能够给孩子提供探索和创新的机会，能够启发他们的灵感，能够更好地对他们进行爱国教育，提高他们的综合素质。美国的教育不仅在学校，在家庭，而且在社会，在遍布各地的博物馆艺术馆等公共场所。在博物馆，可以研究历史，通过与历史对话，更多更好地研究人类的发展。通过艺术品和古董文物等，可以更全面地了解世界各地的文化，提高人文素养，指导处世方法和思路。

从国际角度看，这些博物馆在记录历史文化的同时也弘扬了美国精神，宣扬了美国文化，虽然赶不上好莱坞大片影响的范围之广，但是，博物馆也是推广美国文化的重要阵地。文化的输出最好是以潜移默化、润物细无声的方式，让人在不知不觉中受到教育，这种"青蛙效应"更能起到事半功倍，甚至四两拨千斤的效果。2014年，到纽约的中国游客超过了74万人次，几乎是2009年的5倍。据美国商务部预测，中国游客人数或将以平均每年18%的增幅上涨。游客的消费途径主要是购物，其次是博物馆、艺术馆。

我喜欢逛博物馆，不仅能提高英语知识，更重要的是，琳琅满目的展品极大地开拓着我的视野，满足我的收藏欲望。博物馆的主题性强，时间跨度长，自古至今，覆盖范围广，展品来自全球，甚至人类能触及的地方。博物馆是本好书，是本无法丈量的百科全书。它栩栩如生地展示给你一个崭新的世界，一如3D、4D立体电影的效果，真实生动地给你讲述它的故事，令你如醉如痴地接受它。

带着一些疑问，我开始查找数据，才知道美国是全球博物馆最多的国家。约有17500家博物馆（一说35000家），每年参观人数近9亿人次，也就是说所有美国人一年里，平均每人参观博物馆3次。而且，免费的博物馆占总数的约1/3。

本节主要涵盖以下内容：一、博物馆的渊源与历史。二、博物馆众多的原因（突出的自豪感和收藏意识、强烈的感恩意识和捐赠行为、大学及协会的引领作用、有力的资金保障、健全的法律保障、完善的市场体系）。三、博物馆的教育研究功能。四、华盛顿特区和纽约市的博物馆。五、主题鲜明的博物馆：（一）与民族种族、重要人物、历史事件等相关的博物馆："9·11"国家纪念博物馆等。（二）与自然历史有关的博物馆：著名的9个自然历史博物馆。（三）与军事有关的博物馆。（四）与科学、医学有关的博物馆。（五）艺术博物馆。（六）儿童博物馆。

（七）水族馆。（八）独特专门的博物馆（"另类"博物馆）。（九）美国博物馆的中国元素。

一、博物馆的渊源与历史

公元前 5 世纪，古希腊设有供国王储存欣赏战利品或雕塑的仓库。希腊文"缪斯庵"（museion），意为"祭祀缪斯的地方"。缪斯是希腊神话中主管艺术与科学的九位古老文艺女神的总称，分别是历史、天文、史诗、情诗、抒情诗、悲剧、喜剧、圣歌和舞蹈。

到 18 世纪末，西欧的一些国家博物馆相继建立、开放，功能有了新的发展。

1880 年，英国博物馆学学者鲁金斯发表了论文《博物馆之功能》，强调博物馆应成为公众受教育的场所。美国学者顾迪在《将来的博物馆》和《博物馆行政管理的原则》两篇论文中，强调博物馆须致力于革新教育，既要成为研究场所，也要成为教育机构。

1946 年 11 月，由美国博物馆协会会长 C. J. 哈姆林倡议，创立国际博物馆协会（简称国际博协，International Council of Museums，ICOM，http：//icom. museum/），总部在巴黎。1947 年，成为联合国教科文组织的一个非常活跃的机构。

1971 年，国际博协在法国召开大会，探讨了博物馆的文化教育功能与人类未来的关系。

1974 年 6 月，国际博协将博物馆定义为"是一个不追求营利，为社会和社会发展服务的公开的永久机构。它把收集、保存、研究有关人类及其环境见证物当作自己的基本职责，以便展出，公之于众，提供学习、教育、欣赏的机会"。2007 年其定义修改为："博物馆是一个为社会及其发展服务的、向公众开放的非营利性常设机构，为教育、研究、欣赏的目的征集、保护、研究、传播并展出人类及人类环境的物质及非物质遗产。"①

"博物馆长夜"活动是德语国家的一个重要文化项目，许多国家也

---

① 宋向光：《国际博协"博物馆"定义的新调整》，https：//blog. sina. com. cn/s/blog90120
c810100yfkf. html，2011 年 10 月 25 日。

开展此项活动。在特定的日期，某个城市或地区的多家博物馆和文化机构同时开放至深夜，参观者持该活动通票可出入所有场馆。迄今为止，已经持续了整整20年左右。比如，英国的博物馆长夜，你买一张票可以参观三个晚上。2012年，英国有530多个场馆参与了这个项目。

1977年，国际博协宣布5月18日为第一个国际博物馆日，并为国际博物馆日确定每年的活动主题。

1983年，中国正式加入国际博协。

从1992年开始，博物馆日的主题相对明确，这为博物馆的发展确定了方向和目标，博物馆的使命在创新性地进行改革，为人们的沟通、社会的可持续性发展与和谐服务。2017年的主题意在鼓励博物馆界在过往不太关注的层面进行研究挖掘、有所作为，以开放包容的姿态，加深世界文明之间的沟通和理解。

下面是历年博物馆日的活动主题:①

时间	博物馆日主题
1992	博物馆与环境（museum and environment）
1993	博物馆与土著人（museum and indigenous peoples）
1994	走进博物馆幕后（behind the scenes in museums）
1995	反应与责任（response and responsibility）
1996	收集今天为了明天（collecting today for tomorrow）
1997 1998	与文物的非法贩运和交易行为做斗争（the fight against illicit traffic of cultural property）
1999	发现的快乐（pleasures of discovery）
2000	致力于社会和平与和睦的博物馆（museum for peace and harmony in society）
2001	博物馆与建设社区（museums：building community）
2002	博物馆与全球化（museums and globalization）
2003	博物馆与朋友（museums and friends）
2004	博物馆与无形遗产（musuems and intangible cultural heritage）
2005	博物馆：沟通文化的桥梁（museums bridging cultures）
2006	博物馆与青少年（museums and young）

① 国家博物馆日，https://baike.so.com/doc/5398499 - 5635907.html。

时间	博物馆日主题
2007	博物馆和共同遗产（museums and universal heritage）
2008	博物馆：促进社会变化的力量（museums: agents of social change and development）
2009	博物馆与旅游（museums and tourism）
2010	博物馆致力于社会和谐（museums for social harmony）
2011	博物馆与记忆（museums and memory）
2012	处于变革世界中的博物馆：新挑战、新启示（museums in a changing world: new challenges, new inspirations）
2013	博物馆（记忆＋创造力）＝社会变革
2014	博物馆藏品架起沟通的桥梁（museum collections make connections）
2015	博物馆致力于社会的可持续发展（museum for a sustainable society）
2016	博物馆与文化景观（museums and cultural landscapes）
2017	博物馆与有争议的历史：博物馆讲述难以言说的历史（museums and contested histories: saying the unspeakable in museums）

二 博物馆众多的原因

博物馆艺术馆等数量众多，主要有以下几个原因。

（一）突出的自豪感和收藏意识

虽然美国历史短暂，但收藏古董文物、艺术作品的意识非常突出、强烈。收藏的意识和做法不仅因为经济，而且在于他们的对往事的怀旧之情和对自己新世界的自豪感。收藏者认为不同年代和地区的艺术品是人类共同的继承。（The art of all ages and regions is the common heritage of mankind.）

1861年，伦敦艺术工会主席乔治说，"让一个工人了解艺术作品，可以使他变得举止高贵，富有自尊心，这对于维护社会的稳定，具有非同小可的作用。此外，还可以使他成为一个更好的工人，充满愉悦，超脱于自身的地位，达到灵魂净化和升华"。①

在得州某小学的书架上，我看到一本介绍得州的书，讲述展示得州

---

① 魏青：《应该让孩子多逛博物馆》，https://news.ifeng.com/gundong/detail 201305/20/254806290.shtml，2013年5月20日。

的历史和发展，非常详尽，图文并茂。爱国精神的培养从爱自己的家乡开始，从小就培养了一种强烈的自豪意识，因此不管城镇大小，总是要建好纪念馆，向游客宣扬自己的文化。

在普通百姓的家里，一把破椅子，一辆旧汽车，也不舍得扔掉，因为它记载着故事和历史，时刻向后人或客人讲述曾经的辉煌。一个农庄里，自然有锈迹斑斑的农具、古老陈旧的机械、老式房子及家具，除此之外，美国人重视先祖的故事，仿佛没有故事就没有他们。

究其原因，你会发现美国是移民国家，全世界不同国家的移民特别是优秀人才蜂拥而至，开始为了生计，必须抱团取暖，注重"老乡"观念，旧世界的东西是他们怀旧的唯一念想和信物。后来，为了让子孙不忘先祖，也为了彰显自己的民族文化，牢记这份情谊，他们注重收藏，然后集中一些藏品建立博物馆，给来访者提供鲜活的资料。比如在得州捷克裔的小镇社区，不仅有一年一度的纪念节日，而且有多家小型博物馆，陈列着先祖遗留下来的各种物品，供人参观欣赏。这些博物馆免费，如果你要交费的话，象征性地捐赠一两美元而已。

美国人的收藏意识浓厚，不管有钱没钱，总要收藏点什么。收藏历史较早，可以说伴随着移民的历史，因为离开了欧洲老家，这些移民怀旧的心理加上感恩的行为促使他们保留着早期的物品或故事，并一代一代传承下去。普通人收藏自家的历史，保存这份情感，而富人在全世界范围内收藏，既能增值，又能把玩价值连城的东西。

（二）强烈的感恩意识和捐赠行为

感恩意识强促进了博物馆的建设，从世界范围看，感恩节首发于美国。因为移民在艰苦的环境下受人帮助，再加上信仰的笃诚，对历史念念不忘。对神的忠信在个人生活上的体现就是积极乐观、大度忘我的态度。美国神学家赫舍尔说过："人存于世是一件幸事，人活于世是一件圣事。"（Just to be is a blessing, just to live is holy.）

感恩与捐赠密不可分，个人捐赠比例高也是感恩的一个表现，乐于做慈善事业的美国人是博物馆蓬勃发展的关键。美国的个人捐赠占整个社会捐赠85%以上（中国的个人捐赠占整个社会捐赠约20%）。一个企业、学校、政府、机构等，总是专设一个大厅，或者显眼的地方把创始人及单位曾经的辉煌与挫折等陈列出来，让后人不忘前人足迹。不仅展示了本民族的历史，而且具有很好的教育作用。

许多银行家、企业家都乐于收藏，先是在家里收藏珍品，然后建立私人博物馆，一步一步地发展收藏事业，藏品积累越来越多，最终全部或者部分捐赠出去。同时，企业家大都建有基金资助博物馆。个人或者博物馆只要你专注一个事业，就有机会获得基金的支持，比如洛克菲勒基金、摩根基金都捐助过大都会艺术博物馆。

1. 洛克菲勒家族的收藏与捐赠

洛克菲勒家族的收藏是从第二代小约翰·洛克菲勒（1874—1960）和夫人艾比开始的。第一代老约翰赚钱很多，可以说是世界首富，也创办了家族基金，他只有一个儿子就是小约翰，小约翰有四个姐姐。可以说只要他们喜欢的藏品，从金钱角度来讲，一般都能成功获得。

艾比对艺术品有着极高的鉴赏能力。

1915 年，钢铁大王摩根（J. P. Morgan，1837—1913）在罗马病逝后，家族继承人要出售 1500 件中国瓷器。41 岁的小约翰向父亲借贷 200 万美元，买下了这些藏品，里面有 19 世纪法国学者、收藏家阿尔伯特·雅克马特（Albert Jacquemart）的藏品，他在有关中国瓷器的著作中首创了法文瓷器新名词"素三彩"（Famille Verte）和"洋彩"（Famille Rose）。

1917 年，小约翰夫妇花费了 1200 万美元，独资兴建了北京协和医学院和附属医院。1921 年 9 月后的 3 个月时间里，他们在中、日、韩、泰、越等地旅行，带回了许多亚洲艺术名品，并在家中设置佛堂、香具，摆放艾比收藏的佛像。其中有北魏大型镏金铜佛，后来艾比将这两组镏金铜佛捐赠予大都会博物馆，为镇馆之宝。

还有，唐代的汉白玉立姿菩萨，是洛克菲勒家族引以为豪的旷世雕塑，为中国传世最美的雕塑作品，足以和最美的希腊雕塑媲美。

到了第三代，也就是小约翰的长子洛克菲勒三世，受母亲的影响，他主要收藏亚洲佛像。20 世纪 60 年代，洛克菲勒三世和他的妻子布兰

美国社会隐性教育研究

切特（Blanchette），成为亚洲和美国艺术品最主要的收藏者。1978年洛克菲勒三世因交通事故去世（肇事者是一个未成年无证驾驶的男子，导致交通事故）。之后，妻子将两人花费30年心血收藏的宝石臻品，以及258件亚洲文物，包括中国官窑瓷器，日本浮世绘版画、织品等，捐赠给了丈夫一手创立的亚洲协会，公开展示。

20世纪40年代末，洛克菲勒三世的五弟大卫·洛克菲勒取代母亲艾比担任纽约现代艺术博物馆的主席。2005年，他为该博物馆和洛克菲勒大学各捐助了10亿美元，2008年又为哈佛大学捐助10亿美元。据估计，他一生对慈善事业的捐款达到90亿美元。另外，大卫与基辛格是好友，与基辛格极力促成了尼克松总统的访华行程，对中美关系做出了很多贡献。1973年大卫来到北京，拜会了周恩来总理，双方在深夜会谈了两个多小时。访问结束后，大通银行成为中国银行在纽约的代理行。2017年3月20日大卫去世，享年102岁。①

2. 其他名人的收藏与捐赠

（1）美国人顾洛阜（John M. Crawford，Jr.，1913—1988）、美籍华人王季迁（1906—2003）等都曾给大都会艺术馆转让或捐赠一些藏品。

（2）美籍华人王方宇给洛杉矶的弗利尔美术馆捐赠八大山人作品。该馆免费开放，为私人艺术馆，这是世界上最重要的八大山人作品收藏馆地之一。王方宇（1913—1997），是海内外研究八大山人的权威。他毕业于北京辅仁大学教育系，1946年获得哥伦比亚大学硕士学位，在耶鲁大学任教10年；然后在美国西东大学（Seton Hall University）任教15年。1975年退休。去世后，珍藏的70余件八大山人书画全部捐赠给了弗利尔美术馆。八大山人是明末清初著名书画家，南昌人，这是他的

---

① 洛克菲勒家族寿命：第一代老约翰98岁；第二代小约翰86岁；第三代大哥洛克菲勒三世因交通事故去世，72岁；二哥纳尔逊曾任副总统，71岁；三哥劳伦斯，风险投资，94岁；四哥温斯罗普，寿命最短，60岁，曾任堪萨斯州州长。其简历可以看出，不幸的婚姻与健康是成比例的。他就读耶鲁大学，因考试不轨行为被开除。参加了"二战"；1948年36岁时结婚，1950年分居，1954年离婚，这是第一任妻子，电影演员，生活了6年；第二任妻子1956—1971年，生活了14年，两人没有孩子。妻子之前的婚姻有两个孩子。1966—1971年任堪萨斯州州长。卸任后，妻子和他离婚。1972年9月，查出胰腺癌，只能化疗。当他回到堪萨斯州的时候，人们对于他的瘦削和憔悴（gaunt and haggard appearance）非常吃惊。1973年2月在加州去世，火化，骨灰埋葬于堪萨斯州。

一个号名，原名朱耷。他的许多画作每幅超过 2000 万元人民币。

（3）丹曼·罗斯（Denman Waldo Ross，1853—1935）为哈佛大学教授兼博物馆赞助人。给波士顿博物馆的捐赠超过 11000 件艺术品；给福格博物馆（哈佛大学艺术馆）捐赠的艺术品也超过 1500 件。

（4）赛克勒家族捐赠了美国和中国多所大学的艺术馆。阿瑟·姆·赛克勒博士（Dr. Arthur M. Sackler，1913—1987）是美国医药学家、出版人、艺术收藏家和慈善家。他是精神病专家，以销售镇静剂而发家。首先赛克勒为普林斯顿大学美术馆捐赠了大量中国古画；向史密森博物馆捐赠了 1000 余件亚洲艺术藏品，主要包括青铜器、玉器、漆器、绘画，近东的陶器，南亚和东南亚的雕塑。还捐赠过 400 万美元，资助建馆，在 20 世纪 80 年代初这是天价。他还捐赠建立大都会博物馆之赛克勒馆、哈佛大学之赛克勒博物馆。

他曾募捐支持白求恩在中国救治抗日战士。他喜欢收藏明清家具，仅 1965 年他就成批购买了 130 件中国家具。1980 年，他从美国拍卖会上花 10 万美元将一张原在颐和园的皇帝御座买下，后来送还中国。1986 年，资助兴建北京大学赛克勒博物馆，1993 年免费开放。

（5）收藏家简·米切尔和杰夫·布兰德捐赠了世界最大的蓝晶。蓝晶又名海蓝宝石（Aquamarine）于 2012 年由美国国家自然历史博物馆展出。国际公认宝石包括：钻石、蓝宝石、红宝石、猫眼石和祖母绿，除此之外，还有半宝石、海蓝宝石就属于这类，是具有首饰加工价值的天然矿石。一般说来 5 克拉以上的为每克拉 400—2000 元人民币。

这块最大的海蓝宝石高 36 厘米，重 10363 克拉，价值连城。当初佛州的收藏家简·米切尔和杰夫·布兰德（Jane Mitchell，Jeff Bland）夫妇卖掉一家医疗设备公司，才购买了这块海蓝宝石。20 世纪 80 年代，在巴西开凿出来的。20 世纪 90 年代租借蓝晶用来展览，花费 700 万—1000 万美元。2011 年他们捐赠给了博物馆。

通过上面几例，可以看出美国的捐赠行为极大地促进了博物馆的发展。

（三）大学及协会的引领作用

1. 大学学科的专业化

美国的许多大学历史悠久，学科发展比较成熟，分支更加细化，比如社会学、人类学、历史学、考古学（艺术与考古学）、地质学（geology）、博物馆研究、博物馆学（museology）、美术学、文化生态学、自然科学等，各大学形成了自己特色一流的专业。举例如下：

（1）普林斯顿大学（Princeton University）设有博物馆学博士学位。该校建于1746年，位于新泽西州，2016年美国大学排名第一。

该大学的美术博物馆约有60000件藏品，从古到今，展品来自世界各地。大学的教学和博物馆的建立密切相关，比如，古希腊、古罗马的文物主要来自大学在土耳其南部的考古挖掘。

（2）堪萨斯大学（University of Kansas）有6个博物馆研究专业的硕士学位。该校建于1862年，位于堪萨斯州。据US News报道，堪萨斯大学内设40多门课程，其中26门位列各公立大学课程的前25名。

（3）得州的贝勒大学（Baylor University）开设两门博物馆学学士课程，该校建于1847年，位于维科市。2016年US News大学综合排名第72位。

另外，美国许多大学对世界各地各民族的研究形成了一个体系，比如，密歇根州立大学（Michigan State University）、俄亥俄州立大学（Ohio State University）、波士顿大学（Boston University）研究中国书画方面成绩突出；西北大学（Northwestern University）的特长之一是研究中国佛教、敦煌、石窟寺等。

大学专业的发展造就了博物馆事业的发达，博物馆的藏品对于教学科研也是极大的促进，这样大学与博物馆建立了良好的合作共赢关系。

2. 博物馆协会的发展

（1）史密森学会（Smithsonian Institution，又译：学院、协会）是世界最大的博物馆体系，成立于1846年，拥有19家博物馆、艺术馆和1个国家动物公园（National Zoological Park），还有9个研究中心，比如，威尔逊国际学者中心、肯尼迪表演艺术中心、史密森民俗与文化传统中心（Smithsonian Center for Folk life and Cultural Heritage）。

该学会每年预算12亿美元，2/3来自国家财政拨款。它与39个州、巴拿马和波多黎各的168个博物馆关系密切。

起源：由詹姆斯·史密森（James Smithson，1765—1829）捐赠建立。史密森是19世纪英国著名的化学家和矿物学家。父亲是公爵，母亲出身皇室。史密森聪明过人，21岁毕业于牛津大学，然而因为他是私生子备受歧视。1826年，史密森立下遗嘱，将遗产留给侄子，不过附加条件是，如果侄子死时没有后代，就把这笔遗产捐给美国，在华盛顿成立史密森学会，以增进和传播知识（for the increase and diffusion of knowledge）。

1835年，侄子去世，没有后代。美国国会批准，第7任美国总统安德鲁·杰克逊派外交官前往英国办理遗赠事宜。不过史密森侄子的家人也申请这笔遗产，打了两年官司，最终法院判定价值50万美元的遗赠属于美国，足足有105麻袋，10万多个金币，相当于2015年的1100多万美元。

1838年8月，遗赠抵达美国。如何花这些钱，在美国引起了很大的争议。

最终，于1846年，美国第11任总统詹姆斯·波尔克（James Polk）签署文件，成立史密森学会。三年后的1849年建设史密森学会大楼，1855年对外开放。

史密森学会是一个联邦创建机构，但不属于政府任何部门，在董事会领导下实行永久性的自我管理，由联邦政府出资。

（2）美国博物馆协会（American Association of Museums，AAM）成立于1906年5月，现有会员15800多人，每年召开年会、研讨会等，并设有杰出贡献奖、杰出慈善家奖、优秀出版物奖等鼓励博物馆人才和事业的发展。

（3）美国集币协会（American Numismatic Society，ANS）创立于1858年，其博物馆设在纽约市。古钱藏品种类众多，同时出版研究著作，例如，著有《中国古钱币》等英文著作，是国外用英文写的最广泛地讨论中国古代货币的一本最详细的书。

3. 职业策展人（curator）的贡献

Curator，译为"馆长"，或译为"策展人"。最初，curator 可能就是馆长（director），负责博物馆的行政、资金筹集等。后来，随着藏品数量的增多和重要性的上升，分工越来越细，就像公司的董事长、总裁、CEO 等，有的一人兼任，有的分工精细。比如比尔·盖茨辞去 CEO 职务，只担任董事会主席（董事长），而参选 2016 年美国总统成功的共和党人唐纳德·特朗普，是特朗普集团董事长及总裁。

随着专业化的精细分工，出现了专门负责馆藏艺术品研究、保管和陈列的人员，或策划组织艺术展览的专业人员。馆长主要负责决策和提供意见，项目经理（project manager）负责在有限的预算和时间内落实符合设计的展览布置、安装等。

另外，还有独立策展人。1975 年在纽约成立国际独立策展人协会（Independent Curators International），该机构通过国际巡展等活动促进人们对当代艺术的理解和欣赏。

全球 50 家知名会展机构中，美国占有 10 家，例如，北美最大的展览服务公司富瑞门集团（Freeman Decorating Company）。另外，美国克劳斯国际展览公司（E. J. Krause & Associates, Inc）成立于 1984 年，现已发展成为美国最大的展览公司之一。公司总部在首都华盛顿，在美洲、欧洲和亚洲 10 余个国家和地区设有代表处或分公司，形成了全球性的展览业务网络。

（四）有力的资金保障

博物馆资金的来源主要是政府的投入和私人募捐。虽然政府的资助不少，真正起作用的还是来自社会各个层次的各种基金会和捐助。

2013 年底联邦政府管理的 400 多个国家公园和博物馆关闭，从这个事例可以看出美国政府的资金保障还存在着一定的局限性。自 2006 年以来的 7 年中，史密森学会获得了约 8 亿美元的资金，大部分资金用于收藏品的数字化进程，目的是解决库存问题。即便如此，学会仍然面临着资金不足的问题。

不过，2014 年 11 月中旬史密森学会宣布，将斥资 20 亿美元，从 2016 年开始用 10—20 年的时间整修华盛顿市中心的一些博物馆群，特别是史密森学会总部。所需资金来自联邦财政拨款和私人捐助。

学会也不断地发起各类活动募集资金，比如 7 月 20 日是美国宇航员阿姆斯特朗首次登月的时间（1969 年）。2015 年史密森学会发起"重启宇航服"的资金筹集活动，保存阿姆斯特朗登月时所穿的宇航服，希望筹集 50 万美元的公众捐款。修复人员将进行 3D 扫描，这样公众就能自助探索每层阿姆斯特朗宇航服的作用，该宇航服共有 21 层。

另外，还有大量基金会的加入。比如麻省文化设施基金会（Massa-chusetts Cultural Facilities Fund）于 2009 年给予哈佛艺术馆 35.9 万美元的赞助，而美国国家人文基金会（the National Endowment for the Human-ities）给予它 35 万美元的赞助。另外，讲解员凯伦（Karen）和丈夫捐赠 50 万美元，丈夫是哈佛商学院退休教授。

门票的收入仅仅是一小部分，例如，大都会艺术馆的门票方式是建议售价，成人 25 美元，学生 12 美元，老年人 17 美元。建议价隐含的意思是你不必同意这个价格，有时完全能够以远远低于这个价格购买门票。有了政府或社会的资金保障，有些博物馆免费开放。例如，1971年，圣路易斯市政府增加对博物馆的资助，这样圣路易斯市立艺术博物馆成为首先免费开放的地方博物馆。

（五）健全的法律保障

从 1917 年，联邦法律规定对非营利机构免收所得税，而且减免捐赠者的税额。如果你捐赠给了慈善机构，你应交的税就抵扣了。比尔·盖茨开始建立基金会的时候，有人怀疑他在避税，不过日久见人心，像他那么有钱的人也不在乎那点儿税，我认为他是在真做慈善，而不是为了避税。不管怎样，做了慈善留了好名，减了税收，一举两得，何乐而不为？

（六）完善的市场体系

美国是自由市场经济，不管是古董、旧货等东西，可以有多种途径出售。拍卖市场非常兴隆，拍卖公司众多，拍卖行的业务繁忙，艺术品的收藏与转让给市场带来了活力，促进了博物馆的建设。拍卖师协会和庞大的拍卖师团队以及拍卖师学院培养的人才，为拍卖市场提供了坚强的人才保障。而且，联邦政府规定，罚没的物资、公物等必须通过拍卖的形式销售，以维护法律的尊严，同时政府不能随便指定拍卖行，这些客观因素都有利于拍卖行正常的竞争。

1. 拍卖公司（拍卖行）

美国有一万多家拍卖公司，比如南加州圣地亚哥市主要是个旅游城市，人口只有 108 万人，然而拍卖行就有 19 家。

国际上，最知名的拍卖公司是苏富比（Sotheby）、佳士得拍卖公司（Christies）等。苏富比、佳士得拍卖公司历史悠久、管理精湛、操作规范、拍卖范围广、拍卖频率高、成交额巨大。

苏富比拍卖行目前总部在纽约，业务遍及全球 34 个国家，该公司在纽约证券交易所上市。主要拍卖艺术品，其次是装饰用品、家具，再次是珠宝。而该公司的普通拍卖是其业务的重要组成部分，80% 的拍卖品在 5000 美元以下。苏富比的拍卖形式分为三种：现场举牌竞买；电话委托；委托竞买。公司要求委托人对拍品作五年保证，其间如果发现是赝品，买方退货卖方退款。

佳士得拍卖行（旧译：克里斯蒂），总部在伦敦，办事处分布全球各地，纽约的公司是该公司最活跃的分公司。佳士得与苏富比自成系统，他们不参加美国的拍卖协会。佳士得主要凭借其信誉和服务与苏富比竞争。

旧金山邦瀚斯·伯得富拍卖公司（Bonhams & Butterfields），是全球第三大拍卖公司，创建于 1793 年，总公司在伦敦，旧金山、纽约、香港等地均有分公司。

其他知名的拍卖行有：波士顿的 Skinners，纽约市的 Doyle's，芝加哥的 Susanina's Auctions，达拉斯的 Heritage，等等。

2. 美国拍卖协会（National Auctioneers Association，NAA）

建立于 1949 年，是全国性的拍卖协会，总部在堪萨斯州，协会遍布美国 50 个州。

协会管理、监督行业及拍卖师的行为规范，每年评选优秀拍卖师，每年召开会员大会，组织各种讲座，分享经验、提高认识、拓展视野。拍卖协会现有 6000 多名会员，有 4 万多名拍卖师。拥有官方杂志《拍卖师》。

3. 拍卖师培训

拍卖师学校于 1950 年创办，至今在全国已有 60 家规模不等的拍卖师学校，承担着培养和再教育的责任。

美国拍卖师销售和市场学校（又称执照拍卖师教育学院），成立于 1964 年，是美国最大的拍卖师学校，该校每年举办四期培训，每期招收 170 余人。该校得到美国拍卖协会的支持，事业大进，目前已开设研究生班（提高班）。总部设有全美唯一的拍卖博物馆。

三　博物馆的教育研究功能

博物馆不仅是储藏文物的场所，更重要的在于它的教育研究功能。从 2007 年的博物馆的定义可以明确看出，博物馆的功能在于"征集、保护、研究、传播并展出"，传播和展出就是为了提高公民的认识和素养。

美国博物馆非常重视服务和教育研究功能，馆内工作人员一般都经过专门的培训，以满足观众的不同需求。

博物馆特别重视儿童教育，专门为儿童设立活动场所，备有专为儿童设计的游戏及专为教师编写的教材。

老师带着学生在博物馆里直接授课，令人耳目一新、印象深刻。许多博物馆为学生免费开放，即便收费也是较低，只要几美元。

博物馆组织各种活动，比如短期展览、讲座、研讨等，是动态地潜移默化地进行教育。比如，史密森学会主办的史密森民俗文化节，是世界最大户外文化展示活动。这个活动开始于 1967 年，每年 6、7 月在首都华盛顿国家广场举行，年均吸引观众 100 多万人次。

又如，2015 年 4 月，史密森学会组织手工艺品展，展出用废旧金属和玻璃制作的工艺品、皮具、布艺作品，等等。

大中小城市的博物馆也举办各种作品展，拓展当地居民的视野。比如洛杉矶的梅普尔索普作品展。2016 年 3 月，洛杉矶县立博物馆（Los Angelis County Museum of Art，LACMA）与盖蒂中心（The Getty Center）推出《罗伯特·梅普尔索普：最佳媒介展》（*Robert Mapplethorpe：The Perfect Medium*）。该展览筹备了 4 年多，第一部分于 3 月 15 日至 7 月 31 日展于盖蒂博物馆；第二部分于 3 月 20 日至 7 月 31 日展于洛杉矶县立博物馆，随后将到加拿大、澳大利亚等国巡展。

梅普尔索普的作品曾引起争议。早在 1990 年，辛辛那提当代艺术中心就举办过他的展览，民众认为其作品过于色情，把馆长告上法庭。最终，馆长被判无罪。

梅普尔索普出生于 1946 年，1989 年死于艾滋病，是同性恋。他的构图、用光以及大胆的内容，至今无人超越。去世前一年，他建立了"梅普尔索普基金会"，目的是鼓励艺术创作并为艾滋病患者筹款。

还有一些专题特色展览，比如古墓展、木乃伊展。2009 年 10 月 18 日到 2010 年的 5 月 16 日，麻省波士顿艺术博物馆举办埃及文化展《古墓 10A 的秘密》（*The Secret of Tomb 10A*），该墓有 4000 年的历史，为研究者提供绝好的机会。2016 年 3 月 19 日，加州橙县宝尔博物馆（Bowers），展出了迄今为止世界上规模最大的木乃伊展品，展出来自 12 个国家的 45 具木乃伊和 90 多件相关文物，包括人为制造和自然形成的人类木乃伊和动物木乃伊。

宝尔博物馆成立于 1936 年，是橙县最大、历史最悠久的博物馆。它是美国极少数致力于通过艺术研究人类的博物馆之一，藏品丰富出色，主要集中在中美洲前殖民时期文化、美国印第安文化等，被《新闻周刊》评为"美国必须要看的博物馆之一"。

另外，博物馆不断提高服务，让展品更近地接近观众，通过声音视频等方式，让观众自然而然地接受教育，生动形象，令人流连忘返。比如，美国展览公司（American Exhibitions，inc）通过 3D 多媒体技术，让观众 360 度从各个角度观看木乃伊。

艺术博物馆遍布各地，艺术家们旨在通过艺术作品，让人们回归历史，了解丰厚的历史财富，进一步深入人们的灵魂，揭示进步的力量，探索多元的民族文化。

波士顿艺术博物馆举办过当代印度艺术（Modern Indian Art）展览，时间是 2009 年 11 月 14 日到 2010 年 8 月 22 日。该馆也是最早保存印度艺术的博物馆，自 1917 年开放。

印度文化的三个基本特点是：多元文化论（multiculturalism）、感官主义（sensuality）和唯灵论（spiritualism）。

2500 多年前，当第一批犹太人进入印度时，酋长非常顾虑是否接纳他们，有人反对接纳，说就像水加到了牛奶里，牛奶和水都不好了。犹太人智慧地应对道，应该是牛奶和糖的融合，会更好。因此，印度人接纳了犹太人。

1947 年，印度分离时（Partition），半年多的时间里，50 万教徒被杀，包括印度教徒、伊斯兰教徒、锡克教徒（Hindu, Muslim, Sikh）。欣赏这些艺术家们的作品，你难以辨别是谁的作品，不知他是印度教徒、伊斯兰教徒，还是基督教徒（Christian）、佛教徒（Buddhist），还是拜火教徒（Parsee）、锡克教徒（Sikh），你也不知道谁是孟加拉人（Bengali）、旁遮普人（Punjabi）、克什米尔人（Kashmiri）、马拉地人（Marathi）、泰米尔人（Tamil）、坎那达人（Kannada）。总之，他们都是印度人。

在此展览中，我了解了 M. F. 侯赛因（Maqubool Fida Husain, 1915—2011），他被称为"印度的毕加索"，其作品的特点是半抽象，大笔触，色彩鲜明亮丽栩栩如生（semi-abstract forms, broad brushstrokes, blocks of vivid colors）。他的作品不仅在美国展览过，也在英国的维多利亚与艾伯特博物馆展览过（Victoria and Albert Museum，V&A）。

在各种艺术展览中，你可以欣赏到不同国家、不同风格的当代艺术家作品，如摄影大师赫博·瑞茨的作品（Herb Ritts，1952—2002），以黑白照片为特色。比如，居住在美国的英国艺术家马尔科姆·莫利（Malcolm Morley，1931—　），以照相写实主义创作为特色，用高度写实的画面细致清晰地描绘事物，揭示现代人与世界的新关系。他的作品给予现代人一种警示：在现代社会里，各种物体充斥了人们的生活，包围着人们，人们的意志和情感变得无能和无用，到头来，人自己在这个世界中也已"物化"，成为和其他物品相似的一个部分。

四 华盛顿特区和纽约市的博物馆

上面提到，美国的博物馆数量众多，至少有 15000 个。华盛顿和纽约的博物馆众多，而且国立博物馆居多，90% 的国立博物馆免费开放。

（一）首都华盛顿的博物馆

在首都华盛顿，拥有全世界最著名的博物馆，共有 20 多个博物馆、艺术馆，其中 19 所场馆隶属史密森学会，是世界上最大的博物馆集团，其中 11 个位于国家广场（National Mall），2 个在纽约市，1 个在弗吉尼亚州。拥有 1.42 亿件藏品，从各个方面详细地展示了美国历史（另外还有大量的图书馆，首屈一指的是藏书最多的国会图书馆）。

2009 年，影片《博物馆奇妙夜 2：决战史密森》（*Night at the Museum：Battle of the Smithsonian*）在史密森博物馆中拍摄，电影中展现了博物馆中的许多奇特珍藏。

1. 国家自然历史博物馆（National Museum of Natural History，又译：国立自然历史博物馆）

它是史密森学会规模最大的博物馆，不要与纽约市的美国自然历史博物馆混淆（American Museum of Natural History）。藏有世界最大的野象、最大的长白须鲸、最大的钻石、最大的陨石。免费开设了几十门课程，是学生的第二课堂。

2. 国家航空航天博物馆（National Museum of Air and Space）

它是世界上收藏航空航天器材设备等最多的博物馆，拥有几百件飞行器展品，包括莱特兄弟发明的飞机、阿波罗 11 号指挥舱等。

3. 国立美国历史博物馆（National Museum of American History）

它的特色之一是"第一夫人收藏品展馆"，从 1914 年始，收集了历届第一夫人的服装、配饰等私人物品。

2009 年，第一夫人米歇尔在奥巴马总统就职舞会上所穿的典雅长裙已捐赠出来供收藏。该礼服的设计师是年仅 27 岁的纽约华裔著名时装设计师吴季刚，2013 年再次给米歇尔设计礼服。1983 年他生于中国台湾，9 岁移居加拿大。他说："到目前为止，这是我个人和职业生涯取得的最大成就。"

4. 艺术和工业大楼（Art and Industries Building）

5. 赫什霍恩博物馆（Hirshhorn Museum）

该馆为当代艺术博物馆。

6. 伦威克美术馆（Renwick Gallery）

该馆为美国艺术博物馆的分馆。

7. 国家非洲艺术博物馆（National Museum of African Art）

8. 弗利尔美术馆（Freer Gallery of Arts）

它是美国第一个专业收集亚洲艺术品的博物馆，该馆收藏中国字画达 1200 余幅，数量为美国之最。查尔斯·弗利尔（Charles Lang Freer，1854—1919），是位实业家，1906 年捐赠大量收藏品给史密森学会。弗利尔立下遗嘱不允许自己的遗赠物品离开馆舍，因此 2012 年上海博物馆举办《美国馆藏五代宋元字画珍品展》，因为弗利尔馆藏品的缺席，逊色不少。

9. 阿瑟·M. 赛克勒美术馆（Arthur M. Sackler Gallery of Arts）

前面提到，阿瑟博士是一位精神病学医生，也是医学出版商。特别热衷于收藏中国玉石（Chinese jade）、青铜器（bronze），还有绘画（painting）和漆器（lacquer ware）。

他曾经说："如果缺失完整正直，没有哪种艺术或者科学，没有哪种音乐或者诗歌或者表演能够达到真正伟大的地步。"（No great art, or science, no music or poetry or performance can achieve true greatness without integrity.）

他不仅捐赠给了史密森博物馆，而且捐赠给大都会艺术博物馆，还有哈佛博物馆。他死后，北京大学开放了他捐赠建设的赛克勒博物馆。

10. 国家艺术馆（National Gallery of Art）

艺术馆由东西两栋楼组成。东建筑由美籍华裔建筑设计师贝聿铭设计，于 1978 年开放。东栋主要收藏现代艺术作品，包括毕加索、安迪·沃霍尔等人的作品。

西栋收藏欧洲中世纪到 19 世纪的重要画作与雕塑，包括全美唯一一幅达·芬奇的作品。达·芬奇的肖像油画只有 5 幅，4 幅是女士，该馆收藏着《吉内薇拉·班琪》，也是该馆唯一一幅达·芬奇作品。1976 年博物院以 500 万美元的价格，从某王室那里买到。

东栋和西栋之间的通道被称为多元宇宙（Multiverse），这是一个所谓的"光雕塑"（light sculpture），作者为 Leo Villareal，由 41000 个电脑程序可控 LED 节点组成。中间是过道和平行的电梯。

国家艺术馆于 1937 年建立，最初的藏品是由安德鲁·梅隆（Andrew W. Mellon，1855—1937）和山缪·卡瑞斯（Samuel Henry Kress，1863—1955）捐献的。

（1）梅隆是银行家、商人、实业家，是梅隆家族的奠基人。

父亲是银行家，母亲家族拥有大片土地。梅隆从小表现出经济头脑，不到 10 岁，他把家门口的鲜草打成捆，卖给路过的马车车夫。17 岁，父亲派他考察一块土地，他把全部土地出售，除了一小块。而这一块土地因为铁路通过而得到了非常可观的政府补贴。27 岁，他接管家族经济大权。

1889 年他投资铝产品。当时有人开发生产了铝产品，不过四处碰壁，寻求梅隆的投资，梅隆支持了他们，成立匹兹堡电解铝公司，梅隆占有 60% 的股份。两年后，该公司控制了美国市场，股票价值达到 1.5 亿美元。

19 世纪末，匹兹堡发现石油。大量淘"黑金"者来此发财，梅隆着手建设输油管道和输油港口，石油挖出后，众多石油商人纷纷与他合作输出石油。

梅隆财团和洛克菲勒家族共同控制着世界最大的军火商马丁公司等两大军火商，控制飞机、导弹及火箭的市场，一直是五角大楼和 NASA 的主要承包商。

梅隆认定政界对商界的好处，努力进入政界，曾任美国驻英国大使，66 岁开始担任美国财政部长（1921—1934）。其间，重要的举措是减税，美国人的个税由 65% 降到了 20%，企业也得到了发展。有人说，三任总统是给梅隆打工的。

大萧条时期，美国经济萎靡。当时流行的儿歌是：梅隆拉响汽笛，胡佛敲起钟，华尔街发出信号，美国往地狱里冲。可以看出梅隆家族的重要性。

他去世时，把自己的遗产分为两部分，一半捐出做慈善事业，另一半留给了儿女两人。他的精明在于，儿女得到的多半是股票，当时股市低迷，不久后股市反弹，儿女的受益是 10 倍以上。

他积极参与购买苏联艺术品。然后捐献自己购买的 37 件最著名的作品，启动了国家艺术馆。比如，《圣母玛利亚》是文艺复兴时期著名画家拉斐尔的作品，梅隆从苏联那里购得，价格达 116 万多美元，是当时单一件绘画作品的最高价格。

在梅隆的呼吁下，富豪们纷纷捐赠艺术品。

（2）卡瑞斯是连锁百货公司的创始人。

父亲是零售商人。卡瑞斯于 1929 年创立了基金会。

先后向美国的 40 多家博物馆，捐赠了大量艺术品。其中他向国家艺术馆捐赠了绘画 376 幅，素描 38 幅，雕塑 94 件，青铜器 1307 件（主要是文艺复兴时期的）。

终生没有结婚，92 岁去世。

（3）斯大林的决策促使了美国的收藏。

1928 年至 1934 年长达 6 年的时间里，斯大林下令出售沙皇的艺术品，所有价值 5000 美元以上的艺术品，全部被列入出售清单。后人分析出售的主要原因是由于经济问题。这让美国收藏家购得了许多艺术品。

11. 国家肖像馆（National Portrait Gallery）

通过肖像讲述美国历史，特色是 42 位美国总统画像，是白宫以外的国内唯一完整的总统画像。肖像馆采用多种方式比如视觉艺术、表演艺术和新媒体等，展示诗人、总统、思想家、乡土平民、演员等各种人物形象。

国家艺术馆和肖像馆合称雷诺兹美国艺术与画像中心（Donald W. Reynolds Center for American Art and Portraiture）。

唐纳德·雷诺兹（1906—1993），美国商人、慈善家。在俄克拉荷马城长大，第一份工作是销售报纸。

12. 阿纳卡斯蒂亚社区博物馆（Anacostia Community Museum，ACM）

该馆是美国第一个由民间资助建立的博物馆。

13. 国家邮政博物馆（National Postal Museum）

博物馆所处的位置曾经是美国的邮政局，展示了美国近 300 年的邮政史，包括从驿站马车、汽车、火车到现代的航空飞机等种种交通工具，以及各种邮箱。还有世界各地的邮票，展示邮寄炸弹的案件。

14. 国家美洲印第安人博物馆（National Museum of the American Indian）

15. 狄龙·利波雷中心（S. Dillon Ripley Center）

16. 史密森国家动物公园（Smithsonian National Zoological Park）

（二）纽约市的博物馆

纽约市的博物馆有上百家，曼哈顿区有 60 多家，其他四区有四五十家。每年 6 月的第二个星期二下午 6—9 点，是五大道博物馆节（Museum Mile Festival），这里的 10 家博物馆，全部免费开放。

1. 大都会艺术博物馆（Metropolitan Museum of Art）

享誉全球，是美国最大的艺术博物馆，是世界四大艺术博物馆之一（英国大英博物馆、法国卢浮宫、俄罗斯艾尔米塔什博物馆），与美国自然历史博物馆相对。占地面积为 195 亩，收藏多达 300 万件展品。参观该馆的外国人中，中国人的数量位列第一。

该博物馆分为许多专题艺术馆：

（1）亚洲艺术馆部

该馆是西方国家收藏亚洲艺术品最大和最全面的，藏有一些相当出色的中国藏品，超过 60000 件，时间跨度从公元前 2000 年到 20 世纪初。收藏物品包括油画、版画、书法、雕塑、金属制品、陶瓷、漆器、装饰艺术作品和纺织品。除了中国，该馆是收藏中国佛像最好的收藏馆，赛克勒（Sackler）厅中摆满了大大小小的佛像，包括山西某寺庙的元代彩画，大约 60 平方米，还有许多佛头。元朝王冕的《墨梅图》也珍藏在该馆中。

1981 年，中国巧匠在馆内建立苏州园林，亭台楼榭廊轩，八仙桌太师椅等，吸引众多游客了解中国南方园林文化。

（2）古代埃及艺术馆部

除了开罗，该馆是收集古埃及艺术品最丰富的。

2460 年前的整座埃及古墓被移置到馆内，放在巨型玻璃罩中，令人叹为观止，可谓镇馆之宝。

（3）武器和盔甲馆部

大部分曾为国王或王子所用，包括英国亨利八世、法国亨利二世和德国费迪南一世的盔甲。

1）亨利八世（Henry Ⅷ，1491—1547）

英国国王，博学多才，是音乐家、作家、诗人。为了休妻，与罗马教皇决裂，改革宗教，脱离罗马教廷并解散修道院，使英王室的权力达到历史顶峰。在位期间，把威尔士并入英格兰。一生结婚 6 次。

2）亨利二世（Henri Ⅱ，1519—1559）

亨利二世的父亲是法兰西斯一世，他特别重视艺术，一直邀请著名艺术家到法国居住并进行创作，例如，达·芬奇的名画《蒙娜丽莎》就是当时带入法国的，现珍藏于卢浮宫。法兰西斯在意大利雇用一些人专门为他收购文艺复兴时期巨匠的作品，例如，米开朗基罗、拉斐尔等的作品，然后运回法国。

法兰西斯又被称为"骑士国王"，他之前的两任国王曾入侵意大利，在他继位期间四次出征意大利，战争不断。意大利国王查理五世和他是同时代的，俘虏了法兰西斯。亨利二世和哥哥为解救父亲，在西班牙（意大利控制）当人质。

亨利二世的哥哥当国王不久后死亡，亨利二世继位。他的王后是凯瑟琳（1519—1589），被称为"毒蛇夫人"。

为了和亲，王后凯瑟琳要求一个女儿玛格丽特嫁给表哥，他是某小国的国王，这个国家夹在西班牙和法国之间。婚礼时，亨利二世举行比武，被苏格兰卫队长的短矛刺穿头部，10 天后去世，终年 40 岁。

亨利二世死后，王后凯瑟琳掌控大权，她依次让三个儿子当国王，成为王太后。

先是长子继位，为法兰西斯二世。他 4 岁时被父亲亨利二世定下了和表姐苏格兰女王玛丽·斯图亚特的婚事。玛丽（1542—1587）出生 6 天就成为苏格兰女王。5 岁时到法国接受教育，与法兰西斯二世青梅竹马、感情深厚。法兰西斯二世 14 岁结婚，15 岁继任国王，体弱多病，不理朝政，实际上是玛丽的舅舅掌管大权。他 16 岁因病去世。另外一种较为流行的说法是：太后凯瑟琳不满玛丽舅舅摄政，派人毒死了儿子。（玛丽回到苏格兰，1565 年 23 岁的玛丽改嫁给表哥，但是 2 年后丈夫被离奇卡死，有人怀疑是玛丽的情人所为。3 个月后，玛丽与情人结婚。玛丽被囚禁 20 年，1587 年被处决。传说刽子手没有把斧头磨锋利，第一次砍下去，脖子没有完全断裂。）

凯瑟琳的二儿子继位国王，即查理九世，当了 13 年国王。他性格软弱，实际上还是由母亲执政。其间，凯瑟琳让另一位女儿嫁给西班牙国王，以巩固政权。凯瑟琳信仰天主教，对英国新教徒进行迫害。查理不听母亲的话，随后被害。

凯瑟琳的三儿子继位，为亨利三世。当时他在波兰任国王，被召回到法国当国王。母亲凯瑟琳对四子奉献有加，宠爱之至，存在着乱伦关系。然而亨利三世对男宠感兴趣，被男宠们称为"甜点国王"，不理国事。他在位 15 年（1574—1589），后被一名修士刺死。

（4）服装研究馆部

收集了五大洲各民族服装 1.5 万件，有超过 8 万件服装及饰物。每年展出两次。

（5）美国装饰艺术馆部

收藏了大量的美国彩绘玻璃，这是世界上最丰富最完备的馆藏。

（6）美国油画与雕塑馆部

藏品跨越从殖民时期到 20 世纪初期。最著名的油画有《华盛顿横渡德拉瓦河》（*Washington Crossing the Delaware*），这是德国艺术家埃玛纽埃尔（Emanuel Leutze，1816—1868）于1851年创作的油画。他生于德国，长在美国，又回到欧洲。这幅画描绘了美国国父乔治·华盛顿夜里横渡德拉瓦河的景象（又译为特拉华）。当时美军战绩不佳、士气不足，于是华盛顿带领2400名士兵于1776年12月25日深夜，也就是圣诞节之夜，乘坐小船渡河。选择这个时间，是为了麻痹敌人，英军以为华盛顿不可能在圣诞节发起攻击。一直到凌晨4点，渡河成功。随后，美军大败英军，取得了重大胜利，接着又突袭成功，振奋人心，可以说这成为独立战争的转折点。

这幅画当时的价格是天价1万美元，后来该画几经转手，于1897年捐赠给大都会博物馆。

2003年1月，此作品被博物馆的一位工作人员用胶水粘上"9·11"袭击事件的图片，幸好没有造成永久破坏。

另外，美国画家托马斯·萨利（Thomas Sully，1783—1872）也有同题作品《华盛顿横渡特拉华河》（*Passage of the Delaware*），是波士顿艺术馆收藏的名作之一。

为纪念华盛顿以及这个重要历史事件，新泽西州的25美分硬币上，反面就是这个景象。这是唯一一枚正反两面都是华盛顿总统的硬币。

另外，博物馆举办多种展览，到2015年6月30日的一年里，该馆举办了20多个展览，接纳了630万名观众，打破了该馆自统计以来40多年的纪录。其中中国的《镜花水月》展览备受欢迎，主要展览的是高级绸缎及服装等。还有的展览是高品质高水平的，比如该馆展出兰黛于2013年捐赠的81件作品，总价值11亿美元，作品风格以立体主义为主，收藏品包括33件毕加索的作品。

里奥纳德·兰黛（Leonard A. Lauder，1933—　　）是犹太裔商人、雅诗兰黛家族的继承人。

我去大都会博物馆时，不一会儿就远远地被落在后面，导游说因为人多，给我们选择了一条最佳线路，都是大宗、关键的一些展品。如果不掉队，就只能走马观花。我相机没电了，拿到楼下充电，继续欣赏。

总之，美国博物馆的展品足以满足你拍照的欲望，电池和储存卡必须超出想象的备足。

结果是，我出来时，导游和团队都不见了，自己搭出租车到下一个景点。不过，也体验了纽约出租车在雪地上奔驰的风姿。

2. 美国自然历史博物馆（American Museum of Natural History）

该馆始建于 1869 年，是世界上最大的自然历史博物馆，位于纽约曼哈顿区，与大都会艺术博物馆遥遥相对，占地面积为 105 亩，为建议门票价。

展品涵盖天文、矿物、人类、古生物和现代生物 5 个方面。馆藏有 3600 万余件，其中包括恐龙在内的脊椎动物化石有 33 万件，鱼类标本 100 万件，哺乳类标本约 250 万件，还有重达 31 吨的世界最大陨石等。

3. 纽约现代艺术博物馆（The Museum of Modern Arts，MOMA）

它是当今世界最重要的现当代艺术博物馆，为世界三大艺术馆之一（另外两家是伦敦泰特美术馆、法国蓬皮杜国家文化和艺术中心）。

4. 纽约现代艺术新馆（New Museum of Contemporary Art）

该馆主要珍藏德国与奥地利 20 世纪初的艺术作品，弥补了大都会艺术博物馆这方面的不足。

5. 古根海姆现代艺术博物馆（Guggenheim Museum）

2016 年 9 月，展出 18K 黄金马桶，观众可以入厕体验这个超奢华产品，感受富人与普通人之间的贫富差距。

6. 切尔西艺术博物馆（Chelsea Art Galleries）

7. 格雷画廊（Gray Galleries）

全名是理查德·格雷画廊（Richard Gray），1963 年成立于芝加哥，后在纽约设立画廊。该画廊以藏家需求为导向，也就是说严格保障作品的质量和真实，是美国艺术品销售协会（Art Dealers Association of America）的成员，从评估、展览、保障、买卖等环节为藏家服务。

8. 修道院艺术博物馆（The Cloisters Museum）

该馆由洛克菲勒三世资助。

77

馆中的许多砖瓦、石块是从 20 世纪初法国、意大利的教堂里收集的，收藏包括欧洲中世纪的各种艺术品，再现中世纪欧洲的魅力。

9. 惠特尼艺术博物馆（Whitney Museum of American Art）

1931 年由惠特尼女士成立（Gertrude Vanderbilt Whitney，1875—1942）。惠特尼为美国雕塑家，艺术捐赠人，出身于富有的范德比尔特家族。

家族的第一代是科尼利尔斯·范德比尔特（Cornelius Vanderbilt，1794—1877），出身贫穷，通过个人努力，成为著名的航运、铁路、金融巨头，美国史上第三大富豪，身家远超过比尔·盖茨，出资建立私立大学（Vanderbilt University）。妻子是他的表妹，育有 13 个子女。

第二代是亨利。1877 年，长子威廉·亨利（William Henry "Billy" Vanderbilt，1821—1885）继承了 1 亿美元财产，为当时美国首富，到 1885 年去世时一直是首富，不到 9 年的时间里，资产翻倍达到 2.3 亿多美元，相当于 2016 年的 61 亿美元。威廉育有 8 个子女。

第三代是范德比尔特二世（Cornelius Vanderbilt Ⅱ，1843—1899）。他的爷爷留给他 500 万美元的遗产，他的父亲留给了他 7000 万美元遗产。

范德比尔特二世的女儿是惠特尼，为家族第四代。

10. 摩根图书馆及博物馆（The Morgan Library & Museum）

该馆是银行家摩根的小儿子捐助建立的。藏有 3 本最著名的古版本《圣经》：古滕堡《圣经》（Gutenberg Bible，又译：谷德堡圣经）。该版本是活字印刷，标志着西方图书批量生产的开始。起初印刷在羊皮纸上的《圣经》只有 40 本，大多失传或不全。

11. 古柏惠特国家设计博物馆（Cooper-Hewitt National Design Museum）

该馆致力于历史和当代设计展览。

12. 贫民出租屋博物馆（Tenements Museum，又译：移民公寓博物馆）

早期移民居住的房子，20 世纪初期，曾有 20 多个国家的 7000 个新移民住在这里。

13. 美国移动影像（电影）博物馆（Museum of the Moving Image）

14. 犹太人博物馆（Jewish Museum）

15. 歌德研究所/德国文化中心（Gothe Institution）

16. 美国华人博物馆（Museum of Chinese in America）

17. 艾利斯岛移民博物馆（Ellis Island Immigration Museums）

最初进入美国的移民在那里接受检查。

18. 鲁宾艺术博物馆（Rubin Art Museum）

该馆珍藏喜马拉雅山脉及其周边特别是西藏地区的艺术品。

19. 野口勇博物馆（Noguchi Museum）

该馆珍藏日裔美籍雕塑家野口勇的作品。

20. 非洲艺术博物馆（African Art）

21. 南美洲博物馆（South American Museum）

22. 纽约市立博物馆（Museum of the City of New York）

23. 纽约市消防博物馆（New York City Fire Museum）

24. 纽约市警察博物馆（New York City Police Museum）

为了纪念纽约市警察局为城市所做的贡献，成立于1845年。"9·11"事件后，警察在市民心目中的形象更加显赫，博物馆搬迁到更好的地点。展品包括有汤姆·45口径机枪、摩托车和警车、手铐、制服、轻武器等。设立专门区域，纪念在世贸中心大楼牺牲的警员。

25. 纽约交通博物馆（New York Transit Museum）

它是大都会交通管理局（Metropolitan Transit Authority，MTA）创办的一个博物馆，位于布鲁克林区一个废弃的地铁站里，内容丰富有趣（action-packed）。主要展示地铁、公交、桥梁、隧道发展史；1900年到1925年间用来修建纽约地铁的钢铁、岩石、售票设备等；还有老式车厢展览（vintage car collection）。

26. 弗里克收藏馆（Frick Collection）

亨利·弗里克（Henry Clay Frick，1849—1919）是19世纪末20世纪初最具影响力的钢铁大王之一，曾为卡内基钢铁公司的董事长。他留下遗嘱，把匹兹堡的150英亩地和200万美元交给市政府建立公园。

1935 年，女儿海伦把父亲在纽约的豪宅对外开放。1984 年海伦去世，她生前的故居在 1990 年改成为弗里克艺术历史中心（Frick Art History Center）。建议门票价。

27. 布朗克斯艺术博物馆（Bronx Museum of Arts）

1971 年开放，展示 20 世纪及当代艺术品。建议门票价。

28. 布鲁克林艺术博物馆（Brooklyn Museum of Arts）

始建于 1895 年。建议门票价。

一个陈列馆名为"连接文化"（Connecting Cultures），按照地点、人物和物品三个主题，将不同时代、不同地域和不同文化巧妙地连接组合在一起，对比对照，独具匠心，方式新颖。

29. 皇后艺术博物馆（Queens Museum of Art）

1972 年开放。建议门票价。

60% 的展品与 1939 年和 1964 年纽约举办的世界博览会有关。

最具特色的藏品是一个关于纽约市的全景画，占地 867.2 平方米，包括所有 1992 年前建造的每一座建筑，共有 895000 座建筑，令人惊叹。

30. 国立印第安人博物馆（National Museum of the American Indian）

与首府华盛顿的印第安人博物馆相得益彰。

31. 福布斯杂志画廊（Forbes Magazine Galleries）

位于福布斯杂志总部，杂志的特色是前瞻性强、观点明确、简明扼要、引领市场，特色专栏是世界富人榜排名。另外在麻省设有福布斯之家博物馆（Forbes House Museum）。

32. 时装设计学院博物馆（Museum at Fashion Institute Technology）

33. 美国金融博物馆（Museum of American Finance）

该馆是美国唯一独立的公共博物馆，宣扬企业精神和民主自由市场，最主要的任务是金融教育。

34. 纽约性文化博物馆（Museum of Sex）

2002 年开放，门票是 17.5 美元。是美国第一个以性文化为主题的博物馆，包括动物的性行为。美国音乐家汤姆（Tom Lehrer, 1928—　）

在 20 世纪五六十年代以其幽默歌曲闻名，1965 年他的一句歌词是："从正确角度观看，任何事情皆为下流（淫荡）。"（When correctly viewed，everything is lewd.）这句话仿佛为我们谈论或者参观性博物馆，提供了大胆大方的依据，不至于故意羞羞答答"谈性色变"。

35. 国家美国印第安人博物馆乔治·古斯塔夫·海伊中心（National Museum of the American Indian George Gustav Heye Center）

36. 国家设计博物馆（National Design Museum）

37. 库珀·惠特史密森设计博物馆（Cooper Hewitt，Smithsonian Design Museum）

五 主题鲜明的博物馆

（一）与民族种族、重要人物、历史事件等相关的博物馆

1. "9·11"国家纪念博物馆

该馆由纪念广场和博物馆组成，是为了纪念 2001 年的 2977 名遇难者，另外 6 人是 1993 年恐怖分子在地下车库引爆炸药而遇难者。

2001 年 9 月 11 日，世贸中心被恐怖分子驾驶民航客机撞击中上部而烧毁。之后，美国人在原址是建纪念馆还是建大楼，展开了讨论。我当时推测美国人肯定要建纪念馆，也有可能建一个更高的楼。随后，纽约市首先成立世界贸易中心基金会，时任市长布隆伯格为董事会主席。纪念馆的设计由 5200 多名设计师进行竞争，设计师来自 60 多个国家和 49 个州，足见人们的重视程度。

纪念馆耗资 7 亿美元。2011 年 9 月预开放前一月开始预订门票，一个小时内，订出 5000 张门票，到中午，所有 9 月 12 日和 13 日的门票派发完毕，14 日的门票也只有很少剩余。

2014 年 5 月 21 日正式开放。之前一周纪念馆对遇难者家属、幸存者或施救人员等开放。

广场上有一棵幸运者树，1970 年就长在那里，"9·11"事件后这棵树仅存树桩，被挪到其他地方，经过精心护理让其焕发生机，后来暴风雨将它连根拔起，其强大的生命力依然如初，因此 2012 年挪移回来，

在纪念广场上具有很鲜明的象征意义，预示着生命旺盛。

2006年12月，重建自由塔，也就是1号主楼，高1776英尺，合541米。1776年是美国《独立宣言》发表的时间，也就是通常所说的建国时间（独立月），实际上美国真正独立是在独立战争爆发多年之后的1783年。自由塔重新成为纽约第一高建筑。第100层是观光层，周围一圈从底到顶都是玻璃窗，101层是餐饮层，乘坐电梯47秒就可到达102层。

2. 大屠杀纪念馆（Holocaust Memorial Museum）

该馆位于首都华盛顿，成立于1993年。是世界上收藏大屠杀相关物品最大的博物馆，主要讲述了纳粹分子施行的迫害和灭绝犹太人的悲惨历史，教育人们要平等友爱，禁止种族灭绝，推崇人格尊严。

3. 国立犹太历史博物馆（National Museum of American Jewish History）
该馆位于费城。

4. 佛罗里达州的Ah-Tah-Thi-Ki博物馆（Ah-Tah-Thi-Ki Museum）

Ah-Tah-Thi-Ki意思是"学习的地方"，该博物馆主要致力所有塞米诺尔的文化和历史。

塞米诺尔人（Seminole），为北美印第安部落，为克里克人（Creek）的旁支。生活以渔、猎为主，农业为辅。

该馆对于理解鱼类的多样性有很大的帮助，例如，旗鱼（sailfish），王鱼、无鳔石首鱼（kingfish），鲷鱼（snapper），鲶科鱼、石斑鱼（grouper），琥珀鱼（amberjack = amberfish），方头鱼、马头鱼（tilefish），剑鱼（swordfish），等等。

还有各种钓鱼的方式，如，活诱饵钓鱼（Live bait fishing）；飞钓（Kite fishing）；拖捕（Trolling）；铁板钓（jigging），海钓的一种，钓鱼者晃动像鱼一样的铁板诱饵，钓到大鱼的机会更大，最前线的铁板钓达到水下300米；底钓（bottom fishing），把诱饵落入水底，垂钓栖息于水底的鱼的钓鱼方法。

5. 惠特尼种植园博物馆（Whitney Plantation Museum）

该馆位于新奥尔良郊区，是美国第一个讲述黑奴制历史的博物馆，于 2014 年 12 月开放。

"9·11"事件后，不到 10 年的时间里，美国人大张旗鼓地重建光明塔和纪念馆，然而奴隶制话题一直是人们不愿提及的辛酸苦痛，因此建馆历史较短。

该博物馆建有一个大理石纪念碑，刻有 350 名奴隶的名字。该馆的一个特色是：给去那里参观的每一位来访者发一个奴隶的形象和故事，当天都要带在身上。每个奴隶的故事都印在一个卡片上，要求来访者挂在脖子上，以纪念他们。

奴隶的名字非常特别，只有名，没有姓。这样，他们的归属感就被奴隶主剥夺，也就不易拧成绳，抱成团，会更顺服，就更好管理。

废除奴隶制后，这些曾经的奴隶把他们的名字当成自己的姓来使用。路易斯安那州有很多人姓布拉尔（Poulard），这个词语来自非洲。研究表明这是个法语词，意为"胖鸡"（fat chicken），许多人不知道的是，这是非洲西部第四大民族富拉尼族的名字（Fulani）。

再有，这里没有当年主人的照片，也许是为了避免产生仇恨和矛盾。

密西西比河哺育着人们，两岸建有许多庄园，至少有 10 个著名的庄园，保留完好，供人们休闲度假，了解历史。而且当年的百万富翁，有一半是与种植园有关的。新英格兰酿酒厂生产朗姆酒所用的糖浆来自路易斯安那州的甘蔗种植园。这些朗姆酒出口西非，然后从那里再购买奴隶。

1887 年蒂博多屠杀（Thibodaux Massacre）

博物馆介绍了这个事件：1887 年，路易斯安那州蒂博多市的一万名工人在甘蔗种植园罢工，9000 人是黑人。他们想增加工资，当时是每天 1.25 美元，有的每月 13 美元，常常被给予白条，只能到奴隶主自己开的商店中花费白条。按照该州法律，如果奴隶欠着主人的钱，就不能离开农场。因此，这些奴隶没有自由，总是受到奴隶主的经济压榨和束缚。

州长塞缪尔·道格拉斯动用军队镇压奴隶的罢工。

后来他撤走军队，让蒂博多的武装民兵代替他充当屠夫。奴隶被赶出庄园，谣言传播说黑人要烧掉城市，因此多人遭受屠杀。而第二天的报道，却轻描淡写地描述事件，然而据说约有几百名黑人被杀害，具体数字不详。

惠特尼种植园于 1752 年由安布鲁瓦兹（Ambroise Heidel）建立，1998 年新奥尔良白人律师约翰·卡明斯（John Cummings）购得该种植园，花费 700 万美元将它建成博物馆。

6. 橡树庄园（Oak Alley Plantation）

在新奥尔良市附近，距离惠特尼庄园只有 9 英里，有一家橡树庄园。庄园里有一座古老的大房子，院子后面是密西西比河高高的河岸。在河岸和大房之间，生长着 28 棵古老的橡树，分为两排，一字排开，默默地展示着古老、庄严、凝重的历史。

这个庄园成为多部电影的拍摄场景。《黑夜骑士》（*Nightrider*，1978）、《漫漫炎夏》（*The Long Hot Summer*，1985）、《遭遇吸血鬼》（*Interview with a Vampire*，1993，又译为《夜访吸血鬼》）、《子夜河口》（*Midnight Bayou*，2008）、《魔鬼猎人》（*Ghost Hunters*，2008）、《风起云涌》（*Primary Colors*，1998）等。

橡树庄园的介绍中，多多少少带有神秘色彩，有许多关于鬼的故事，你不禁疑惑到底有没有鬼？

故事 1：四人下班回家时，确信关了灯，却突然发现二楼的一个房间里的灯亮着，而且看到最后一位居住在这个房子的女主人的影子。他们慌忙逃向汽车，后来发现房子里一片漆黑。

我在看这个鬼故事的时候，感到浑身发凉，毛骨悚然。从原文翻译过来后，也许因为表述原因，失去了本来紧张的气氛，你也就很难感受到了。

故事 2：米歇尔（Mitchell，注：不是奥巴马总统的夫人）独自在里面工作时，的确感到有一种看不见的力量触摸她的胳膊。

其他故事：空椅子摇动；桌面东西移动；烛台飞过；床上坐着鬼影；厨房里有个穿灰色衣服和皮靴的男人；哭声；马拉马车的声音，等等。

在空旷的农场上摆放着几台老旧的机器，从旁边的牌子上得知，其中一台是单排甘蔗收割机，它革新了甘蔗收获效率，被称作"老士兵"。"二战"爆发时，众多的劳力上了战场，因此改进了的收割机对于收割甘蔗起到了关键的作用。"需要真的是发明的母亲"（Necessity is indeed the mother of invention），路易斯安那州拥有世界上最有效率的甘蔗收割系统，前部齿状链带把甘蔗固定，下部飞快旋转的齿轮刀片将它们割断。

2013 年，庄园建立了 6 个奴隶居住的房子（我于 2010 年去的，当时还没有），展示当年 200 多位奴隶的生活。

7. 芝加哥的东方学院博物馆（The Oriental Institute Museum）

该馆位于芝加哥大学内，包括研究所和博物馆。研究所是由詹姆斯·布雷斯特德（James Breasted，1865—1935）一手创建的。他是第一个获得埃及学博士的美国人，芝加哥大学的教授。这里的"东方"是相当于"西方"而言的，包括埃及、小亚细亚、美索不达米亚（伊拉克）等区域。

馆中藏有汉谟拉比法典的仿制品。古巴比伦国王汉谟拉比于公元前1790 年颁布了法律，刻在一个黑色玄武岩圆柱上，高 2.25 米。真品藏于卢浮宫，仿真品仅有两个。石头上方是汉谟拉比从太阳神手中接过权杖的浮雕。

8. 塞勒姆市皮博迪博物馆（Peabody Museum of Salem，又译：迪美）

该馆创建于 1799 年，位于麻省塞勒姆镇（Salem），名字来自耶路撒冷（Jerusalem）、Jeru（城市）和 Salem（和平）。距离波士顿 24 公里，博物馆与小镇的发展一脉相承。藏品 180 万件，代表了中美商贸与文化交流的起点，珍藏了许多中国艺术品。现为皮博迪·埃塞克斯博物馆（Peabody Essex Museum，PEM）的一部分。

乔治·皮博迪（George Foster Peabody，1795—1869），19 世纪著名银行家，摩根财团的创始人。幼年贫穷，和哥哥努力工作，养活寡母和6 个弟妹。为马里兰州获得英国银行的贷款，凸显其才华和爱国。1838年在英国创办公司，组建商人银行，为各国政府、大公司等提供贷款，这是十大财团之一的摩根财团的前身。1854 年，摩根加入公司，1864

年，皮博迪退休后让年轻的摩根打理公司业务，后来改名为摩根公司。

12 年里他从没有连续休息过两天，整整 20 年没有回过美国。尽管自己账上有 100 万英镑，上下班也乘坐公共马车，宁愿在雨中等 1 便士的马车，也不坐 2 便士的马车。快 60 岁时，他的年收入达几十万英镑，而每年的花费只有几千英镑。

他终生未婚没有儿子，不过情妇不少，但是这些女人没有得到他的什么财产，他只给了一个情妇 6000 英镑。

与自己的吝啬形成鲜明对比的是，他又是一个慈善家，捐赠了许多钱用于建立博物馆，捐助了 22 所教育机构。1941 年，为纪念他的贡献，成立皮博迪广播电视奖。

塞勒姆的皮博迪博物馆收藏了 23 栋历史建筑，其中一个来自中国安徽黄村，它就是荫余堂，该遗址从中国搬迁到美国进行重建。

荫余堂建于清朝康熙年间，是黄家第 28 代所建，因为他在上海等地开当铺赚了钱，回到故居建了荫余堂，寓意是：泽被后代，余荫子孙。先后有 8 代黄家子孙在那里居住过。20 世纪 80 年代中期后，荫余堂子孙离开故居、房宅空置。内有 16 间卧室、中堂、储藏室、天井、鱼池、马头墙，是典型的徽州民宅建筑。

荫余堂落户美国，南希博士功不可没，当时她在皮博迪博物馆工作，于 2012 年调往波士顿艺术博物馆。她是世界纪念碑基金会（the World Monuments Fund）的顾问，负责紫禁城乾隆御苑。她生于波士顿市，毕业于哈佛大学，是最负盛名的中国问题观察家费正清的学生，在中央美术学院进修过，汉语非常流利。

20 世纪 70 年代南希·白铃安（Nancy Berliner）博士来到中国，她是中国改革开放前最早来到徽州的西方人之一。1993 年，她任皮博迪博物馆中国艺术文化部主任，到安徽旅游，被徽派建筑吸引，萌发搬迁古宅的想法，1996 年再次到安徽，发现了荫余堂古宅。一说是她偶然发现，当时黄氏后人正要出售。另外一说是助手王树楷起到了很大作用。他走遍了徽州大小村落，先从 1000 多座老房子中选出 600 座，又从 600 座中选出 60 座，再选出 6 座。这些房屋几近废弃拆除。

购买事宜得到"美国富达投资集团"基金会（Fidelity Investment Group Fund）（目前是世界上最大的专业基金公司）1.25 亿美元的支持，作为中美文化交流计划的一个项目。1997 年，花费 1700 万美元买下荫余堂，用了 120 多天的时间拆下砖瓦木块，每一块石头、木头都经过测量，编号整理，制成图纸，原封不动，包装运输。在拆除过程中，发现各种珍贵的文物、日记、杂记、书籍、1911 年兄弟的通信、1912 年母子的通信、民国时期的邮票、清末发簪，等等。

搬到美国后，聘请中国的木匠、石匠等能工巧匠，和美国的团队特别是修复专家共同协作，中国工匠用新木头修复腐朽的旧木头，不用钉子。上梁时，按照中国传统习俗，上香、喊号子。通过中美专家的精心合作，最大化地恢复了原来的面貌，从外到里基本保持原样，青砖黛瓦、马头墙、雪白斑驳的墙壁及壁画，肥水不流外人田的天井（四水归堂），青石板铺就的庭院、水池、雕刻精美的窗镂雕花、整块樟木雕刻的窗户，惟妙惟肖的石木砖三雕艺术品，特别是精美复杂的斗拱。院子里有古石磨、晾物用的大竹匾、竹竿穿过袖筒晾晒着的青色粗布大襟宽袖女士上衣，室内是古色古香的家具，老式雕花大床、老式八仙桌、椅子、长板凳、长条几、黄氏祖宗挂堂、家谱、屏风、座钟、花瓶、墨斗、算盘、烛台、铜盆，黄家在上海开当铺时的印章、账本，墙上贴着 1918 年上海的报纸，要说近期的东西当属 20 世纪七八十年代的暖水瓶、学雷锋的海报、毛主席像、毛泽东语录、美人图、油灯、木桶、麻将、竹梯、竹椅、送饭提盒、黄家第 35 代传人的结婚证等。

为了旧宅的空间，博物馆搬迁了部分居民，当然拆掉了一些房子，拆新房为旧宅让位，这就是美国风格。而荫余堂原址上盖起了一幢现代化的小洋楼。

世界顶级大提琴大师美籍华人马友友在荫余堂的庭院里拉奏大提琴，美妙的音乐和古老的徽派建筑，相得益彰，令美国人赞叹不绝（若想体验马友友的大提琴，可以观看李安导演的电影《卧虎藏龙》）。

博物馆还制作了网站（http：//pem. org/yinyutang），将荫余堂建筑、历史和家族的来龙去脉展示得一清二楚，3D 透视图更加直观展示旧宅，该网站已经位列美国十大网站之一。

家族历史

荫余堂是黄村普通的老房子。黄村有 1000 多年的历史，唐末黄巢起义，手下一个黄姓大将为了躲避追杀，来到这里，繁衍后代。黄村最有名的古建筑是进士第，不远是中宪第，建于清朝康熙年间。

1885 年，第 33 代黄氏后人去世，妻子程氏当家。1912 年，程氏写给二儿子的信主要内容是：报告平安，孙子（大儿子的孩子）平安，自己咳嗽的病情迅速好转，不必担心。结婚日子尽早确定。

丈夫刚去世时，黄家经济拮据，程氏把四间房子抵给一位黄氏亲戚，实际上，他并没有去住。中华人民共和国成立后，他被划为地主，自己的房产和荫余堂四间房子的两间被没收分给农民。

网站介绍黄氏宗谱。第 35 代传人的名字辈分带着"锡"字，音是"喜"。然而黄柄根是例外，因为哥哥 4 岁夭折时，母亲请人给二儿子算命，说命中缺"木"，需要改名，因此改名为"柄根"。

再建后的影响

历时 7 年，耗资 1.25 亿美元。2003 年 6 月 21 日正式对外开放，来访者爆棚，博物馆限量参观。

参观者每人手中有一个语音播放器，介绍旧居的方方面面。

拆建荫余堂的资料让美国人了解了中国房屋建筑的特点和建筑过程，也让他们了解了普通居民的生活和历史。

美国人虽则自信，也不得不承认自己国家的历史甚至不如一座房子的历史长。然而，他们不出国门，就能看到世界各地的珍宝，能让他们大开眼界。如果放在故地，荫余堂也许已经成为雨淋日晒的烂木头。

因为古宅落户美国，黄村迅速出名，因而"中美徽文化研究院"投资 200 多万元对黄村的进士第、中宪第进行全面维修，而且来参观的外国人也多了。休宁县和波士顿的某中学也建立了友好学校关系。

据说当地政府计划重修荫余堂。1997 年，安徽保护条例规定，1911 年以前"具有历史、艺术价值"的民用建筑，未经政府部门批准，不得拆除或买卖。

荫余堂第36代传人黄秋华参观皮博迪博物馆时，热泪盈眶，她说："我们的房子在我的记忆中已被拆掉了，这时候突然展示在我面前，我非常激动。"我小时候的古村、老树、旧屋、庭院、古街、老井等因为搬迁，都已经成为永远的过去，实在可惜，想必黄家后人也后悔不已吧。老宅没了，传统也就没了，老根没有了，故事就断了。

9. 女巫博物馆（Witch History Museum）

该馆位于麻省塞勒姆镇。

1692年，塞勒姆镇一位牧师的女儿突然得了一种怪病：行走跌撞，浑身疼痛，表情恐怖。随后，和她一起的7个女孩也得了相同的怪病（现代医学表明，这是"跳舞病"，源于一种真菌）。

那时，人们认为，怪病的起因在于村里的一个黑人女奴、一个女乞丐，还有一个不去教堂的老妇人。人们对她们三人严刑逼供，先后有20多个"女巫"和"男巫"死于这起冤案中，200多人被捕或监禁。1692年，麻省议会通过决议，为所有受害者恢复名誉。塞勒姆因此出名，成为每年万圣节美国最热闹的地方。

10. 肯尼迪故居纪念馆

肯尼迪故居位于波士顿市，牌子上写着 National Historic Site, Birthplace of America's 35th President（全国历史古迹，美国第35任总统出生地），门牌号是83号。

我与几名美国大学生到那里参观，他们在此祈祷祝福，看他们的虔诚和笃信，实在令人惊异。不幸的是，我们去的那天关了门，没有进入故居。

这个小楼的主体是两层，顶上有阁楼，下面有地下层，这是波士顿住宅的主要结构。外墙以绿色为主，二层有露天阳台，下部由四根立柱支撑，一层是一个露台。

此遗址的修复和管理由国家公园管理局负责，2012 年 12 月，他们将先前的绿色改变成灰色，并将黄色变得更浅一些。

肯尼迪家族是著名的政治家族，父亲本想让长子竞选总统，不幸的是长子在战争中遇难了。父亲把总统竞选的重任放在二儿子的肩上。二子约翰·肯尼迪背部一直患有较严重的疾病，动作不便。不过，他不负众望，成功当选总统。然而，他准备竞选第二任时，在得州达拉斯市被枪杀。三子罗伯特想继续竞选，也被枪杀。四子爱德华，到逝世前一直是联邦参议员之一，代表麻省，是奥巴马的铁杆支持者。

约翰·肯尼迪是当选总统中最年轻的一位。当时一位竞选对手嘲笑他，当总统至少要有点白头发，仿佛中国常说的"嘴上没毛办事不牢"，约翰机智地应对说，出任总统关键在于头发下面的智慧。

他的演说激情四射，充满活力和魅力，第一夫人杰奎琳也给美国人带来了希望、时尚和活力。约翰留下很多名言，比如"不要问国家可以为你做什么，你应该要问自己可以为国家做什么"。（Ask not what your country can do for you—ask what you can do for your country.）

他支持马丁·路德·金的民权运动，崇尚自由精神。

他做事干练，当他不愿意听他人的唠叨时，就整理面前的纸张，意思是不耐烦了。如果对方还喋喋不休，他会立马离开。第二次竞选时，记者问：你继续竞选总统吗？会把这位子推荐给谁？他的回答干脆利落：一、是的。二、不会。

不幸的是，肯尼迪在达拉斯市进行总统连任演说时，被枪杀。纪念馆设在老红楼博物馆（Old Red Museum），位于迪利广场（Dealey Plaza）。

红楼，建于 1901 年，位于 411 Elm 街。博物馆设在 6、7 层，名叫

美国社会隐性教育研究

第六层博物馆（the Sixth Floor Museum），门票13.5美元。1963年11月22日，枪手藏在第6层的一个窗户内，暗杀了肯尼迪。当时，那地方是学校教材的存放地点（Texas School Book Depository）。第7层是展览厅；第1层是商店。

我们到达的那天正好阴雨绵绵，灰暗的天空仿佛在默默地流泪以悼念逝去的总统。

进入博物馆，每人可以领取一个带耳机的播放器，有7种语言进行介绍：英语、西班牙语、德语、日语、意大利语、法语、葡萄牙语。还有未成年人（6—18岁）的版本。展览馆的音像资料包括当时的电台报道，记者、警察、证人的音频等。

另外，博物馆举行多种活动，比如，3月14日举办CSI Family Day（crime scene investigation），意思是"犯罪现场调查"，估计是家长和孩子共同参加，在枪杀现场讲述当年事件的经过以及人们的猜测，引导孩子进行辩证思维，也追念先人。

遇刺事件

1963年11月22日，肯尼迪总统和夫人杰奎琳乘车到达迪利广场。当车队拐入榆树街（Elm）时，数声枪响，他被击中头部。抢救无效逝世。

凶手之谜

有关刺杀肯尼迪的凶手及其背景谜团，众说纷纭，幕后操纵者从苏联、黑手党，到中情局、美国政府，不同的年代人们说法不一。当年有关的知情者 188 人已经去世，关于枪杀案约有 36 个版本。3 次、4 次射击？到底几名枪手？目击证人神秘死亡；政府隐藏核心秘密；肯尼迪家族要求保守住院化验等秘密；政府保密；副总统约翰逊涉嫌；遇刺路线和电影成了权威史料。

（1）官方说法

凶手是李·哈维·奥斯瓦尔德（Lee Harvey Oswald，1939—1963），他是教科书仓库管理员。被抓后不久，24 日在众目睽睽之下被杰克·鲁比枪杀，而入监的鲁比最终因为人为原因而得了癌症死亡。

李是美籍古巴人，共产主义分子。亲苏联，娶了苏联女子为妻。

而他说自己是替罪羊，也有人提供照片，说在肯尼迪遇刺前几秒的时候，他还站在路边的人群中呢，照片中人物模糊。

最近公布，当初著名的《沃伦报告》内容无误，整个事件系枪手李·奥斯瓦尔德一人所为。

（2）副总统约翰逊涉嫌谋杀说

1963 年 11 月 21 日，副总统约翰逊在达拉斯的家中举办了一个宴会。参加晚宴的客人都非同一般，有后来成为总统的尼克松，联邦调查局局长胡佛，石油大亨亨特，还有约翰逊的情妇玛德琳。

玛德琳透露，他们开了一个会，约翰逊脸色变了，知道有人要刺杀肯尼迪。联邦调查局曾接到过威胁。

（3）军火商谋杀说

肯尼迪要从越南撤军，影响了军火商的利益。

如果肯尼迪再次连任，4 年内将有可能停止战争，这些军火商的利益会遭受极大的损失。

1963 年 11 月 24 日，接任的新总统约翰逊召开紧急会议，签署了《第 273 号国家安全备忘录》。对越南的政策急速逆转，美国对越南增加兵力，因此军火商获利 2000 亿美元。

（4）共济会圣殿骑士团谋杀说

共济会是刺杀肯尼迪的幕后主使，他们控制着美联储。美国历史上的总统只有林肯与肯尼迪不是共济会成员，因此他们必须得死。

（5）中情局谋杀说

美国入侵古巴，称作"猪湾战争"。1961年4月，中情局要求军事打击的支持，肯尼迪否定了他们。

（6）黑社会教父雇凶谋杀说

总统打击美国黑手党，因此谋杀是教父卡洛斯·马塞罗和桑托·特拉菲坎特所为。历史学家研究，卡洛斯在1985年对联邦调查局坦白过这事，但当局掩藏了这个事。

肯尼迪被枪杀的消息传到新奥尔良时，他在受审，大家都非常吃惊，而卡洛斯非常沉静。最后，他被无罪释放。20年后，联邦调查局通过窃听才逮捕了他，录音带长达14公里。

李·哈维·奥斯瓦尔德的父母为黑手党工作。枪杀李的鲁比是夜总会老板，也受控于黑手党。

（7）社会主义国家谋杀说

谋杀跟南越吴庭艳有关：1955年10月，由美国支持的吴庭艳当上了南越的总统。在美国的支持下，吴庭艳对南越的统治残暴，激起了当地民众的强烈愤慨。肯尼迪亲自写信训斥吴庭艳，警告他不要乱来，但得意忘形的吴庭艳根本听不进去。

也有说跟古巴政府卡斯特罗、苏联政府有关。

（8）肯尼迪家族诅咒说

包括约翰总统在内的肯尼迪家族成员不能摆脱诅咒，肯尼迪家族的18人在3年内死亡。

在同一条街的不远处另一家博物馆也很吸引人们，名字叫"阴谋博物馆"。播放肯尼迪被枪击时头部中弹的画面，是26秒的录像。

而博物馆前面的迪利广场也因肯尼迪事件而出名。该广场建于1940年，以乔治·班尼曼·迪利（George Bannerman Dealey，1859—1946）的名字命名。他是民权领袖、《达拉斯晨报》早期的出版商、城市规划专家，他曾为了这一地区的繁荣而四处奔波。

迪利广场被看作达拉斯的诞生地，那里建造了第一个法院、第一个邮局、第一个商店和第一个兄弟旅馆。

在《达拉斯晨报》门口还竖立着迪利亲手所刻的"真理之石",一是纪念他当年的贡献,二是激励后人不断地进取,为真理而奋斗,感受到每天工作的意义。

11. 美国各地的名人堂

美国的名人堂有国家层面的,也有各州层面的。

纽约州的国家女性名人堂(The National Women's Hall of Fame),是为了纪念那些为艺术、体育、商业、教育、慈善、科学做出巨大贡献的女性,同时教育后代要向她们学习。

劳工部名人堂(Labor Hall of Fame),1988年成立。2014年5月,中国工人首次入选名人堂,纪念1865—1869年期间参与修建美国第一条跨州铁路的约12000名中国劳工。

美国发明家名人堂(the National Inventors Hall of Fame),1973年首届发明家名人堂只有一个获奖者,是爱迪生(Thomas Alva Edison),他的成就是发明了电灯。

亚拉巴马州名人堂(Alabama Hall of Fame),纪念为该州的建设做出贡献的人物。

汽车名人堂,1975年建立,是第一个永久性汽车名人堂,设在密歇根州。

国际赛车名人堂(International Motorsports Hall of Fame),位于俄克拉荷马州。

NBA篮球名人堂,位于麻省。2016年,姚明入选,是中国入选的第一人。

橄榄球名人堂,位于俄亥俄州坎顿市。

棒球名人堂,位于纽约州古柏镇。

康涅狄格州高尔夫名人堂(Connecticut Golf Hall of Fame)。

明尼苏达州拳击名人堂(Minnesota Boxing Hall of Fame)。

宇航员名人堂,位于佛罗里达州的肯尼迪航天中心。

飞行名人堂(Flight Hall of fame),设在俄亥俄州代顿市。还有,犹他州航天名人堂（Utah Aviation Hall of Fame）、俄克拉荷马州航空航天名人堂（Oklahoma Aviation and Space Hall of Fame）、得州航空名人堂（Texas Aviation Hall of Fame）。

牛仔名人堂，包括俄亥俄州的国家牛仔名人堂（National Cowboy Hall of fame）、堪萨斯牛仔名人堂、犹他州牛仔名人堂、得州牛仔名人堂（Cowboy Hall of Fame）、得克萨斯州沃思堡市女牛仔名人堂（National Cowgirl Hall of Fame）。

亚拉巴马州爵士名人堂（Jazz Hall of Fame）。

格莱美名人堂及格莱美博物馆（Grammy Museum），位于洛杉矶，展览与格莱美奖有关的展品，记录音乐从被创作、被制作、被消费的历史。

摇滚名人堂，位于俄亥俄州克利夫兰。还有 B-boy 名人堂、国际摄影名人堂、AVN 名人堂。

CS 名人堂，CS，Counter Strike，意为：反恐精英。

另外还有，互联网名人堂、玩具名人堂、职业摔角协会（WWE）名人堂、广告名人堂、会计名人堂、保险名人堂（Insurance Hall of Fame）、创作人名人堂、金毛名人堂（名狗堂），等等。

12. 路易斯安那州州立博物馆（Louisiana State Museum）

该馆位于市政厅不远处，免费参观。介绍了本州历史上的重要性事件，尤其是 1803 年美国购买该路易斯安那区域事件，该区域大于今天的路易斯安那州。因为密西西比河的特殊性，该州拥有经济、军事和政治的重要性。

（1）与军事有关的展品和事迹

厅内悬挂着一个黑黝黝的东西，两端尖尖的，揭示潜艇的奥秘。美国内战时，新奥尔良制造了潜艇。1862 年，联邦军进入新奥尔良时，它沉入水底（scuttled）。

介绍了 1942—1946 年该州建立的战俘营，34 个。还有一些训练兵营。1941 年，为防止纳粹入侵，该州组成训练兵营（Louisiana Maneuvers），有 40 万人参加。艾森豪威尔（Dwight D. Eisenhower）、奥马尔·布拉德利（Omar Bradley）、乔治·巴顿（George Smith Patton）、马克·韦恩·克拉克（Mark Wayne Clark）、莱斯利·詹姆斯·麦克纳尔（General Lesley James McNair）等将军都出自这些训练营。

1）艾森豪威尔（1890—1969），五星上将，美国第 34 任总统（1953—1961）。"二战"期间，他担任盟军在欧洲的最高指挥官。他晋升"第一快"，出身"第一穷"；他是美军退役高级将领担任哥伦比亚大学校长的第一人。五星上将是不退役的，而军法规定现役军人不得竞选总统，因此为了竞选美国总统，他放弃了上将军衔。

2）奥马尔·布拉德利（1893—1981），"二战"期间北非和欧洲陆军总司令，最后指挥 43 个集团军，130 万人，作为集团军这一级，他是陆军军官指挥人数最多的。是美军 10 位五星上将中的最后一位被任命的，是"二战"后晋升的唯一一位五星级上将。第一任参谋长联席会议主席。

3）乔治·巴顿（1885—1945），美国陆军的四星上将，"二战"期间指挥美国陆军第 7 集团军和第 3 集团军。

巴顿一直是美国陆军装甲战学说发展的一个核心人物。诺曼底登陆后指挥第 3 集团军快速穿越法国，率先带领部队进入德国。

1945 年 12 月 21 日，巴顿在欧洲的一场车祸中逝世，享年 60 岁。

4）马克·韦恩·克拉克（1896—1984），美国陆军四星上将，"二战"期间美国第 5 集团军司令、朝鲜战争时的联合国部队指挥官。

5）莱斯利·詹姆斯·麦克纳尔（1883—1944），"一战""二战"陆军军官。"二战"期间，美军实施眼镜蛇行动，对德军进行轰炸。然而不幸的是，在突然的第二轮轰炸中，他被误炸阵亡，成为美军在作战中牺牲的拥有最高军衔的军官，时为中将，一同阵亡的还有其他三名中将：弗兰克·麦克斯韦尔·安德鲁斯（Frank Maxwell Andrews）、西蒙·玻利瓦尔·巴克纳（Simon Bolivar Buckner, Jr.）和米勒德·哈蒙（Millard Harmon）。1954 年麦克纳尔被荣升为上将军衔。

6）克莱尔·李·陈纳德（Claire Lee Chennault, 1893—1958），美国陆军航空队中将，飞行员。"二战"期间，他是美国援华志愿航空队"飞虎队"的指挥官，有"飞虎将军"之称。

生于得州，1911 年毕业于路易斯安那州州立师范学院，任教师。然后毕业于美国飞行学院，在夏威夷指挥战斗分队。

浓厚的中国情

1936 年，宋美龄任命他为国民党空军顾问，改进中国空军。当时国民党政府只有 91 架能起飞的战斗机。

抗日期间，他指挥对日作战，成立航空学校，也担任飞行指导。招募美国飞行员，组建飞虎队。指挥从印度飞越喜马拉雅山脉给中国提供补给，这就是驼峰航线（the Hump）。

一开始，美国对日侵华的态度保持"中立"，日本人知道中国有美国顾问时，要求美国下令撤回。陈纳德被告知这事时，他肯定地回答：等到最后一个日本人离开中国时，我会高高兴兴地离开中国。

陈纳德于 1945 年 8 月 8 日离开中国，在中国生活了 8 年多，与抗战结下了不解之缘。1947 年，陈纳德与中国女记者陈香梅（1925— ）结婚。他逝世后安葬在阿灵顿公墓，墓碑背面是中文"陈纳德将军之墓"，这是公墓中唯一的中文文字，足见他与中国的感情之深。

辉煌的事例

一是成功击毁日军战机。

1937 年 12 月，南京失陷，国民党空军几乎损失殆尽，只能靠苏联的飞机来保卫城市。1938 年 4 月，陈纳德等断定天皇生日那天，日军会来空袭，因此头一天飞机佯装撤离汉口飞往南昌。故意让日本间谍看到他们撤离，不过当天晚上又偷偷地返回机场。

第二天清晨，日军的轰炸机、战斗机飞临武汉。陈纳德派了 20 架战斗机拖住日军战斗机，使日军战斗机消耗大量燃油；又安排了 40 架苏联飞机埋伏在高空，等日机返回时把他们的轰炸机和战斗机分开，日军战斗机因缺油不敢去保护轰炸机。中苏飞机兵分两路，一队攻击轰炸机，一队攻击战斗机，将 39 架日机击落了 36 架，只剩下 3 架逃回。

二是争取美国各界对华援助。

1940 年苏联援华人员撤回，飞机特别缺乏。国军和日军的飞机之比是 1：53。5 月，应蒋介石的要求，陈纳德返美去争取各方援助。罗斯福总统决定对华进行军事援助，目的是把日本拖在中国。最终援助中国 100 架 P-40 型战斗机。

1941 年 4 月，罗斯福总统又签署命令，准许预备役军官和退出陆军和海军航空部队的士兵参加赴华志愿队。1941 年 7 月中旬，已有 68 架飞机、110 名飞行员、150 名机械师和一些后勤人员到达中国。

1942 年 7 月以后，陈纳德率领的第 14 航空队摧毁了 2608 架敌机，击沉和击伤敌人大量商船和 44 艘军舰，击毙日军官兵 66700 名，陈纳德一方损失仅为 496 架飞机。

佳缘陈香梅

陈香梅从小喜爱文学，英文基础很好。姊妹六个，排行老二。

"七七事变"后，她随家人流亡香港；香港沦陷，母亲去世，父亲远在美国任职，她和姐姐带着小妹妹们流亡跋涉，来到昆明。父亲要她们姐妹六人到美国学习，只有陈香梅拒绝了，决心为国效力。读完大学后，她当了战地记者。

因工作需要她采访陈纳德，两人从认识到相恋。抗日胜利后，陈纳德回到美国离了婚，再次返回中国。陈香梅比陈纳德小 32 岁，面临着沉重的舆论压力。

首先从家庭上看，陈香梅出身高贵。外祖父廖凤舒，留学日本，为清政府的外交官，代表袁世凯出席南北谈判。他与廖仲恺（1893—1925）是亲兄弟，廖仲恺是孙中山的亲密战友。廖仲恺的儿子廖承志，为新中国诞生和祖国统一做出了巨大贡献。

陈香梅的父亲陈应荣年少出国，接受英美教育，获得英国牛津大学法学博士学位和美国哥伦比亚大学哲学博士学位，回国后当过教授、编辑、外交家。母亲廖香词在英法意读过书。

父亲反对女儿嫁给外国人，阻挠过她，却无济于事。

陈香梅取得外公的支持。她邀请陈纳德到家里吃饭，香梅的外公能够和陈纳德用英语交流，第一次饭后一起打桥牌，而那次陈纳德控制了脾气，取得了外公的支持，以后常聚会打牌，这有利于陈纳德和陈香梅家人的关系。

和陈纳德结婚后，生活了10年多。10年后，陈纳德因病去世，她独自一人带大两个女儿。时年她33岁，一直没有再婚。她认为，并不是所有的人都能有所爱并被爱的。而她却深深地爱过一个人，又被这个人深深地爱过，这才是真正的幸福。

在美国，她学习演讲，参加全国巡回演出，出版专著。30多年来，从肯尼迪到克林顿，先后八位总统都对她委以重任。享有"中美民间大使"的美誉，为中美建交做出了巨大贡献。邓小平曾说："美国有一百位参议员，但只有一个陈香梅。"

2015年12月，美国"一带一路"总商会代表团在华盛顿拜会90岁高龄的陈香梅，向她赠送了《习仲勋画册》（英文版）。

2017年3月27日，陈香梅公益基金会嘉惠教育基金"慧蕾行动"资助仪式在河北广宗一中举行。公益基金会资助20名女生，每名同学1000元。

（2）重大历史事件展示

议员休伊·朗（Huey Long）枪杀案：1935年9月8日晚上9点，路州首府巴图鲁日的外科医生 Weiss 进入议会大厦近距离射击（at point-blank range）议员休伊。保镖拔枪反击，枪手 Weiss 身中30多弹，身亡。

议员休伊跑到楼下，被送到医院。手术过程中，医生失误没有治疗肾上的一个划痕（nick），尽管大量输液，两天后去世。

去世前他说：主呀，不要让我死，我还有很多事要做。

（3）近期活动介绍

例如，钓鱼比赛（Fishing Rodeos），该活动始于1928年。

（4）农作机械介绍和相关事件

有许多古老的农具，比如棉花秤，用来称重棉花包。手工播种机，用来种植水稻。

两行甘蔗收割机（two-row sugar cane harvester），20世纪40年代发明。比单行的机械更加有效率。

介绍了1887年蒂博多屠杀（Thibodaux Massacre）。（见前"惠特尼种植园"）

（二）与自然历史有关的博物馆

从全国范围内，美国有9个著名的自然历史博物馆，除了首都华盛顿的国家自然历史博物馆（National Museum of Natural History）和纽约市的美国自然历史博物馆（American Museum of Natural History），还有7个著名的自然历史博物馆，分别是：

1. 卡内基自然历史博物馆（Carnegie Museum of Natural History）

该馆位于宾州匹兹堡市，成立于1896年，创始人是钢铁大王安德鲁·卡内基。馆藏特色是恐龙化石，最出名的是卡内基梁龙和路氏迷惑龙（路氏是卡耐基的妻子）。还有著名的恐龙墙绘，是世界上最大的墙绘，高度从5米至55米不等。

2. 耶鲁大学的皮博迪自然历史博物馆（Peabody Museum of Natural History）

1866年慈善家乔治·皮博迪资助建立。

3. 波皮自然历史博物馆（Burpee Museum of Natural History）

该馆位于伊利诺伊州，珍藏着一个保存完好的有6600万年历史的未成年霸王龙化石。

4. 密歇根大学自然历史博物馆（University of Michigan Museum of Natural History）

该馆的亮点是一座天文馆。它运用最先进的数字投影系统，营造出了全方位视角的屋顶观测平台。

5. 亚特兰大市的芬卞克自然历史博物馆（Fernbank Museum of Natural History）

6. 西雅图市的伯克自然历史与文化博物馆（Burke Museum of Natural History and Culture）

该馆始建于1899年。

托马斯·伯克（Thomas Burke，1849—1925）为美国律师，法官，铁路修建者，自己的主要工作经历在西雅图。

他组织多次募捐，为百姓排忧解难，他称呼自己为"职业乞丐"（professional beggar）。

在排华期间，几个城市发生了暴动，驱赶居住在那里的华人，许多华人走投无路。

西雅图市面临着危机，市长等要员举行听证辩论，在众人排华的情况下，他力挺华人，取得有识之士的支持，维护了法律的尊严，为保护华人奉献了自己的才智，维护了西雅图的安定。

伯克号召人们，以积极的态度商讨有关中国人的问题。不要轻信不实之词而对中国人产生敌意。呼吁爱国、理性的人士，从城市的根本利益、从法制原则出发，通过公开的对话和讨论，做出裁决。要人们揭露谎言，还以真相。

7. 洛杉矶县自然历史博物馆（Natural History Museum of Los Angeles County）

除了以上著名的自然历史博物馆，各大城市还建有地方特色的自然历史博物馆，不过，它们大都向综合化、专业化迈进，也就是说，你参观了一家小型自然历史博物馆，再到其他地方看，有一种似曾相识的感觉。

8. 芝加哥菲尔德自然历史博物馆（Field Museum of Natural History，又译为：富地）

该馆建于1893年，原名哥伦比亚博物馆，为纪念捐助者马歇尔·菲尔德而改名。主要保存哥伦比亚世界博览会的生物和人类学展品，其人类学、生物学、地质学和动物学等方面的收藏和研究，处于世界一流地位。另外，该馆收藏的中国拓片数量居全美各学术机构之首。

9. 费城自然历史博物馆（Natural Museum of National History of Philadelphia）

该馆藏有1700万件化石、动植物标本。

10. 犹他州自然历史博物馆（Natural History Museum of Utah）

（三）与军事有关的博物馆

1. 军用飞机博物馆

（1）国立美国空军博物馆（National Museum of United States Air）

该馆位于俄亥俄州代顿市（Dayton）东，是馆藏世界上最大和最先

101

进飞机的航空博物馆。相比之下，首府的航空航天博物馆的特色是具有纪念意义的精品。

博物馆陈列着美军最现代化的作战飞机，如新一代隐形战斗机主力 YF - 22，从 1998 年就在展出了。该机于 1990 年由洛克希德公司生产，后来正式编号为 F - 22。最大时速 2615 公里，最大冲刺时速可达 3148 公里，最大升限 20000 米。其加速能力为现役主力战斗机 F - 15 的 3 倍。

博物馆中有总统机库，展出了各个时代的总统的专机"空军一号"。

还有一些特殊的机型和展品：

恶鬼 XF - 85（Goblin XF - 85）

它的出现主要是为战略轰炸机护航，是"寄生机"（Parasite），也叫"子母机"。体型短粗胖，像个鸭蛋，仅容纳一个飞行员。

20 世纪 30 年代苏联进行试验，一个主机上悬挂 5 架小飞机，两个机翼的上下各一架，机腹下挂一架。

20 世纪 50 年代美军主力战略轰炸机 B - 36"和平缔造者"轰炸机的航程太远，而当时战斗机航程有限，无法护航。他们计划研发一个小型战斗机，藏在 B - 36 的炸弹舱里，如果遇到敌人战斗机拦截，就从轰炸机肚子里放出来迎战。必要时可以让部分轰炸机腾出弹舱，一次装下 3 架子机，来加强护航能力。

麦克唐纳公司设计的"恶鬼"脱颖而出，一开始它跟 B - 29 配合进行子机放出、对接和回收的试验。升降架把子机放出，完成任务后，子机从后部慢慢靠近升降架，机头的挂钩扣上吊架，然后被提升到弹舱内，补充供给后待命。当然，返回舱内的操作有很大难度，因为气流非常大，挂钩吻合过程中有时出现很大危险。对接测试进行了 7 次，只有 3 次勉强成功。

此项目没有等到跟 B - 36 配合，军方就在 1949 年 10 月取消了这个已花费 320 万美元的项目。两架原型机总共试飞了约 140 分钟，使命就被终结，分别成为俄亥俄和内布拉斯加州博物馆的展品。

有了空中加油技术后，战斗机就可以全程护航了，"恶鬼"类的想法就更不可能实现了。

"史奴比大鼻子"飞机

实际上是 C－135 运输机，为了 NASA 监测阿波罗飞船，加了个大鼻子，装载可移动雷达天线。

给长崎投放原子弹的 B－29

1945 年 7 月 4 日，美军宣称已经对日本投放了 10 万吨炸弹进行轰炸，其中威力巨大的是燃油弹，日本诸多木质结构的城市，火势熊熊。例如，19 万枚燃烧弹火爆东京，东京成为熔炉，中心温度 1000 摄氏度。475 架 B－29 轰炸横滨；富士山市被 173 架 B－29 轰炸机夷为平地。

李梅将军提前发出传单，宣布下一个攻击目标，让百姓事先离开轰炸区域。

更可怕的在后面。

1945 年 8 月 6 日，战略轰炸机 B－29 艾诺拉·盖（Enola Gay，是该机机长母亲的名字）在广岛投下第一枚原子弹"小男孩"，导致 8 万人立即死亡，幸存的 6 万人遭受核辐射折磨。该机存放在华盛顿杜勒斯机场博物馆，供人们展览。

9 日，另一架 B－29 伯克之车（Bock's Car，机长名字是 Bock），在长崎投下第二枚原子弹"胖子"，导致 3.5 万人立即死亡。（本来轰炸长崎附近的小仓，那里因滚滚浓烟笼罩城市而放弃。长崎本来雾大，加上油料不足，飞行员要返航，突然拨云见日，因此长崎没有避开厄运。）伯克之车展览在代顿国立美国空军博物馆。

B－29 号称超级空中堡垒，威力巨大，装载四个发动机，载重 9 吨；全增压机舱，让飞行员不必穿着特殊宇航服，就能在万米高空执行任务；飞机可以在万米高空巡航，因为飞行高度的绝对优势，不需要战斗机护航，航程 6000 公里；瞄准精确，外号泡菜桶轰炸。

日本军方组成特殊机群，采用冲入美军机群撞击的方式，攻击美军，其举动可歌可泣。小林宽澄（1919— ）指挥参加了 14 次撞击，后来成为对华友好人士。

（2）飞机坟场

该场是美国唯一一处退役飞机安置场所，位于亚利桑那州图森市（Tucson），是航空航天维护与再生中心，也可以说是航空航天博物馆。

存有4200多架飞机，分类条理，有的飞机经过维修可以起飞，有的拆卸关键零部件后，成为废铁一堆。

（3）加州马琪基地航空博物馆（March Field Air Museum）

从1918年开始，那里是飞行训练中心，为了纪念佩顿·马琪（Peyton C. March, Jr.）而命名。他在得州飞行中遭遇事故遇难，是陆军参谋长的儿子（the Army Chief of Staff）。

1930年成为博物馆，1981年对外开放。展示70多架飞机。

1）SR-71"黑鸟"战略侦察机

该机为世界上飞得最快最高的侦察机，双三指标（三万米升限，三倍音速）。在以色列上空侦察其核设施时，以军F-4战斗机向它发射了"响尾蛇"空空导弹，但是导弹的速度却比侦察机还慢。SR-71在1964年12月首飞，1990年1月退役，但在1995年又编回部队，并于1997年展开飞行任务，1998年SR-71永久退役。

2）"二战"中B-17"空中堡垒"和B-29"超级空中堡垒"轰炸机（super fortress）

3）UH-21B直升机

绰号是飞行香蕉，美军对越战争时用来解决道路问题而使用。CH-46"海上骑士"、CH-47"支奴干"替代了21型，这两种机型于20世纪60年代服役，2015年退役。

4）P-59空中彗星（Air Comet）

该机为美国研制的最早一代喷气式战斗机，于1942年开始试验。没有投入实战。有两种机型A和B，A型生产了20架，B型30架，就取消了生产。

5）B-52轰炸机

安装8台喷气式发动机，作战半径8000公里，可携带32吨各型弹药。中国的轰6于1968年首飞成功，轰6最大载弹量为9吨，最先进的轰 6K 最大作战半径近 3500 公里，最大载弹量为 12 吨。

6）C－17 运输机（Conveyor）

又名"环球空中霸王 Ⅲ"（Global Master Ⅲ），机身长 53.04 米，机高 16.79 米，翼展 51.81 米，外形尺寸与 C－141 相当。截至 2010 年 1 月生产了 212 架，每架造价 3.28 亿美元。

7）英国的 FO－141 蚊蚋式战斗机（Gnat，蚊蚋，音：文锐）

该机也许是体积最小的喷气式战斗机。最大速度 1118 公里/小时，作战半径 800 公里。

还有参加过朝鲜战争的 F－100、F－105，参加过越战的 F－4、UH－1、AH－1，目前仍在服役的 F－15 战机。

（4）加州圣塔蒙尼加飞行博物馆（Museum of Flying，Santa Monica）

该馆于 1974 年建立。

（5）内布拉斯加战略航空航天博物馆（Strategic Air and Space Museum）

该馆位于阿什兰（Ashland）。

（6）华盛顿州西雅图飞行博物馆（The Museum of Flight）

西雅图航空博物馆（又译：飞行博物馆、飞机博物馆），位于西雅图南方。西雅图是波音公司总部所在地。

该馆藏有 145 架飞机，西雅图每年举办海洋博览会（Sea Fair），那里有飞行小组的起降表演。

西雅图还有一个未来飞行博物馆（Future of Flight Museum）。

该馆展品足以开拓人们的视野和想象，如 B－787 梦幻飞机的舱段和展板。还有 B－727 的驾驶舱，B－737－100 的机舱，装在 B－777 上的 GE－90 发动机和一些罗尔斯·罗伊斯的发动机。

（7）佛罗里达州彭萨科拉的海军航空兵博物馆

馆内展有 150 多架各种各样的飞机和宇宙飞船。

1）鹞式飞机（Harrier）

鹞式飞机，能垂直起降。20 世纪 80 年代初在英国和阿根廷的马岛战争中大显神通。在电影《真实的谎言》中，特工（施瓦辛格饰演）

救女儿时开着的飞机就是鹞式。

2）救生筏

1942 年 1 月，"企业"号航空母舰上三名飞行员迫降海上，独自在海上无食无水状况下漂流了 34 天，行程 1200 英里，最终获救。博物馆展有他们的救生筏，他们的著作叫《救生筏》（*The Raft*）。

3）P－38 闪电式战斗机

该机为太平洋战场击毁日机最多的战斗机，庞大而威猛。日本飞行员对 P－38 又恨又惧，称之为"双身恶魔"。

1943 年 4 月 18 日，P－38 击落山本五十六的座机。美军获取情报，山本视察某地。美军 16 架 P－38 在海面 3—15 米低空飞行 700 公里。发现日机后，4 架进攻，12 架掩护，成功击落敌机。

"二战"结束前，王牌飞行员理查德·邦格（Richard Bong）少校驾驶 P－38 击落了 40 架日本战机，排名第一。

（8）得州约翰逊航空航天中心（见得州章节）

2. 航空母舰博物馆

（1）航母知识

"二战"前的美国航母

1）美国的第一艘航空母舰为"兰利"号（Langley CV－1），1922 年改装完毕在海军服役。取名兰利是为了纪念美国物理学家与天文学家、航空先驱——塞缪尔·皮尔庞特·兰利博士。1942 年，被日军击沉。

2）"约克城"号航空母舰（USS Yorktown CV－5）是约克城级航空母舰的首舰，1937 年服役。纪念美国独立战争中的约克城围城战役。

1942 年在中途岛战役中被击沉。1998 年 5 月，"约克城"号的残骸被"泰坦尼克"号的发现者、著名海洋学家罗伯特发现，并进行了拍摄。该残骸位于水下 5 公里处，仍然完好无损。

"二战"后的常规动力航母

福莱斯特级航空母舰，是美国战后建造的第一级航空母舰。

共建 4 艘，于 20 世纪 50 年代服役。

"福莱斯特"号（CVA-59）于1952年建造，1955年服役，造价1.89亿美元（2013年被卖1美分）。

"萨拉托加"号（CVA-60）于1956年服役，造价2.14亿美元。

这两艘航空母舰都参加了海湾战争。

"突击者"号（CVA-61）于1957年服役，造价1.73亿美元。

"独立"号（CVA-62）于1959年服役，造价2.25亿美元。

小鹰级航母，为常规动力航母，共有四艘。

"小鹰"号航母（USS Kitty Hawk CV-63），原编号CVA-63，是四艘中最后退役的航母。另外三艘同级舰分别为"星座"号（USS Constellation CV-64）、"美国"号（USS America CV-66）及"肯尼迪"号（USS John F. Kennedy CV-67）。

"美国"号是被炸沉的最大的航母，于2005年在大西洋进行实验，抵抗了25天狂轰滥炸，最后进水沉入大海。

"二战"后的核动力航母

世界上第一代核动力航母为企业级，第一艘是"企业"号（CVN-65）。1964年，"企业"号环球航行，途中不必进行补给，历时64天，航程3万多海里，充分显示了核动力航母的超强续航能力。于2012年12月1日退役。

第二代核动力航母为尼米兹级（Nimitz Class Aircraft Carrier），1975年服役，生产了10艘。可服役50年；每20秒弹射出一架作战飞机。

按照下水的时间顺序分别是"尼米兹"号（服役时间1975年，CVN-68），"艾森豪威尔"号（服役时间1977年），"卡尔文森"号（服役时间1982年），"罗斯福"号（服役时间1986年），"林肯"号（服役时间1989年），"华盛顿"号（服役时间1992年），"斯坦尼斯"号（服役时间1995年），"杜鲁门"号（服役时间1998年），"里根"号（服役时间2003年），"布什"号（服役时间2009年，CVN-77）。

造价越来越高，从"尼米兹"号的7.25亿美元，到"里根"号的45亿美元，再到"布什"号的62亿美元。

"布什"号上两个核反应堆可供航母连续工作20年而不需要添加

燃料。

第三代核动力航母是福特级航母，2015 年交付使用。

首舰"福特"号的研发与建造经费总共为 137 亿美元，其中研发经费为 32 亿美元，为美国海军史上最昂贵的舰艇。

（2）退役航母处置办法

对于退役航母（Carrier Vessels），美国军方的做法一是捐赠出去，用作博物馆。二是出售给公司拆卸，废物回收。三是把它们当作活靶子击沉海底作为人工礁。四是整体销售给他国。五是留着备用，比如"小鹰"号（CV-63）。

退役航母出售事例

海军如果自己处理常规动力航母的话，其成本是每艘最高可达 5 亿美元。核动力航母的拆除费用会更贵，超过 10 亿美元，花费时间超过 10 年。

因此，海军把航母出售给公司。公司购买是为了航母上的金属，自己拖运。公司进行综合评估后作出购买决定。

你能想象出退役航母的售价是多少吗？

海军以 1 美分的售价出售超级航母。2013 年底和 2014 年 5 月，海军把两艘航母分别以 1 美分的价格出售给了得州的某金属公司。公司拆卸回收利用废金属，重达 6 万吨。

一艘是 2010 年退役的"福里斯特尔"号，是为了纪念首任国防部长詹姆斯·福里斯特尔，是海军"二战"后设计建造的第一艘大型航母，是常规动力，花费了 2.17 亿美元（按现在的价值算相当于 20 亿美元）。另一艘是"萨拉托加"号。

（3）航母博物馆

1）费城海军基地（Philadelphia Navy Yard）

码头停放着两艘退役航母，其中一艘是 CVN-67"约翰·肯尼迪"号航母，2006 年参加了对伊拉克战争，2007 年 8 月 1 日退役。

还有各种战舰：巡洋舰、驱逐舰、两栖登陆舰、供应补给舰、维修坞船及零星的护卫舰、炮艇等。

2）弗吉尼亚州的诺福克港

停泊着现役 CVN－75"杜鲁门"号航母。

还有"企业"号航母，为全球首艘核动力航母，于2012年12月1日在那里正式退役。

3）"无畏"号海洋航空航天博物馆（Intrepid Sea，Air & Space Museum）

1982年，美国海军捐赠"无畏"号航空母舰（U. S. S. Intrepid），在纽约市建立博物馆。甲板上展出各种飞机，其中有1962年研制的A－12，高空作业高度为28500米，最高速度达3.6马赫（3.6倍音速，音速是每小时1224公里）。

航母上展览着"协和"号客机，这是世界上唯一的超音速客机，时速2500公里。从伦敦到纽约飞行时间不到三个半小时。因为时差为四个小时，因此有人说："我还没出发就已经到了。"

4）南卡罗莱纳查尔斯顿的"约克城"号航母博物馆

该馆停泊着1943年下水的"约克城"号航母（CVN－10）。

5）圣地亚哥军港

加州圣地亚哥码头（San Diego，又译：圣迭戈），为美国西海岸最大的海军军事基地。

存有三艘航母：CVN－41"中途岛"号退役航母、CVN－68"尼米兹"号核动力现役航母和 CVN－76"里根"号核动力现役航母。军港内现役和退役的战舰并存，是一道亮丽的风景。

"中途岛"号退役后成为"中途岛"号航空母舰博物馆（USS Midway Aircraft Carrier Museum）。"中途岛"号航母于1945年3月服役，是世界上最大的战舰。因中途岛战役而得名，该战是太平洋战争的转折点。1992年该舰退役，是美军中服役年限最长的战舰。

除了航母外，许多海军基地藏有大量的其他类型战舰，比如，旧金山东北的 Suisun bay 海军坟墓就停泊着许多战舰。

美国有一个特殊舰队，名字叫幽灵舰队（Ghost Fleet），指的是服过役而封存起来经过修整能够随时启用的舰队，大到航母，小到普通船只。正式名称为美国国防预备舰队（National Defense Reserve Fleet, NDRF），主要停泊于加州的贝尼西港（即前述旧金山湾），弗州费城的尤斯迪斯堡、得州的博蒙特市。

3. 坦克博物馆

美国主要有两大坦克博物馆，一是马里兰州的阿伯丁博物馆（Aberdeen），二是肯塔基州诺克斯堡的巴顿坦克博物馆。另外，洛杉矶东边的沙漠地带也有巴顿的训练场地，也有巴顿纪念博物馆（General Patton Memorial Museum）。

美国东部的阿伯丁市被称为"美国陆军兵器试验场"（Aberdeen Proving Ground），也就是陆军装备进入战场前的"最后一关"。

博物馆的外场地有各种坦克以及装甲车，来自不同国家，有丘吉尔步兵坦克、法国索玛重型坦克、美国格兰特中型坦克、德国猎虎、猎豹坦克歼击车、骨架坦克、M1试验车坦克、M2布雷德利步兵战车、M10坦克歼击车、M16装甲车、M24霞飞轻型坦克。有的浑身残痕、锈迹斑斑，有的呈迷彩型。有德国黄鼠狼自行反坦克炮、M7牧师自行火炮、M41自行火炮、T249 6管自行高炮、火箭发射器、海岸防御大炮、高射炮、加农炮、榴弹炮、炸弹之王等各种炮弹，等等。

"猎虎"自行反坦克炮，德国研制，其火炮是"二战"中威力最强大的反坦克炮，自身装甲最厚。内部可以携带38—40枚炮弹。耗油大，前进速度较慢。

1945年夏天，美军对缴获的"猎虎"坦克歼击车进行了测试，发现它能在2100米的距离击穿美军M26"潘兴"坦克的前部装甲板。德军总共生产了85辆，战后幸存很少。英国的坦克博物馆有一辆展品。

口径最大的大炮："二战"期间美军用来轰击德国边境防线工事的900毫米口径迫击炮"小戴维"，是现代军事史上口径最大的大炮。

室内的各种战略武器：日本的坦克枪（机枪）、装饰成茶壶的炸弹、核弹引信、反步兵雷、定向穿甲雷、毒气弹、毒气雷，等等。

还有一种武器，是20世纪60年代的变态武器，可以称作自杀武器，也就是说爆炸范围大于武器射程，发射者往往也是牺牲者。这是种原子小炮，用一门127毫米无后坐力炮发射280毫米核炮弹。炮的射程只有2公里，而发射出去的是一颗1000吨级的原子弹，该原子弹的有效杀伤半径是0.85公里。

还有一种机关枪，枪管是弯的。

展品中还有地震炸弹，重20吨，威力巨大，能够穿透10米混凝土，产生地震的效应。

巴顿坦克博物馆中藏有德军的"虎王"坦克，重68吨，为最重的坦克，美国境内只有一辆。

4. 海军陆战队国家博物馆（National Museum of the Marine Corps）

该馆位于弗吉尼亚州。其中朝鲜战役展馆中设计的场景是有山有雪，温度极低，音响效果好，冷风呼呼地吹。

5. 西点军校博物馆（West Point Museum）

该馆位于西点军校。存有麦克阿瑟在日本投降时使用的一支派克笔。当时他总共用了5支金笔，那时派克笔每支7美元，是市场上最昂贵的钢笔。第一支笔签了"道格"，送给身后的美军中将温赖特；第二支笔写了"拉斯"，送给英军司令珀西瓦尔。那时，两位将军在中国东北被关押，签字仪式举行时还弱不禁风；第三支写了"麦克阿瑟"，送给美国政府档案馆；第四支签了职务"盟军最高统帅"，送给西点军校；第五支签了日期，送给妻子。

签字仪式是在海军战舰上举行的，战舰上同时悬挂海军总司令和陆军总司令的降旗，这在历史上是唯一的一次。国旗是从国会图书馆专门运送过去的，是美国人第一次踏上日本国土时悬挂的国旗。

道格拉斯·麦克阿瑟（Douglas MacArthur，1880—1964），以口含大烟斗、戴墨镜的形象以及"我一定回来"的名言深受人们喜欢，也是颇有争议的将军，叱咤风云、充满传奇。

在西点军校上学时，他创造了几个辉煌纪录。一是同时约会八个女友，二是成绩最高。

这样看来，他真是风流倜傥。

41岁任西点军校的校长时，他认识女友布鲁克斯并结婚。妻子出身高贵，祖先是英国资产阶级大革命时的克伦威尔，资产过亿，她的婚姻失败之后，生活放荡，曾跟美国第一个五星级上将潘兴有一段婚外恋。

妻子要求他弃戎从商，他拒绝了，7年后离婚。

1935年55岁的麦克阿瑟在去菲律宾赴任的船上，遇到了一位35岁的美女，可以说是新版的《泰坦尼克号》。女子本来是去上海看望朋友的，不想途中深深地爱上了麦帅，随即赶往菲律宾看望他，成为他终生的妻子。

其传奇还在于为了妻子他放弃了跳舞。58岁时当了父亲。"二战"期间，菲律宾接近沦陷，妻子不离不弃，说："我的将军，无论到什么时候，我们三人永不分离！"前妻家财万贯，后妻一介草民，年轻时他风流倜傥，后来忠贞不渝，足以看出一个伟人的伟大之处。

另外，母亲和儿媳的关系非常重要，第一次婚礼母亲没有参加，其后婚姻破裂与此不无关系。第二次婚姻，母亲亲自过目。1936年，母亲去世，麦克阿瑟把母亲的灵柩安放在菲律宾整整一年，足以看出母亲给儿子麦帅的影响。妻子尊重丈夫，满怀崇敬，在外称呼"将军"，在家称呼"主人"，麦帅称妻子"老板"，恭敬和爱情并存，形影不离，恩爱甚笃。

6. 泰坦导弹博物馆（Titan Missile Museum）

该馆位于亚利桑那州，建造在10米多深的地下，1986年对外开放。

来访者可以体验导弹模拟发射，了解基地的构造，观赏军事人员的居住环境，另外发射井里众多的按钮让人眼花缭乱。

7. 国家原子弹试验博物馆（National Atomic Testing Museum）

该馆位于拉斯维加斯市。

8. 美国国家"二战"博物馆（National World War II Museum）

该馆位于新奥尔良市，是美国最大的"二战"博物馆。

大厅里摆放各种武器，例如，MG - 34 德军机枪，每分钟能发射900发子弹；装有三脚架（Lafette Tripod）；战斗时对准来敌方向，枪手可以不用露头。

D-day 指的是诺曼底登陆日。新奥尔良设有两栖登陆的国家博物馆，因为新奥尔良市是希金斯艇的发明者和最大生产商所在地。希金斯艇，是改良了的两栖登陆艇，为登陆作战的主角。

我去参观的那天，馆内正好举行演唱比赛，进行爱国主义教育。

9. 内战博物馆（Civil War Museum）

该馆位于新奥尔良市，与"二战"博物馆相邻。

10. 国际间谍博物馆（International Spy Museum）

该馆位于首都华盛顿，收藏了东西方600多件高科技间谍工具。以美国以外的谍报机构的装置为主，其中苏联的情报机构所使用的间谍工具悉数展出，并全部辅以文字。

11. 国家太平洋战争博物馆（National Museum of the Pacific War）

该馆位于得州，是美国唯一全面介绍太平洋战争的博物馆。尼米兹生于得州，是太平洋战区最高司令官，核动力航母尼米兹级以他的名字命名。

博物馆墙上明显位置挂着作家桑塔亚那（George Santayana）的名言："那些不能铭记过去的人注定要重蹈覆辙。"（Those who cannot remember the past are condemned to repeat it.）

12. 潜艇基地

美国有多处潜艇基地，其中东海岸的纽黑文市（New Heaven）设有潜艇基地。参观者可以进入"鹦鹉螺"号SSN-571核潜艇。

（四）与科学、医学有关的博物馆

1. 约翰逊航天中心（Johnson Space Center）

位于休斯敦市南郊，是国家宇航局下属最大的太空研究中心。

2. 阿德勒天文馆（Adler Planetarium）

1930年在芝加哥成立，是西半球第一座天文馆。

3. 新墨西哥州罗斯威尔不明飞行物博物馆（Roswell UFO incident）

罗斯威尔事件：1947年，那里有不明飞行物坠毁。许多民间UFO爱好者认为坠落物为外星飞船，而军方说法截然不同。

1978年，物理学家、UFO研究者斯坦顿·弗里德曼再次采访当年军方人事，报道说美国军方掩盖了发现外空飞行物坠毁的事实。

1989 年，曾在罗斯威尔一家殡仪馆工作的格林爆料，军方曾在罗斯威尔空军基地解剖外星人。

每年 7 月的第一个周末，博物馆都举办 UFO 节。

该博物馆引发了人们对 UFO 的好奇和兴趣，积极以科学的精神探究未知世界的奥秘。

1994 年电影《罗斯威尔：秘藏 UFO》热播。

4. 科学工业博物馆

不同城市设有科学工业博物馆，比如，伊利诺伊州芝加哥市、俄亥俄州哥伦布市，还有明尼苏达州布卢明顿市。

5. 宾夕法尼亚大学考古学与人类学博物馆

该馆成立于 1887 年。

6. 麻省理工学院博物馆（Museum of MIT）

该馆以科学为主要特色，各种仪器、机器人等，令人赞不绝口。MIT 的核心精神和品质是：独立、创新、奉献和责任（independence, innovation, dedication, responsibility）。

持校园卡，门票只要 3 美元，跟在附近喝杯咖啡的价格差不多（2.65 美元）。

藏有第一次登月的美国国旗，国旗上写着：This flag, from my personal collection, was proudly flown to the moon aboard Apollo XI. July, 1969。意思是：1969 年 7 月，这面国旗搭载阿波罗 11 号登上月球。这是 MIT 航空系博士毕业生捐赠的。

巴兹·奥尔德林（Buzz Aldrin，1930—　），为第二位踏上月球的人（在阿姆斯特朗之后）。

他在月球上对地球说："我想利用这个机会让所有正在收听的人静下来，不论是谁或是在哪里，回顾一下过去几小时所发生的一切，并以他或她自己的方式来表示感恩。"（I'd like to take this opportunity to ask every person listening in, whoever and wherever they may be, to pause for a moment and contemplate the events of the past few hours, and to give thanks in his or her own way.）

据说他也想成为第一个登月者，后来一个记者提问他对于阿姆斯特朗成为第一个登上月球的人的感想。奥尔德林轻松地回答："阿姆斯特朗是第一个登上月球的，可是别忘了，我是回到地球时第一个出舱的。所以，我是第一个从外星球回来踏上地球的人！"

他的原名是埃德温·尤金（Edwin Eugene），小的时候，姐姐把brother（弟弟）错叫成 buzzer，就昵称他为"Buzz"（巴兹），1988 年成了他的正式名字。

他在朝鲜战争中，执行了 66 次作战任务。战后，在某空军基地教课，后来担任美国空军学院教导主任助手。退役后，他在麻省理工学院获得了太空航空学博士学位。

另外一个仪器，形象地解释某种原理或理论（恕我不能解释清楚）。两个水管同时放水，水流交叉，墨绿色的，旋转操纵按钮，看到水珠向上移动，或向下移动，或静止不动，像是两串项链。

六角形的每一个角的顶点连接一个部件，聚在一起竟然是一把椅子。

7. 电脑历史博物馆（Computer History Museum）

麻省的波士顿市有家电脑博物馆，在儿童博物馆的旁边，展示了从电脑发明以来的完整过程。

另外在加州硅谷的山景城（Mountain View）、森尼韦尔市（Sunnyvale City）也有电脑博物馆。比尔·盖茨基金曾捐款 1500 万美元给山景城电脑博物馆。山景城还是美国第一座完全覆盖免费无线网络的城市。

8. 玻璃博物馆

（1）国家玻璃博物馆

该馆位于华盛顿州的第三大城市塔科马市（Tacoma），于 2002 年开放。是加拿大著名建筑师亚瑟·艾瑞克森（Arthur Erickson）在美国设计的第一个重要的艺术博物馆项目，已成为国际闻名的当代玻璃艺术中心，用于展示玻璃的制作工艺和创作艺术。

另外，华盛顿州西雅图市的玻璃工艺也是世界有名的。

（2）康宁玻璃博物馆（Corning Museum of Glass）

该馆位于纽约州，是全球最大的玻璃博物馆，收藏各种各样的玻璃

115

超过45000种，延续3500年的玻璃制作历史。康宁公司拥有160多年历史，跻身世界500强。展厅中展品有康宁自己生产的，也有世界各地的产品。如，中国明代的玻璃船，千花玻璃镇纸（Millefiori paperweight）。20世纪中叶，美国商人带到中国，中国的匠人纷纷仿效制作。原先的玻璃镇纸状如苏式月饼，内饰以花朵为主，传入中国后，外形渐渐转变成球形，甚至"棺材形"，内饰也入乡随俗，增加了山水花鸟、梅兰竹菊等具有中国传统风格的图案。

有些玻璃作品价格昂贵，动辄几万几十万美元。

我看好一个玻璃支架，上面有一个圆形时钟，十几美元，我悄悄往架子里面放了放，以免让他人捡漏，准备购买留作纪念。等转完大厅回来时，一看，还在，很是高兴，再仔细一看，我刚才少看了一个"0"，顿然失去信心，喟叹囊中羞涩。

9. 实验飞机协会博物馆及航展（Experimental Aircraft Association, EAA）

实验飞机协会创办于1953年，每年举办飞来者大会（Air Venture，空中冒险展），有上万名爱好者驾驶着自己的飞机到威斯康星州的奥什科什（Oshkosh）参加盛会。最初是自己建造的飞机，现在种类越来越多。参观者可以近距离地观看各种飞机。

（1）"圣路易精神"号（Spirit of St. Louis）

它是第一架飞越大西洋的飞机，时间是1927年，途中完全不停且由单人驾驶，经过33.5个小时的飞行，从美国跨越大西洋，飞行3610公里，到达巴黎。驾驶员是林白（Charles Augustus Lindbergh, 1902—1974，又译：林德伯格）。

优势：驾驶员林白进行了精心的准备。大学里他主攻机械工程；两年后开始学习飞行；加入空军预备役，不断飞行；退役后任邮政飞行员，全天候飞行，航程几万英里；曾迫降，有丰富的经历和经验；懂得飞机的机械原理并会修理；"圣路易精神"号是他自己设计定制的，并进行过多次飞行训练。

困难：为了降低自重，飞机上没有刹车系统和无线电，也没有降落伞。飞行在黑暗中、雾中、冻雨中，困难可想而知。最低时，飞机距离海面只有 3 米。为了防止瞌睡，林白把手伸到窗外，让冷风吹脸，甚至尝试让两只眼睛轮流休息。

幼子被绑架事件

30 岁时，林白的幼子小查尔斯（Charles）被偷，罪犯留下字条索要 5 万美元。美国 10 万多名军警展开营救，后来发现婴儿尸体。两年后发现一名嫌疑人，7 名字迹专家确认他的字迹与林白家留下的字条相符；梯子、赎金等都指向这名嫌疑人。然而，他自己拒绝认罪，而且妻子也证明当晚他在家里。后来，他被施以电刑，议论纷纷，说法不一。美国通过了《联邦绑架法》，又称《林白法案》。

（2）其他飞机

还有隐形战斗机（Stealth，史提斯）；超音速客机"协和"号（Concorde），因为技术问题，已禁止民航使用。

（3）雏鹰计划

1992 年 EAA 协会开始雏鹰计划，到 2003 年莱特兄弟发明飞机 100 周年之际，也是 EAA 协会成立 50 周年时，给予 100 万名 8—17 岁的儿童一趟免费上天的机会。截止到 2005 年 12 月 8 日，已有 120 万名少年儿童被带入天空。

为了使雏鹰计划顺利开展，EAA 进行了大量的组织工作，规定：每位 EAA 会员带一个孩子完成飞行可获得一张"飞鹰指导员"证书，对完成 10 次、50 次和 100 次的飞行员将授予不同级别的荣誉臂章；每个孩子完成一次飞行可获得一个签名"飞鹰"证书，成为"飞鹰"会员，载入世界上最大的飞行日志，存放在 EAA 博物馆里。

（4）飞机会展

1997 年的会展中，驾驶员吉姆·法兰克林及他的儿子凯尔利用他们改造过的维科公司生产的双翼飞机进行表演。20 世纪 30 年代，它是非常时髦的私人飞机。三座，前面两个座位，驾驶员坐在后面的座位上。

2016 年会展的特色如下：马丁公司生产的火星水上飞机已有 60 岁

高龄，展示从空中洒水。火星飞机，是四发飞机。

奥什科什在展会期间达到了每天平均有近 3100 架飞机起降，是最繁忙的机场，相比之下，北京首都机场每天是 1620 架次，芝加哥机场平均每天是 2400 架次，世界上最繁忙机场亚特兰大机场每天是 2420 架次。

开辟了水上飞机停机坪。

10. 旧金山的探索博物馆（The Tech Museum of Innovation）

创始人是"原子弹之父"罗伯特·奥本海默（Robert Oppenheimer, 1904—1967）的哥哥福兰克·奥本海默（Frank, 1912—1985），该馆曾被推举为"全美最棒的科学博物馆"。

触觉走廊：参观者进入一条黑暗的隧道，凭感觉能探索出热、冷、光滑、粗糙、柔软等不同触觉的东西。

影子箱：可以捕捉住参观者的影子。因为影子墙上的壁纸会吸收光线，参观者站在强光和墙壁之间，然后走开，影子就会短暂地留在墙上。

特展是"人类的记忆"（Memory）系列，从多角度探讨人类记忆形成或失落的过程。

展出少见的含羞草，让人见识它那一碰就萎缩的叶片。

11. 弗吉尼亚州的药剂师博物馆（Apothecary Museum）

该馆位于亚历山大市，又称药材博物馆。

12. 密苏里州圣约瑟夫的精神病博物馆（Psychosis Museum）

该馆建在一所精神病院内，1968 年对外开放。

展示精神病治疗技术和装置。早期的精神病医生治疗病人的做法包括：让病人 48 个小时待在中空轮子里面，直到他们筋疲力尽；在"镇静椅"上静坐 6 个月；放血治疗；冰桶水中浸泡。

参观者还能了解精神病患者不可思议的举动，例如，从一名患者的胃里取出了 453 枚钉子、105 个发夹、115 个安全别针等。

13. 宾州费城的马特医学博物馆

1858 年开放，是美国医学史上最好的博物馆，保存着各种病理学标本和畸形标本，是畸形人尸体最多的博物馆，展品逾 20000 件。

14. 印第安纳州医学历史博物馆（The Indiana Medical History Museum）

该馆拥有美国现存最古老的病理学实验室（pathology laboratory）。

（五）艺术博物馆

世界十大艺术博物馆中位于纽约的大都会艺术博物馆（Metropolitan Museum of Art,）排名第二；位于首都华盛顿的国家艺术馆（National Gallery of Art）排名第八。

除此之外，美国还有许多著名的艺术博物馆，华盛顿和纽约的就不赘述了。

1. 波士顿艺术博物馆（美术馆，Museum of Fine Art，MFA）

该馆于1876年7月4日对外开放，以纪念美国独立一百周年。

1890年成立了日本美术部，1903年改为日本中国美术部，现在为东方部。

波士顿艺术博物馆的门票是18美元，虽然看上去较贵，不过你可以在一周时间里随时可以进入参观。波士顿的地铁也非常方便，花费15美元可以买一张周票，单次是2美元。

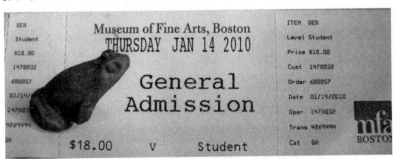

圆拱形顶部是美丽的油画，正对着它的桌面上有一面镜子，从镜子里看油画，更觉得深邃遥远，仿佛天使在顶上看着你。

当天下午我用了三四个小时参观该馆，相机的容量和电池都没有很给力。该馆规定可以使用相机，但是不能使用闪光灯和三脚架，摄像机不能用。

到了晚上，没有一个人，我在埃及木乃伊馆参观的时候，感到特别恐惧，想马上离开，然而出口又不容易找到，越急越害怕。

展馆分类精细：中国、日本、韩国、印度、伊斯兰国家、非洲、希腊罗马与埃及展品（70000多件展品）；17世纪到20世纪的欧洲；加泰罗尼亚教堂（西班牙）（Catalonian chapel）。

1912年，中国书画家吴昌硕为博物馆写了四个字"与古为徒"，制成匾额，至今展览在中国馆大厅里，成为波士顿美术馆的标志景观之一。吴昌硕（1844—1927）为清末海派四大家之一，最擅长写意花卉，受徐渭和八大山人影响最大。70岁时，杭州西泠印社成立，他任第一任社长。77岁时，日本长崎首次展出其书画。直到七八十岁的高龄，还专注读书、刻印、写字、绘画和吟诗，乐此不疲。他的故居在浙江湖州，84岁在上海去世。

美洲艺术展览（Art of the America's Wing）是该馆最大的景点之一，有超过50家画廊展出前哥伦布时期的艺术作品和陶瓷；可以看到18世纪、19世纪后期的美国；新的美国厅，设有500多个画廊，于2010年底开放。

可以欣赏到各种陶瓷（ceramic），体验世界各族文化的融合（confluence）。下图是蛇罐（Snake pitcher），美国罗得岛州1885年制造，银器。

我一直以为瓷器为中国所独有，没想到许多瓷器艺术品出自西方人之手。例如，比目鱼船形酱油容器及托盘（plaice sauceboat and stand），1752年伦敦制造，软质瓷（soft-paste porcelain），珐琅彩装饰。

法国人约瑟夫（Joseph Deck，1823—1891），被公认为当时最伟大的瓷器专家、欧洲著名的雕塑家。1863年制作的花瓶，在1876年宾州举行的百年世博会上展出。

非洲的雕刻非常突出。有许多"人形"木头雕刻，代表精神配偶（spirit spouse），是陪葬品或祭祀所用，作为圣骨盒守卫者（Reliquary guardian），传到欧洲后，诱发了欧洲人对非洲艺术家非凡创造力的尊重。雕刻的特点是：强壮的脖颈、竖直的乳房、纤细的腰部和滚圆的臀部。还有金属雕刻，描绘的是双胞胎雷电双神，珍珠、铜手镯、铜脚链修饰。

2. 哈佛艺术博物馆（Harvard Art Museums）

隶属于哈佛大学，由三座博物馆及四座研究中心组成，包括佛格博物馆（Fogg Museum of Art，建立于1895年）、莱辛格博物馆（Busch-Reisinger Museum，建立于1903年）及赛克勒博物馆（Sackler Museum，建立于1985年）。

博物馆内藏有来自欧洲、北美洲、北非、中东、南亚、东亚及东南亚等各地区古今的藏品约 25 万件。

佛格博物馆有迁自西班牙的整座教堂；展有唐代佛像释迦牟尼（Shakyamuni），来自山西太原的天龙山石窟；也有来自敦煌莫高窟的佛像。

哈佛艺术馆的成员、收集钱币的馆长 Carmen Arnold-Biucchi，被选举担任国际钱币委员会的总裁。

作品欣赏

这个红彩陪葬瓶描述了希腊神话传说的四个场景：

（1）俄瑞斯忒斯在希腊首都特尔斐思过悔改净化灵魂，阿波罗给他洗去血污。

（2）佛里克索斯（Phrixos）带来金毛公羊献祭。

（3）希腊人与野蛮之人（或许是特洛伊人）的斗争。如下图所示瓶子的下部。

（4）上部的场景是亚克托安的死亡。［This red-figure funerary vase depicts four scenes from Greek myth：Orestes' purification at Delphi, Phrixos leading the golden-fleece ram to sacrifice, and, on the side visible here, Greeks fighting barbarians（perhaps Trojans）below, and the death of Aktaion above.］

这个彩瓶代表当地的风格，手柄向上摆动、较大，侧部和顶部装饰

着圆盘；丰富而动感的装饰也是意大利南部花瓶的特色，包括月桂花环、棕叶饰品、流线形状、常春藤须卷，还有星星状的花饰。（The Nestoris, with its large, up-swung handles decorated with disk, is a local vase type. The rich, dynamic decoration—including a laurel wreath, palmettes, a meander pattern, ivy tendrils, and star rosettes-is also characteristic of South Italian vases.）

要想看懂这个古董，需要弥补一些古希腊神话传说故事：

（1）俄瑞斯忒斯（Orestes，又译：欧瑞斯特斯，希腊名将、国王阿伽门农的儿子），替父报仇，杀死母亲和她的情夫。这就是所谓的欧瑞斯特斯情结（弑母情结）。复仇女神追杀他，他躲到希腊首都特尔斐的阿波罗太阳神庙里。最后，阿波罗让他到智慧女神雅典娜那里，让她帮助裁决。雅典娜让法官投票，每人有黑白两块石子儿，黑色代表有罪，白色代表无罪。法官的结果是一半对一半的平局，最终雅典娜发表演讲，庄严地投了关键的一票，无罪。从此人类历史倾向于男权社会，杀母也无罪吗？隐含着女人无足轻重的地位，女人依附于男人。

（2）佛里克索斯（Phrixos）被一只金毛羊所救。为了感谢神，他把金羊献祭给宙斯，金羊毛则送给了某国王，国王又把金羊毛献给战神阿瑞斯。阿瑞斯把羊毛钉在一棵橡树上，让毒龙看守。

全世界的人都认为这金羊毛是无价之宝。众人、众神都想得到金羊毛，最终付出惨痛代价，却没有给他们带来幸福。

王子伊阿宋是夺取金羊毛的领袖。经过 20 年的学习，文武双全。他会琴棋书画、诗词歌赋，会骑马射箭，手持长矛，身披豹皮，长发垂肩，英姿飒爽。

他来到金羊毛所在国家，用和平的橄榄枝和国王交涉谈判。国王要他完成两件事情才能得到自己的国宝。一是完成自己经常干的事情。早晨放牧生有铜蹄子的两头神牛，播种毒龙牙齿，晚上长出凶恶的武士，然后一个个杀死他们。二是降服看守金羊毛的毒龙。

公主美狄亚为了爱情，背叛父亲，会施法术的她偷偷帮助伊阿宋，给他涂抹一种神药，力量无穷。战毒龙时，美狄亚让俄尔普斯弹奏七弦琴，毒龙昏昏欲睡。她成功帮助伊阿宋从父亲那里偷得金羊毛。

国王派人追赶公主美狄亚，她杀死弟弟。

10 年后伊阿宋要和妻子美狄亚解除婚约甚至抛弃爱子，和别国公主结婚。美狄亚尽力挽留，没有成功。于是，她故作答应，甜言蜜语，迷惑伊阿宋，要求让自己悄然一个人离开王宫。离开前，美狄亚送给伊阿宋的未婚妻一件神衣，但是浸满毒药，毒死了她。为了复仇丈夫，她杀死了自己的三个亲生儿子，然后升天。可怜的伊阿宋绝望中自刎。

（3）特洛伊战争，特洛伊木马计，已众所周知，恕不赘述。

（4）Aktaion、Actaeon 和 Atteone 是同一个人物，译为亚克托安。

希腊神话中戴安娜和亚克托安（Diana and Actaeon）的故事：戴安娜和宁芙们（希腊神话中的小仙女）正在洗澡时，亚克托安带着一群猎犬去打猎，无意中撞见了她们。亚克托安被女神们美丽的裸体惊呆了。而戴安娜非常恼怒，把亚克托安变成了一头雄鹿（stag），于是"狩猎者变成了被狩猎者"，这头雄鹿（亚克托安）被自己带来的猎犬们活活撕碎了。

陪葬瓶的上部是阿特米斯（Artmis，也就是罗马神殿中的戴安娜），站在左边，观看猎狗撕咬亚克托安。

3. 保罗·盖蒂博物馆（中心）（J. Paul Getty Museum/Center）

盖蒂中心位于洛杉矶市，耗资达 10 亿美元，是世界上最富有的博物馆，免费对外开放。拥有古希腊和古罗马的最佳藏品。提供免费讲座和参观。

保罗·盖蒂（Paul Getty，1892—1976），出生于明尼苏达州。为石油大王，"石油怪杰"，23 岁就成为百万富翁。1957—1977 年，连续 20年保持美国首富地位。在所有的富豪中，他受过的教育最高，为人处世和个人哲学也最有深度。

（1）家庭背景

父亲乔治原是律师，后来开办保险公司，保罗 11 岁时，父亲讨债到了俄克拉荷马州，当时那里发现了石油，父亲花了 500 美元买了 1100英亩土地，开采石油。在短短的 3 年中，父亲成了俄州最大的石油商之一。保罗是独子，自幼对石油行业较为熟悉。

（2）奋斗经历

石油起家

保罗小时候成绩一般，或者说常常不及格，好歹取得了牛津大学的文凭。

然后，他带着500美元到俄州创业，子从父业，也做石油行业。

他充满信心，然而一年里没有赚到钱。

保罗看好一块宝地，断定富含石油，拍卖时让在银行工作的朋友代替他，竞争对手都认识保罗的这位朋友，自认为遇到了强敌，自动放弃，保罗以500美元竞拍成功。

父亲投资70%，挖出石油，一天可生产720桶原油。第三天，把油井转卖出去，获得利润11850美元。两周后，转租这块地，净赚12000美元。

到24岁时，盖蒂已经是一个百万富翁了。

"一战"期间，美国石油价格涨了将近一倍。

他听从地质学家的劝告，把注意力转向没人关注的地带去开采油田。

1921年末，他花了693美元在加州买下一块山地，到1923年，它的年产油量达到7000万桶以上。15年里，创造了640万美元的价值。

1930年，父亲病故，给母亲留下了1000万美元，保罗得到50万美元。

投资股市

20世纪30年代，美国经济大萧条时期，股票市场崩溃，他投资股市。太平洋西方石油公司每股价值3美元，但市场价仅售0.4美元。尽管母亲反对，他还是用贷款购买了300万美元的股票。

一路下跌，甚至跌到9美分，这让保罗"压力山大"。到1931年，他用完了自己的全部存款。此时，反对他买股票的母亲松动资金，帮助他渡过了难关。

投资国外

他的对手是美孚石油公司，美孚的最大股东是洛克菲勒。1934年，总统罗斯福对全国最有权势的洛氏家族财产进行审查。洛克菲勒决定出卖部分股份，通过朋友，他得到了洛克菲勒在海滨石油 10% 的股份。后来股份比例越来越大，到 20 世纪 50 年代初，他已经完全控制了这家公司。

"二战"后，他把战略方向转向了中东地区。但英国石油公司、荷兰壳牌石油公司、美国美孚石油等 7 家大公司控制着中东，想进入是很困难的。

然而，慧眼的保罗看中了沙特和科威特之间的一大片沙漠。他的石油专家驾机从空中观察，断定下面有石油。经谈判获得了 60 年石油开采特许权，当然沙特的条件非常苛刻。要付给沙特国王 950 万美元，即使没有发现石油，每年也至少支付给沙特 100 万美元，如果生产出了石油，每桶油支给沙特 55 美分的开采税。

美国石油界的许多人认为那里根本不能出油。

4 年里，保罗投资 4000 万美元，然而所产石油几乎没有商业价值。

4 年之后的 1953 年，发现了含油砂层，扭转了命运，高产油井一口接一口，一个月内，股票价格从 23.75 美元猛升到 47.75 美元。

1957 年，资产已超过 10 亿美元。

（3）个人生活

他结过 5 次婚，外遇不计其数。然而后代遭遇不幸命运。

最小的儿子 6 岁时需要动手术开刀，保罗抱怨医疗费用很贵，继续在欧洲寻欢作乐，最终这个孩子死了。

儿媳服用了太多的海洛因死亡；另外一个儿子自杀；孙子被绑架遭残害。当时他心疼钱不愿出赎金，收到了孙子的一个耳朵和一束头发后才屈服。

他是个守财奴，在伦敦的公寓楼里，撤掉了外线电话，在大厅里安装了一部投币电话。跟女朋友吃饭却不愿意付钱，声称要给他的 100 个情人留下遗产，修改遗嘱达 25 次，而遗嘱里的钱根本就不多。获得了"世界上最富有的吝啬鬼"称号。

（4）独特亮点

但保罗对艺术的捐赠从不吝惜。对他而言，投资艺术可以得到上流社会的尊重，也可以逃避遗产税。

他说："一个不爱好艺术的人是一个没有完全开化的人。"他用 33 亿美元财富中的 2/3 建立盖蒂博物馆、购买艺术品。

每一个展馆都有儿童艺术室，让孩子们拥有一片属于自己的艺术天地。

（5）经典名言

如果你欠银行 100 美元，那么操心的是你。如果你欠银行 1 亿美元，那么操心的是银行。（If you owe the bank $100 that's your problem. If you owe the bank $100 million, that's the bank's problem.）

那天我从洛杉矶市中心出发，乘坐公交几经周折，终于到达。先乘坐免费的电车到达位于山顶的博物馆，然后免费参观。我惊叹该馆的面积之大、精品之多、设计之独特、服务之周到。中心坐落于山上，环境优美，设计和施工长达 13 年，耗资达 10 亿美元，可俯视洛杉矶城，加上大师精品的熏陶，倍感艺术气氛浓厚，令人流连忘返。

4. 弗利尔美术馆（Freer Gallery of Art）

该馆位于首都华盛顿，是美国第一个专业的亚洲艺术博物馆，该馆所藏中国古画达 1200 余幅，数量为美国之最。弗利尔与丹曼·罗斯、福开森（John C. Ferguson）是早期美国的三位奇人，都大量购买中国古画，又各有特点。弗利尔没有孩子，收藏艺术品是他终生的爱好。

5. 普林斯顿大学艺术博物馆

6. 费城艺术博物馆（Art Museum of Philadelphia）

在 2006 年电影《洛奇》中，史泰龙扮演的 Rocky Balboa 在该馆的台阶上晨练慢跑。

7. 芝加哥艺术学院（The Art Institute of Chicago, AIC）

该馆门口一个典型的标志是青铜狮子雕像。

馆藏之一是格兰特·伍德的《美国哥特式》油画，《美国哥特式》是美国的五大文化象征之一。

要欣赏美国黑人艺术，该馆是最好的博物馆之一，藏品包括阿奇博尔德·莫特利、詹姆斯·里士满·巴特等人的作品。

（1）格兰特·伍德（Grant Wood，1891—1942），美国著名油画家，很多绘画逼真地描绘了平民和农村的景象。为中西部地区主义运动三位主要人物之一（另外两位是 John Steuart Curry 和 Thomas Hart Benton），该运动推动农村主题的具象绘画，反抗欧洲的抽象艺术。51 岁生日前一天，他因胰腺癌去世。把财产给了姐姐，也就是《美国哥特式》里的女性。58 年后的 1990 年，姐姐去世，把她的财产、伍德的个人财物和各种艺术作品都捐给了爱荷华州某艺术博物馆。

（2）阿奇博尔德·莫特利（Archibald John Motley, Jr.，1891—1981），非洲裔美国人。20 多岁在芝加哥艺术学院就读。其作品对哈莱姆文艺复兴贡献很大。

（3）詹姆斯·里士满·巴特（James Richmond Barthé，1901—1989），著名雕塑家，作品体现人的多元化和灵性（diversity and spirituality）。他说："一生中，我一直充满兴趣地尽力捕获我所看见的和感觉到的人的通灵品质，我觉得上帝所造人的体型，是表达这种人之精神的最佳方式。"（All my life I have been interested in trying to capture the spiritual quality I see and feel in people, and I feel that the human figure as God made it, is the best means of expressing this spirit in man.）①

8. 芝加哥市的斯玛特艺术博物馆（Smart Museum of Art）

9. 纳尔逊·阿特金斯艺术博物馆（Nelson-Atkins Museum of Art）

该馆位于密苏里州的堪萨斯城，特色是新古典建筑及亚洲艺术品收藏。标志是位于博物馆南侧的两个庞大的羽毛球雕塑（shuttlecock）。

10. 丹佛艺术博物馆（Denver Art Musuem）

汉字书法大字作品《天问》《通变》和《危机》，成为永久馆藏艺术品。

11. 洛杉矶郡艺术博物馆（Los Angelis County Museum of Art，LACMA）

12. 旧金山亚洲艺术博物馆（Asian Art Musuem in San Francisco）

该馆是全美藏有亚洲艺术藏品最多的博物馆，也是世界上收藏中国

---

① 维基百科，https：//en. wikipedia. org/wiki/Richmond Barth% C3% A9。

玉器最丰富的博物馆。

馆藏17000件艺术品，芝加哥实业家布兰德治捐赠了超过7700件亚洲艺术品。他与华人收藏家周锐交往数十年，周锐发起，旧金山政府建馆，布兰德治捐出收藏物品。

（1）布兰德治（Avery Brundage，1887—1975）

生于底特律工人家庭，出身贫寒，5岁时父亲移居芝加哥，然后弃家人而去。

1912年他作为田径运动员代表美国参加奥运会五项、十项全能项目，没有获奖。1929—1953年担任美国奥委会主席共25年；1952—1972年担任国际奥委会第五任主席20年。

1972年慕尼黑奥运会上发生谋害以色列运动员的血案，他还是坚持奥运会开下去。他极度仇视新中国，极力阻挠中国重返奥运。

（2）周锐（1906—2006）

中国陶瓷收藏家，侨领。

出生于广东，1923年17岁到旧金山。1939年，万国博览会时，因抗日战争，国民党政府放弃参展。他集资25万美金，在博览会内建中国村，被推选为董事长。

捐赠义举很多。如，1983年，他把陶瓷器分别赠给上海博物馆及台北故宫博物院各十款。又将宋代青白釉瓷器印花雷纹地、六夔龙三足两耳鼎，赠予北京故宫博物院。

13. 旧金山现代艺术博物馆（San Francisco Museum of Modern Art，SFMOMA）

该馆于1935年建立。

14. 新奥尔良当代艺术中心（Contemporary Arts Center）

15. 奥格登南方艺术博物馆（The Ogden Museum of South Art）

该馆位于新奥尔良，藏有美国南部文化的艺术品，是美国最大、最完整地展示南部历史和艺术作品的博物馆，区域涵盖15个南部诸州，时间跨度从1733年至今。

建馆初期，新奥尔良商人罗杰·奥格登（Roger H. Ogden）赞助了

1100 幅藏品，随后藏品逐渐增加。

16. 迈阿密艺术博物馆（Miami Art Museum）

迈阿密·戴德（The Miami-Dade）文化中心，包括迈阿密艺术馆和公共图书馆。艺术馆的藏品在 1999 年被美国杂志称为是"迈阿密最精深的收藏"。那里经常组织有特色的文化艺术展览，还有南佛罗里达风情的精华展，7 月第三周的周四举办 JAM 展，也就是各种作品汇集一起的展览。

迈阿密艺术馆，建于 1996 年，是一个当代艺术博物馆。门票的费用，成年人是 5 美元，老年人和学生 2.5 美元，12 岁以下的儿童免费。

该馆展出埃里克·费舍尔、马克斯·贝克曼、吉姆·戴恩以及斯图亚特·戴维斯等现当代艺术家的作品。

二楼有当地学生的作品，学生的作品独具风采，富有想象力。其中一幅作品上画着一排排的橘子横切面，只有一个不同，是半个葫芦，文字是：人们笑我，因为我与众不同。我笑他们是因为他们都平平如众。（People laugh at me because I'mdifferent. I laughed at them because they're all the same.）

（1）埃里克·费舍尔（Eric Fischl, 1948—　）美国画家、雕塑家。曾任加拿大某大学美术学院教授，作品被大都会美术馆、古根海姆美术馆、洛杉矶当代美术馆、惠特尼美国艺术博物馆、巴黎蓬皮杜艺术中心、Basel Kunsthalle 美术馆（瑞士）等多家重要美术馆收藏。

美国艺术史家阿纳森（H. H. Arnason）把他归为新表现主义画派，其他画家有：朱利安·施纳贝尔（Julian Schnabel, 1951—　）、大卫·萨利（David Salle, 1952—　）、罗伯特·郎格（Robert Longo, 1953—　）和辛蒂·舍曼（Cindy Sherman, 1954—　，女）等。

（2）马克斯·贝克曼（Max Beckmann, 1884—1950）

生于德国，青年时期接受了叔本华和尼采悲剧式的哲学思想，属于德国表现主义新客观派，笔下的人物多半是畸形和病态的。

（3）吉姆·戴恩（Jim Dine, 1935—　）

他与 20 世纪 60 年代的波普艺术运动密切相关，帮助创造了将戏剧、音乐和视觉艺术元素综合在一起的偶发艺术（Happening Art）。波普艺术就是流行艺术（popular art，又称新写实主义）。

（4）斯图亚特·戴维斯（Stuart Davis，1892—1964）

他是美国当代油画家。

还会有一些奇妙的主题展览，如安迪·沃霍尔的作品展览。

（5）安迪· 沃霍尔（Andy Warhol，1928—1987）

他是波普艺术的倡导者和领袖，是对波普艺术影响最大的艺术家。他还是电影制片人、作家、摇滚乐作曲家、出版商等。

2013 年初，分析数据提供商 Artnet 网站公布了 2012 年艺术家作品成交额的排名。安迪·沃霍尔的年度成交额为 3.803 亿美元，位列第一；毕加索 3.347 亿美元，位列第二；德国艺术家格哈德·里希特为 2.989 亿美元，位列第三，获得了"拍卖成绩最佳的在世艺术家"称号；张大千为 2.416 亿美元，位列第四。

2014 年，安迪的作品《毛泽东画像》在英国以 760 万英镑（约合 7663 万元人民币）被拍卖。

17. 迈阿密的巴斯艺术博物馆（Bass Museum of Art）

另外，迈阿密市、波士顿市等还有糟糕艺术博物馆（Museum of Bad Art）。

（六）儿童博物馆

美国有五大儿童博物馆，首先是位于印第安纳州州府印第安纳波利斯的儿童博物馆，是世界上最大的，占地 174 亩，藏品 12 万多件。还有纽约市布鲁克林儿童博物馆，这是世界上最早的儿童博物馆；休斯敦儿童博物馆；波士顿儿童博物馆；拉斯维加斯市的莱尔儿童博物馆。

各地市都有儿童博物馆。

（七）水族馆（Aquarium）

各个城市的水族馆是了解海洋生物的绝佳阵地。孩子们可以躺在透明的玻璃通道下，尽情地欣赏海底魔幻世界，对大自然的钦佩之情油然而生。正如，比尔·盖茨的客厅有一个很大的鱼缸，每天专人负责鲨鱼的喂养。他说，看到鲨鱼让他充满活力和想象力。

有的水族馆票价灵活，许可参观者观看工作人员喂食的活动和设备；有的许可观众搭起帐篷在里面过夜。

水族馆能得到动物园水族馆协会的支持（Association of Zoos and Aquariums，AZA），还有世界水产业协会（World Aquaculture Society），该协会在约100多个国家拥有3000名会员。各地拥有动物学会（Zoological Society）。

1. 参观水族馆的益处

（1）在水族馆，可以看到各种表演，如海豚（dolphan）、海象（walrus）、海狮（sea lion）、鲸鱼（whale）等的表演。

（2）在水族馆可以看到各种水下生物：水獭（otter）、海牛（manatee）、鲸鲨（whale shark）、白鲸（white whale）、虎鲸（killer whale）、座头鲸（humpback whale）、宽吻海豚（bottle nose dolphin）等。

（3）在水族馆也可以看到各种新鲜奇特的鱼：海马（sea horse）、海龙（sea dragon）、红鼓鱼（red drum，redfish）、狮子鱼（lionfish）、玛拉巴石斑鱼（grouper，rockfish，epinephelus malabaricus，点带石斑鱼）、鲳鲹（pompano，音：昌深。鲳鲹主要生活在巴哈马群岛及佛罗里达南部沿岸）、南方龙利鱼（southern flounder）、太平洋鳕鱼（atlantic cod）等。

1）叶海龙（leafy sea dragons）外形奇特，令人惊异。它是杰出的伪装大师，被称为"世界上最优雅的泳客"。肢体就像树叶，将自己伪装成海藻，避免攻击。

2）管口鱼（chinese trumpet fish），又称海龙鱼、杨枝鱼，热带鱼类，有长管形的吻状突起，小嘴在突起末端。共有200多个品种。

3）躄鱼（frog fish，音：毕），又叫跛脚鱼、青蛙鱼。游泳技术一般，主要伏在那里像青蛙一样爬行，伪装本领高超，能随环境而改变形状。捕食时，会舞动头部像蠕虫一样的饵球，引诱猎物。

4）毒鲉（scorpion fish，音：油），又称石头鱼、老虎鱼，是毒性最强的鱼类之一，十大毒王位列第四，也是伪装大师，趴在石头附近，就像一块石头。有的毒鲉外表漂亮，千万不要触碰。正如谚语所言，No rose without a thorn（没有不带刺的玫瑰），美丽之下必有危险。它的背上有 12—14 根像针一样尖锐的毒刺，能让人呼吸困难。

5）翻车鱼，也叫头鱼，看起来只有头没有身子，体重可达两吨半。

翻车鱼的鱼类外形奇特，又圆又扁，像个碟子，仿佛有头无尾。

英美称之为太阳鱼（sun fish），西班牙称之为月鱼，德国称之为会游泳的头，日本人称为曼波。拉丁名字叫 mola mola，意思是 millstone（磨石）。

翻车鱼具有强大的生殖力，一条雌鱼一次可产卵约 2500 万到 3 亿枚，堪称最会生产的鱼，然而只有 30 条存活。

6）鳜鱼（mandarin fish，音：桂）又称桂鱼、鲈桂、鳌花鱼、花鲫鱼，在我国是四大淡水鱼之一。唐朝诗人张志和的著名诗句赞美了太湖流域的美丽景象，而鳜鱼就是美景之一："西塞山前白鹭飞，桃花流水鳜鱼肥。"

而美国水族馆中的鳜鱼不同于我国的鳜鱼，虽然名字相同。原产于西太平洋，热带鱼类，是最鲜艳的鱼类之一。为了防卫，能够分泌有毒的黏液，也有艳丽的条纹和斑点。

7）角箱鲀（longhorn cowfish，音：tun，二声）又名角鲀、牛角。眼睛上方长着牛角状长角，后面也有，非常锋利。体型小，最大的也只能长到十几厘米，适合观赏。它会向海底的泥沙吹气，然后吞食飘浮起来的微生物。

8）箱鲀（box fish，trunk fish，cow fish），也就是盒子鱼。肉无毒，内脏有剧毒。

9）狼鳗（wolf eel）为深海鱼，俗称"大海怪"，平时都待在岩洞和裂缝间。

狼鳗不是鳗鱼，而是狼鱼。这种鱼一般很温和。它们能长到 8 英尺长（2 米多）。

随着海洋研究的不断深入，不断地发现新的物种。比如，人们在加州海岸深海区域发现了"绿色轰炸机"蠕虫（swima bombiviridis）。一旦受到威胁，这种蠕虫就会释放充满液体的气球，气球会突然爆破产生亮光，仿佛是"闪光弹"，从某种程度上讲能迷惑敌人，至少可以分散捕食者的注意力，这样，它可以借机逃脱。

2. 美国各地的海洋馆或水族馆

美国各大城市基本都有水族馆或海洋馆，至于哪个最大，说法不一。一说美国三大水族馆：加州圣地亚哥海洋世界、佛州奥兰多海洋世界、得州圣安东尼奥海洋世界。一说乔治亚州亚特兰大水族馆、马里兰州巴尔的摩市的国家水族馆等。

下面按照区域简单列举部分水族馆，供大家参考。

东部沿海区域的水族馆或海洋馆：

（1）乔治亚州亚特兰大水族馆

又称新乔治亚水族馆，耗资近 3 亿美元，是目前世界最大的海洋馆，有超过 10 万种海洋生物。

其中展示鲸鲨的巨型水箱体积占总体积的 3/4。鲸鲨是最大的鲨鱼，世界上只有三个海洋馆拥有鲸鲨，一个是亚特兰大海洋馆，另两个在日本。

（2）马里兰州巴尔的摩市的国家水族馆

该馆号称全美第二大水族馆。

（3）马萨诸塞州波士顿市新英格兰水族馆

该馆的动物护理中心曾给一只受伤的海龟进行针灸治疗。

（4）波士顿水族馆

2012 年收养过一只巨型龙虾，重 21 磅。20 世纪 80 年代，该馆曾拥有过重达 35 磅的龙虾。

（5）罗得岛海洋馆

曾出现过蓝色龙虾，出现的概率为二百万分之一。蓝色龙虾是因为基因突变。

（6）康涅狄格州神秘海洋馆

白鲸不停地张大嘴巴，逗得孩子尖叫嬉笑，其乐无穷。

（7）佛罗里达州奥兰多海洋公园（Orlando Sea World）

位于佛州中部城市奥兰多，佛州的迪士尼大世界、环球影城就在奥兰多市西南 25 公里处。

座头鲸（humpback whale）是鲸类中的"歌唱家"；白鲸（beluga whale）是海中"金丝雀"；虎鲸（orca，shamu，又名杀人鲸）是鲸类中的"语言大师"，能发出 62 种不同的声音。

美国官兵受虎鲸闯入雷区的启发，驯出了一批"虎鲸敢死队"，它们会不顾一切地攻击引爆水雷。

一头虎鲸曾攻击女驯兽师，拖至水下，来回游动，致其溺水死亡。

（8）佛罗里达水族馆（The Florida Acqarium）

该馆位于佛州西部海岸沿海城市坦帕市（Tampa），展示 2 万种水生植物和动物，其中燕子鳐是其重点展品。

坦帕市还有海牛自然保护区。

（9）佛罗里达莫特海洋馆（Mote Aquarium）

该馆位于佛州西部沿海城市萨拉索塔市（Sarasota）。莫特海洋实验室（Mote Marine Laboratory）成立于 1955 年，1967 年改名莫特，是为了纪念捐赠人威廉·莫特、其妻子及妹妹所做的贡献。2016 年，有 34 位博士科学家在实验室进行研究。莫特海洋馆是实验室的一部分，1980 年开放。

在那里，可以观赏海牛（manatee），海牛所需水温要在 16 摄氏度以上，因此冬季温度降低时，它们会转移到温暖的地方。海牛是食草哺乳动物，每天食用水草，俗称水中除草机。肠子长 30 米。

莫特海龟康复医院自 1995 年至今已经照料了近 600 个海龟。

（10）佛罗里达州的海洋剧院（Theater of the Sea）

该馆位于佛州礁岛群（Florida Keys）中一个岛屿边上，依地势而建。有许多项目供娱乐，其中之一是拉着海豚的鳍跟着它一起游泳。

该群岛约有 1700 多个小岛，群岛最西边的那个叫基韦斯特（Key West），是文学家海明威的故乡。在基韦斯特设有佛罗里达礁岛群生态探索中心，是世界唯一的水下海洋实验室。一个牌子上写着：美国从这里开始（America Begins Here）。Key 来自西班牙语，意思是"小岛"。

比斯坎珊瑚礁国家公园（Biscayne National Park）位于该群岛，珊瑚礁石是美国最大的，水十分清澈。

内陆区域及南部沿海区域的海洋馆：

135

（11）尼亚加拉瀑布水族馆

（12）伊利诺伊州芝加哥市谢德水族馆（Shedd Aquarium）

该馆坐落在密西根湖边，1930年开放，是美国第一个内陆水族馆。

2009年，开放4D影院，4D比3D更加逼真，观众观看立体电影，坐着能动的椅子，可以闻到味道，感到水流喷射，4D会让观众更加身临其境地体验真实场景。

2009年，该馆第一次人工辅助白鲸成功产崽，也是世界上的第四例。

（13）田纳西州的盖特林堡水族馆（Ripley's Aquarium of the Smokies）

里普利大雾山水族馆位于盖特林堡市（Gatlinburg），是一个美丽的小镇（2010年人口为3944人），整个城市以大山为背景，有田纳西州唯一的一个滑雪胜地。最吸引人的是其自然之美，大烟山国家公园是野花的世界。

（14）田纳西水族馆（Tennessee Aquarium）

该馆是世界上最大的淡水水族馆。水族馆由两个建筑组成（River Journey；Ocean Journey），分别展出淡水生物和海洋生物。

（15）田纳西州纳什维尔特色海洋馆餐厅

首府纳什维尔的特色餐厅，在饮食的同时，欣赏水下生物。

还有一个餐厅是热带雨林餐厅。

（16）密苏里州圣路易斯市的世界水族馆

2006年，拍卖一条十分罕见的白色食鼠双头蛇，起价高达15万美元。1999年该馆以1.5万美元购得。

（17）达拉斯世界水族馆（Wolrd Aquarium）

那里的热带雨林展馆有各种外来鸟类，包括巨嘴鸟和火烈鸟。

（18）休斯敦水族馆

（19）圣安东尼奥市的奥兰多海洋世界公园（Sea World San Antonio）

该公园是美国三大海洋公园之一。

（20）新奥尔良市的奥杜邦美洲水族馆（Audubon Aquarium of the Americas）

2015年，在那里生活了28年的白鳄死亡。全美500万只鳄鱼中，患有白化症的鳄鱼不到 15 只。

西部沿海区域的海洋馆：

（21）华盛顿州西雅图水族馆（The Seattlle Aquarium）

（22）俄勒冈海岸水族馆（Oregon Coast Aquarium）

（23）加州蒙特利湾水族馆（Monterey Bay Aquarium）

该馆的"海獭救助项目"从 1984 年就开始保护和放生野生海獭。

（24）加州圣地亚哥海洋世界（Sea World Adventure Park San Diego）

该馆 1964 年开放。

展览馆包括：邂逅企鹅馆（Penguin Encounter）、遭遇鲨鱼馆
（Shark Encounter）、拯救海牛馆（Manatee Rescue）、潮汐池（Tide
Pools）、禁忌礁堡（Forbidden Reef）、岩岸保护区（The Rocky Point Pre-
serve）及天塔（Skytower）等。

有超过 2 吨重的虎鲸表演。

（25）加州长滩太平洋水族馆（Long Beach，又译：长堤）

该馆包括一个企鹅栖息地、一个海洋探索中心、一个鲨鱼湖以及动
物爱护中心。

本土外的海洋馆：

（26）阿拉斯加海洋中心

该中心耗资 56 亿美元，是西半球唯一的冷水海洋科研和教育中心。

设有"康复中心"，给濒危动物治病，然后放归自然。

（27）夏威夷威基基水族馆（Waikiki）

该馆位于火奴鲁鲁，建立于 1904 年，为美国第三古老的公共水族馆。

夏威夷僧海豹（hawaiian monk seal）是热带区域的海豹，世界上最
危险的海洋生物之一，状如僧头。

该馆有两项世界第一，一是在世界上第一个成功人工繁殖深海水贝
类动物鹦鹉螺，二是人工繁殖海豚鱼的技术在世界上名列前茅。

夏威夷海洋馆是观看热带珊瑚生物群的最佳场所。

热带砗磲（音：车渠），海洋中最大的双壳贝类，被称为"贝王"。
大砗磲体长可达 1 米。

水族馆里的生物多种多样，是认识生物的百科全书。

2006 年布什宣布将夏威夷西北列岛定为国家保护区。这将是世界最大的海洋公园，面积约为英国本土面积的两倍。是"美国历史上最大的环保行动"，这对生态保护和认识生物具有空前的意义。

（八）独特专门的博物馆（"另类"博物馆）

1. 新闻博物馆（US News Museum，Newseum）

该馆位于华盛顿特区，2008 年开放，耗资 4.5 亿美元。官方网站上开设"每日头版"栏目，每天展示来自全球 800 多份报纸的头版。从 2013 年开始，展示《人民日报》头版（之前只有《东方早报》一家中文报纸）。

博物馆共有 7 层，设立 14 个主要展厅，记录着人类与世界发生的共振：爱与恨、战争与和平、生命与死亡、真相与谎言等。

该馆是世界上最大、最全面的普利策新闻摄影奖获奖图片的收藏地。

还有许多珍贵藏品，比如八块柏林墙，历史上第一颗全球直播卫星，近 500 年来的世界媒体档案等。

"9·11"展厅播放着当年各大媒体拍摄的飞机撞击世贸大楼的片段，墙上写着："有三种人在灾难来临时不会离开，警察、消防员和记者。"2001 年 9 月 12 日，各国报纸的头版头条都是关于"9·11"事件的，可见其影响面之广。

2. 公路、汽车博物馆

1）福特博物馆（Henry Ford Museum）

该馆位于底特律市，陈列着各种与交通运输有关的展品。1919 年前生产的汽车称为老爷车（veteran car），之后的称为古董车（vintage car），今天，国际福特 T 型车俱乐部与美国福特 T 型车俱乐部仍然持有和保养这些车。

亨利·福特（1863—1947），为福特汽车公司创始人，汽车大王。

2005 年《福布斯》公布了有史以来最有影响力的 20 位企业家，亨利·福特名列榜首。

经历：兄弟 6 人，排行老大。小时候的玩具是各种工具。从 13 岁始，修表、修机器，17 岁起在机械厂做学徒、机械师。23 岁，开始研制使用内燃发动机带动的交通工具，然而父亲给他 40 亩木材地，条件是让他放弃做一名机械师。他坚持自己的梦想，33 岁时，制成一辆两缸气冷式四马力汽车。

1908 年生产出 T 型汽车，命名为 T 型，原因是车篷材料使用 tin（锡），又一说 T 指的是 turbo，涡轮增压机。1913 年，福特是第一位使用汽车流水生产线者；低定价销售，每辆车只售 850 美元（其他品牌的汽车是 2000—3000 美元），后又降至 260 美元。1921 年，T 型车的产量已占世界汽车总产量的 56.6%，创造了单一车型产量的世界最高纪录；1927 年，生产了 1500 万辆，然后停产。改进为稳定的 A 型汽车，寓意新的开始；给工人高工资高福利，每天 5 美元，工作 8 小时。在 20 世纪初期，日薪 5 美元是有车有房的小康水平。

斯坦门茨修电机的故事

福特公司业务红火，但是一个车间的电机突然坏了，整个车间停运。多位专家都解决不了，最后请到德国裔的斯坦门茨，他在电机上用粉笔画了一道杠，说把线圈少缠 16 圈就行。果然，问题解决了。他索要 10000 美元，公司上下大惊，当时月薪也就几十美元。福特答应了他的要求，也想聘用他，但是斯坦门茨说不能离开自己工作的小厂。斯坦门茨感恩这个小厂，因为他从德国到美国时，穷困潦倒，是这个老板收留了他。最后福特购买了那个工厂。知识、感恩、有责任感是成功的关键。

查尔斯·斯坦门茨（Charles Proteus Steinmetz，1865—1923），德国裔美国著名电机专家，美国艺术与科学学院院士。自小残疾，终生未婚，在数学、物理方面富有天赋。在他 58 岁的生涯中享有 200 多个专利，写了 13 本书，60 多篇论文。

他于 1889 年到达美国。1893 年进入通用电气公司工作，负责为尼亚加拉瀑布发电站建造发电机。

1901—1902 年任美国电机工程师学会主席（American Institute of Electrical Engineers，AIEE）。1902 年成为联合大学的教授。

2）加州洛杉矶彼得森汽车博物馆（Petersen Automotive Museum）

该馆是豪华汽车博物馆。

3）华盛顿州塔科马市的勒梅汽车博物馆（LeMay）

该馆是于 2012 年最新建成的汽车博物馆。藏车约有 500 辆，是世界上最大的私人汽车收藏馆。

4）佐治亚州的"旧车城"，是世界上最大的废弃车辆堆积场。

5）66 号公路博物馆

66 号公路于 1926 年开通，从芝加哥到洛杉矶，经密苏里州、堪萨斯州、俄克拉荷马州、得克萨斯州、新墨西哥州、亚利桑那州，到加利福尼亚州。1936 年延伸至圣莫尼卡（Santa Monica），全长 3940 公里。20 世纪 30 年代经济大萧条时期，66 号公路成为人们西进寻找工作寻求幸福的必经之路。1985 年，这条公路不再是联邦政府的高速公路，受到冷落。后来，许多人四处游说要让这条高速公路成为国家历史遗址。如今，道路的一部分已列为国家的旅游风景区；有些路段重新命名为66 号公路，力图恢复当年的活力。

俄克拉荷马州的克林顿市建有 66 号公路博物馆。

3. 乐器博物馆（Musical Instruments Museum，MIM）

该馆位于亚利桑那州的凤凰城，是世界上唯一一座全球性的乐器博物馆，藏有 6500 多件来自世界各地的乐器。

4. 世界色情博物馆（World Erotic Art Museum）

该馆位于迈阿密市。

那天我和朋友无意中到了博物馆门口，想一睹这种另类博物馆到底展示什么。到二楼门口看到一位女士站在那里售票检票时，我们一溜烟跑开了。再联想到书店中专门的与性有关的书架，我认为我们这方面的教育还比较保守。那一天我羞答答地在书架不远处窥视，而一位满头白发的美国白人坦然地翻阅"性"方面的书籍，我为他的大胆和坦然惊异，也为我的虚伪和无知感到羞愧。

5. 饭盒博物馆

该馆位于俄亥俄州哥伦布市，藏有世界上最大的饭盒。

6. 史努比博物馆

该馆位于加州旧金山湾圣罗莎市，正式名称是查尔斯·舒尔茨博物馆暨研究中心（Charles M. Schulz Museum and Research Center）。查尔斯是"花生"系列漫画的作者，家喻户晓。查尔斯在圣罗莎生活了 40 多年；小狗史努比是该系列中最受欢迎的人物。

7. 腹语木偶博物馆（Vent Haven Museum）

该馆位于肯塔基州的米切尔堡（Fort Mitchell）。Vent，是 ventriloquist 的缩写，意思是"腹语，口技"；Haven：港口。

腹语的历史可追溯到 18 世纪 70 年代。木偶藏品超过 900 个，包括美国总统形象的木偶。

8. 泰迪熊博物馆

该馆遍布世界各地，其中美国加州、佛罗里达州、纽约州、密苏里州、马萨诸塞州、怀俄明州等都设有泰迪熊博物馆。

9. 佩兹糖果盒博物馆（Burlingame Museum of Pez Memorabilia）

该馆位于加州伯林盖姆市。佩兹是著名的糖果品牌。

10. 国际隐生动物学博物馆（International Cryptozoology Museum）

该馆位于缅因州波特兰市，是世界上唯一一家隐生动物学博物馆。隐生动物指的是非常罕见或者极其神秘的生物。该馆出名的是神秘动物的人造样本。

11. 大脚怪探索博物馆（Bigfoot Discovery Museum）

该馆位于加州的菲尔顿市（Felton）。20 世纪 60 年代发现大脚野人，也被称为"明尼苏达州雪人"，不同于喜马拉雅雪人（Yeti, Abominable Snowman）。也有人证明大脚怪是骗人的谎言。

1976—1980 年西雅图市设有大脚怪神秘博物馆（Bigfoot Mystery Museum）。

12. 好莱坞死亡博物馆（Museum of Death in Hollywood）

该馆位于好莱坞大道，成立于 1995 年。收藏了与连环杀手有关的展品，居世界之首。包括处死巴黎蓝胡子的断头台，蓝胡子被砍掉的头颅；自杀邪教"天堂之门"教徒使用过的双层床和衣服；葬礼用品和尸体防腐用具；通过实物了解各种谋杀案，一系列恐怖视频，了解人死后的惨状。还有一个展厅的主题是"自杀"。

另外，还有布鲁克林死亡博物馆。其图书库里包括毛骨悚然的书籍；殡仪馆防晕厥试剂盒；石膏面具；创建者乔安娜拍摄的照片，比如长胡子的女人和解剖学概念上的美女。

人们感受到死亡，就会敬畏死亡。博物馆通过对死亡的阐释，让人们重新思考黑暗、恐怖、死亡以及人们的见解。

13. 兔子博物馆

该馆位于加州的帕萨迪纳市，收集与兔子有关的一切物品。

14. 国际香蕉博物馆（International Banana Museum）

该馆位于加州，收集了1.8万件与香蕉有关的物品，例如香蕉形状的高尔夫推杆。

15. 烧烤博物馆（Barbecue Museum）

该馆位于马萨诸塞州。

16. 罐装肉博物馆

该馆位于明尼苏达州奥斯汀市。

17. 垃圾博物馆

该馆位于康涅狄格州。让人们了解垃圾处理过程，增强环保意识。

绿色的塑料瓶可造地毯；25个汽水瓶可制作一件再生的短上衣；1吨旧报纸再生使用可少砍约17棵树和节省4100瓦电能；利用废弃金属代替铁矿石生产新钢铁。

18. 流浪汉博物馆（The Hobo Museum）

该馆位于爱荷华州。

19. 莱拉头发博物馆（Leila's Hair Museum）

该馆位于密苏里州。不仅有头发展品，还有头发编织而成的装饰品，例如，迈克尔·杰克逊的头发编绘的肖像画。

20. 拉普雷奇人异事博物馆（Weird Museum）

该馆位于佛罗里达州的圣奥古斯丁市，专门收集和展示各种奇人异事的资料。拉普雷是收藏家。

21. 芥末博物馆（Mustard Museum）

该馆位于威斯康星州。

22. 调料瓶博物馆（Apothecary Jar Museum）

该馆位于田纳西州的大烟山国家公园，是世界上唯一收藏各种调味品容器的博物馆。

23. 铁丝网博物馆（Devil's Rope Museum）

堪萨斯州的拉克罗斯市（La Crosse），被誉为"世界钢丝网之都"，博物馆成立于1970年，早期是世界唯一的。得州也有一家钢丝博物馆。

24. 弹珠台博物馆（Pinball Museum）

该馆位于马里兰州的最大城市巴尔的摩市。800多台弹珠台来自西尔弗曼（Silverman）的个人收藏。从最古老的桌球台到限量版的"星球大战"弹子机，应有尽有。

25. 可口可乐世界（World of Coke）

该馆位于乔治亚州的亚特兰大市，这是跨国公司可口可乐的总部，在那里可以喝到世界各地几十种不同口味的可口可乐。

26. 美国魔术博物馆（The American Museum of Magic）

该馆位于密歇根州，主要收藏魔术师哈利·黑石的魔术道具。

哈利·黑石（Harry Blackstone, 1885—1965）是20世纪著名的舞台魔术师、幻术师（illusionist）。他生于伊利诺伊州的芝加哥。儿子小哈利也是著名的魔术师。

（九）美国博物馆的中国元素

美国的大型博物馆大都藏有中国的一些文物，专门设有"中国馆"。

1. 费城艺术博物馆

该馆是全美国收藏法国印象派作品最多的博物馆。

东方艺术品文物也非常多，中国馆展出北齐雕像、汉代陶俑、隋朝酒具、唐三彩、南北朝兵俑、宋代木佛头像、元代瓷枕、明代黄花梨椅子、清代大水晶球、难得一见的景泰蓝、历代书画等，丰富多彩。

最著名的中国文物是那个巨大的北京智化寺大殿穹顶木制藻井，藻井中央是栩栩如生的"九龙"浮雕。藻井是常见于汉族建筑，为室内顶棚的独特装饰部分。有方形、多边形或圆形凹面，周围饰以各种花藻井纹。

2. 宾大博物馆

宾夕法尼亚大学考古与人类学博物馆，是汉、魏、隋、唐石刻在北美的大本营，最突出的是唐昭陵六骏中的飒露紫和拳毛䯄。昭陵是唐太宗李世民的陵墓，雕刻了他骑过的六匹战马。其他四骏藏于陕西西安碑林博物馆。

3. 大都会艺术博物馆

亚洲馆里藏有大量的中国艺术珍宝，中国文物质量最高、最集中的博物馆。

（1）中国字画

藏有中国早期绘画名作董源的《溪岸图》。董源（943—约962），五代南唐画家，南派山水画开山鼻祖。

此画以立幅构图，表现隐居山野深谷的恬静生活。谷中溪水蜿蜒；茅屋依山而建，错落有致；古树参天，树影婆娑；一亭榭立于水中，一修士倚栏而坐，举目远眺，神态悠闲，夫人抱儿嬉戏一旁，其乐融融。

20世纪40年代《溪岸图》曾被徐悲鸿收得，张大千得知后，托人告诉徐悲鸿，愿意用自己的任何收藏交换。张大千得到后，爱不释手。后来，张大千带出国门卖给了书画商、收藏家王季迁。20世纪80年代，王季迁将此画卖给了华人企业家唐先生。担任大都会博物馆董事的唐先生把《溪岸图》捐给了博物馆。

捐赠时，博物馆专门召开关于《溪岸图》的研讨会，关于此画的真伪争论激烈，观点不一。

书画家和书画鉴定家陈佩秋（1922— ）撰文说只有《溪岸图》是符合10世纪绘画的时代风格。这意味着，《溪岸图》是目前传世的唯一董源真迹。

还藏有唐代韩干的《照夜白图卷》、北宋屈鼎的《春山图》、元代李衎的《竹石图》绢本、赵孟頫的《人马图》，以及米芾和耶律楚材的书法。

（2）巨幅壁画

从山西广胜寺下寺主殿东壁上切割剥离下来，6米高、10多米宽、70多平方米。该画绘于元代，众佛神态自如，栩栩如生。收藏家赛克勒于1964年捐赠给了大都会艺术博物馆。

另外，该寺院的多幅壁画珍藏于法国吉美博物馆、美国宾州大学博物馆、美国纳尔逊博物馆。

20世纪20年代，广胜寺下寺非常颓废，殿宇破损，无力修缮。寺僧决定舍画保殿，将壁画剥离出售，售价仅为1600块大洋。之后，壁画流失海外。

（3）龙门石窟浮雕

镇馆之宝龙门石窟精华浮雕。这是北魏时期的创作，代表了中国古代浮雕技艺的杰出成就。

大都会艺术博物馆收藏的是"皇帝礼佛"的部分，"皇后礼佛"藏于堪萨斯市的纳尔逊艺术博物馆。

（4）玉如意

康熙玉如意，由白玉雕刻而成。1860年被英法联军从圆明园抢走，由巴黎拍卖后落户该馆。

4. 旧金山亚洲艺术博物馆

亚洲艺术博物馆位于旧金山市府旁，藏有上下6000年的1.8万多件亚洲艺术文物珍品。中国的瓷器、玉器和青铜器等精品很多，4000多年前的瓷器，3000年前的青铜器，6000年前的玉器，号称世界上收藏中国玉器最丰富的博物馆。藏有中国最早的佛像。

5. 弗利尔和赛克勒艺术博物馆

馆藏以商、周时期的青铜器闻名，陶器和瓷器也是收藏重点。商代白陶大壶是世上仅存的几件完整的商代白陶器之一。绘画室中藏有《洛神赋图》摹本中最为珍贵的宋代临摹本一幅。

从上可以看出，美国的博物馆种类繁多，藏品丰富，来自世界各地，可以说无所不有，在我们看来是另类的博物馆也有一席之地。另外，美国的博物馆以及图书馆是"活"的，经常举办各种展览、报告等活动，极大可能地给来访者提供各种学习的机会。博物馆是课外非常好的第二学习阵地，博物馆详尽的解释、众多的文物、发达的多媒体展示手段、业务精湛的专业人员、免费或实惠的门票等因素，都让博物馆、艺术馆等发挥了极佳的教育教学研究功能，给人的教育作用远远超出课堂，极大地弥补了课堂的局限性。

这对于我国的文化建设及中国梦的实现具有很大的启发，越是经济发展中，越应该注重文化历史的保护。当前发达区域的古迹，比如古村落已经非常稀有，我国正在进行传统古村落的保护，也取得了很大成就。如果等毁坏了甚至毁灭了，再恢复或重建，即使建设得再好，更富丽堂皇，也失去了历史的沧桑感，文物的价值丧失殆尽。未来中国的发展必须平衡好经济发展和历史古迹保存的关系，让博物馆、艺术馆、图书馆等公共场所给人潜移默化的熏陶和教育，公民的素质是国家强大的关键。

第三节　别树一帜的总统图书馆及博物馆

人人心中总有一个偶像，指引着自己的人生方向。美国是一个移民国家，种族、族裔繁多，美国人心目中的英雄自然也是复杂的。

美国公民热衷于总统竞选，总统一直是他们关注的人物。2016 年希拉里和特朗普的竞选如火如荼地进行时，十几年前说的话也被挖出来摆一摆晒一晒，任何瑕疵或不足都会影响选民的决定，三次电视辩论的收视率都非常突出。两人 9 月的首次辩论吸引了近 8400 万名观众，这是美国电视史上收视率最高的总统辩论。第二场辩论观众近 6650 万人，第三场辩论约 7160 万人。该统计数据仅包括在家里观看辩论的观众，而没有包括通过网络直播、社交媒体，以及酒吧、餐馆等场所观看直播的观众。群众的眼睛是雪亮的，美国人热情地参政，以保障自己的民主和自由，坚信有什么样的公民就有什么样的政府，总统只是代表自己的意志，为自己服务的"高级公务员"。他们认真地投票选出自己支持的总统，让他带领这个国家走向繁荣。退出总统竞选的杰布·布什说，

美国社会隐性教育研究

"美国人民一定要选出那个能去做公仆，而不是要去做主人的总统"。

他们也不定期地把总统排名，梳理一下他们的丰功伟绩，以引导促进今后的发展。林肯、华盛顿、富兰克林·罗斯福一直是公认的好总统。

2001年7月，美国一家咨询公司与《美国新闻与世界报道》合作，就美国人的英雄观，对1022名美国人进行了调查。确立英雄的标准有5条，分别是：贡献超过了自己的职责；在压力下能够英明决断；置生命、财富和荣誉于不顾；在一项美好事业中名列前茅；超越了自我。

前20名英雄中，总统就占了9位。约翰·肯尼迪第4名；罗纳德·里根第6名；亚伯拉罕·林肯第7名；克林顿第10名；小布什位列第17名。

从这个数据可以看出，总统在人们心目中的地位非常高。

而卸任后的总统，也利用自己的影响为社会奉献力量，建立总统博物馆就是一个方面，博物馆也能提升城市的知名度，增强城市的历史风味。

目前美国各地已经建成了十几个总统图书馆和博物馆（以下简称图博馆），大多数名称是"某某图书馆及博物馆"，有的称作"某某总统中心"，虽然称呼不一样，实质是一回事。

总统图书馆是集博物馆、图书馆、档案馆三馆功能于一身的综合性机构，三位一体，能够更好地保存总统任职期间的重要资料、文件、个人物品、赠品、收藏等，以利于后人了解、学习和研究。

本节内容如下：

一、总统图书馆的历史渊源；二、总统图书馆的特色；三、已建成的总统图书馆和博物馆；四、乔治·布什图博馆（1. 乔治·布什的生平经历、2. 乔治·布什与中国的关系、3. 乔治·布什故居、4. 乔治·布什现在的家族、5. 小布什访华、6. 杰布·布什竞选总统、7. 乔治·布什的退休生活、8. 近观乔治·布什总统图博馆、9. 乔治·布什夫妇回答的问题及答案）。

一　总统图书馆的历史渊源

1938年，美国第32任总统富兰克林·罗斯福首次提出，要建立总统图书馆。1955 年，国会通过《总统图书馆法案》。该法案规定，总统卸任后要在自己家乡建造一座图书馆。在此之前有些总统把资料带回故乡，因火灾等原因造成很大的损失，遗失了很多文件。在建立总统图书馆之前，总统文件大多藏于美国国会图书馆，那里收藏了从第 1 任总统华盛顿到第 30 任总统柯立芝之间 23 位总统的手稿，约 200 万件。

1978 年又通过了《总统案卷法令》，规定了总统档案、文件为国家所有，也就是从里根总统之后，公众有权利使用这些文件（个人隐私权及国家安全文件除外）。

1986 年修改了《总统图书馆法案》，限制了图书馆越建越大的倾向。

总统图书馆的建管模式是"私人建造，公家管理"。从 1986 年起，图书馆都是私人出资，建成后捐献给国家。政府部门是美国国家档案及文件管理局（U. S. National Archives and Records Administration，NARA）专门负责管理。

二　总统图书馆的特色

总统图书馆主要是私人募捐建成，收藏总统的个人物品、图书、艺术品、接受的赠品等，展厅内既有实物又有照片，图文并茂，栩栩如生。录音视频资料齐全，生动形象，绘声绘色。

馆内一般都有总统的生平简历，不仅让观众了解历史，而且会给观众很强的激励，伟人的丰功伟绩犹如一盏明灯，给人启迪给人震撼给人动力。政府官员、学者和普通公民可以阅览总统的档案，了解国家大事，这些珍贵的资料让他们进一步了解历史事实和真相。例如，里根称总统图书馆为"民主的课堂"。

三　已建成的总统图书馆和博物馆

目前美国各地已经建成了十几个总统图书馆和博物馆，下面分别介绍一下：

1. 胡佛图博馆

胡佛（Herbert Clark Hoover，1874—1964）为第 31 任总统（1929—

1933），其图书馆位于爱荷华州他的老家，这是第一个总统图书馆，以前的总统没有设立专门的图书馆。

胡佛的父亲是一位铁匠，胡佛9岁时父母双亡，成为孤儿，自学成才。

加州的斯坦福大学刚建立时，胡佛成为第一届学生，也是第一位注册的学生，是免学费的学生。1919年，胡佛总统为斯坦福大学设立胡佛研究所，有9个图书馆，包括160万册藏书、6万个微型胶卷、2.5万种期刊和约4000万件的珍贵档案，其中包括《两蒋日记》（蒋介石和蒋经国）。

1899年，胡佛来过中国，是美国某公司的驻华代表，在河北开滦煤矿任技术顾问，是地质工程师。在中国工作了10多年，夫妻都学习中文，能用汉语进行交流。

1901年的一张清代股票上有胡佛的亲笔签名，现藏于沈阳金融博物馆。

2. 富兰克林·罗斯福总统图博馆

罗斯福（Franklin Roosevelt，1882—1945）为第32任总统（1933—1945），其图书馆位于纽约的故居，设计师是他自己。该图书馆是最早启用的总统图书馆，于1940年7月4日开放，他是美国唯一在任内看到自己图书馆成立的总统。

珍藏了几百万件手稿、44000本藏书、150份各国领导人的讲话录音、200卷影片。还有300多种鸟类标本、200多艘舰船模型、120万张邮票（包括1943年宋美龄送的一本邮册，从清朝第一套大龙邮票到民国时期），以及成千上万的硬币、纸币和纪念章。

故居位于纽约哈德孙河畔，是三层的房子，1826年建立。1882年，罗斯福在此出生，一直生活到14岁进入寄宿学校。罗斯福生于一个富裕的家庭，父亲在外交界和商界非常活跃，母亲出身上层社会，受过国外教育。近邻是范德比尔特（Vanderbilt's）家族，范家是历史上的第三大富豪，金融巨头。

5岁时他随父亲去见当时的总统克利夫兰，总统曾给他一个奇怪的祝愿，祈求上帝永远不要让他当总统。不过罗斯福成为美国历史上执政时间最长的总统。

他结婚后，又搬回居住，在那里养育了 6 个子女。童年时的罗斯福特别喜欢坐在屋后的草地上，欣赏河谷风光。罗斯福从政后，仍常常到这里度假。人们把他的故居称为"夏季白宫"。

图书馆的书房成为罗斯福白宫之外的办公室，曾召开过多次重要会议，在那里发表了三次重要的炉边讲话。大萧条时期，罗斯福通过电台给人民做了 30 次炉边讲话，鼓舞人们充满信心和动力。美国对中国进行援助的《租界法案》就是在炉边谈话中，他向民众讲述那个著名的借给邻居救火水管的比喻，然后经国会辩论通过的。

罗斯福留下许多名言，例如"所有人民都应该享有四大自由——言论自由、信仰自由、免于匮乏的自由和免于恐惧的自由"，"幸福不在于拥有金钱，而在于获得成就时的喜悦以及产生创造力的激情"。

罗斯福安葬在海德公园中的玫瑰园里，墓地面积不大，没有纪念堂，没有墓碑，只是一块白色的长方体大理石墓棺，正面上刻着名字和生卒日期。总统去世时的遗愿是，把这个家业全部赠送给联邦政府。

妻子埃莉诺·罗斯福国家历史遗址是美国唯一的第一夫人国家历史遗址，离罗斯福故居大约有 2 英里。

罗斯福逝世后，埃莉诺依然活跃于政坛，成为公认的"世界第一夫人"。"二战"后她出任美国首任驻联合国大使，主导起草了联合国的《世界人权宣言》。她是女性主义者，大力提倡保护人权。

3. 哈里·杜鲁门总统图博馆

杜鲁门（Harry Truman，1884—1970）为第 33 任总统（1945—1953）。1957 年，总统图书馆成立，位于其出生地密苏里州，逝世后他被安葬在图书馆周边区域。特别藏品有国会图书馆所藏的历届总统文件的缩微副本。

图书馆庭院墙上刻着他的一句名言："对历史我所有想要的只是真相。"（The true is all I want for history.）

杜鲁门出身农家，他的农家背景和社会底层的经历，以及在"一战"时期的从军经历，让他充满自信，决策时敢于当机立断。

他没有上完大学，没有大学学位，他曾于 20 世纪 20 年代在堪萨斯城法律学校（Kansas City Law School）读过两年的法律。

1948 年成功连任，辞退了政府中数以千计的共产党同情者。韩战失利（美军历史上的首次战败），麦克阿瑟被解职，内阁成员受贿的嫌疑，麦卡锡主义（McCarthyism）盛行等事件让杜鲁门离职时支持率大幅下降。

1）杜鲁门与麦克阿瑟

1950 年 10 月 15 日，杜鲁门同麦克阿瑟在太平洋上的维克小岛（Wake Island）会谈，当时麦帅任韩战联合国军最高指挥官。杜鲁门的专机降落后，前往迎接的麦帅没向总统行军礼，而是同总统握手。同机到达的参谋长联席会议主席认为这是对总统的羞辱，而杜鲁门毫不在乎，不过对麦帅的那顶满是油腻的军帽不满。过后，他私下对人说："他那顶油腻的镶边军帽一定是戴了 20 年，从未洗过。"（Greasy ham and eggs cap that evidently had been in use for twenty years.）

麦克阿瑟（Douglas MacArthur，1880—1964），出身美军将领世家，曾任陆军五星上将及西点军校校长。

韩战中，麦克阿瑟和杜鲁门意见不一。1951 年 4 月 11 日，杜鲁门以"未能全力支持美国和联合国的政策"为由将他撤职，由李奇微（Matthew B. Ridgway）接任。有人分析说，杜鲁门非常果敢，对不顾全局者，功德再高，也同样会被撤职。

而国内热烈欢迎麦将军，有四个州议会通过决议，要求杜鲁门收回成命。杜鲁门的支持率下降到 26%。

2）杜鲁门与柏林空运

1948 年 6 月，苏联单方面中断了前往西柏林的道路。第二天，盟国决定对柏林进行空运。

空运物资众多，时间较长，24 小时运作，连续近一年，是个奇迹。连冬天的取暖煤都得空运到达西柏林。冬季高峰时的空运量为每天 5000 吨。美军运输机 C–54 可以载重 10 吨，其他飞机平均 3 吨，因此每天起落 1500 次。当时西柏林有 3 个机场，每个机场平均每天起落 500

次，每 3 分钟就有一架飞机降落、卸空、起飞。

空运一直到 1949 年 5 月，前往西柏林的道路重开，行动才告结束。

3）杜鲁门与艾森豪威尔

杜鲁门曾取笑他的继任、第 34 位总统艾森豪威尔将军。"……他对政治的了解不会比一头猪对星期天教堂活动的了解更多。"〔(He) doesn't know any more about politics than a pig knows about Sunday.〕

杜鲁门于 1953 年卸任总统时，没有总统退休金，没有工作。生活来源是他的个人储蓄、"一战"时的军人退休金。他没有靠演说收取费用，也没有出售他任期内的文稿和各国赠予他的私人礼品，而是选择了去建立他的个人图书馆。

鉴于杜鲁门的财政状况，国会于 1958 年通过了《卸任总统法案》，向卸任总统每年发放 25000 美元退休金（当时，健在的胡佛没有接受这份退休金）。

4. 德怀特·艾森豪威尔总统图博馆

艾森豪威尔（Dwight David Eisenhower，1890—1969）是第 34 任总统（1953—1961）。成为 10 位五星上将中晋升"第一快"，出身"第一穷"，也是美军统率最大战役行动的第一人。"二战"期间任联军欧洲最高指挥官，1948—1953 年任哥伦比亚大学校长。

其图书馆位于堪萨斯州，他葬于堪萨斯州的阿比邻城。

他生于得州，为七个男孩中的老三，当时父母在得州生活了三年，后来随父母搬回堪萨斯州。家里的孩子都叫"艾克"（Ike），后来只有艾森豪威尔保留这个小名。童年时期因事故弄瞎弟弟的一只眼睛，这深深地教育警示他应该保护弟弟们。父母规定早饭、晚饭时的具体时间阅读《圣经》。他到西点军校上学时，母亲非常反对，因为那是培养军人的学校，信教的母亲认为战争是罪恶的。但是母亲没有约束他。艾克于 1953 年受洗。

高中时膝盖受伤，腿部感染，医生建议截肢，他没有同意，最后奇迹般恢复健康。他和弟弟都想上大学，但是缺乏资金。于是，两人签订协议，轮流上学，不上学的去打工挣学费。

152

弟弟先上学，艾克打工，一年后，弟弟说想再上一年，艾克又同意了。后来艾克想上海军学院，原因是不收学费，但是他超龄了。1911年21岁时被西点军校录取。

他当过麦克阿瑟的特别助理，7年时间。他说，能做好马仔，也就能做好总统。

"二战"期间任联军欧洲最高指挥官，艾克备受欢迎，最早出来推举他的是国际商用机器公司总经理汤姆斯·约翰·沃森。沃森是哥伦比亚大学董事会董事，为了让一身"军职"的艾克有一个"文职"身份，他推荐艾克出任校长。他不拿学校薪水，真正在学校的时间也不多，教授们难得见到他。

1950年12月，杜鲁门任命他为北大西洋公约组织欧洲盟军统帅，艾克向大学"请长假"，全家搬到法国居住。

艾克为共和党人，反对杜鲁门，标语为"韩国！共产主义！贪污！"（Korea! Communism! Corruption!），赢得1952年总统竞选，结束了民主党长达20年的执政。

当选总统后，他重用企业家，任命洛克菲勒基金会主席约翰·福斯特·杜勒斯为国务卿，任命通用汽车公司的总经理威尔逊、副总经理凯斯分别任国防部长和副部长。他的内阁被戏称为八个百万富翁和一个管子工。劳工部长马丁·P.杜金辞职后，内阁成员都是清一色的大企业家，媒体把他的政府称为"大企业家集团"。

十字计划安排工作：他画一个十字，分成四个区域，分别是重要紧急的、重要不紧急的、不重要紧急的、不重要不紧急的，把自己要做的事放进去，工作生活效率大大提高。

他的一句名言："我始终爱我的夫人！我始终爱我的儿子！我始终爱我的孙子！我始终爱我的祖国！"四个始终的"爱"。

5. 约翰·肯尼迪总统图博馆

肯尼迪（John Fitzgerald Kennedy，1917—1963）为第35任总统（1961—1963）。其图书馆建于波士顿市，占地9.5英亩（57市亩）。是美国建筑史上最佳杰作之一，设计师是著名美籍华人建筑设计师贝聿铭，其设计新颖，富有创造性，为几何图形组合，黑白分明。很遗憾的是，2009 年我去波士顿时，主要关注哈佛、麻省理工学院和波士顿艺术博物馆，与总统图书馆擦肩而过。

约翰的父亲约瑟夫是商人，母亲是市长的女儿。约翰兄妹 9 人，四男五女，在政界非常出名。

在就职演说中，他呼吁全人类团结起来，共同反对专制、贫困、疾病和战争。"不要问你的国家能为你做些什么，而要问一下你能为你的国家做些什么。"（Ask not what your country can do for you, ask what you can do for your country.）肯尼迪在任期间是美国历史上支持率最高的总统。

6. 林登·约翰逊图博馆

约翰逊（Lyndon Baines Johnson，1908—1973）为第 36 任总统（1963—1969），图书馆位于得州首府奥斯汀市。

7. 理查德·尼克松图博馆和诞生地

尼克松（Richard Milhous Nixon，1913—1994）为第 37 任总统（1969—1974）。其图书馆位于加州故居。尼克松的弟弟和孩子们组成私人基金会，于 1988 年开始建设。2007 年 7 月，图书馆加入国家档案与文件署（NARA），成为美国总统图书馆项目的组成部分。

展有总统专用的 VH－3A 海皇（Sea King）直升机，它曾服务过肯尼迪、约翰逊、尼克松、福特四位总统，现永久保存在尼克松图书馆。还展有总统座驾。

尼克松图书馆馆长纳法塔里决定诚实地展现水门事件。关于这一丑闻的展览十分精彩，纳法塔里因此不受尼克松基金会成员欢迎。2012 年馆长辞职，档案署指定了临时馆长劳伦斯，他是得克萨斯大学副教授，但是基金会不同意与他见面。

2016 年 7 月，尼克松图书馆升级改造后，重新开放。耗资 1500 万美元，将展出总统椭圆形办公室原样复制品。

尼克松一生毁誉参半，最重要的是和中国的关系。1972 年 2 月，尼克松总统正式访华，共 7 天的时间。毛主席当天就会见了他；周总理与美国代表团会谈数次，亲自陪同去上海和杭州访问。共同发表了《上海公报》，标志着中美关系正常化的开始。

馆中陈列着 10 位伟人的雕像，其中包括毛泽东和周恩来。

中国主题是整个图书馆中最有特色、最耐人回味的部分。尼克松是历史上第一个访问新中国的美国总统。可以说，没有尼克松的访华，就没有目前的中美关系。

展厅展出了尼克松访华期间的各种照片，以及中国赠送给他的礼物，如全套的二十四史及书架、景泰蓝花瓶和精美丝绣等。他的书房窗台上还放着一尊"飞马踏燕"青铜雕塑。尼克松曾说，"我最重要的外交政策就是向中国开放"。

然而水门事件是他最懊悔的事情，尼克松说，"我弹劾了我自己"。尼克松曾 54 次登上《时代》封面，其中 11 次与水门事件有关。每年的 6 月 17 日是水门事件纪念日，尼克松都非常担心害怕。

尼克松当过八年副总统，六年总统，退出政坛后活跃于国际舞台二十年，他以退休总统的身份，积极参加国际事务，为布什、克林顿出谋划策，在国内外演讲，撰写了八本畅销书。

尼克松到底对水门窃听一事知情不知情？有资料显示，水门这个"三级盗窃案"的发生，尼克松事先并不知情，也没有授意策划下属到竞选对手的办公室装窃听器，而是手下们帮了倒忙。当时他在佛罗里达度假。事发后，他判断失误，掩盖真相，包庇下属违法行为，欺骗了公众。竞选成功后，真相败露。

国会中的民主党占优势，成立了一个特别调查委员会，对尼克松（共和党）的竞选活动彻底调查。1973 年 3 月 23 日，白宫法律顾问迪安被暴露出来。尼克松决定弃车保帅，让迪安当替罪羊，然而迪安主动交代了。

尼克松再次声明，不知道此事。

另外一个"炸弹"是白宫办公室的窃听器。从 1971 年初开始，尼克松为了记录与手下的谈话和电话内容，下令在白宫办公室里安装窃听系统。检察官要求交出录音资料，然而尼克松免去了调查水门事件的检察官考克斯的职务。

他刚愎自用，阻碍了司法调查。大学生游行抗议，最高法院大法官要求他交出录音。录音证明尼克松指示助手，让中央情报局阻挠联邦调查局调查水门事件。最后发酵越来越大，无法挽回，被对手、媒体舆论穷追不舍，共和党人也感到自己被欺骗，尼克松众叛亲离，被迫辞职。两名报道水门事件的记者于 2005 年揭秘说，提供线索的内线是联邦调查局的副局长。

8. 杰拉德·福特图书馆

福特为第 38 任总统（Gerald Ford，1913—2006，1974—1977 任总统），其图书馆位于密歇根州密歇根大学内。

他接任尼克松任美国总统，1976 年总统选举中败给卡特。

2006 年 12 月 27 日逝世，享年 93 岁，是美国最长寿的总统。

9. 吉米·卡特图博馆

卡特（Jimmy Carter，1924—　）为第 39 任总统（1977—1981）。卡特图书馆位于乔治亚州的亚特兰大市。卡特和乔治·布什生于同一年，都是 1924 年。

他出身农民，从小帮助父母种植花生；海军军官学校毕业后，服役7 年；返乡种植花生，经销化肥，其农场面积达 3100 英亩，资产总值100 万美元，成了有名的"花生"百万富翁。以"乡巴佬总统""平民总统"而著称。

1970 年，他当选州长，把马丁·路德·金的肖像挂在州议会大厦里，起用黑人参政，在当时是很罕见的。

1976 年竞选总统时，他的知名度很低，大家都在问"谁是卡特?"（Jimmy Who?），他在举行第一次竞选招待会时只有 4 人参加。

外交上的最大成就是实现了同中国关系的正常化，1979 年邓小平访美，中美两国正式建立了外交关系。邓小平送给卡特的苏绣礼品名字是"猫戏螳螂"。

卡特卸任总统后比任职期间更加活跃，一直有"模范卸任总统"之称，国际上不断出访，倡导民主人权，国内帮助穷人建设家园，一直在教会的主日学校担任教师，他的生活经历表明让人伟大的不是权力，而是利用权力和影响所做的事情。比如，1991年海地发生军事政变。1994年联合国组织多国部队准备干预，卡特谈判到最后时刻，对军事政变者进行大赦，最终以和平方式化解了冲突，避免了流血。（海地的政局一直不稳定，政变不断，1956年12月以后的9个多月内，五次更换总统。）

卡特访问古巴、朝鲜，是卸任美国总统中获奖最多的一位，2002年，获得诺贝尔和平奖。卡特是第二位获得诺奖的佐治亚州人，第一位是马丁·路德·金，于1964年获得该奖。

虽然得了癌症，90岁的他仍然积极乐观，希望到尼泊尔参加致力于为流浪者提供住所的"仁人之家"（Habitat for Humanity）。

10. 里根图博馆

罗纳德·里根（Ronald Wilson Reagan，1911—2004）为第40任总统（1981—1989）。其图书馆位于加州，是面积最大的一个总统图书馆，占地100英亩（600亩）。展品中包括空军一号专机，是唯一的。这架飞机曾为7位总统服务过。

里根影响了美国20世纪80年代的文化，使得80年代常被称为"里根时代"。里根结束了"冷战"，是美国第一位在任期对中国进行正式访问的总统。

一生中给妻子南希写了700多封情书。

2005年，美国在线组织评选"最伟大的美国人"，里根名列第一。

11. 乔治·布什图博馆

乔治·布什为第41任总统（1989—1993），图书馆设在得州农工大学内（具体内容见后）。

12. 比尔·克林顿总统中心及公园

克林顿（Bill Clinton，1946—　）为第42任总统（1993—2001）。其图书馆位于阿肯色州小石城，2004年开放。特点是绿色环保，大楼所用能源主要来自太阳能，为钢架和玻璃结构，顶层是花园，花园的灌溉系统被埋在土壤之下，这比喷灌和水管浇灌节水90%。

初期的藏品有工艺品7.5万件、照片185张、文件7685万页。

其图书馆为美国历史上第一个由总统自己的声音进行导游的总统图书馆。

克林顿风趣幽默，风度翩翩；以人为本，注重平等；自信聪明，爱好广泛，擅长萨克斯，其图博馆陈列着他收集的名家演奏的萨克斯 CD，少年克林顿在小石城演出时的录像等。

开幕时克林顿说："我希望年轻人能来这里看看，不仅看我在生活中做了什么，也应该思考他们能在自己的生活中做点什么。"希拉里说："图书馆的建筑开放、超值、热情，更充满生命力。"

13. 乔治·沃克·布什总统中心

小布什为第 43 任总统（2001—2009）。

小布什刚入白宫就有四所大学在争取总统图书馆建设所在地。他最终把图书馆设在得州达拉斯市南方卫理公会大学内，占地 138 亩，名字是乔治·W. 布什总统中心（George W. Bush Presidential Center），该校是小布什夫人劳拉的母校。2013 年开放，奥巴马、小布什、乔治·布什、克林顿、卡特五位总统集聚一堂，第一夫人们陪同出席。

该中心收集了大约 7000 万页文本记录、4.3 万件文物、400 万幅照片，还有大量的电子资料，其中电子邮件就有 2 亿多封。图书馆还展出美军打击伊拉克的战利品，萨达姆曾经使用的手枪，休斯敦一家著名靴子制造商为小布什定做的靴子，等等。

另外，奥巴马图书馆正在建设，之前芝加哥、纽约和檀香山争办，最后他决定设在芝加哥。2017 年 2 月，负责设计奥巴马总统中心的建筑师透露，预计建设和运营将耗资 15 亿美元。设计师是纽约华裔女建筑师钱以佳（Billie Tsien）与丈夫托德·威廉姆斯（Tod Williams）。

除了以上所提到的 13 个总统图博馆，之前的总统所在的家乡或工作的地方也相继设立图书馆或历史遗址，只不过总统任职期间的资料相对分散，规模不如后来这些由国家档案馆承办的总统图博馆系统。例如，亚当斯国家历史遗址，位于波士顿，是两任总统的故居。

16 任美国总统亚伯拉罕·林肯故居国家历史遗址（Lincoln Home National Historic Site），位于伊利诺伊州斯普林菲尔德市（Springfield,

又译：春田市）。他于 1844 年至 1861 年入主白宫前生活在这里，也葬于该市。这里是林肯唯一拥有的房产。林肯的儿子将它捐献给州政府，永久保存并免费向公众开放。图书馆拥有 46000 份文件。林肯的父亲是木匠，母亲于他 9 岁时去世，继母对他视如己出。

还有弗吉尼亚州的华盛顿总统故居纪念馆，田纳西州的安德鲁·杰克逊总统故居，等等。

四 乔治·布什图博馆

刚到得州农工时，我搞不清布什总统图书馆到底是老布什还是小布什的，他们两人的名字都有 George Bush。老布什是 George Herbert Walker Bush，小布什是 George Walker Bush。在英文报道或日常谈及时，老布什被称为 George Bush，他的儿子则称为 George W. Bush，也就是说，小布什多了个字母 "W"。简言之，乔治·布什指的是老布什，小布什被称作乔治·沃克·布什。乔治·布什和小布什的名字都是沿用外祖父那边的名和姓而来，外祖父姓 Walker，爷爷姓 Bush，George 这个名字是外祖父、老布什本人和儿子小布什都一直沿用的。Hebert 是外祖父、舅舅的教名，乔治·布什沿用。

得州有三个总统图书馆，乔治·布什的总统图书馆在大学城的农工大学，小布什的总统图书馆在达拉斯市，林登·约翰逊的图书馆在得州首府奥斯汀。

访美期间，我三次参观布什总统图书馆，给我留下了深刻的印象。

乔治·布什任总统的四年是从 1989 年到 1993 年，正好是我上大学的四年。到了得州农工，我又亲身经历了总统组织的活动，感受到了总统的伟大，任职和不任职时都在为社会奉献光热。

布什家族与得州感情深厚，乔治·布什卸任后住在得州，小布什也住在得州，小布什女儿詹娜 2007 年结婚时也在得州克劳福德自家农场。

乔治·布什把总统图书馆建在了得州农工大学。农工的学生可以免费参观图书馆，而且他经常组织活动。

1997 年，乔治·布什和儿子小布什（时任得州州长）、儿媳劳拉在得州农工大学布什总统图书馆前合影留念。门口的雕像是为了纪念1989年柏林墙被推倒。马代表自由精神，也就是龙马精神。

2008年12月，小布什到农工大学参加毕业典礼并讲演，乔治·布什和母亲芭芭拉应邀出席。

1. 乔治·布什的生平经历

乔治·赫伯特·沃克·布什（George Herbert Walker Bush，1924— ）为第41任总统（1989—1993）。

"二战"时，1941年布什中学毕业，应征入伍。担任飞行员，是最年轻的飞行员。1944年对日本的一次海战中，被日军炮火击落，幸运地被救起，但机上战友全部丧生。41对一些迷信的人来说意思是"死了"，而对布什来说是大难不死，成了美国第41任总统。

战后，他到耶鲁大学上学。上学期间是出色的棒球手，任棒球队队长。

大学毕业后他到得州创办公司经营石油，40岁成为百万富翁。后来，当选为国会众议员，曾任美国驻联合国大使，美国驻北京联络处主任和中央情报局局长。1981—1989年罗纳德·里根任职总统期间他担任副总统。

1988年当选总统。任职期间，促使德国统一，让苏联及东欧脱离社会主义制度，结束了"冷战"。1990年，伊拉克侵占科威特，他坚决出兵打击伊拉克。1992年，因国内经济萧条而在总统大选中败给克林顿。

2. 乔治·布什与中国的关系

乔治·布什和中国有着深厚的感情，1974年开始一直到2008年奥运会召开，他经常到中国来，和中国多届领导有着密切的交往和友谊。

1）1974—1975年

他任美国驻中国联络处主任（liaison office），时间是14个月。联络处主任相当于现在的大使，因为美国和中国没有建交。布什骑自行车到中国外交部办事，令人瞠目结舌。乔治·布什夫妇经常骑车出去旅行，接触社会，了解中国文化，被誉为"自行车大使"。后来，乔治·布什访华，中国送给他们两辆自行车。

回国任美国中情局局长前（Director of Central Intelligence，DCI），邓小平安排晚宴送行，说："不论什么时候，中国都欢迎你。"1977年2月，布什从中央情报局卸职后，同年9月25日访华。花了半个月时间走了半个中国，飞往拉萨，畅游三峡，到过桂林。1979年，中美正式建交，邓小平访问美国，还专门到得州看望布什夫妇。2007年邓小平逝世后，布什发表声明，沉痛哀悼。

简单谈一下和布什同年生的一个中国要人韩叙（1924—1994）。1973—1979年，他任中国驻美国联络处大使级副主任；1985—1989年，他任中国驻美国大使，为中美关系做出了重大贡献，和布什家族关系密切。1999年乔治·布什访华时，去韩叙坟墓献花。

2）1982年5月访华，时任副总统

当时中美关系因美对台出售武器面临危机，副总统乔治·布什与邓小平单独会谈了一个小时，打破僵局，为中美达成"八一七"公报奠定了基础。

3）1985年3月、10月两次访华，时任副总统

4）1989年2月，布什访问中国，时任总统

这是他第五次访华，上任后刚满一个月，成为最快访问中国的美国总统，也成为首位在中国荧屏上向中国人发表谈话的美国总统。与邓小平和李鹏总理会晤（中国送"飞鸽牌"自行车）。

在北京崇文门基督教堂参观时，他抱起一个中国孩子，并重游天安门。

1989年因特殊事件，中美关系降温。

5）1995—2000年

1995年9月访华；1996年，乔治·布什四次访华；1997年9月，在香港会见李鹏；2000年3月，布什夫妇访华，在北京一家医院看望患有"唇腭裂"的儿童。

6）2002年10月，布什在休斯敦接待江泽民主席

7）2006年12月，布什访华，胡锦涛主席接见

8）2008年3月，布什夫妇访华

2008年8月，北京奥运会期间，乔治·布什夫妇、小布什夫妇一

行到中国。

2009年9月27日，休斯敦地区华侨华人庆祝中国成立60周年，把"2009年杰出中国之友奖"授予乔治·布什夫妇，表彰他们30多年来为促进中美关系发展所做出的杰出贡献。布什大大赞扬中国，"中国在政治、经济和社会等各领域取得的巨大进步令我感到震撼"。

3. 乔治·布什故居

乔治·布什现在主要住在得州，在东北部的缅因州也有个故居。

缅因州的故居在沃克角（Walker's point），濒临大西洋。19世纪晚期，乔治·布什的外曾祖父大卫·沃克（David Davis Walker）和外祖父乔治·赫伯特·沃克（George Herbert Walker，1875—1953，银行家，美国高尔夫球协会主席）购买的，然后卖（传）给了女儿，也就是乔治·布什的母亲桃乐西·沃克（Dorothy Walker）。或者说，这个房产是外祖父给布什母亲的结婚礼物，布什母亲桃乐西和父亲普莱斯考特·布什（Prescott Bush）在那里结婚。

外祖父去世时，舅舅小乔治（George Herbert Walker，赫伯特，Herbie）购买此地，他和外祖父重名。1977年，乔治·布什继承、购买下来。这里是乔治·布什的"夏季白宫"，他在此宴请过撒切尔夫人、戈尔巴乔夫等领导人。

缅因州的房子有9个卧室，4个起居室，1间办公室，1个宠物窝（den），1个书房，1个餐厅，1个厨房，靠近主卧有1个容纳4辆车的车库，1个游泳池，网球场地，码头，船库，小型家庭宾馆。房子周围是宽敞的草坪，有运动场地。

那里实行空中管制，特勤局人员把守。1991年10月晚期，房子遭到强暴风袭击，估计损失30万—40万美元，总统得到保险赔偿。

4. 乔治·布什现在的家族

布什家庭成员，长子小布什，次子杰布，三儿子尼尔，四儿子马文，女儿桃乐西。乔治·布什的妻子是芭芭拉。

1）小布什（George W. Bush，1946—   ）

乔治·沃克·布什为乔治·布什与芭芭拉的长子，常被称为"小布什"。美国第 43 任总统（2001—2009）。

小布什在任时，人们评价他说他口无遮拦，经常说错话，经常自己造词，比如 2000 年他说"他们误估（misunderestimated）了我"。将"误解"和"低估"两个单词连起来使用，令人不明白他到底是想表达哪个意思。人们积累他的错误语言，甚至有人得出结论，他的智商很低。我们辩证地想一想，他能连续两届任美国总统，智商能低吗？如果说小布什是低智商，那不相当于说美国人选择错了？说小布什智商的人显然存在漏洞。有人认为口误恰恰是他可爱的地方，也说明事前没有秘书给打印好稿子而照着念，临场发挥脱稿讲演，口误是自然的。心理学家认为，最受人喜欢被人欣赏者，并不是完美无缺的人，而是精明中带有缺点的人，这就是仰巴脚效应（Pratfall effect，或译：出丑效应）。

而他自嘲说，"有人觉得，我母亲参与文学慈善事业，是由于没能把我教好而感到愧疚"。不过从另外一个角度说，他非常亲民。毕竟在他任职期间，是一位经历命运多舛多劫多难的一位总统，本·拉登制造震惊全人类的"9·11"事件，美国发动阿富汗、伊拉克战争，发生关塔那摩湾事件、虐囚门事件，美国遭受卡特里娜飓风袭击，美国国家安全局（NSA）非法监听民间通信，等等。他对恐怖分子的打击，获得美国保守派（共和党）的支持和欢迎，2004 年的连任选举中，95%—98% 的共和党选民都认可了小布什。

卸任后，小布什夫妇在得州达拉斯附近买了房子，住在那里，经常参加得州的活动。不过，较少在媒体等大众场合露面。

2009 年他在加拿大阿尔伯特发表卸任后的第一次演说，表扬美国军队。他参加了参议员爱德华·肯尼迪的葬礼（肯尼迪总统的小弟弟）。2009 年 11 月 5 日，得州胡德堡（Fort Hood）发生枪杀案。第二天，他未泄露身份拜访看望幸存者和遇难者家属。他联系基地司令部时，要求是私人拜访不能牵扯到媒体。

2010 年，应奥巴马的要求，他和克林顿总统创建克林顿布什海地基金会（Clinton Bush Haiti Fund），为海地地震后重建募捐，募集到 5亿 4400 万美元，分配给 50 个机构，截止到 2012 年 12 月，该基金维持或创造了 7350 个工作，培训了 20050 人，给 31 万多海地人的生活条件以积极的影响。

2010 年 11 月 9 日，出版个人回忆录《抉择时刻》（*Decision Points*），之前他说他最大的成就是在危险时刻保护了国家安全（keeping the country safe amid a real danger），最大的失败是没有确保国内社会保障改革的顺利进行。

2011 年 5 月 2 日，奥巴马打电话跟他说本·拉登昨天被击毙了，从这能看出两任领导对恐怖分子的一致性。当年，小布什出席参加了"9·11"十周年纪念日，在世贸大厦遗址（Ground Zero）宣读了一封信，写信人是总统林肯，这封信是写给一个内战时失去五个儿子的寡妇母亲的。

2013 年 11 月，小布什在全国广播公司媒体露面，主持人问他为什么不评价奥巴马政府，小布什说："我认为国家前总统批评他的继任总统对一个国家来说是不好的。"（I don't think it's good for the country to have a former president criticize his successor.）

2）罗宾（Robin）

她是老布什的女儿，三岁时因白血病去世。给芭芭拉带来巨大的打击，故而她把爱用在其他孩子身上。

3）杰布·布什（John Ellis Bush, Jeb, 1953—　 ）

他是乔治·布什的二儿子，曾任第 43 届佛罗里达州州长（1999—2007）。

Jeb 是他名和姓的首字母组合而成。

他温文尔雅，被父母看作入主白宫的料。哥哥小布什经常闯祸，而他在父母身边备受关爱。

他从得州大学毕业，专业是拉美文学，精通西班牙语，到委内瑞拉银行工作过，后来经商。

他返回佛罗里达，同年和哥哥分别竞选佛州、得州州长，哥哥成功，他失败了，四年后竞选成功。

妻子是墨西哥籍。

现在和妹妹桃乐西一起，为芭芭拉布什基金会工作，担任副主席。

4）尼尔·马龙·皮尔斯·布什（Neil Mallon Pierce Bush，1955—　）

乔治·布什夫妇六个孩子中的老四。现为"每日光点奖"慈善基金会的主席。商人、投资家、慈善家。11 岁时，老师告诉芭芭拉说尼尔毕业可能有困难。后来他被诊断患有阅读障碍症（dyslexia），芭芭拉花费很多时间辅导他，他成绩提高了，顺利毕业。大学里的专业是经济学，获得硕士学位。

尼尔名字中的"皮尔斯"（Pierce）与外祖父的名字相同，外祖父的叔叔是第 14 任美国总统富兰克林·皮尔斯。

5）马文·皮尔斯·布什（Marvin Pierce Bush，1956—　）

乔治·布什的四儿子。在公司任职，商人、投资顾问。

名字"皮尔斯"与三哥、外祖父名字相同，而马文是家族中唯一不具备从政才华的儿子。

30 岁时切除了盲肠，从得州沃斯堡市收养了两个孩子。

获得弗吉尼亚大学学士学位。

6）桃乐西·沃克·布什·科赫（Dorothy Walker Bush Koch，1959—　）

乔治·布什夫妇的女儿，最小的一位。桃乐西是奶奶的名字。

1975 年，她和哥哥小布什、内尔、马文（杰布除外）到北京和父亲团聚。8 月 18 日生日那天她在北京受洗，成为在中国第一个公开受洗的人。

1982 年，波士顿学院社会学专业毕业。

在马里兰州为社会慈善机构捐款，和哥哥杰布一起，为芭芭拉布什基金会工作，担任副主席。

第三代

杰布的儿子乔治·普雷斯科特·布什，是乔治·布什的长孙，生于1976 年，在得州沃斯堡任律师（普雷斯科特是曾爷爷的名字，乔治是曾外祖父的名字）。

《人物》杂志曾评选全美 100 个"钻石王老五"，普雷斯科特名列第四。

5. 小布什访华

他创造了历任美国总统在任职期内访华次数最多的纪录，共四次，被称为"与中国最亲近的美国总统"。

2001年10月，2002年2月，2005年11月，2006年9月，时任总统小布什访华。

2002年是中美建交30周年，小布什来华访问的日子2月21日和30年前尼克松访华是同一天。我国将24K镀金青铜1∶1比例仿制品"马踏飞燕"作为国礼赠予小布什。

2006年，小布什到北京最老的基督教会缸瓦市教堂参加礼拜仪式。后来的两次都到国家体育总局自行车训练基地骑山地车。

2008年8月，小布什家人到北京观看奥运会。

然而，小布什在2000年共和党竞选纲要中提到：中国是美国的战略对手，而不是战略伙伴。与中国打交道时不存恶意，但同时也不抱幻想。政府将理解中国的重要性，但不会将中国置于其亚洲政策的中心。这也是许多美国政界人士特别是共和党人的看法。

6. 杰布·布什竞选总统

在美国，父子都当总统的家族不是很多，布什家族就是其中之一。2016年的总统大选期间，乔治·布什的二儿子杰布·布什于2015年6月15日，正式宣布参加2016年总统大选。杰布以42.4%的支持率微落后于民主党希拉里的47.6%，深受欢迎，在共和党中威信很高。当时有预言说，如果他成功当选，将创造美国的纪录：父亲和两个儿子都任总统。然而母亲芭芭拉非常理智，她说美国优秀人士太多，不可能让布什家族轮流做总统。特朗普讽刺杰布说，把母亲带出来拉票，就意味着失败。特朗普评价布什说，"除了你的家人外，你真的一无是处，一无所有"。

初选中，特朗普的得票率为33.9%；泰德·克鲁兹第二，21.8%（Ted Cruz，1970—　，得州参议员。印第安纳州初选失败后，退出），马尔科·卢比奥第三，21.5%（Marco Rubio，1971—　，佛罗里达州参议员，佛州初选失败后，退出）；杰布·布什第四，8.6%（初选结果一出，2016 年 2 月，他放弃竞选，宣布退出）；第五是俄亥俄州州长卡西奇，8.1%；第六是非裔退休外科医生卡森，6.6%。共和党参加竞选总统的候选人如此之多，令人惊喜，他们个个表现不俗，唇枪舌剑中让自己的亮点凸显，赢得人们的支持，也让我们看到美国的多元与妥协，宣布退选不丢人，最后竞选失败者，不也是公开声明自己的失败，鼓励自己的支持者依然努力工作吗？

7. 乔治·布什的退休生活

目前，乔治·布什主要住在得州的克劳福德的农场（Crawford）。小布什任职期间，经常在老家度假，也邀请政要到家里做客，这里被誉为"西部白宫"。

1993 年 1 月乔治·布什返回休斯敦后，夫妇非常忙碌，为慈善事业募集了上百万美元。

他担任过多个社会兼职，包括癌症中心主席；光芒基金（Points of Light Foundation）的名誉主席，全国宪法中心的主席（National Constitution Center）。

2005 年，乔治·布什与克林顿同时在媒体出现，一起为东南亚海啸（tsunami）和卡特里娜飓风灾后捐款做宣传；同年安南任命他为南亚地震的特使（special envoy）。

他经常参加得州农工大学以及乔治·布什政府学院（George Bush School of Government）的活动。

在布什学院楼内立有老布什的一个头像雕塑，基座上写着布什的名言：公共服务是崇高的呼唤，我们需要品德高尚的人们坚信：他们可以在自己的社区、自己的州以及自己的国家发挥作用创造辉煌。（Public service is a noble calling, and we need men and women of character to believe that they can make a difference in their communities, in their states and in their country.）

1989 年乔治·布什发起创办"每日一点星光基金"（The Daily Point of Light Award），是他在就职演说中发起的，奖励那些帮助他人的个人或组织。布什说："成功生活的任何一个定义中必须包括服务他人。"（Any definition of a successful life must include serving others.）

他写道："光点是美国的灵魂。他们是普通人，超越自己接济那些有需要的人的生活，带去了希望和机会、关怀和友谊。这些非凡的人如此慷慨地给予他人，不仅展示出我们自己传统中最好的是什么，而且展示出我们所有人应该去做什么。"（Points of Light are the soul of America. They are ordinary people who reach beyond themselves to touch the lives of those in need, bringing hope and opportunity, care and friendship. By giving so generously of themselves, these remarkable individuals show us not only what is best in our heritage but what all of us are called to become.）①

2009 年 11 月底，乔治·布什和芭芭拉被邀请参加得州农工大学传统纪念活动 "Elephant Walk"，也就是在校园里成群结队地前行，到了某个有纪念意义的地点停下来，由领队带着做些动作、大声呐喊，最后到达体育馆，聆听前总统和第一夫人讲话。

芭芭拉的讲话很有意思，她提到爱，要从自己的敌人开始；她还开玩笑说布什要杀了她，这时布什用拐杖做出举枪的动作，两人关系很和睦，气氛很和谐。最后离开时，他们步履蹒跚，毕竟芭芭拉 84 岁、布什 85 岁了，讲话时真看不出来他们这个岁数还在声情并茂地演讲。

布什经常在总统图书馆组织各种活动。他经常邀请名人来作报告，一般情况是他致辞欢迎，然后把机会交给报告人，他和夫人坐在前排仔细聆听。

2010 年，86 岁的布什由孙子搀扶着上台讲话。夫人芭芭拉也仔细聆听他的开场白。我在他们身边，感到非常自豪，这么近距离与总统及第一夫人在一起，感到非常荣幸。

乔治·布什开场白后，就成了听众，他的朋友们上台。

四个钓鱼的朋友轮流讲话，其中一个热泪盈眶，主要谈及布什的环

美国社会隐性教育研究

---

① George H. W. Bush, https://en.wikipedia.org/wiki/George H. W. Bush.

境保护。开始时，四个人穿着比较正式，一说到钓鱼，马上换上休闲装。一个脱了鞋；一个拿起雪茄；一个蒙上面罩。

舞台上有一个黑色的西装挂在那里，后来揭开是一个金色的大鱼雕像。

报告结束后，是例行的免费自助餐，有面包片、火腿、烤鸡肉、蔬菜、水果、咖啡、冰茶、饼干等。吃完饭后，我乘坐五路校车回到东校区。

2011年，奥巴马授予他总统自由勋章，受奖的还有其他14人。

2012年6月10日上午，乔治·布什和芭芭拉、小布什及其他家庭成员乘坐直升机到达缅因州肯纳邦克港（Kennebunk Port）附近的航空母舰上。这是美国海军舰队中最新的航空母舰，也是唯一一艘以仍在世的人命名的航空母舰。

以"布什"的名字命名这艘航母，让乔治·布什感到十分骄傲，并把这一天称为自己一生中最幸福的第三天，仅次于结婚和两个儿子当选州长的日子。

2012年11月23日老布什因病住院，2013年1月14日出院。从2012年开始，他因帕金森病乘坐轮椅。

2013年7月15日，奥巴马邀请乔治·布什到白宫庆祝第五千个"每日一点灯光奖"，表彰他们在公共服务领域和志愿者工作中的杰出成绩，乔治·布什坐轮椅出席了仪式。主要表彰一对来自艾奥瓦州的退休夫妇弗洛伊德·哈默尔（Floyd Hammer）和凯西·汉密尔顿（Kathy Hamilton），他们在服务领域取得了杰出的成绩。10年前，前往坦桑尼亚的旅行改变了他们的生活。在那里，他们看到儿童因营养不良而死去。于是，这对原本打算退休后享受生活的夫妇成立了一个名为"延伸"（Outreach）的非营利性组织，向15个国家的饥饿儿童提供免费的食物。

奥巴马发表了简短的讲话，高度赞扬老布什的贡献，称赞他的热情和承诺鼓舞了数百万人们。是一位真正的绅士、一个心地善良的好人，带领着美国，使美国成为一个更加友善、更加温和的国家。奥巴马称，

169

下篇　美国社会环境下隐性教育举隅

他和其他几位总统都努力追随乔治·布什的脚步、鼓励国家服务事业的发展。

2013 年 7 月，乔治·布什把头发剃光，为一个特勤人员患白血病的 2 岁男孩打气助威募捐，所有特勤人员都剃了光头。大家知道，老布什的第一个女儿三岁时因白血病夭折，令他们夫妇非常痛心。

2014 年 6 月 12 日上午 11 时许，乔治·布什在缅因州故居附近，从约 2000 米的高空跳伞，以庆祝自己 90 岁的生日。

这是布什第 4 次以跳伞的方式庆祝生日。他在 75 岁、80 岁与 85 岁生日时，都曾以跳伞庆生。

经过 7 秒的自由降落，和他一起跳伞的军人打开降落伞，降落在教堂边的草坪上。降落速度较快，布什受到比较大的撞击。200 多名亲朋好友参加了宴会；当天接到俄罗斯总统普京的电话，并收到一份特别的礼物：一张画像。

夫人芭芭拉也一起参加活动，她一直非常忙碌，75 岁时芭芭拉出版了回忆录。2009 年芭芭拉 84 岁，一直和布什出席各种活动。2010 年的一次会议前，她在校园闲步草坪，遛狗。我有幸和她短暂交谈，拍照合影。2 米外是一位潇洒的特勤人员保护她的安全。

8. 近观乔治·布什总统图博馆

博物馆入口是总统座驾，右侧展室是有关葡萄酒文化的介绍，后来该展厅改为介绍石油业相关的内容。

里面有大量的图片、实物介绍布什的生平经历，其中一个展面是：安多弗的影响："我喜爱那些年月。他们的确教会了我伟大真实的生活真理。甚至到现在，诚实、无私和对上帝的信仰丰富着我们的生活。"(The Impact of Andover："I loved those years. They did, indeed, teach me the great and real business of living. And even now its lessons of honesty, selflessness, faith in God-well, they enrich our lives.")

安多弗（Andover）是布什初中时参加的棒球队的名字。

博物馆内有布什的坐姿铜像，向左侧身，两边各放着一个沙发，来访者可以亲近地与"总统"接触，可以亲切地与"总统"交谈。

再里面是白宫的模型，正门两边各有四个窗户，从窗棂向里看，是电子显示屏，有红厅、蓝厅等。窗户右边有四个白色按钮，可以调整方向，从不同角度观赏室内。

里面是复制的总统椭圆形办公室。如果想坐在总统办公椅上拍照，要求不能用自己的相机，办公桌对面的墙里有个相机，工作人员拍照后，到门口服务台取，要付费。

布什曾认真学习汉语，有一份资料密密麻麻地记录着他学习汉语的情况，可以看出他是多么勤奋。他把汉语字母、英文结合起来，例如，youyong = swim，游泳。

布什喜欢户外运动，比如钓鱼，博物馆展览着他的游艇，名字是"忠诚"（fidelity）。除了自己亲朋好友使用外，布什也把它作为外交手段，邀请其他国家的元首共同享用。

总统图书馆外面草坪四季常青，冬天有工作人员专门打理。

图书馆经常组织各种名人参与的活动。一次，舞台上坐着四人。听报告那天，我觉得最右边的一位客人非常面熟，是不是副总统戈尔？想来想去，确定是"丹中尉"。然后查看每人手中的小册子介绍，果不其然，演员的真名是 Gary。他是电影《阿甘正传》中丹中尉的扮演者。《阿甘正传》，我看了多次，也是给学生推荐的电影之一。

第二位是一位美女，非常有气质，非常漂亮，会后在大厅茶歇时，有些人和她合影，我想肯定也是名人，只可惜我不认识她。后来查找资料，知道她是著名歌手。他们忙着全世界巡回演出，慰问美国士兵。

布什总图书馆的出口处有两台电脑，你可以触摸屏幕，问总统或夫人一个问题，就可以打印出有他们签名的一封回信，留作纪念。

回信内容首尾基本一致，内容大致是称呼和感谢。

谢谢你访问乔治·布什总统图书馆中心。我们希望你在这里的时间是一个愉快的学习体验。（Thank you for visiting the George Bush Presidential Library Center. We hope that you found your time here to be an enjoyable learning experience.）

9. 乔治·布什夫妇回答的问题及答案

（1）What was the best thing about living in the White House?（住在白宫最好的事情是什么？）

布什的回答侧重于：白宫属于美国人民；代表自由民主；举行各种活动及比赛；特别强调全体工作人员的奉献与付出。

具体内容如下：

"生活在白宫最好的事儿是什么？"

首先，我和芭芭拉都认为，住在最好的房子里是一种莫大的荣誉和荣幸。你知道白宫通常被称为"人民的房子"，虽然作为总统的临时住所，我们试图尽可能地保持对公众开放，因为这个宏伟的建筑，是真正属于美国人民的。我们特别喜欢看到年轻人访问白宫，对这个具有历史意义的地方表示敬畏和欣赏。

我和芭芭拉经常思考白宫所代表的一切，不仅在美国，而且在全世界，它象征着自由和民主。外国领导人的访问，例如，波兰莱赫·瓦文萨和南非纳尔逊·曼德拉，他们率领自己的国家为民主而奋斗，这些都非常生动地提醒我们白宫象征的伟大力量。

但是，白宫也是一个家，我们喜欢招待朋友，让我们的孩子和孙子一起在白宫南草坪玩、扔马蹄铁或游泳。在白宫我们每年有两个马蹄铁比赛，管理员、直升机飞行员、空军一号飞行员、管家、厨师、大厨、园艺工和水管工都组织团队。我们甚至为大赛设有一个官方"委员"！

当你询问在白宫的日常生活中什么是最好的，答案很简单：勤劳和奉献在幕后的人，他们总是让我们有宾至如归的感觉。在很大程度上多亏了白宫工作人员的专门付出，我们才可以有一个非常幸福的家。总统来了又走，但这些奉献的员工仍然坚持工作多年，确保白宫是世界上的最好的地方。我们永远不会忘记那些曾在白宫工作的员工，将永远感激他们对布什家族的许多帮助。

再一次感谢你花时间拜访我们的图书馆。

注释：

莱赫·瓦文萨（Lech Walesa，1943—　　），波兰政治活动家。1981

美国社会隐性教育研究

年成为《时代》杂志年度风云人物，1983年获得诺贝尔和平奖。1990年12月至1995年12月任波兰总统，被称为"带着斧子的总统"。

针对这个同样的问题，芭芭拉的回答富含感情，她提到第一狗、圣诞节、家人，感谢工作人员，最后提到和布什总统的生活。

芭芭拉的回答如下：

你问在白宫里生活什么是最好的事情。乔治和我在这个美丽的家度过了美好、令人兴奋的几年，因此很难挑选"最好的事儿"。在那个辉煌的地方每天醒来都是令人兴奋的事儿，每个房间都有漂亮的花儿，灿烂的艺术和无价的具有历史意义的家具。这里涌上心头的是一些特殊的记忆。

我们喜欢看众多的游客欣喜地参观白宫。米莉和我有时会在楼上窗户看游客离开北门廊，如果他们抬头看见我们，我们将挥手致意！说到米莉，在白宫我的办公室里有一个专门为她定做的床，她生了六个小狗宝宝，这是一个非常难忘的事儿。这些小狗绝对是整个白宫最亲爱的、最甜蜜的乐趣。

白宫一直很漂亮，但圣诞节期间最好。白宫工作人员和志愿者把走廊装满艳丽、芳香的树木和美丽的装饰品，各个房间都洋溢着各种各样的快乐。蓝色房间里的主圣诞树触及天花板，令人难以置信的多组饰品每年都表现不同的主题，我最喜欢的是儿童故事书中的人物。而且，白宫厨师每年制作一个复杂的姜饼房子，还有一个微小的姜饼犬舍。白天黑夜都有聚会、特别的烛光旅游、来自全国各地社区组织的娱乐活动，以及一连串惊奇的游客。我真的很喜欢白宫的圣诞节！

在我们家庭内部，与我们的朋友、孩子和他们的孩子共享白宫是一种特殊的待遇。我们为孙子孙女们在一楼摆放了自行车，这样他们来时就可以在南草坪上骑车。

提到白宫生活，我不能不说到对专业人士的感恩和赞美，是他们悉心奉献负责管理草坪、豪宅和珍品，也感谢那些曾经帮助我们在白宫舒适生活的人。

你可以看到，在白宫生活根本不缺"最好的东西"，但也许我觉得最好的还是如此近地在乔治身边。如果他需要休息，有时打电话说，"你想到南草坪转转吗？"另外，有时只有我们两人共进烛光晚餐，这里可是历史悠久的地方呀。

衷心祝福你！

（2）What was special about entertaining in the White House?（白宫乐事有哪些特殊的事儿？）

这个问题只提给芭芭拉，她的回答是他们与一些要人在一起的愉快时刻，包括：蕾昂泰茵·普莱斯、罗莎·帕克斯、叶利钦夫妇，以及家人在一起的快乐。

具体内容：

你想知道白宫里我们有什么特别愉快的事儿。回答这个问题，实在是太简单了：所有一切都很愉快！白宫有丰富的传统，乔治和我参加的任何场合（从国家元首晚宴到自由勋章仪式）都提醒我们住在那里是一种荣幸、特权。在那些日子里，房间特别漂亮，满是漂亮美丽的鲜花和闪闪发光的吊灯，海军乐队的音乐在大厅中回荡，下面是一些特殊的记忆。

一个难忘的晚上，巡回乐队正在国宾宴会厅演奏"时光流逝"，客人听到了最美丽的声音传来。那是乔治桌子旁蕾昂泰茵·普莱斯跟着乐队的节奏唱歌，开始是轻轻地唱，然后是越来越大，大家都安静地听着，陶醉于这美丽和神奇的时刻。

作为白宫的居民，激动人心的事儿是宴请众多非凡的人物，他们是我国和世界历史的一部分。我记起罗莎·帕克斯，这位非凡的女人勇敢地拒绝到公共汽车的后面就座，她点燃了美国的民权运动。我有幸给她展示林肯卧室和办公桌上最初的《解放黑奴宣言》，据说林肯总统在签字时使用过这张桌子。

白宫的另一个特别的时刻是俄罗斯总统鲍里斯·叶利钦和妻子奈娜的国事访问。她非常热情，令人感到非常舒适轻松，因此我的小孙女艾莉直接走向前去拥抱她。鲍里斯的眼睛闪着亮光，很和蔼充满爱意。国宴时他坐在我旁边，他俯下身，通过翻译说，"芭芭拉，我不知道如果一个女人把脚放在我的脚上，我该用什么礼节应对呢?"我说，"哦，亲爱的，我也不知道。"就在这时，他抬起了他的脚，我的脚也起来了！我们都大笑起来，我的确踩在了他的脚上。他告诉我，在俄罗斯这意味着女人爱着男人。我马上纠正他说在美国不是这个意思！

还有些更不正式的时候，不过同样有趣，乔治和我们的儿子马文召集了一群家人和朋友来玩马蹄铁。多年来，乔治一直喜欢马蹄铁比赛，这个特定比赛之后，我们邀请每个人留下来吃午饭。我们做了汉堡、热狗、樱桃馅饼和冰淇淋甜点。这是一个美妙的、放松的下午！（尽管有时马蹄铁比赛相当认真！）

这些时刻，还有许多许多事儿让乔治和我感到真正的幸福，那时我们与游客共享这个特别的地方。

注释：

1）蕾昂泰茵·普莱斯（Leontyne Price，1927— ），美国女高音歌唱家，她以音域宽广、音色温暖、技术精湛著称。

2）罗莎·帕克斯（Rosa Parks，1913—2005），国会后来称她为"现代民权运动之母"。克林顿总统授予她总统自由勋章。

她的生日2月4日以及被捕日12月1日在加州和俄亥俄州被当作罗莎·帕克斯日来纪念。

她是美国历史上第一位遗体安放在国会供民众瞻仰的女性，葬礼时全美所有公共场所都降半旗。

国务卿赖斯在追悼仪式上说："没有帕克斯，今天我就不可能以国务卿的身份站在这里。"

帕克斯也深受白人热爱，因为她塑造了美国的正义和公正精神，为大部分美国人争取到了一个更好的生活环境。

2013年2月，美国国会将罗莎的铜像雕塑放在国会大厦的雕塑大厅中，这是国会首次安放完整的非洲裔妇女塑像。总统奥巴马出席仪式，他说，"帕克斯的一生充满尊严和优雅"。

事件回顾：

1955年，在亚拉巴马州的一辆公共汽车上，帕克斯拒绝给一个白

175

人男子让座，遭到逮捕，该事件导致了黑人的抗议，在马丁·路德·金的带领下，黑人进行了长达一年的抵制运动。当时她坐在第五排，也就是黑人座区的第一排，前四排 10 个座位是给白人预留的。前排坐满时，司机詹姆斯·F. 布莱克要求他们几位黑人让出白人座位后第一排的四个座位，帕克斯拒绝了。有人说她太累了，她在自传中说这不是原因，当时她 42 岁还很年轻，她说"唯一累的是，我厌倦了屈服"。（The only tired I was, was tired of giving in.）

当天的司机和 12 年前的司机是同一人。1943 年的一天，帕克斯乘坐公共汽车，付了车费。然后从前门挪到了她的座位，但司机布莱克告诉她应遵守城市规则，应从后门进入公共汽车。帕克斯走下了公共汽车准备从后门上车，但还没来得及从后门上来，布莱克就把车开走了，扔下她在雨中步行回家。

1956 年，最高法院禁止在公共交通工具上实行种族隔离政策。

2012 年 4 月，奥巴马坐在当年帕克斯乘坐的公交车上，庆祝黑人运动的成就。

3）鲍里斯·叶利钦（Boris Yeltsin，1931—2007），苏联俄罗斯联邦最高苏维埃主席、俄罗斯首任民选总统。1999 年辞职并推举接班人普京。

叶利钦敢于向苏联党内权势人物发难，敢于用最激烈的言语在最高领导层的会议上及其他场合抨击苏联的改革，直至丢官。

1991 年，苏联解体，传统派发动政变，副总统亚纳耶夫突然宣布总统戈尔巴乔夫因病不能任职（戈尔巴乔夫在黑海度假时被软禁），这就是"8·19事件"。而叶利钦冒着生命危险联系群众等平息了"8·19"事件，成为苏联历史的一个转折点，这使以叶利钦为首的"民主派"彻底战胜了以副总统亚纳耶夫为首的"传统派"。

4）As Time Goes By《时光流逝》

1931 年，由赫尔曼创作（Herman Hupfeld），1942 年因电影《卡萨布兰卡》而出名。美国电影学会百年百首名歌排在第二位。

As Time Goes By①   时光流逝

You must remember this   你一定记得

A kiss is still a kiss   那个不变的吻

A sigh is just a sigh   那个不会褪去的叹息

The fundamental things apply   任凭时光流逝

As time goes by   真实永恒不变

And when two lovers woo   依然固守那简单的语言"我爱你"

They still say，I love you   无论世事如何

On this you can rely   此话之诚恒久不变

No matter what the future brings   江河为证

As time goes by   日月为鉴

Moonlight and love songs

Never out of date   爱情离不开月光和情歌

Hearts full of passion   激情、嫉妒和憎恨

Jealousy and hate   交替在心间

Woman needs man   天下有情人

And man must have his mate   终将找到心灵的侣伴

That no one can deny   为爱情和荣誉而战

It's still the same old story   非战即亡

A fight for love and glory   古老故事

A case of do or die   无人否认

The world will always welcome lovers   时间为证

As time goes by   所有的恋人必得到造物主的祝福

The world will always welcome lovers   时间为证

As time goes by   所有的恋人必得到造物主的祝福

① As Time goes By，https：//baike. so. com/doc/6724728 – 10415831. html.

（3）What has life been like since leaving the White House？（离开白宫的生活是什么样子？）

布什的回答主要提及自己所做的慈善活动：星光点点基金；与克林顿为东南亚海啸及美国卡特里娜飓风的灾民募捐；为航母命名仪式；与家人在一起的幸福。

布什回答内容：

你问，"离开白宫后，你的生活是什么样子？"我相信生活不是回顾当总统的时候，而是期待所有要来的冒险。

离开白宫后，我试图成为一个闪光的亮点，也就是做志愿者和支持志愿者组织。就我而言，有以下组织机构：伟大的癌症医院：MD 安德森癌症医院，光芒基金会，美国关怀（AmeriCares），艾森豪威尔交换学者，国家宪法中心，以及其他组织。我也喜欢与得州农工大学乔治·布什管理与公共服务学院的学生在一起。

2005 年，我有一个特殊的机会与克林顿总统前往东南亚调查海啸带来的损害。后来，我和他都努力提高重建灾区的意识。我们还联手筹集了超过 1.3 亿美元，用来重建卡特里娜飓风之后的新奥尔良和墨西哥湾沿岸。

我在许多方面获得荣誉，但作为一个前海军飞行员，在我美好生活中最快乐、最有意义的日子是参加以我的名字命名航母的仪式。那天更特殊的是我女儿被选出参加航母洗礼仪式。

最重要的是，我喜欢夏天在缅因州花时间与家人和朋友在一起。我经常坐在靠近大海的露天平台，没有风。而且我知道，因为我的家庭，我是一个很幸福快乐的人。

我希望参观图书馆也帮助回答你的一些问题。再次感谢你花时间和我们在一起。

The Daily Point of Light Award，每日一点星光基金，是 1989 年乔治·布什发起创办的，奖励那些帮助他人的个人或组织。

1997 年，休斯敦最大国际机场被命名为乔治·布什国际机场（George Bush Intercontinental）；年底，布什图书馆开放，2006 年布什参加第十个也是最后一个尼米兹级航空母舰命名仪式（Nimitz-class aircraft carrier）。

乔治·布什写到光点是美国的灵魂。帮助他人，给他们带去了希望和机会、关怀和友谊。

2013 年 7 月 15 日，奥巴马邀请乔治·布什到白宫庆祝第五千个"每日一点灯光奖"。

（4） You ask，"What is the hardest thing about being in the public eye?"（你的问题是："受公众瞩目，你最难的事儿是什么？"）

这个问题只有布什的回答，主要内容是：隐私的缺少和公众媒体的监督。可以肯定的是，美国一直保持强大和自由的一个原因是新闻媒体的自由度和信息开放的知情权。

回答的内容：

你的问题是："受公众瞩目，你最难的事儿是什么？"

当然，促使现代总统任职的主要发展之一是不断地被公众和媒体监督。可以肯定的是，美国一直保持强大和自由的一个原因，是由于新闻媒体的自由度和信息开放的知情权。然而，现代通信已经结合了公众对总统和第一家庭不断提升的兴趣，这提出了新的挑战，它们已成为办公室的一部分。

总统得以在一段时间远离公众视线的日子已经一去不复返了。个人医疗信息甚至也暴露在公共领域。新闻媒体报道私人生活，这实在令人烦恼。在过去，这种事根本不会发生，然而记者们的伦理已经改变了这些事情。我想大多数观察家都同意，今天的新闻界远比以前的记者团更具有对抗性。简而言之，今天的白宫要损失一定的个人隐私，而隐私是大多数任职的总统和家人们所怀念的。

有时公众监督给我们的家人带来巨大的困难，这仅仅是因为他们是我的家人，对孩子们来说更是艰难。还好，我们很幸运，孩子们很棒，以优雅、幽默的方式处理压力，我相信我也敢说，在我有幸任总统的整整四年里，布什家人仍然一样亲密团结。

但即使撇开媒体的聚光灯，总统办公室也非常严于律己，因为国家的事务必须始终是最重要的。你入主白宫时，你的时间已不再是你自己的了。芭芭拉和我很幸运，有一个充满爱的家庭，也有许多好朋友，但是我们很难有时间和他们在一起，因为公众有更多的要求。

（5）What is the greatest challenge facing America？（美国面临的最大的挑战是什么？）

布什的回答是充满乐观、肩负责任，为自由而战。他说，我的乐观不在于当前的物质财富，而在于美国人面对逆境、职责要求的时候，以良好的愿望采取行动所拥有的坚忍不拔的精神。

信件内容：

有人问我："美国面临的最大挑战是什么？"，一开始我就说，我对我们国家的未来充满乐观。

我的乐观不是完全基于目前的财富或物质财富。相反，是建立在美国人应对逆境和职责需要时采取善意行动所拥有的坚忍不拔的精神。2001年"9·11"事件悲剧发生后，人们再次被呼吁负起责任。所有的美国人都会记得那一天我们在哪里、我们在做什么。就像珍珠港偷袭事件呼唤我这一代人参加反法西斯战争一样，美国必将回应这个最新的召唤，付诸行动，举起服务的火炬，继续耐心地为自由而战，这样打造一个伟大的美国新时代。

如果我们应对这些挑战，毫无疑问我们将成功地引领"一个崭新的美国世纪"。

再一次感谢你参观我们的图书馆。

下面是芭芭拉的回答，她通过一个例子，说明了教育的重要性。

你问我美国面临的最大挑战是什么。从我的角度看，我们最大的挑战是确保所有美国人获得他们需要的教育，让他们为了自己、家人、我们伟大的国家做得最好，这是乔治在他任期内的当务之急。他召集内阁和各州州长召开教育峰会，这是2000年美国发展的第一步，是改善我国教育的蓝图。

我们国家的力量确实取决于一个知情的民众。托马斯·杰斐逊说过，"如果一个国家希望无知而且自由……以前从来没有，将来也绝

美国社会隐性教育研究

对不会有"。我们所有的人要知道他们投的是什么票、为谁投的票，要知道如何参与活动增强他们的社区，应知道在这个变化的世界里需要高效和灵活的工人，也应知道如何帮助孩子做好准备在学校接受教育。

挑战是要确保我们支持各级教育，而且是为了所有的美国人。我们要鼓励父母给孩子读书，从出生时就要开始。学龄前孩子的经历对于他未来的学习非常重要。更好的学校和心系教育的父母将会帮助孩子完成学校教育。对于那些没有得到他们所需要的基础教育的人，成人教育至关重要。

我想到一个勇敢的女士，多拉·艾拉·迪亚斯。她在学校曾努力好好表现，但因跟不上最后退学了。她的儿子加百利开始上学时，她找不到工作无法帮助儿子完成学校的学业。她说，"我心都碎了，加百利也很沮丧。我身处一个无助和绝望的世界里。我知道我应该找到一个途径来帮助自己和加百利"。多拉参加了一个家庭识字计划，最终为她赢得了相当于高中学历的毕业文凭。儿子后来被学校选为当月的优秀学生。她成为儿子学校某识字项目的一名志愿者，她也有了一个好工作。多拉真的是一个鼓舞人心的例子，教育能改变家庭的生活，也能造福社区。

真的，学习永远没有止境，越来越重要的是，我们要让所有的美国人成为终身学习者。每一个人（父母和孩子、学生和老师、专业人士和志愿者）都要为了美国更好的教育以某种方式贡献自己的力量。

你忠诚的朋友

（6）What has most sustained you in times of trial？（艰难时刻是什么让你坚持下去？）

布什的回答是对神的信念和对家人的爱。（Faith in God and the love of my family.）还有一点是朋友的支持。

布什的回答内容：

你问："在艰难时期是什么给你最大的支持？"我可以很容易地回答这个问题。对上帝的信仰和对我家人的爱。这两样给了我力量、勇气和幸福美好时光，不管是顺境还是逆境。

我和芭芭拉谈论信仰时，我们从来就没有舒服过，但我可以告诉你，如果你不相信有一个比你更伟大的主存在者，你就不知道怎么当总统。我不知道你如何可以得到你需要的力量。我同意亚伯拉罕·林肯说过的话，如果不花些时间双膝跪地，你就不能当总统。

我们的家庭非常团结，不管我们有多忙，芭芭拉和我总是给家人留出时间。看着孩子们成长，建立了自己的家庭，这已经成为我生活中最大的乐趣之一。我们一直努力支持他们、爱他们，反过来，他们也支持和鼓励我们。

除了信仰和家庭这两方面，我想再增加一点就是朋友。在我们的生活中，芭芭拉和我一直蒙恩有许多好朋友帮助我们突破千难万苦。

同样的问题，"艰难时刻是什么让你坚持下去？"芭芭拉的回答是家庭、朋友和信念（Family，friends and faith），她特别回忆了自己夭折的女儿罗宾（Robin）。

内容如下：

你问艰难的时候是什么给我最大的支持。我认为我和乔治的答案相同，那就是家庭、朋友和信仰。当然对我们两个最大的考验是让我们失去了宝贵的女儿罗宾，三岁时她因白血病去世。

罗宾，是我们的第二个孩子、第一个女儿，是个美丽、阳光的孩子，在与残酷疾病做斗争的过程中，她始终保持着乐观的态度。她从来没有问为什么会这样。每一天她都甜美阳光、充满爱意、没有疑问、无私坦荡。她平静地走了，一分钟前她还在那里，一分钟后她就走了。我真的感觉到她的灵魂离开了她美丽的小身体。我从来没有比那一刻更强烈地感觉到主的存在。

如果没有乔治不断地安慰，我是不可能度过那个阶段的，如果没有家人的大力支持和好朋友的爱，我们俩也不可能走过来。我们非常感激他人的善良——人们从多方面伸出援助之手。那时没有临终关怀计划，我们当然需要。谢天谢地，乔治总是陪伴着我，他让我跟他说话，他与我分担痛苦。他帮我明白损失不仅仅是我个人的，这让我更容易接受事实。

因为罗宾，我和乔治更加爱护和珍视每一个人。她在我们心中、记忆中和行动中永远活着。我不再为她而哭，她是我们生活中一个快乐、明亮的部分。这首诗比我更好地表达我们对罗宾的感情，我将它分享出来，你们可能会从中找到慰藉：

我高兴并不是因为我爱的人已离去，

是因为她笑过生活过的世界，也是我的世界。

是因为我了解她、爱她，

是因为我付出了爱。

她离开时我流泪吗？

不，我要微笑

因为我曾经和她共同走过。

你忠诚的朋友，芭芭拉

（7）What is the most difficult thing you ever had to do?（你非做不可的最难的事情是什么？）

布什的回答如下：

美国总统面临着一些可以想象出来的最困难的挑战，但我认为任何总统不得不做出的最致命的决定是派遣美国军队投入战争，他们是我们的儿子和女儿。好几次我不得不做出这个决定，在巴拿马的行动，特别是在沙漠盾牌和沙漠风暴的行动。

动用美国部队解放科威特的决定是尤其困难的。这是我们攻击的第一天我在日记中写的："我的思绪在千里之外。我简直无法入睡。我也想到了其他总统的经历。战争的痛苦。我想到了我们能干的飞行员、他们的训练、他们同心协力的精神。同时想到要求他们做的事情。我们面临着艰辛奋战在伊拉克的作战部队和人员大量伤亡的可能性，美国士兵和那些联盟伙伴。在国内，有很多教会领袖、媒体和国会议员反对使用武力。"

不过，我相信我们部队拥有取得胜利的技巧、训练和勇气。庆幸的是，这种信心完全是正确合理的，更庆幸的是，地面部队的伤亡比我们预期的更少。我誓言伊拉克的侵略将是站不住脚的，以前也不会。

我将永远记住并尊敬那些在海湾战争中献出自己生命的士兵们。他们为捍卫自由和抵抗暴政而付出了最高的代价，我将永远感激他们的勇气和对国家的爱。

注释：

海湾战争

背景

1980—1988 年的两伊战争（Iran-Iraq War）期间，伊拉克欠下了一些阿拉伯国家的债，其中欠科威特的债务为 140 亿美元。伊拉克希望通过卖油还债，而科威特提高了产量。

科威特非常富有，享有"海湾明珠"的称号。在国外的资产超过 1000 亿美元，另外在西方工业中持有多达数百亿美元的股份。

1990 年 8 月，伊军占领了科威特全境。伊军达到 20 万人，坦克 2000 余辆。伊拉克总统萨达姆宣布吞并科威特，将其划为伊拉克的"第 19 个省"，并称它"永远是伊拉克不可分割的一部分"。科威特被占领，将给西方经济造成巨大的损失。

1990 年 8 月 2 日，联合国安理会就以 14 票赞成，0 票反对，1 票弃权，通过了谴责伊拉克违反《联合国宪章》，要求其撤军的第 660 号决议。

1990 年 8 月 4 日，美国决定向海湾派遣部队。8 月 7 日，老布什总统正式签署了"沙漠盾牌"行动计划。

1991 年 1 月 9 日，美国国务卿贝克和伊拉克外长在日内瓦举行战前最后一次会晤，但是，双方都认为没有妥协的余地，会谈没有取得成果。

沙漠风暴行动

1991 年 1 月 12 日，美国国会授权军队，将伊拉克逐出科威特。1 月 16 日，34 个国家的联军执行"沙漠风暴行动"。近 70 万人的军队中，美军占 74%。

每天空袭上千次。首要目标是摧毁伊拉克的空军和防空设施。多国部队共出动飞机近 10 万架次，投弹 9 万吨，发射 288 枚战斧巡航导弹和 35 枚空射巡航导弹。

9 艘航母参战，美国 6 艘，法国 2 艘，英国 1 艘。

2 月 24 日，"沙漠军刀"的地面战争开始了，目的是摧毁伊拉克的共和国卫队。

多国部队集中了 3700 辆坦克（伊拉克拥有 4000 辆坦克），24 日到 28 日，在持续 100 多小时的地面战斗中，1500 辆伊军坦克被击毁。多国部队的新型主战坦克大显身手。

1991 年 3 月 10 日，美军从波斯湾撤离 54 万军队。

费用支出

按照美国国会的计算，海湾战争中美国的开支为 611 亿美元。另有估计为 710 亿美元。其他国家共支付了约 530 亿美元，其中科威特、沙特阿拉伯和其他海湾国家支付 360 亿美元，德国和日本支付 160 亿美元。约 25% 的沙特阿拉伯的支付是以对部队提供服务、补给和运输的方式支付的。

战争影响

战争给伊拉克造成的直接经济损失约 2000 亿美元。战前伊拉克人均国民生产总值接近 4000 美元。而战争让伊拉克的人均收入下降到不足 400 美元。伊军的整体作战能力损失 2/3 以上。伊拉克海军在这次战争中完全被摧毁。

海湾战争也加速了苏联的解体。

联合部队在 2003 年 3 月对伊拉克发动了"第二次海湾战争"。美军使用的武器价格高昂。

芭芭拉的回答内容回忆了 1991 年海湾战争时看望军人家属的感受以及丧子母亲感人的来信：

你想知道我经历过的最困难的事情。当然生活中充满了挑战，乔治和我分享了很多。我来告诉你一件事儿。

1991 年波斯湾战争期间，我拜访了许多军人的家人，也和许多人保持通信联系。或许我对他们的同情会特别强烈，因为我记得"二战"期间我自己的焦虑，那时乔治以海军轰炸机飞行员的身份服役。我希望有机会尽我所能让他们振作起来。

乔治强烈地感觉到，作为一个原则问题我们必须勇敢地面对萨达姆的侵略，给我们写信的许多家庭也这么认为。我访问军事基地时，我被那些亲人已经走了几个月的家人的勇气所感动。总是有眼泪、拥抱以及不断传来感人的消息，支持着我们的国家和乔治。结果是，那些家庭让我振作起来，一如我安慰他们。

战前、战中和战后，我们收到了很多美妙的信件。其中一封是来自一个 19 岁儿子的母亲，他在海湾服役。她写道："亲爱的布什夫人……我只是想让你告诉布什总统，即使我唯一的儿子因为战争离开了我们，布什总统仍然会得到我的支持以及我们全家的支持。我知道他深深地爱着上帝、国家和家人，我们都一样。有时人们忘记了在担任总统之前他是一个男人、一个父亲。……我们祷告，在这些困难时期上帝会给他指导和智慧……我很自豪布什总统代表我们国家在世界上的领导地位。愿上帝保佑我的儿子，我们的军人和妇女；愿上帝保佑我们的国家；愿上帝保佑我们的总统和他的家人。"

这种勇气和爱国主义让这些困难时期更容易度过。

（8）What was your Administration's domestic policy?（你的国内政策是什么？）

布什的回答是：并不仅仅是政府能做什么，而是让美国人更大自由地做他们最好的事情：创造工作机会、建立业务关系、运行自己的社区，而这一切都是在联邦政府干预最低的情况下开展的。

原文如下：谢谢你访问乔治·布什总统图书馆中心，并询问我执政期间国内政策的成就。

我很自豪我们对改善美国人民的生活做出了许多贡献。尽管是艰难的经济衰退期，我们仍保持了低通胀，鼓励了就业增长，尤其是小型企业和动态新产业。1990 年的预算计划是控制联邦赤字的一个主要步骤。通过增加税收和削减开支，在五年多的时间里削减了所累积的赤字5000 亿美元。我们还严格地限制了可自由支配开支，据估计，这些措施每年节省了纳税人 150 亿—200 亿美元，美国人的每个家庭节省

225—300 美元。

我们还协商制定了《北美自由贸易协定》（*The North American Free Trade Agreement*），建立了世界上最大的贸易市场，确保美国产品、服务和农业进入外国市场。此外，《美洲事业倡议》在我们的西半球为自由贸易奠定了基础。

本届政府的环保记录非常突出，强调引入市场激励来帮助清洁空气和水。1990 年里程碑式的《清洁空气法案》（*The Landmark Clean Air Act*）减少了导致酸雨和城市烟雾的污染排放。

我在教育峰会上把州长们聚在一起，共同发起了一个雄心勃勃的创新策略来改善教育。第一次引入国家教育目标，开始重振我们国家学校的过程。

我特别骄傲地签署《美国残疾人法案》（*The Americans with Disabilities Act*），这是世界上第一个全面的残疾人平等宣言。此外，1991 年的《民权法案》（*The Civil Rights Act*）重申了国家的承诺，消除了基于种族、肤色、性别、宗教、国籍和残疾的就业歧视。

我执政期间的国内政策不仅是政府能做什么，而且是给美国人民更大的自由让他们最好地做事——创造工作机会、建立业务关系、运行自己的社区，而联邦政府的干扰是最低的。

我希望参观图书馆也帮助解答了你的一些问题。感谢你花时间和我们在一起。

（9）What do you consider to be your greatest foreign policy achievement?（你最成功的外交政策是哪个？）

布什回答内容如下：

你问，"你认为你最大的外交政策成就是什么？"

我非常幸运在"冷战"快要结束的几年里担任总统。我很高兴看到自由和民主自觉随着一个又一个国家的独立而盛行。我记得在华沙、格但斯克、布拉格以及布达佩斯等地看到人们高兴灿烂的面庞，感觉到自由近了。这是他们的胜利。

我们参与的变化是美国和其他国家的许多人经过多年努力积累而成

的。我认为我们的成就和贡献是在事件发展的关键时刻如何引导和塑造他们。我们对东欧的改革者设置了正确温和的鼓励语调，始终给共产党政府施压以促使更大的自由。

我们与赫尔穆特·科尔（Helmut Kohl）密切合作，同时，我们设法团结所有支持统一的盟友，说服苏联接受统一的德国加入一个新的北约，这或许是欧洲转型的最重要的时刻。这结束了欧洲的分裂，实现真正的和平，没有恐惧的和平就在眼前。

保卫科威特时，我认为应对国际危机时我们确立了积极的先例。我希望我们证明了在国际关系中美国决不容忍侵略。

我对我们所取得的成就很是自豪，对于我周边最棒的管理团队的智慧、经验和洞察力表示深深的感激。

再次感谢你的兴趣和花时间参观图书馆。

愿一切都好！

注释：

赫尔穆特·科尔（Helmut Kohl，1930—2017），1982 年至 1998 年任德国总理，长达 16 年，执政时间最长，被称为"统一总理"。老布什盛赞科尔为"20 世纪后半叶最伟大的欧洲领导人"。

科尔力主东西德国统一，柏林墙在 1989 年 11 月 9 日倒塌。第二年，科尔劝说苏联改变对德国统一问题上的立场，最终说服戈尔巴乔夫。东西两德和苏美英法四国代表共同签署了"4＋2 条约"，苏联从德国领土上撤军，东德、西德于 1990 年 10 月实现统一。

（10）What aspects of your childhood most influenced your life?（你童年里的哪些方面最影响你的生活？）

布什的回答是：我父亲坚信纪律、职责和服务等品德。母亲培养孩子公平慷慨的意识，她的忠告是：诚实，说实话，善良，关心他人并帮助他人。不要看不起任何人。你有责任帮助他人。努力竞争，争取获胜。

回答具体内容如下：

谢谢你花时间参观乔治·布什总统图书馆中心。我们希望你的旅程既有趣又能帮助你。

你问"你童年里的什么方面最影响你的生活？"

我有幸在一个团结、幸福的家庭里长大，两位家长通过言语和事例表明尊重的意义、学习的价值观和努力工作的回报。我的父亲普雷斯科特·布什，给五个孩子灌输了他强大的信念，就是纪律、责任和服务。与此同时，我们的母亲在我们身上培养了她的公平正义感和对他人慷慨的尊重。

父母都要求我们做得最好。父亲身正示范。我们看到了他在业务上和社区里的领导力，我们要不断学习。但是，母亲给出忠告建议，极好地补充了我们在学校所学的价值观。早期她就给我们深刻的忠告："要诚实。讲真话。要善良。关心他人，帮助他人。不要看不起任何人。你有义务去帮助别人。努力竞争，公平取得胜利。做一个好的赢家，失败了也是一个好人。信任别人。不要吹牛。"母亲不善言辞。有时她会很生气，但是她更喜欢微妙的做法，而不是夸大的言辞。

在缅因州家里度过的假期是我们夏日里最精彩的部分，让我们欣赏美丽的大海，感受与人共享的快乐，体验几代人之间深刻的纽带亲情。对大多数美国人来说，我认为，这些深刻的家庭纽带给历史带来更深远的意义，有助于我们理解对后代的责任。在沃克角的这个度假宝地，是我外祖父和曾外祖父购买的，时至今日对于布什家族仍然是一个非常特别的地方。

再次感谢你访问得克萨斯州。

同样这个问题，"你童年的哪些方面最影响你的生活？"芭芭拉的回答是：生长在一个满是书本却没有电视的家里。

具体内容如下：

谢谢你访问乔治·布什总统图书馆。我希望你享受你在这里的每一分钟。

你问我童年里的哪些方面最影响我的生活。说实话，这是一个很难回答的问题。很多事情给我留下了深刻的印象，丰富了我的生活，比如母亲因我做园艺给我的礼物，我父亲的幽默和公平。但我认为影响我的童年最重要的是生长在一个满是书本的屋子里，而且没有电视！

在我看来，几乎在每一个房间里都有书架，从小说、百科全书到我心爱的"我们的书屋"系列，家人在那里度过美好的时光。我真的不记得有多少次我自己没有读书而是爱我的人给我读书。我一生的阅读习惯就是这样开始的，在很多方面，它打开了我的生活。在我第一次真正旅行前很久，我就通过书本先旅行了。了解了很多与我不同的人，收集了周围世界许许多多的事实。除了乔治·布什，书是我最好的伙伴，也是我最持久的老师。

我爱读书的习惯大大帮助了我对识字工作的热情。乔治于 20 世纪 70 年代末决定竞选公职时，我觉得我也要选择一个事业来做。我想到了所有让我担心的事情：环境、无家可归的人、少女怀孕、饥饿、犯罪，还有很多很多。我意识到，如果更多的人能读、会写和理解，我担心的事情就会好转。因为阅读是一件珍贵的礼物，我想要尽我所能帮助所有的美国人识字，尤其是父母和他们的孩子。我的家人教会了我阅读的乐趣，我希望没有什么比看到全国家庭共享读书更好的事情了。

你真诚的朋友

（11）Is there is a quotation that best expresses your outlook on life？（哪句名言最好地表达你对人生的看法？）

布什的回答：Look up, and not down; look out, and not in; look forward, not back; and lend a hand. I have often noted that any definition of a successful life must include serving others。（向上看，不是向下；向外看，不是向内；向前看，不是向后；而且伸出援助之手。我经常指出，任何一个成功生活的定义必须包括服务他人。）

内容如下：你问，"是否有一句名言可以最好地表达了你的人生观？"

从小我就喜欢阅读，我喜欢《圣经》中的很多段落，以及林肯和丘吉尔等作家的名言警句，这些都启发了我很多的灵感。但我认为我最喜欢的名言是我为自传卷首选择的"期待"。该句来自爱德华·埃弗雷

美国社会隐性教育研究

特·黑尔，他是美国参议院的牧师和《无国之人》一书的作者：

向上看，不是向下；

向外看，不是向内；

向前看，不是向后；

而且伸出援助之手。

这句名言浓缩了我一直努力生活的精髓——乐观、寻找他人中的精华、尽我所能去帮助别人。我任总统的时候某些相同的精神引领我开始"光点倡议"，来鼓励美国人参与一对一的自愿活动改善我们的社区——使社区服务成为他们生活和工作的中心。我经常指出，任何一个成功生活的定义必须包括服务他人。

再次感谢你花时间参观我们的图书馆。

注释：

爱德华·黑尔（Edward Everett Hale，1822—1909），美国作家，历史学家，牧师。

他生于马萨诸塞州波士顿市，父亲是记者、编辑和出版商。父亲是内森·黑尔的侄子。内森·黑尔（Nathan Hale）是独立战争期间著名的爱国者、民族英雄，第一位间谍，被英国处以绞刑。内森黑尔的名言是："我唯一遗憾的是，我只有一次生命献给我的祖国。"（I only regret that I have but one life to lose for my country.）

爱德华就读于哈佛大学，1839 年 17 岁毕业时，班级第二名。然后进入哈佛神学院。

1863 年，他最出名的著作《无国之人》（*The Man Without a Country*）出版，目的是加强对北方联邦的支持。

他的名言："我只有一个，但我是我。我不能做所有的事，但我能做些事儿。因为我不能做所有事情，因此我不会拒绝做我能做的事情。我能做的，我就应该做。我应该做的事情，应神的恩典，我必做。"（I am only one, but I am one. I cannot do everything, but I can do something. And because I cannot do everything, I will not refuse to do the something that I can do. What I can do, I should do. And what I should do, by the grace of

God, I will do.)①

爱德华谈及哈佛大学的学习时，认为四年时间里对他影响最大的一句话，永远铭刻在他的心里，就是"真理的殿堂里没有虚假"，这句话使他走向了成功，赢得了荣誉和尊敬。

他师从著名经济学家本杰明·皮尔斯。皮尔斯发现学生作弊时，停止上课，立马进行修养教学，告知学生一定要诚实，真理的殿堂里没有虚假。到哈佛大学的目的是追求真理，虽然通往真理的道路困难重重，但是只要诚实、认真、严肃地对待问题，就有机会发现真理。如果在那里弄虚作假，他就永远也没有机会看到真理的光芒。

哈佛大学的校训是"真理"。正门上刻了一句话："真理之门只会向那些正直的民族开放。"

同样的问题，芭芭拉的回答与布什的回答非常相似，Any definition of a successful life must include service to others（关于成功生活的任何一个定义必须包括服务他人）。举了四个例子：Harold McGraw，Eugene Lang，Joan McCarley，Debbie Tate。

芭芭拉回答的内容：

你问我是否有一句话最能表达我的人生观。这就是乔治宣布"千点光芒"计划时所说："成功生活的任何一个定义都必须包括服务他人。"多年来我见过许多奉献给予的人，他们符合这个定义。举例如下：

小哈罗德·麦格劳，是麦格劳·希尔集团退休的首席执行官，一个了不起的人，为了一个更有文化的美国，他用钱付诸行动。哈罗德和他的妻子为了有效地扫盲，开始了商业理事会，花费自己的100万美元扩展项目，而多年以后，哈罗德已经站在了扫盲的舞台。他说服了许多企业为其员工开设现场教育课，或支持社区扫盲计划，明确指出，从长远来看这将节省他们的钱。哈罗德日理万机，没有个人议程表，他让人们意识到这个重大的国家问题，他发挥了不可估量的作用。

① Jeanie Ashley Bates, *A Year of Beautiful Thoughts*, 1902, p. 172, https：//en. wikiquote. org/wiki/Edward Everett Hale.

我有幸认识了另外一个人，他也符合乔治成功人生的定义，尤金·郎。作为一个成功的商人，他被邀请在纽约市某学校六年级毕业典礼上演说，很多年前他参加过这个学校的活动，现在这个学校和以前完全不同。他站在演讲台上时，意识到他准备好的演讲对这些年轻人来讲几乎没有什么意义。相反，他承诺说为每一个留在学校学习能够毕业的孩子，他将确保他们能上大学。他遵守了诺言，只是远远超出捐钱。通过支持和指导他们，他融入了每个孩子的生活。这一努力，已发展成为一个国家的项目，称为"我有一个梦"。

每当我想起布什的这句话，华盛顿哥伦比亚特区有两个了不起的女人也浮现在脑海中，她们是琼·麦卡丽和戴比·塔特。两人对医院里或无家可归的弃婴深感忧虑，因为这些弃婴是艾滋病感染者。她们创建"奶奶之家"，这是一个充满温馨和爱意的家，这些婴儿可以得到忠心职员和志愿者的关怀。这两位女人具有正能量、远见和关爱之心，是成功人生真正鼓舞人心的例子。

你忠心的朋友芭芭拉

1）小哈罗德·麦格劳（Harold McGraw, Jr., 1918—2010）在"二战"期间任美国海军队长，1947年进入希尔集团，1975—1983年任CEO，1988年退休。

儿子哈罗德三世（1948—　）：1993年至2013年任麦格劳·希尔集团的总裁，1998年开始任该集团的CEO，1999年任该集团的主席。国际商会主席，CEO协会的主席。

麦格劳·希尔集团，最早追溯到1909年，麦格劳和希尔两大出版商联合起来。总部在纽约洛克菲勒中心，提供关键资讯和深刻洞见来实现个人、市场和社会的最大潜能。在哈罗德的领导下，公司开始重点关注版权、数据库保护和电子商务等关键领域。旗下公司有：标准普尔、《商业周刊》和麦格劳·希尔教育出版公司。1999年营收达到40亿美元，2010年营业额61.68亿美元。

2）尤金·郎（Eugene Lang, 1919—2017），创办科技发展公司，拥有多项专利权，如LCD、ATM、信用卡确认系统、条码扫码器、

VCR、便携式摄像机、电子键盘、电子数据表等。

1996 年，克林顿总统授予他总统自由勋章。慈善活动主要在教育上，捐款已超过 1.5 亿美元，到 2012 年拥有 38 个荣誉学位。2017 年 4 月 8 日在纽约家中逝世，享年 98 岁。

（12）What advice would you give to parents today?（你给家长的建议是什么？）

芭芭拉的回答是：尽量地发现优点而不是缺点。不要买你买不起的东西，不要辜负邻居。珍视你的朋友，记住忠诚是一条双向道路，是相互的。爱你的孩子。你给孩子最重要的三样东西是：最好的教育，良好的榜样，世界上所有的爱。尽可能地享受生活。最后也是最重要的，寻求上帝。如果你找，上帝就来。

具体内容：

今天，你问我给家长们有什么建议。我会给他们我曾经写给自己孩子的相同建议，我的孩子都已经是父母了。一天晚上，我实在无法入睡，在思考人生中我学到了什么（有时是通过艰难困苦的方式），有什么忠告给我宝贵的孩子们。那天晚上，我写了一封信，不过我没有发送，下面是一些建议。

尽量发现他人的优点，而不是缺点。有人曾问红十字会创始人克拉拉·巴顿是否记得几年前朋友做的对不起她的事儿，克拉拉非常坚定地说，"没有，我清楚地记得我忘记了"。或者如乔治所说，"多一个朋友比多一个敌人不更好吗？"这个建议帮助我从每个人那里看到精华，而抛开其他的。

不买你承受不起的东西，不要辜负你的邻居，并确保回报别人。最重要的是你如何对待别人，而不是你拥有什么。

重视你的朋友，记住忠诚是相互的。乔治是这方面最好的例子。

爱你的孩子。乔治和我爱孩子胜过自己的生命。记住罗伯特·弗尔杰姆写过，"不要担心你孩子不听你的，你要担心他们一直盯着你"。在我结婚前，我父亲给了我许多同样的建议，教我如何做好家长。他说，你可以给你的孩子们三样最重要的东西是：最好的教育，好的榜样，世界上所有的爱。

尽可能地享受生活。你只有两个选择：要么喜欢你做的，要么不喜欢它。我选择了喜欢，因此获得很多乐趣。

不管我们有什么困难问题，我们总是可以找到比我们自己的问题更严重的人，帮助他们，忘记自我！

最重要的是寻求上帝。绝对没有负面作用。如果你寻求上帝，上帝就会到你这里来。

注释：

罗伯特·弗尔杰姆（Robert Fulghum，1937— ），作家，演说家，报纸的专栏作家。

在得州韦科市长大。育有四个孩子，九个（外）孙子女。

23 岁至 27 岁时，在华盛顿州做过牧师，做牧师期间教过绘画、哲学。他是油画家、雕塑家，会唱歌、弹吉他、拉曼陀林琴（mandocello），此前挖过沟，搬运过报纸，在农场当过助手，在 IBM 做过销售员，当过唱歌的牛仔。

1988 年，他的首本著作是《生命中不可错过的智慧》（*All I Really Need to Know I Learned in Kindergarten*），字面意思是"我真的需要了解的是从幼儿园里学得的"，以孩子的眼光看世界。在几乎两年时间里一直是《纽约时报》的畅销书。

目前，该著作在 103 个国家以 27 种语言发行出版。散文式的风格，朴实直接，在世俗的事务中比如逛动物园、耙树叶、大扫除等事情中发现人生格言。（His prose style is very simple and direct, and finds life-affirming maxims in such mundane matters as zoos, leaf-raking, and dusting.）

（13） What advice about the future would you give your grandchildren?
［你给（外）孙子（女）关于未来的忠告是什么？］

布什强调了所有场合中的积极参与；传统的价值观：职责、牺牲、责任、助人；充满信心展望未来；拥有一个幸福、幽默和大爱的人生。内容如下：

你问，"关于未来你给子孙什么建议？"

195

我和芭芭拉鼓励我们所有的 17 个孙辈（以及所有的年轻人）要充分利用在家里、学校、敬拜的地方，还有在社区里所有积极的机会。有益的生活之路始于获得全面的教育。把学业做好，这样你就拥有知识，让你能在生活中做出重要的决定。

我认为，在今后的生活中，你不知道你将会是什么样子，这并没有什么错误。人生有太多太多的挑战和机遇。

传统的价值观仍然非常重要（责任、牺牲、承担个人责任、愿意帮助他人），成功人生的任何一个定义必须包括服务他人。我们每个人都能永远地改变别人的生活，也正是在回馈社会中年轻人可以拥有一个珍贵的人生，这远比他们能够创造的物质财富要伟大得多。

我也会告诉子孙要满怀信心地展望未来。当然会有挑战，但他们必须相信自己，相信自己有能力应对这些挑战。面对充满希望、承诺和道义勇气的机会，所有的年轻人都能享受一个丰富完整的人生。

但重要的是，我希望你们和他们都拥有一个幸福、快乐和大爱的人生。

再次感谢你在图书馆度过美好时光。祝福你今后美好的日子。

芭芭拉的回答包括三个方面：第一，相信有某种东西要比你自己更大。第二，生活中必须有欢乐。第三，珍惜你的人际关系。具体内容如下：

你问我，关于未来有什么建议给我的子孙们。

我会告诉他们的就是 1990 年我告诉韦尔斯利学院毕业生的事情，我希望他们在自己的生活中考虑三个非常特殊的选择。

首先要相信某种东西会比自己更大……全身心投入一些更大的理想。

其次是关于生活，一定要快乐。应该是欢乐！我嫁给乔治的原因之一是因为他让我充满了欢笑。这是真的，有时我们含着眼泪而笑。不过这共有的笑声是我们最强的纽带。

第三个选择一定不能错过，就是珍惜你的人际关系——你与朋友和家人的关系。除了你工作或职业的责任，你的人脉关系永远是最重要的投资。在你的人生尽头，你将不会后悔你没有通过更多的一个测试，没有赢得更多的一个判决，或者没有完成更多的一次交易。你将会后悔那些逝去的时光，你没有和丈夫、朋友、孩子或父母共度。

我一直肯定地庆幸，在自己的生活中拥有这些智慧和亲爱的人们，是他们和我分享这些经验。我想对我的子孙说，没有什么让他们有意识地为自己的生活做出这样的选择而更好的事情了。

（14）Who were your role models when you were growing up?（成长过程中谁是你的榜样?）

芭芭拉的回答：父亲和母亲。信件内容如下：

你问我成长的过程中谁是我的榜样。我最好的回答是母亲和父亲。在我童年的诸多恩赐中，最强的是父母教诲给我的价值观，也就是对家庭、朋友和信仰的爱。

母亲很喜欢美，在身边也创造美，特别是种植培育出来的美丽。她是一个热心的、有天赋的园丁，能够把最纤细的植物培育得很苗壮。她让家里处处充满鲜花和其他可爱的东西，让家成为宽敞舒适的地方。我一直努力把这些范例传承给我们家庭中的每一个人。母亲也非常爱动物，特别是狗狗，在我的生命中没有狗是不行的，同样在我心里也是如此。

我遇到乔治·布什前，我父亲是最公正的人。父亲一生都努力工作，而且他非常非常有趣。他教我如何认真地对待生活，但绝不把自己太当回事儿。我看到父亲如何对待别人，如何认真聆听他人，如何仁慈善良待人。认识他的每个人都喜欢他、尊重他，我更是崇拜他。他告诉我，"有三样东西你必须给予孩子，就是好的榜样，好的教育，世界上所有的爱"。他做到了所有这三项，我已尽最大的努力将它们传承下去。

我父亲母亲每人都展现出特殊的品质和爱心，这在我的人生中永驻。

你忠诚的芭芭拉

（15）Who is the most unforgettable person you have ever met?（你见过的最难以忘怀的人是谁?）

布什的回答是：勇敢的宇航员，杰出的运动员，特有才华的演员艺术家以及我所见过的作为美好榜样的全身奉献的教师、科学家和宗教领袖；千点光项目所认可的所谓的"小人物"；莱赫·瓦文萨，戈尔巴乔夫总统和叶利钦总统，玛格丽特·撒切尔、赫尔穆特·科尔，弗朗索瓦·密特朗，加拿大前总理布莱恩·马尔罗尼，阿根廷前总统卡洛斯·梅内姆。具体内容如下：

经常有人问我，"你所见过的最难忘的人是谁？"不用说，这不是个简单的问题。

作为总统，我有机会见到来自美国和世界各地的人们，他们的成就都是非凡的故事，涉及人类智慧、技能或勇气。我想到了勇敢的宇航员，杰出的运动员，特有才华的演员艺术家以及我所见过的作为美好榜样全身奉献的教师、科学家和宗教领袖。

我和芭芭拉也很高兴地遇到了成百上千的没有头衔的美国人——千点光项目所认可的所谓的"小人物"。这些人一直奉献自己帮助别人，在他们的社区取得了意义重大、显著有形、永远的改变。他们与朋友和邻居合作，给那些跟严重社会问题抗争的人带来希望和帮助，这些社会问题范围广大，从青少年怀孕或滥用毒品到文盲问题。

随着某些共产主义国家的解体，前往这些发生巨大变化国家旅游的机会随之而来。我遇到很多人从未放弃对自由的梦想，这是很感人的。我最难忘的一次旅行是到波兰的格但斯克，我站在莱赫·瓦文萨身边，他是勇敢的"波兰团结工会"领导人，给波兰带来了民主。当戈尔巴乔夫总统和叶利钦总统试图改革苏联的时候，我们也与他们进行密切的合作。老朋友就像玛格丽特·撒切尔、赫尔穆特·科尔和弗朗索瓦·密特朗也是我能想到的自由世界的杰出领袖；还有两个最亲密的朋友：加拿大前总理布莱恩·马尔罗尼，阿根廷前总统卡洛斯·梅内姆，从他们身上我学到了很多。

为了世界和平，同时加强美国与我们的国际邻居间的友谊和纽带，与以上这些领导人还有其他一些杰出的领导人共同工作，这是一种荣幸。

注释：

1）莱赫·瓦文萨（Lech Walesa，1943—　），波兰政治活动家、团结工会领导人

父亲是木匠。瓦文萨只受过小学和职业学校教育。领导罢工，组建工会，成为领袖。之后被指控"反社会主义罪"，入狱一年。1981年成为《时代》杂志年度风云人物，1983年获得诺贝尔和平奖，1989年被授予"费城自由勋章"。1990年至1995年12月任波兰总统，被称为"带着斧子的总统"。

1995年竞选总统失败，2000年再次竞选，只获得1.01%的选票。当时波兰有两首讽刺瓦文萨的歌曲，一首是《永远不要相信电工》，另一首是《瓦文萨，我的一亿元钱到哪儿去了》。

2）戈尔巴乔夫（Gorbachev，1931—　）

苏联最后一任总书记、总统（1985—1991）

为结束"冷战"做出贡献；1990年，获得诺贝尔和平奖。2008年，接受乔治·布什授予他的总统自由勋章。2012年，被总统梅德韦杰夫授予圣安德烈勋章。2013年5月，几千人签名请愿，要求剥夺他的圣安德烈勋章。他们认为，把俄罗斯的最高勋章奖给一个亲手毁掉苏联的罪人，这是对那些建立苏维埃共和国并用鲜血和生命捍卫国家的人的有意侮辱。

3）叶利钦（Yeltsin，1931—2007）

苏联解体后首任俄罗斯总统。1999年辞职并推举普京作为接班人，这是他一生中最大的政治选择之一。因心脏病逝世。

喝酒很多，能喝两斤白酒，照常安排工作。喝酒，在冷水里游泳，然后再喝。动画片《辛普森一家》里，醉酒测试仪的最高度数是"叶利钦"。

1995年，叶利钦访问美国，被安排到布莱尔宫居住，这是专门为到访领导人准备的。当晚酒会，叶利钦喝得酩酊大醉，一个人坐在白宫的对面。负责保护他的特工四处寻找，找到他时他只穿着内衣裤与一位出租车司机闲聊，他说想买比萨吃。

4）弗朗索瓦·密特朗（Francois Mitterrand，1916—1996）

法国总统（1981—1995）。1981年，以患癌症之身击败在职总统，成为法国第一个社会党人总统。

法国总统任期是七年，他进行改革，有功有过，可圈可点。

拉拢德国，平稳处理了苏联解体所带来的欧洲震荡，加速欧共体的统一。在任期间参与对台军售，致使中法关系降至冰点。

兴趣是文学。他每天在繁忙的政务活动之后总要读两小时的书才睡觉。他的著作等身，文笔优美流畅，结构严谨，内容丰富，令一些专业作家自愧不如。

除夫人外，密特朗有一名半公开的情人安妮，比他小30岁，跟她育有一女玛扎莉娜。即便在1981年总统大选最紧张的时候，他的私生活安排得和往常一样。每天晚上，司机带着他先到安妮那里，然后再回自己的寓所。白天，他要跟妻子通话，要知道她一切都好。

后来，把私生女带出来参加国宴，法国人也容忍了。葬礼上，两个家庭同时出现，密特朗夫人也拥抱了玛扎莉娜。

风流倜傥、精力旺盛，有时一晚上跟三个情人幽会，司机疲于奔命，有平民也有贵妇。卸任后不到一年因前列腺癌病逝。

为了反恐，组建特别小组进行监听，不像美国尼克松水门事件那样，法国人认为很正常。

5）马丁·布赖恩·马尔罗尼（Martin Brian Mulroney，1939—　）

加拿大第十八任总理，任期为1984—1993年。

1985年，加拿大出口商品的78%销往美国，同时也进口了占美国出口总额22%的商品。乔治·布什当选总统后（1988—1992），首先出访了加拿大。1989年以来，两国在政治上的见解更趋一致，并加强了协商合作。马尔罗尼总理与布什总统除保持着里根时期建立的两国领导人年度磋商外，还进行了一些非定期会晤。

6）卡洛斯·萨乌尔·梅内姆（Carlos Saúl Menem，1930—　）

阿根廷前总统。

父亲是叙利亚移民，卡洛斯大学毕业后当了律师。

1989 年，竞选总统成功，推行公共财产私有化，短短几年把高达5000％的通货膨胀率降为 0。当政 10 年，国家经济迅速好转。修改《宪法》把总统任期由 6 年缩短至 4 年。

和第一任妻子于 1991 年离婚；第二任妻子生于 1965 年，智利籍，比他小 35 岁，曾当选为 1987 年环球小姐，2001 年结婚，2003 年生下一子。

针对同一问题，芭芭拉的回答突出了以下几个普通人物：伊芙琳·维加、弗朗西斯·哈蒙德、琼·斯派克。具体内容如下：

你想知道我所见过的最难忘的人。没有哪一个"难忘的人"超过其他哪一个人。我与乔治·布什的美好生活让我接触到世界各地成千上万的难以忘怀的人们，但这里我只提几位。

伊芙琳·维加是一个年轻的拉美裔女子，她是一位三个女儿的单身母亲，她在当地一个识字项目中学习读书，这完全改变了她的生活。伊芙琳是家里第三代也是最后一代靠福利生活的人。我遇见她时，她有工作而且是在一家管理培训项目，她的女儿们在学校里都表现得很好。伊芙琳给我写了一封很棒的信，说教育为她和孩子们带来了人生的明显差别。她告诉我，"现在我的梦想实现了"。

弗朗西斯·哈蒙德是我在"华盛顿之家"的一位朋友，这是一家养老院，我志愿做了很多年义工。多年前弗朗西斯在游泳池跳水时遭遇了一次可怕的事故，让她半身不遂。她忍受着每一寸的伤痛，但她从不抱怨。她只想着别人，给人勇气与灵感。过去我曾经给她剪过指甲，我们经常坐下来谈心也互相拜访。她有很多好朋友，不过我是最爱她的。

同样难忘的是琼·斯派克，她是迈克尔·斯科特·斯派克少校的妻子。飞行员迈克尔的飞机在"沙漠风暴"行动中被击落。她给乔治写了一封非同凡响的电报，部分内容如下，"我不能假装了解我们国家投入战争的感觉和看法。但这一定是一个痛苦的决定。我知道你有很多挂念担心的事情，但我想让你知道的是，我现在的看法与当初我丈夫被派遣时我们的看法是一样的。那时我们支持你，现在我也全心支持你。有一天我的孩子长大了，他们也会明白自己的父亲去参加战争，就是因为这是正确的做法"。这位难忘的女人象征着所有的力量、勇气和对国家的爱，这是所有受到战争悲剧触动的众多家庭的一致感受。

这些人没有一个是非常出名的，但每一个人都以自己的方式而不同凡响，对我来说依然是难以忘记的。

（16）Which First Ladies do you most admire？（你最钦佩的第一夫人是哪位？）

芭芭拉的回答提到了三个人：第一位是尼克松夫人帕特里夏；第二位是约翰逊夫人博德，第三位是劳拉·布什，是自己的大儿媳妇，她们关系很好。

具体内容如下：

你问我最钦佩哪一位第一夫人。这个问题很难回答，因为我佩服每一位第一夫人，伴随着令人敬畏的称号而来的是她们接受了伟大的特权和责任。不过我将选择三位：帕特里夏·尼克松、博德·约翰逊、劳拉·布什。

帕特里夏·尼克松拥有不可言状的优雅和安静、不可动摇的尊严。她对每个人都非常善良和体贴，她是一个优秀的母亲、一个忠实的妻子，不管时局好坏。我将永远记得她优雅的风度和宁静的气质。大多数人并不知道，为了让白宫成为游客和居民更漂亮更优雅的地方，她做了大量的工作。她还负责晚上对游客点亮白宫，这是一道美丽的风景。

博德·约翰逊夫人是一位极好、风趣、慷慨之人，她是得州热情好客的化身。她是一个活跃幽默的人，也是一个贤淑的妻子和善良的母亲。作为第一夫人，博德女士选择了一项高贵的事业——美化美国，我打心底认为这是高贵的事业，看到高速路边的鲜花我不能不想起她。

劳拉·布什是一个坚强和睿智的女人，我很自豪她是我的儿媳和第一夫人。2001年9月11日后，她的冷静和沉着给国家带来了安慰，一如国家冷静地处理这个巨大的悲剧。正如我是识字的倡导者，令我很高兴的是，除了改善妇女健康以及保护我们国家的文化和自然遗产外，劳拉选择了阅读作为她的主要事业之一。为了丈夫和我们的国家，在国外她已经成为一个出色的大使。

所有的第一夫人都为这个角色带来了一些特别的事儿。对我来说，

美国社会隐性教育研究

我知道一件事是肯定无疑的：我拥有美国最好的工作。每一天都特别有趣，非常有益，有时只是平淡的乐趣。

人物介绍：

1）理查德·尼克松（Richard Nixon，1913—1994）

第 37 任美国总统（1969—1974），1953—1961 年担任第 36 任副总统（艾森豪威尔为总统）。

生于洛杉矶。父亲是加油站和百货店老板。24 岁开始当律师。1942—1946 年在海军服役。

1972 年访问中国，给中美两国外交关系打开了新的篇章。同年与苏联签订了反弹道导弹条约。

在南方的学校里强制废除种族隔离，推行环境改革，医疗保险和福利改革。

他主持了阿波罗 11 号登月计划。

1974 年 8 月因水门事件被弹劾，宣布辞职。1994 年，因中风逝世。

妻子：西尔玛·凯瑟琳·瑞安·"帕特"·尼克松（Thelma Catherine "Pat" Nixon，1912—1993）

"帕特"名字的由来：她生于内华达，父亲是矿工，爱尔兰后裔。母亲的名字是凯瑟琳（Catherine）。

她出生的那个晚上，正好是圣帕特里克节的前夕（St. Patrick），于是父母给她起名字叫帕特里夏（Patricia），昵称帕特（Pat）。上大学前使用西尔玛（Thelma）这个名字，上大学后改为 Pat。

帕特 1 岁时，全家迁往加州务农，12 岁时母亲去世，她承担一切家务和部分农田劳动。17 岁时父亲病故，她开始自谋生活。

为了完成学业，她兼职多项工作，包括司机、药房经理、打字员、电话接线员、零售职员、某地方银行的清洁工、X 光照相师（radiographer）。

1937 年她与尼克松相识，1940 年 6 月结婚。婚后，她继续担任教学工作。第二次世界大战期间，尼克松在军队服役，她在政府部门从事经济方面的工作。

任第一夫人期间，她发起许多慈善事业，负责管理白宫600多件具有历史意义的艺术品和家具。

2）博德·约翰逊（Bird Johnson，1912—2007）

原名克劳迪亚·阿尔塔·泰勒（Claudia Alta Taylor "Lady Bird" Johnson），1963—1969年任第一夫人。

生于得州。95岁高龄时逝世。

因舅舅的名字Claud而得名，婴儿期时，她的保姆说她像瓢虫一样美丽（ladybird），从此这个绰号使用终生。父亲称她lady（女士），丈夫称她bird（博德），在结婚证上出现的名字是bird。

父亲是富有的商人，拥有15000英亩的棉花农场和两家商店。她5岁的时候，母亲怀孕期间从楼梯跌落，死于流产并发症（complications of miscarriage）。

她主要由姨妈抚养。

年轻的博德羞涩安静，大多数时间在户外独自度过，散步、钓鱼、游泳。

她是有能力的经理和精明的投资商。购买电台，然后购买电视台，很快成为百万富翁。31岁时，她花费17500美元购买了奥斯汀的一家电台，这家电台原来是由三人合伙经营，其中一位是罗伯特·伯纳特·安德森（Robert B. Anderson），他后来任美国海军部长，美国财政部长。

2003年，她的多家电台被收购，价格是1.05亿美元。她是第一位成为百万富翁的第一夫人。

美丽工程：

她坚信也是常说的一句话：鲜花盛开的地方，希望就绽放。或译为：哪里鲜花盛开，哪里就有希望。（Where flowers bloom, so does hope.）

众所周知的《公路美化法案》被称为博德夫人提案（Lady Bird's Bill）。

以得州为例，高速公路两旁栽种野花后，不仅增加了美感；节约了25%养路费，每年节约800万美元。而且，能够保护生态平衡，提高生态的多样性，抑制有害植物的生长。

得州州花蓝贝蕾（blue bonnet）遍布大地，与博德夫人不无关系。

3）劳拉·威尔士·布什（Laura Welch Bush，1946—　）

劳拉是第43任总统乔治·沃特·布什的夫人，生于得州。

本科是教育学，毕业后她从事教学，后来，获得了图书管理学的硕士学位，并做图书管理员的工作直至结婚。

31岁时与小布什结婚。54岁时，入主白宫。

劳拉和芭芭拉相处得很好。根本不与婆婆芭芭拉争执什么，她总是耐心地听婆婆的话，做她认为自己应该做的事儿。

总之，美国总统在任最长时间为两届（富兰克林·罗斯福除外），在有限的时间内，为国家的发展、人们的幸福努力工作，是在任总统的使命。当然，后人也不会忘记他们的辛苦，通过图博馆的建立或者故居的保护和开放让他们的事迹得以传承宣扬，不仅增强了国人的爱国热情，增强了凝聚力和自信心，也为后人的参政提供了足够的资料和经验。综观世界各国，总统一下台就要被"整"的现象，在美国是行不通的。三权分立的制约体系，让政府的行为得以规范化，总统的职权是无限的有限。卸任后，总统们又充分发挥余热，在政坛上活跃着，不仅通过演讲、著书增加收入，而且通过各种活动引领人们参政议政、服务他人、奉献社会的热情。

总统图书馆博物馆是了解研究总统的好地方，也是教育后人的好途径，值得借鉴和学习。

第四节　以名人的姓名命名地点等

吃水不忘挖井人，美国人喜欢用人名作为城市、机场、大学、博物馆、图书馆、公园、航母等的名字，目的是纪念先驱们的贡献。从总统、州长、市长、校长、警长，到普通人物，只要曾经做出了贡献，就受人尊敬，后人就会以他的名字命名公共设施，或树立一座纪念碑，以纪念他们的辉煌和贡献，以激励后人。比如，在旧金山，主要街道大都以华盛顿、杰斐逊等重要历史人物命名，以致整个城市的街道几乎成了一部美国名人录。在这种日常生活中，人们能够潜移默化地接受着无形的教育。

本节主要内容如下：一、以历任总统的名字命名城市、航母等；二、以政要、捐助者等受人尊敬的名人命名地名、机场、大学等；三、以名人名字命名公园或历史遗迹；四、以人名命名商业品牌。

一　以历任总统的名字命名城市、航母等

总统在美国人心目中的地位是很重要的，每位总统都为美国的发展做出了重大贡献。美国的许多节日都是为了纪念总统的，比如总统节，设在2月的第三个星期一。这种法定假日是要放假的，连着周末共三天假期，老百姓当然喜欢，只要过节就有各种活动，会让人眼界大开。

他们还经常投票把总统以不同的方式进行排名，通过总统的排名彰显总统的丰功伟绩，以增强公民的爱国热情和对往事的纪念。

自20世纪30年代后期开始，著名的研究机构盖洛普公司（Gallop Inc）创立了"总统执政认可"的民意测验。

2008年，英国《泰晤士报》组织了8位英国顶尖国际和政治评论员对43位美国总统进行了排名，排出十位最伟大的总统。第16任总统林肯（1861—1865）位列第一。他颁布《宅地法》和《解放黑奴宣言》，领导了拯救联邦、防止分裂的美国内战，保证了祖国的统一。首都华盛顿建有林肯纪念堂，墙上刻有《葛底斯堡演说》，纪念堂和华盛顿纪念碑遥遥相望。林肯因其敏锐的洞察力和深厚的人道主义意识，成为美国历史上最伟大的总统。

还排出10位最差的总统以及10位平庸的总统。克林顿是最有争议的人物之一，有的对他评价很高，有的把他列入最糟糕总统的行列。

还有"总统智商排名"，28位总统智商在130以上，约翰·昆西·亚当斯（John Quincy Adams）的智商位列第一（168.75），威廉·克林顿为148.8（全球最聪明的人之一霍金的智商高达160）。

"最失败总统的排名"，第一位是第 37 任总统尼克松。他因"水门事件"被弹劾，被迫辞职。第二位是第 43 任总统乔治·沃特·布什，也就是小布什。

"任期第七年政绩排名"，华盛顿排第一位。还有"总统支持率排名"，等等。

为了纪念总统，人们往往用总统的名字来命名首都、州、城市、郡（县）及马路；命名山河湖泊；命名博物馆、图书馆、大学、宇航中心、机场、航空母舰、舰艇等。航空母舰的命名除了以总统的名字，还有军事将领，只有一位特殊，就是卡尔·文森，他是第一位既不是总统也不是军事将领而获此殊荣的人，他曾是美国众议员，担任众议院军事委员会以及海军委员会主席。

下面按照总统任职先后，做个简单介绍：

1. 美国国父、首任总统乔治·华盛顿（George Washington）

以其姓氏命名的首都华盛顿，可见他在人们心目中的地位。还有在首都高度超过权力机关国会山的唯一建筑是华盛顿纪念碑，高 169.3 米。

以他名字命名的还有位于美国西北部的华盛顿州，还有 30 多个县和镇；乔治·华盛顿大学；新罕布什尔州的总统山，从左到右分别是乔治·华盛顿、托马斯·杰斐逊、西奥多·罗斯福和亚伯拉罕·林肯。尼米兹级航母的第六艘为"华盛顿"号（CVN - 73）。

2. 总统约翰·亚当斯（John Adams）

以他名字命名的有 8 个县；犹他州的亚当斯峰；总统山的亚当斯山。

3. 总统托马斯·杰斐逊（Thomas Jefferson）。

他是《独立宣言》的起草人，首都建有杰斐逊纪念堂，堂中有他的铜像。有 40 多个地名以其姓氏命名。密苏里州首府杰斐逊城；密苏里河的支流杰斐逊河；密苏里州的杰斐逊国家疆土拓展纪念馆，纪念他于 1803 年从法国拿破仑手中购得路易斯安那等地。

4. 总统詹姆斯·麦迪逊（James Madison）

他是美国《宪法》的重要起草人之一。有 40 多个地名以其姓氏命名，如威斯康星州首府麦迪逊。

5. 总统詹姆斯·门罗（James Monroe）

以其姓氏命名了 17 个县和 8 个居住地，还有水库和湖泊。

6. 总统约翰·昆西·亚当斯（John Quincy Adams）

有两个县以其姓氏命名。其父为第 2 任总统，老亚当斯把出生地昆西作为儿子的名字。昆西位于波士顿南郊，因系总统父子的出生地而闻名。

7. 总统安德鲁·杰克逊（Andrew Jackson）

有 30 多个地名以他的姓氏命名，其中密西西比州州府、田纳西州城市杰克逊，这两个城市最为著名。

8. 总统马丁·范布伦（Martin Van Buren）

有 4 个县和 4 个居民点以他的姓氏命名。

9. 威廉·哈里森（William Henry）

有 4 个县和 3 个居民点以他的姓氏命名。

10. 总统约翰·泰勒（John Tyler）

得克萨斯州的泰勒县以他的姓氏命名。

11. 总统詹姆斯·诺克斯·波尔克（James Knox Polk）

有 12 个县和两座市镇以他的姓氏命名。

12. 总统扎卡里·泰勒（Zachary Taylor）

有 4 个县和 3 个居民点以他的姓氏命名。

13. 总统米勒德·菲尔莫尔（Millard Fillmore）

有 3 个县以他的姓氏命名。

14. 总统富兰克林·皮尔斯（Franklin Pierce）

有 4 个县名以其姓氏命名。总统山区有皮尔斯山。

15. 总统詹姆斯·布坎南（James Buchanan）

有 3 个县和多个居民点以其命名。

16. 总统亚伯拉罕·林肯（Abraham Lincoln）

40 多个地名以其姓氏命名，例如伊利诺伊州的林肯市。尼米兹级
航母的第 5 艘为"林肯"号（CVN–72）。

17. 总统安德鲁·约翰逊（Andrew Johnson）

田纳州有安德鲁·约翰逊国家历史遗址。

18. 总统尤利塞斯·辛普森·格兰特（Ulysses Simpson Grant）

以格兰特命名的有 11 个县和几个居民点。纽约有格兰特纪念地，存放他的石棺。

19. 总统拉瑟福德·伯查德·海斯（Rutherford Birchard Hayes）

内布拉斯加州有一县及驻地以他的姓氏命名。

20. 总统詹姆斯·艾布拉姆·加菲尔德（James Abram Garfield）

有 6 个县，1 个居民点和 1 个湖泊是以他的姓氏命名的。

21. 总统切斯特·艾伦·阿瑟（Chester Alan Arthur）

内布拉斯加州有 1 个县及驻地以他的姓氏命名。

22. 总统斯蒂芬·格罗弗·克利夫兰（Stephen Grover Cleveland）

以他的姓氏命名的有两个县，两个居民点，一座山峰和一个国家林地。

23. 总统本杰明·哈里森（Benjamin Harrison）

他是第 9 任总统威廉·哈里森的孙子。他的家乡街道以其姓氏命名。

24. 总统克利夫兰（Stephen Grover Cleveland）

为第 22 任总统。

25. 总统威廉·麦金利（William McKinley）

麦金利峰以其名字命名，1866 年，一位探矿工程师来到阿拉斯加勘察北美最高峰，为表示对候选总统的敬意，他把此山命名为麦金利峰。周边公园也称为麦金利国家公园，是阿拉斯加州的第一个国家公园，建于 1917 年。1980 年，另外 7 个国家公园建立。《阿拉斯加法案》将其改名为迪纳利国家公园。阿拉斯加当地人称它为迪纳利山，是"大家伙"的意思。

26. 总统西奥多·罗斯福（Theodore Roosevelt）

被称为"美国第一位真正保护自然资源的总统"，美国境内以他的姓氏命名的有两县、一湖一岛、一公园一牧场。亚利桑那州的西奥多·罗斯福湖，北达科他州的罗斯福国家纪念公园和罗斯福牧场，波托马克河上一个小岛叫罗斯福岛，罗斯福岛和首都之间有座罗斯福纪念桥。罗斯福卸任后，于1914年冒险去亚马孙丛林探险，巴西将这条河命名为西奥多·罗斯福河。尼米兹级航母的第四艘为"罗斯福"号（CVN-72）。

27. 总统威廉·霍华德·塔夫脱（William Howard Taft）

加州有一居住地以其姓氏命名。

28. 总统伍德罗·威尔逊（Woodrow Wilson）

亚拉巴马州有一坝和一湖以他的姓氏命名。南极洲有威尔逊角。

29. 总统沃伦·哈定（Warren Harding）

新墨西哥州有一县、阿拉斯加州有一山峰以他的姓氏命名。

30. 总统卡尔文·柯立芝（Calvin Coolidge）

亚利桑那州有柯立芝坝。

31. 总统赫伯特·胡佛（Herbert Hoover）

科罗拉多河的胡佛大坝，于1931年动工，5年后完工，当年是美国最大的大坝，1994年被确定为"全美现代七大工程奇迹之一"。大坝拦截河水形成的水库被称为米德湖（Lake Mead），是美国最大的人工水库，以当时的开垦局长艾尔伍德·米德（Dr. Elwood Mead）的姓氏命名。

32. 总统富兰克林·罗斯福（Franklin Roosevelt）

南极的罗斯福岛是为了纪念他对探险事业的支持。首都华盛顿有富兰克林·D. 罗斯福纪念公园，纽约州有罗斯福居民点，以及密歇根州有罗斯福帕克度假区。作为"二战"同盟国领袖，欧洲许多城市或街道以他的姓氏命名。

33. 总统哈里·杜鲁门（Harry Truman）

密苏里州有杜鲁门图书馆和博物馆、杜鲁门故居和墓地、杜鲁门医疗中心、杜鲁门综合体育场、杜鲁门农庄、杜鲁门水库、杜鲁门大街。尼米兹级航母的第八艘为"杜鲁门"号（CVN-75）。

34. 总统德怀特·艾森豪威尔（Dwight Eisenhower）

故乡堪萨斯州建有艾森豪威尔中心，纽约市有其纪念公园，南极有一条 45 海里长的山叫艾森豪威尔岭，有艾森豪威尔高速公路，丹佛市以西有艾森豪威尔隧道，是世界上最高的隧道之一。加拿大政府将艾伯塔省最高峰命名为艾森豪威尔山。后因居民反对，于 1977 年复名为卡斯尔山。尼米兹级航母的第二艘为"艾森豪威尔"号（CVN-69）。

35. 总统约翰·肯尼迪（John F. Kennedy）

美国、加拿大等有百余处以其姓名命名的街道、广场、机场、图书馆、表演艺术中心以及其他公共建筑物，在欧洲的很多城市有以肯尼迪命名的街道、桥梁、广场等。首都华盛顿有约翰·肯尼迪表演艺术中心，位于白宫以西。当时造价约 1800 万美元。纽约市有约翰·肯尼迪国际机场。佛罗里达州有美国最大的航天发射场——肯尼迪航天中心（Kennedy Space Center），中心所在地卡纳维拉尔角更名为肯尼迪角。在阿斯拉加州有肯尼迪海峡。小鹰级航母的第四艘为"肯尼迪"号（CVN-67）。

36. 总统林登·约翰逊（Lyndon Johnson）

家乡得州有林登·约翰逊航天中心，为航空航天局在休斯敦东南建立的载人航天飞行中心，还有约翰逊农场。

37. 理查德·尼克松（Richard Nixon）

加州有尼克松图书馆，在他逝世后开放。他因水门事件被迫辞职，其母校唯一一幅尼克松的画像被学生取下来，藏在电梯天花板上，学校找到后把它存放起来。1997 年学校想重新悬挂，但是有人反对，最后不了了之。1981 年，校长桑福德（Sanford）想在杜克大学建立尼克松图书馆，但最终被教授们投票否决。

然而，是他开启了中美新的外交关系。1972 年尼克松访华，中美关系恢复，他给毛主席带来一些红杉树种。湖南一个 4A 级森林公园被命名为尼克松林。

38. 杰拉尔德·福特（Gerald Ford）

他从副总统升为总统，任命纳尔逊·洛克菲勒（石油大王的后代）任副总统，他们两个是美国唯一没有通过选举而担任总统和副总统职务的人。2006年，福特逝世，享年93岁。在首都举行国葬，遗孀贝蒂说："国家对于福特一生所做贡献的尊重远远超过我的预期。"海军以他的名字命名新一代航母为福特级航母（CVN–78），首架为"福特"号，所需船员比尼米兹级少了700人。

39. 吉米·卡特（Jimmy Carter）

佐治亚州把一座机场命名为"吉米·卡特机场"。该机场距离卡特的出生地约32公里。这座机场原名为"萨瑟机场"，是为纪念亨利·萨瑟在"一战"期间在那里建立军事训练基地。据记载，美国飞行家查尔斯·林白当年也是在那里进行了首次单人试飞。

有海狼级"卡特"号潜水艇。

1976年卡特当选总统。中美两国正式建交。2002年他获得诺贝尔和平奖，美国人一直流行着这样一个笑话：卡特不当总统时，比当总统时更称职。2015年8月即将91岁的卡特声明自己患有癌症，12月成功战胜癌症。

40. 总统罗纳德·里根（Ronald Reagan）

首都有里根国际机场；2003年"里根"号航母开始服役，当时是美国第一艘以在世总统命名的航母。总统山的一座山峰为里根山。佛罗里达州和加州各有一条"罗纳德·里根"高速公路。

41. 乔治·H. W. 布什（George H. W. Bush）

布什在得州农工大学建立了总统博物馆及图书馆；休斯敦国际机场命名为布什国际机场；"布什"号航空母舰，是尼米兹级航母的最后一艘舰，也是尼米兹级航母中造价最高的，45亿美元，最先进的航母。

2009年，中国授予布什夫妇"杰出中国之友奖"，表彰他们30多年来为促进中美关系发展所做出的杰出贡献。

42. 比尔·克林顿（Bill Clinton）

小石城国际机场改名为克林顿国际机场。

43. 乔治·沃克·布什（George W. Bush）

达拉斯建有小布什总统中心；得州将以布什的名字命名达拉斯的一

条 7 英里长的高速公路（约 11.2 公里）。达拉斯为得州第三大城市。

44. 贝拉克·奥巴马（Barack Hussein Obama Ⅱ）

美国地名委员会规定，不准以活着的人命名地名，因此比尔·克林顿（1993—2001 年任总统）、小布什（2001—2009 年任总统）以及奥巴马（2009—2017 年任总统），还没有以他们姓名命名的地名。

二 以政要、捐助者等受人尊敬的名人命名地名、机场等

1. 命名某些州

宾夕法尼亚州（Pennsylvania）：英国舰队总司令小威廉·佩恩（William Penn）从英王那里获得特许，建立一个新的殖民地。以"宾"命名这一地区，同时应小威廉·佩恩的请求，加上"夕法尼亚"（林地），含义是"宾（佩恩）的林地"。

2. 命名城市

得州的各大城市休斯敦、奥斯汀、圣安东尼奥等都是历史上的名人。圣安东尼奥是宣教者，上帝许诺他的舌头永不腐烂。

休斯敦（Houston）这个名字不仅是城市休斯敦，而且是好多城市街道的名字。1836 年得州从墨西哥独立出来，在圣安东尼奥市的阿拉莫（Alamo），双方开始激战，后来休斯敦将军击败墨军。

3. 命名机场

（1）首都华盛顿

机场有里根国家机场（Regan National Airport）和杜勒斯国际机场。

杜勒斯国际机场（International Airport of Dulles，IAD）的名字源于美国国务卿约翰·福斯特·杜勒斯（John Foster Dulles，1888—1959）。

杜勒斯于 1953—1959 年任美国国务卿（65 岁时任国务卿），之前，他于 1951 年任中央情报局局长，"冷战"初期为美国外交政策的主要制定者。

他是许多大公司和银行的董事，与洛克菲勒财团有密切联系。

作为共和党人，他一贯敌视社会主义国家和民族解放运动，不承认中国、排斥中国在联合国的合法地位、对中国实行封锁禁运，力挺

"两个中国"。直接参与组织 1950 年对朝鲜的侵略战争，1958 年 7 月武装干涉黎巴嫩。

1954 年日内瓦会议召开，该会议旨在解决朝鲜问题。会前，作为国务卿，他下令给美国代表团：禁止任何人同中国代表团的人员握手。虽然有英国外交部长斡旋，但是他拒绝同周恩来握手。（1971 年，基辛格、尼克松首次主动和周恩来握手。）

杜勒斯的言论：

1）尽量用物质来引诱和败坏他们的青年，鼓励他们鄙视、公开反对他们原来所受的思想教育。一定要毁掉他们强调过的刻苦耐劳精神。

2）一定要尽一切可能，做好宣传工作，包括电影、书籍、电视、无线电波……和新式的宗教传布。只要他们向往我们的衣、食、住、行、娱乐和教育的方式，就成功了一半。

3）对社会主义国家，不宜硬打，而是采取"和平演变"的办法，让他们"自取灭亡"。

（2）纽约市

三大机场是：肯尼迪国际机场、纽瓦克机场、拉瓜迪亚机场。

其中拉瓜迪亚机场是纪念纽约市前市长的。

菲奥雷洛·亨利·拉瓜迪亚（Fiorello Henry La Guardia, 1882—1947），意大利裔政治家，曾任美国众议员（1917—1919、1922—1933）、纽约市市长（1934—1945）和联合国善后救济总署总干事（1946）。

拉瓜迪亚是总统富兰克林·罗斯福"新政"的强力支持者，因成功领导纽约市从大萧条中复苏而闻名。

（3）芝加哥市

奥黑尔国际机场（O'Hare International Airport）为全球最繁忙的机场。这里每天要起降 2700 次航班。

1949 年，市政府决定以爱德华·奥黑尔的姓命名机场。

爱德华·奥黑尔（Edward "Butch" O'Hare, 1914—1943），是"二战"中美国的王牌飞行员，曾获颁荣誉勋章。

1914 年他生于密苏里州，1937 年从安那波里斯海军学校毕业，成为航母舰载机飞行员。1942 年 2 月，日军飞机攻击航母"列克星敦"号。第一波美军 12 架 F－4 拦截 9 架日机，弹尽油空后脱离战斗。第二波日军 9 架战机又向航母攻来，只有两架 F－4 起飞拦截，然而僚机发生故障，只剩下奥黑尔上尉单机作战。他绕到日军身后，在 14 分钟的空战中击落日机 5 架（还有 2 架被击伤的日机返航时迫降海上），成为美国海军第一个王牌。他从危险中挽救了航母，被授予国会荣誉勋章并晋升为少校。

1943 年 11 月，他在战斗中牺牲。1945 年，美国海军一艘驱逐舰以奥黑尔的名字命名。［USS O'Hare（DD－889）］

在奥黑尔机场悬挂着一架 F－4"野猫"战斗机。

提及王牌飞行员，不能不谈谈理查德。"二战"期间，美国空军的第一干牌飞行员理查德·邦格少校（Richard I. Bong，1920—1945），在太平洋战场创下纪录，他击落 40 架日军飞机。

1945 年 8 月 6 日，他在试飞 P－80A 飞机时，失事牺牲，当天是美国在日本广岛投放原子弹的日子，两个事件同时出现在美国报纸上。

美国的一座飞机场被命名为理查德·邦格飞机场；他的家乡威斯康星州巴巴拉中学建立了邦格纪念馆。

4. 命名大学及学院

大学的名字或者某个大楼的名字，往往用人名命名，他们是在科学、人文或艺术领域取得杰出成就的人，或者是对社会公共服务贡献突出的人，或者是为促进科研发展而慷慨解囊的人。

美国最早以及后来建立的好多大学都是以姓名命名的，如哈佛大学、威廉与玛丽学院、耶鲁大学、布朗大学、斯坦福大学、康奈尔大学、莱斯大学等。

（1）斯坦福大学

斯坦福大学位于西部加州，和东部的哈佛齐名。

斯坦福大学于 1891 年成立，捐资者是时任加州州长及参议员的铁路富豪利兰·斯坦福及他的妻子简·斯坦福。大学以他们儿子小利兰·斯

215

坦福为名，他不幸于 16 岁生日前夕（1884 年）因伤寒去世。

（2）维斯生物工程学院

2008 年，经营医疗设备的亿万富翁汉斯约格·维斯向哈佛大学捐款 1.25 亿美元。这是该校历史上最大的一笔一次性捐赠，哈佛以"维斯"重新命名、扩建生物工程学院。

汉斯约格·维斯（Hansjoerg Wyss），瑞士慈善家，Synthes 医疗器械公司总裁、CEO。在创伤医疗器械市场，Synthes 占了全世界 50% 的市场份额，是全球最大的生产骨折和创伤用医疗器械公司。2011 年强生同意以 213 亿美元收购 Synthes 公司，这是强生 125 年来最大的一次收购行动，这为强生增添了骨折和创伤治疗方面的医疗器械。这次出售，维斯成为瑞士最富有的人。

（3）陈天桥雒芊芊脑科学研究学院

2016 年 12 月 7 日，亿万富豪陈天桥和妻子雒芊芊（雒：luò；芊：qiān）向加州理工学院捐赠 1.15 亿美元，用于大脑研究，目的是帮助人类接受死亡。

陈天桥雒芊芊脑科学研究学院下设五个研究中心，三个以"陈天桥雒芊芊"命名，包括人机接口中心、社会和决策脑科学研究中心、系统脑科学研究中心。另外两个是：分子和细胞脑科学研究中心、加州理工学院大脑图像研究中心。

陈天桥（1973—　），生于浙江绍兴。盛大（网络游戏公司）董事长兼 CEO。2004 年，前微软中国总裁唐骏加盟盛大任总裁。2016 年胡润百富榜中，陈天桥、雒芊芊夫妇以 230 亿元（人民币）财富排名第 81 位。

三　以名人名字命名公园或历史遗迹

1. 马丁·路德·金国家历史遗址

1980 年 10 月 10 日，马丁·路德·金国家历史遗址（Martin Luther King National Historic Site）建立。

马丁·路德·金（1929—1968）为美国非洲裔人权运动的领导人。

生于亚特兰大市。1月15日为他的生日，美国政府将每年1月的第3个星期一定为其纪念日。1964年获得诺贝尔和平奖。

他最为著名的演讲是《我有一个梦》（*I Have a Dream*），他用自己的言语和精神影响和改变了美国。

我最喜欢演讲中的一个排比句：但是一百年之后的今天，黑人仍然没有自由。一百年之后的今天，黑人的生活依然被种族隔离的镣铐和种族歧视的锁链紧紧地束缚着，过着悲惨的生活。一百年之后的今天，黑人被孤立生活在物质繁华的辽阔海洋中一个荒凉贫穷的小岛之上。一百年之后的今天，黑人仍然潦倒于美国社会的角落，感到自己被放逐于自己的家园。(But one hundred years later, the Negro still is not free. One hundred years later, the life of the Negro is still sadly crippled by the manacles of segregation and the chains of discrimination. One hundred years later, the Negro lives on a lonely island of poverty in the midst of a vast ocean of material prosperity. One hundred years later, the Negro is still languishedin the corners of American society and finds himself an exile in his own land.)[1]

2. 罗斯福国家公园（见"国家公园"一节）

四 以人名命名商业品牌

世界上许多著名品牌都是以人名命名的，美国的名牌企业有很多是以创始人的名字命名的，比如，波音（Boeing，飞机）、迪士尼（Disney，电影、乐园）、惠普（HP，咨询科技、打印）、普惠（Pratt & Whitney，飞机发动机）、戴尔（Dell，电脑）、福特（Ford，汽车）、克莱斯勒（Chrysler，汽车）、凯迪拉克（Cadillac，汽车）、沃尔玛（Wal-Mart，超市）、麦当劳（McDonalds，快餐）、席梦思（Simmons，床垫）、固特异（Goodyear，轮胎）、宝洁（P&G，洗化）、高露洁（Colgate，牙膏）、星巴克（Starbucks，咖啡），等等。

---

[1] I Have a Dream, http：//www.5ykj.com/Article/yjzcqtyj/66404.htm.

217

1. 伊万卡·特朗普

美国现任总统特朗普的女儿伊万卡·特朗普（Ivanka Trump）在父亲竞选总统时，积极支持父亲，其演说魅力和美丽容貌给人留下了深刻的印象，为父亲赢得很多选票。

除了效力父亲房地产集团，她也有自己的商业品牌，2007年创办同名珠宝品牌，2011年创办同名时装品牌，伊万卡亲自担任代言人。

父亲当选总统后，其全球销量急剧上升，该公司在菲律宾、波多黎各、加拿大和美国至少又提出了9个新商标的注册申请。

英国《独立报》网站于2017年4月19日报道，在遭抵制且若干家商店限制销售伊万卡品牌商品的情况下，她旗下品牌2017年迄今的销售额仍创下新高。

伊万卡·特朗普公司在中国申请注册的多个商标已获暂时批准。

2. 其他品牌

金佰利（Kimberly-Clark），是全球最大的纸巾生产商和全美第二大家庭和个人护理用品公司。

特百惠（Tupperware），是全球著名的塑料保鲜容器制造商。

名人效应和产品密切相关，利用名人的影响推广产品，凸显代言人的效果。一旦代言人出了差错，商业影响也深受影响。

著名人物的贡献不会被遗忘，因为美国是个注重感恩的社会。只要给社会带来好处，他的名字将会被用来命名城市、街道、公园、博物馆、图书馆、大学、学院等，让后人永久性地记住这个名字，也给后人潜移默化地进行教育。

第五节　显而易见的雕像与纪念物

欧美国家的公共场所以雕像为特色，如英国前首相丘吉尔和南非前总统曼德拉共立伦敦的同一广场；罗马、佛罗伦萨雕像林立，以年代久远的历史为重。而美国的公共场所没有大幅的宣传横幅，或者墙体文化，而是设立许多经典的雕像。

雕像的类别主要分为人物和非人物，主要包括三类，真实历史人物、神话传说中的人物、现代艺术雕像。通过历史人物雕像，一方面纪念他曾经为社会、学校的发展所做的贡献，另一方面时刻给后人以潜移默化的教育。还有的雕像是古罗马或者古希腊神话传说中的人物，仿佛寓意历史文化的传承与延续，给人一种浓厚的历史感。如，布林莫尔学院（Bryn Mawr College）中树立着雅典娜的雕像。该校是著名的7个女子学院之一，学习要求非常高，学生非常辛苦，有"女超人学校"之称。哥伦比亚大学设有女神 Alma Mater 雕像（详情见后）。而现代艺术雕像的竖立，不仅给人更广阔的遐想空间，让人细细品味设计者的创新创意，而且能启发灵感、提高艺术品位。

校园中的动物雕像也是美国大学的一大亮点，如波士顿学院（Boston College）是鹰，马里兰大学（University of Maryland）是乌龟，宾州州立大学（Pennsylvania State University）是狮子等，这些动物代表着学院的精神，或者是吉祥物的雕塑。

本节主要内容包括：一、公共场所的雕塑及纪念遗址（自由女神像、纽约华尔街的铜牛、中央公园的雕像及纪念遗址、费城雕像、波士顿雕像、圣路易斯市雕塑、芝加哥市雕塑、迈阿密市雕像、新奥尔良市雕像、圣安东尼奥的托马斯雕像、NBA 著名球星的雕像、其他雕像）；二、美国大学校园中的雕塑；三、国家机关及机构的雕像。

一　公共场所的雕塑及纪念遗址

1. 自由女神像

美国的文化象征之一"自由女神像"，是世界十大雕塑之一。1984年，自由女神像被列为世界文化遗产。

自由女神像位于纽约市哈德逊河口的自由岛上，是重要的景点及地标，表达了对新移民的欢迎，已成为美国和自由的标志。雕塑是1886年美国独立100周年时，法国送给美国的礼物。女神头戴光芒四射的冠冕，七道尖锐的光芒象征着七大洲；右手高举火炬，象征着自由；左臂抱着刻有 1776 年 7 月 4 日的《独立宣言》，脚下是打碎的脚镣和锁链，象征着自由以及挣脱暴政的约束。

雕像高 46 米，加上基座总高达 93 米，重达 225 吨。

基座底部是一个博物馆，馆内陈列着从印第安人到现代移民的历史照片、图画、雕像及实物。参观的人可以进入铜像里面直到女神头部顶端，那儿可以容纳 30 多人，能通过玻璃窗俯视纽约的市景。

自由女神像底座上，有一首特别的诗歌，是埃玛的作品。她于 1883 年为自由女神像底座基金会筹集资金创造了一首诗歌。

美国女诗人埃玛·娜莎罗其（Emma Lazarus，1849—1887），出身于纽约市的一个富有的犹太人家庭。这首诗歌的体裁是意大利式的十四行诗。前八行讲的是一个意思，然而后六行出现一个转折或者递进的意义。在这首诗歌里面，前八行写景，后六行是引号内的几句话，是个明显的转折。诗人用的是矛盾修辞格（oxymoron），以引起读者的注意，是女神内心的呼喊，也是所有美国人牢记和推崇的心里话："旧世界，你要面子就给你面子吧。请你把你那些当作废物扔在海滩上的受苦受累的人们，渴望自由、生活悲惨的人们给我，把这些失去了家园渡海而来的人都给我吧，我为他们举起通向幸福的明灯。"

1903 年诗人去世 16 年后，诗歌被雕刻到自由女神像的底座上，成为闻名的维护移民权益的诗歌。

这首诗歌的汉译较多，据我统计至少有三四个版本，为了让大家理解这首诗的主旨，我译作如下：

The New Colossus①

Not like the brazen giant of Greek fame,

With conquering limbs astride from land to land；

Here at our sea-washed, sunset gates shall stand

A mighty woman with a torch whose flame

Is imprisoned lightning, and her name

① 阮一峰日志，the new Colossus，http：//www.ruanyifeng.com/blog/2006/02/the new colossus.html。

美国社会隐性教育研究

220

Mother of Exiles. From her beacon-hand

Glows world-wide welcome; her mild eyes command

The air-bridged harbor that twin cities.

"Keep ancient lands your storied pomp!" cries she with silent lips.

"Give me your tired your poor,

Your huddled masses yearning to breathe free,

The wretched refuse of your teeming shore.

Send these, the homeless, tempest-tossed to me,

I lift my lamp beside the golden door!"

译文：新巨像

并非无耻的罗德巨像，

到处挥舞征服的臂膀。

海水冲刷日落的地方，

光芒火焰照自由坚强，

火炬燃烧迎宾朋八方，

双子天桥伴目光慈祥。

看古老土地盛载辉煌，

听沉默呐喊呼吸阳光，

弃疲惫贫穷自由渴望，

可怜无家又屡遭重创，

快循灯塔来金门富港。

注释：

罗得岛太阳神巨像，是古代七大奇迹之一。位于罗德港通往地中海的港口，是一个手举火炬、脚踩两岸的青铜巨人（大理石内心外包铜皮）。火炬就是灯塔，为船只导航，船只从它胯下驶过。公元前 282 年建成，30 多米高，公元前 226 年因地震倒塌。

虽然不存在了，巨像启发了众多的艺术家，其中自由女神像的雕塑艺术家奥古斯都·巴托尔迪也受到它的启发（Auguste Bartholdi, 1834—1904）。

希腊神话传说中，金门（Golden Gate）指的是通向金世纪（the golden age）的大门。据神话传说，人们在金世纪里过着无忧无虑的幸福生活，只是因为人性的堕落人们才沦落到了如今的地步。为了返璞归真，自由女神手举灯塔引导移民们从旧世界走向新大陆，是现实中的金世纪。Old lands 泛指一切存在迫害和压迫等不平待遇的老旧国家、旧世界、旧秩序，这个词语常见于诗人所处时代的英美文学作品中。

2. 纽约华尔街的铜牛

大铜牛成为华尔街的象征。

铜牛的主人是一位意大利裔的美国艺术家，叫阿图罗·德莫迪卡（Arturo DeModica, 1941—　）。德莫迪卡到达美国多年后，想做件事情，一鸣惊人，出人头地。想来想去，他花了 35 万美元做了一头重达 3 吨的铜牛。在 1989 年圣诞节夜里用大卡车将铜牛偷偷运到华尔街纽约证券交易所门前，意图祝福股市在新年里牛气冲天，也借此吸引他人的注意。

第二天一大早，他到交易所查看铜牛会发生什么，奇迹果然发生了，他的铜牛已经被记者和警察围得水泄不通。

市政府要求莫迪卡赶紧把铜牛拉走。这时，百老汇大街南端的公园负责人找到德莫迪卡，希望把铜牛放到他们的公园。德莫迪卡看到目的已达到，就同意把铜牛借给他们，这一借几十年过去了。铜牛已被宣布成为纽约的公共财产，不准买卖，德莫迪卡只拥有肖像权。

他的铜牛被制成小工艺品卖给游客，他也从中得到肖像版税。

3. 中央公园的雕像及纪念遗址

1853 年，纽约州议会把从纽约市曼哈顿区第 59 街到 106 街的 700 亩地（2.8 平方公里）划为中央公园，为曼哈顿最大的公园。

（1）纪念碑

1）第七军团纪念碑（7th Regiment Memorial），建于 1870 年，纪念

美国内战期间联邦军第七军团阵亡的 58 人。

2）缅因舰纪念碑

纪念碑建于 1913 年，纪念在 1898 年古巴哈瓦那港口爆炸的"缅因"号战舰上牺牲的 250 多名水手。

纪念碑顶部的镀金雕塑是三海马拉着贝壳战车的哥伦比亚凯旋。基座两侧是代表正义、和平、胜利、勇气和坚韧的寓言人物雕像。

3）107 步兵团纪念碑（The 107th Infantry Memorial）

1927 年建成，纪念"一战"中阵亡的士兵。

（2）毕士达喷泉（Bethesda Fountain）及广场

这是中央公园的中心，雕像于 1873 年揭幕。"毕士达"取自《圣经》，耶路撒冷的一个水池因为天使的力量，具有治病的功效。雕像主体是一位天使，双翼舒展，左手拿着一枝百合，象征着水的纯净；右手自然伸展，泰然自若，水从脚下喷到池子里，表示她的祝福。喷泉旁的四座雕像分别代表：节制、纯净、健康与和平（temperance，purity，health，peace）。

天使正在为身下的池水祈福，以纪念美国内战期间死于海上的战士。喷泉也为了纪念克罗顿供水系统（Croton water system），该系统于 1842 年首次给纽约供应纯净的自来水，这对于之前遭受霍乱流行病的城市来说是非常重要的。

该作品是公园授权他人制作的唯一一座雕像，也标志着纽约市的女士第一次接受公共艺术任务；其作者是爱玛·史泰宾斯（Emma Stebbins，1815—1882）。

爱玛在纽约长大，父亲是银行家，母亲生于加拿大。家人鼓励她发展艺术和写作天赋。1843 年 28 岁时，她成为美国国家设计院（National Academy of Design）成员。1857 年，41 岁时她前往罗马深造。罗马得天独厚的艺术氛围和创作条件让她大为振奋，此后 10 年里她一直定居在罗马，也避开了美国内战。

到达罗马后不久，爱玛遇见了夏洛特·桑德斯·克斯曼（Charlotte Saunders Cushman，1816—1876）。夏洛特是一位魅力十足又极其成功的女演员，当时她结束了 10 年恋情，刚从和前女友分手的痛苦中走出来。1857 年，爱玛和夏洛特一起度过了复活节，两人从此确立了"夫妻"关系（同性恋）。

1869 年，夏洛特做了手术，爱玛悉心照顾，第二年两人回到美国。1876 年夏洛特去世，爱玛整理伴侣的作品，撰写传记等。

（3）各种历史人物雕像

1）克里斯托弗·哥伦布（Christopher Columbus，1451—1506）

1892 年，哥伦布发现美洲 400 周年庆典时，公园建立哥伦布圆环纪念碑。在迈阿密也有哥伦布的雕像。

哥伦布是意大利航海家、探险家。1492 年到 1502 年间四次横渡大西洋，是第一个到达美洲的欧洲人。他相信地球是圆的；发现和利用了大西洋较低纬度吹东风、较高纬度吹西风的风向规律。

2）托马斯·莫尔（St. Thomas Moore，1478—1535）

英国人，其名著是《乌托邦》，以小说的方式描述了一个虚构的国家，自由讨论现实中备受争议的事件。他是欧洲早期空想社会主义学说的创始人，才华横溢的人文主义学者和阅历丰富的政治家。

莫尔主张教皇权力是至高无上的，1535 年因反对英王亨利八世皇帝任教会首脑而被处死。400 年后被罗马天主教皇封为圣人。7 月 6 日他殉难的日子被所有天主教徒铭记纪念。

3）威廉·莎士比亚（William Shakespeare，1564—1616）

英国最伟大的戏剧大师、诗人，文学巨匠。作品众多，有 37 部戏剧，154 首十四行诗，包括著名四大悲剧和四大喜剧。

4）亚历山大·汉密尔顿（Alexander Hamilton，1757—1804）

为美国的开国元勋之一，《宪法》的起草人之一，经济学家，美国的第一任财政部长，美国政党制度的创建者。

独立战争期间，是华盛顿的左膀右臂。

政治观点是"工业建国"和"建立一个强有力的中央政府"等，在美国历史上起着显著的作用。

他创建了美国的货币金融体系。美国政治家韦伯斯特（Daniel

Webster）高度评价汉密尔顿的金融战略，是美国繁荣富强的神奇密码。其金融战略比希腊神话还要美妙、突然和完美。

令人遗憾的是，他因政党相争与副总统阿伦·伯尔进行手枪决斗而身亡，享年 47 岁。

5）罗伯特·彭斯（Robert Burns，1759—1796）

苏格兰民族诗人。

他有一首享誉全球的诗歌《我的爱就像红红的玫瑰》（*My Love Is Like a Red，Red Rose*），他的诗歌影响了许多文学家，例如，美国歌手、作曲家、2016 年诺贝尔文学奖获得者鲍勃·迪伦被问及作曲灵感的来源时，他说是来自罗伯特·彭斯的这首诗歌。

他家境贫寒，靠自学成才。他的诗歌赞美歌颂了农民的淳朴与友谊，农村田园风光的秀美，伟大的爱情，民主与自由。他的诗歌富有音乐性，可以歌唱。著名歌曲《友谊地久天长》（*Auld Lang Syne*）也是彭斯的作品。

在非宗教人士中，彭斯的纪念雕像数量位列第三，仅次于维多利亚女王和克里斯托弗·哥伦布。

6）约翰·克里斯托弗·弗里德里希·冯·席勒（Johann Christoph Friedrich von Schiller，1759—1805）

通常被称为弗里德里希·席勒，德国著名剧作家、诗人、哲学家、历史学家。德国文学史上著名的"狂飙突进运动"的代表人物，也被公认为德国文学史上仅次于歌德的伟大作家。

7）亚历山大·洪堡德（Alexander Von Humboldt，1769—1859）

德国探险家，自然科学家，地理学家，近代气候学、植物地理学、地球物理学的创始人之一。涉猎科目很广，特别是生物学与地质学。有许多美誉，如哥伦布第二、科学王子、新亚里士多德。托马斯·杰斐逊认为他是自己所遇到的最重要的科学家。

他攀登了厄瓜多尔的钦博拉索山（海拔 6272 米），到达距离顶峰只有 150 米的高度，这是当时的登山世界纪录，保持了 36 年。同时，他采集了大量的标本。

225

8）贝多芬（Ludwig van Beethoven，1770—1827）

德国作曲家。该雕像由德国与美国合唱协会捐赠，建于 1884 年。

9）沃尔特·斯格特（Walter Scott，1771—1832）

苏格兰诗人和小说家。

晚年他耳聋得很厉害。一天晚上，朋友在他家聚会。其中一位讲了一个有趣的故事，大家笑得很开心，斯格特也前仰后合。他说："刚才那个故事不错，我还有更拿手的。大家是否愿意听？"于是，斯格特绘声绘色地讲了起来，大家笑得更开心了，有人甚至笑出了眼泪，斯格特也很高兴。可他并不知道他讲的故事和刚刚讲过的故事一模一样。

10）丹尼尔·韦伯斯特（Daniel Webster，1782—1852）

美国著名的政治家、法学家和律师。三次担任国务卿，长期担任参议员。1957 年，参议院将韦伯斯特评选为"最伟大的五位参议员"之一。

19 世纪 30 年代初，他与海恩和卡尔霍恩进行了针锋相对的斗争。韦伯斯特是国家利益的代表者，而参议员罗伯特·海恩是州权论者的代言人，副总统约翰·卡尔霍恩甚至提出各州有权拒绝国会法令。在两次辩论中，韦伯斯特明确提出维护联邦的权力。他主张《联邦宪法》的解释权在最高法院，各州无权解释，任何州都无权拒绝联邦的法令。

11）西蒙·玻利瓦尔（Simón Bolívar，1783—1830）

拉丁美洲的革命家、思想家和军事家。

西蒙生于委内瑞拉。由于他的努力，委内瑞拉等 6 个国家从西班牙独立出来，他被称为"南美的乔治·华盛顿"。

父母是西班牙贵族血统，西蒙 3 岁时父亲去世，9 岁时母亲去世。1804 年 21 岁时成为拿破仑的随从。

12）菲茨·格林·哈莱克（Fitz Greene Halleck，1790—1867）

美国诗人，以讽刺诗歌著称。哈莱克的《诗歌集》（1847）中最著名的诗为《马可·博扎里斯》（*Marco Bozzaris*），是一首关于希腊独立战争的诗。

哈莱克受益于富翁阿斯特。约翰·雅各布·阿斯特（John Jacob Astor，1763—1848）是美国首位真正的大富翁，阿斯特家族创始人，从事皮货和房地产生意，去世时他的遗产有 2000 万美元，是那个时代美国的首富。约等于 2006 年的 1101 亿美元，在美国历史上他的财富排在第四位，第一位是石油大王约翰·洛克菲勒（3053 亿美元），第二位是钢铁大王安德鲁·卡内基（2812 亿美元），第三位是金融巨头科尼利尔斯·范德比尔特（1684 亿美元）。

1800 年开始阿斯特从事对中国的贸易，把海狸毛皮从美国运到中国，销售一空，用销售款项购买茶叶和瓷器，到美国也被抢购一空，获利高达 5 万美元。首航的胜利让阿斯特加大投入，添置商船，组建船队，往返于广州与波士顿之间。中国人伍秉鉴（1769—1843）是他的生意伙伴，是中国的富人。

阿斯特为慈善事业树立了典范，资助过小说家华盛顿·欧文（Washington Irving，1783—1859），欧文是 19 世纪美国最著名的作家，号称"美国文学之父"。阿斯特帮助过"侦探小说的鼻祖"埃德加·爱伦·坡（Edgar Allan Poe，1809—1849）。美国早期的许多艺术家都曾受到阿斯特的慷慨援助，遗赠 40 万美元兴建纽约公共图书馆（New York Public Library）。

阿斯特让哈莱克成为遗嘱的受益人，得以潜心研究诗歌。

13）朱塞佩·马志尼（Giuseppe Mazzini，1805—1872）

意大利爱国者、哲学家和政治家。

他和加富尔与加里波第是意大利的开国三杰，历史学家说："意大利的统一，归功于马志尼的思想，加里波第的刀剑和加富尔的外交。"

14）汉斯·克里斯蒂安·安徒生（Hans Christian Andersen，1805—1875）

丹麦童话作家，被誉为"世界儿童文学的太阳"。《安徒生童话》被译为 150 多种语言。他的 168 篇童话，歌颂了人民的优良品质，揭露了社会的丑恶，发掘出灵魂中最诚实、善良、美丽的东西。翻译家林桦说："安徒生童话在全世界的发行量仅次于《圣经》，《圣经》发现的是神，而安徒生发现的是人，神最终要归结到人，而安徒生却是直接从人到人。"

在公园的池塘边上，"安徒生"坐在那里，手中拿着一本书，书里是丑小鸭的故事。

童年生活贫苦，父母社会地位低，一位是鞋匠，一位是用人，姓氏后的后缀"en"代表着卑贱的身份。

11 岁时父亲病逝。14 岁到首都哥本哈根奋斗，22 岁时崭露头角，被皇家艺术剧院送进学校免费就读，23 岁升入大学。毕业后主要靠稿费维持生活。他非常自卑，认为自己又穷又丑，无法与异性交友，一生未婚，把毕生精力用于童话创作。

15）威廉·特库赛·谢尔曼（William Tecumseh Sherman，1820—1891）

美国内战时的联邦军将领，以火烧亚特兰大和著名的"向海洋进军"而闻名于世。

内战开始时，北方联邦一直处于劣势。他与格兰特并肩作战（格兰特后为美国总统。国会大厦前矗立着格兰特的雕像）。1862 年初，谢尔曼为格兰特制订的作战计划在实战中获得了成功，为北方联邦军的第一次胜利，振奋人心鼓舞士气。1864 年，林肯总统任命格兰特将军为联邦军陆军总司令，调往东部，谢尔曼任西部战区司令。

以将军来命名坦克是美军的习惯做法，如格兰特坦克、谢尔曼坦克、巴顿坦克，布雷德利步兵战车等。

在此，我想提及一下戴维斯"总统"。弗吉尼亚州的首府里士满，曾是南部邦联的首都，建有南部邦联博物馆（Museum of the Confederacy），戴维斯的雕像在多处屹立着。奥斯汀的得克萨斯大学也有戴维斯雕塑。

杰佛逊·汉弥尔顿·戴维斯（Jefferson Hamilton Davis，1808—1889），美国军人、政治家，内战期间，他担任美利坚联盟国总统，也就是南部要独立的邦联各州，他是首任也是唯一的一任总统。

他是兄弟姐妹中最小的一个。父亲和叔伯都参加过独立战争，三个哥哥也因英勇作战而受到尊重。

戴维斯 16 岁时，进入西点军校，并以优异成绩毕业。内战前任众议员及参议员。他在美墨战争中以上校的身份领军作战，其后加入富兰克林·皮尔斯总统内阁，担任美国战争部长。

26岁左右，他爱上了16岁的少女，女方父亲反对，他们偷着在女方姨妈家结婚。不过，结婚3月后，两人都得了疟疾，妻子去世，他侥幸活了下来。

内战失败后，他于1866年被起诉，罪名是叛国。由于美国公民抗议，他被假释，获得自由，居住在新奥尔良，81岁逝世。

他的葬礼非常隆重，为南方所举行过规模最大的葬礼。从这里也可以看出，美国人一般不会采取秋后算账，对政敌异见者还是比较包容的。

16）何塞·朱利安·马蒂（Jose Julian Marti, 1853—1895）

古巴民族英雄、爱国者、革命先驱、记者和诗人，为古巴的独立解放奉献了自己的一生。雕像展示了马蒂在战斗中受伤的时刻。

15岁起他就参加了革命。他创办了《祖国日报》。多次被流放；为古巴独立献出了生命，年仅42岁。

在古巴也有他的雕像。2016年，李克强总理访问古巴，敬献了花圈。古巴国际机场以他的名字命名，另外，古巴政府设立"何塞·马蒂"勋章，2014年习近平主席被授予该勋章。

17）维克多·赫伯特（Victor Herbert, 1859—1924）

爱尔兰裔美国人，作曲家、指挥家、大提琴家。

18）爱德华·肯尼迪·艾灵顿（Edward Kennedy "Duke" Ellington, 1899—1974）

美国著名作曲家、钢琴家、乐队队长。

他生于首都华盛顿，父母都是钢琴家，7岁开始学习钢琴。黑人出身，然而他因为举止优雅、衣着端庄的绅士风度被童年伙伴称为"公爵"。他成为25美分硬币上的第一位非洲裔美国人。

艾灵顿创新了爵士乐，是首位将爵士乐元素、即兴演奏与传统音乐形式结合的作曲家。

他是20世纪最多产、创作形式最多样的作曲家。一生创作了900

多首作品，有人说，"假如他谦虚地说他是第二名，那么，绝对没有爵士乐作曲家敢说自己是第一名"。他获得了 13 次格莱美大奖；1969 年被授予总统自由勋章（Presidential Medal of Freedom）。

黑皮肤的公爵在美国红了 50 年，他组建公爵乐团，突出独奏者的魅力，他擅长根据各个乐手的特色量身定做最能表现其特色的曲目及段落。在乐团全盛时期，独奏乐手有 7—8 人，而一般的乐团只有 3—4 个。

（4）其他雕像

荣誉雪橇犬波图雕塑（Balto，1919—1933）

波图是西伯利亚哈士奇雪橇犬的名字。1925 年波图率领狗拉雪橇队，将白喉抗毒素从阿拉斯加某地运往另一个地方，行程近千英里（1600 公里），拯救了阿拉斯加的儿童。

在克利夫兰自然历史博物馆中也有它的雕像。

另外还有许多雕塑，如印第安猎人（Indian Hunter），为艺术家在中央公园的第一个雕塑。老鹰和猎物（Eagles and Prey）、伦巴灯（Lombard Lamp）、索菲亚·露亚（作家）喷泉（Sophie Loeb Fountain）、德拉克特音乐钟（Delacorte Musical Clock，意大利出版商，慈善家）等。

4. 费城雕像

费城历史久远，许多建筑物历史悠久，古朴凝重、色泽深暗、透着沧桑、磅礴大气。

费城是《独立宣言》、美国《宪法》和国旗的诞生地。1790—1800 年的 10 年间，曾是美国的首都。

（1）华盛顿雕像

1776 年 7 月 4 日，在独立宫组成五人小组，起草《独立宣言》。独立宫楼前是手按《圣经》宣誓就职的国父乔治·华盛顿的塑像。

另外一个地方是华盛顿骑马雕像，四周是其他人物和各种动植物。

（2）富兰克林雕像

在费城有多处富兰克林的雕像。旧邮政大楼前的雕像只刻有"印刷工"（printer）字样。墓碑上也只刻着"印刷工人富兰克林"几个字。

宾大校园里有富兰克林的铜像,波士顿市也有富兰克林铜像。美钞中 100 美元正面为其头像,背面为独立厅。在费城建有富兰克林博物馆。

本杰明·富兰克林(Benjamin Franklin,1706—1790)生于波士顿,家庭贫困,只上了两年学,就当了印刷工。17 岁时到费城谋生,靠个人的勤奋努力,成为一个学识渊博、品德高尚的人,最突出地代表了美国人勇于创新、充满创造力的民族个性。

他研究雷电,发明了避雷针。除了电学,他在许多自然科学领域都做出了新的突破,例如,他发明高效取暖炉。

他参与起草《独立宣言》和美国《宪法》,积极主张废除奴隶制度,是美国第一位驻外大使(法国)。

他创办北美第一个公共图书馆,创办了费城第一所医院,创办了费城大学(后来为宾夕法尼亚大学)。

费城的雕像纪念碑较多,还有,南北战争士兵和水手纪念碑(Civil War Soldiers and Sailors Memorial);罗丹艺术雕像,以及其他各种艺术雕塑。

5. 波士顿雕像

波士顿是美国历史的摇篮,1620 年"五月花"号搭载的第一批移民来到波士顿。很多历史事件和重要名人都与波士顿有关。哈佛大学和麻省理工学院位于该市。

(1)波士顿州议会对面是纪念美国独立战争中的波士顿民兵的雕塑。

(2)波士顿市的法尼尔厅(Faneuil Hall)被称为"自由的摇篮",从 1742 年开始,是一个市场和会议厅。塞缪尔·亚当斯等人曾在那里发表演讲,宣传脱离英国而独立。

大楼前面是萨缪尔·亚当斯的铜像(Samuel Adams,1722—1803)。萨缪尔是总统约翰·亚当斯的堂哥,开国元勋之一,是两届大陆会议的代表,签署了《独立宣言》,参与起草了《宪法》。波士顿"自由之子"的领袖,策划组织了几十名英雄好汉登船,制造了波士顿倾茶事件,成为美国独立战争的导火索之一。1794 年至 1797 年任马萨诸塞州州长。

6. 圣路易斯市雕塑

这座城市标志性的建筑是弧形拱门（Gateway Arch）。这座拱门是为了纪念法国国王圣路易斯九世。

这座雄伟壮观的不锈钢抛物线形的建筑物，高达192米，是美国向西部拓荒的一个象征性建筑，是美国最高的国家纪念碑，也是这个城市最著名的地标。

1964年动工，仅用两年时间建成。拱门内部有缆车可以直达顶层，可以把游客从拱门的一端送到另一端。

7. 芝加哥市雕塑

（1）云门不锈钢雕塑

是个类似椭圆形的不锈钢雕塑，高33英尺（10米），重约110吨。市民们把它叫作"豆子"，远远看去就像是一滴水银。它能将周围的景色映入其中，不同时间、不同角度映出的景色不一样，它能映射出一个千姿百态、变幻莫测、充满浪漫、富有诗意的城市。

（2）林肯公园里的雕像

在绿荫浓密的树林中，矗立着林肯、贝多芬、歌德和莎士比亚等名人的铜像。

（3）杰克逊公园里的雕像

杰克逊公园（为纪念总统安德鲁·杰克逊）在东，华盛顿公园在西，中间是中途公园（芝加哥大学校园），相隔1609米（1英里）。

杰克逊公园因靠五大湖之一的密歇根湖等原因，发展较好。1890年，杰克逊公园成为世界博览会的举办会场，市政府聘请建筑师和雕刻师兴建了大量的建筑和雕刻。

（4）华盛顿公园

以华盛顿命名的公园较多，在首都、纽约、西雅图、波特兰等市都有。

芝加哥的华盛顿公园，当年与纽约的中央公园齐名，设计师是同一人。

因种族问题，黑人占据华盛顿公园。到1930年，黑人占华盛顿西侧总人口的92%。在今天，非洲裔美国人的人口比重已达到99%。也就是说，华盛顿公园西侧变成了一个黑人聚居区。

如今，华盛顿公园成为芝加哥南部贫困、犯罪、贩毒交易、卖淫和枪击案的代名词。

（5）谭继平纪念公园（Ping Tom Memorial Park）

公园沿河建设，中式凉亭色彩鲜明，植满松竹银杏及杨柳，还有儿童游乐设施。

谭继平公园体育馆坐落于芝加哥华埠，耗时1年，充分利用了节能、环保的理念。入口处，醒目地摆放着武汉市政府赠送的雕塑"黄鹤归来"。这一雕塑是2012年9月武汉市政府赠送给市长伊曼纽尔的。

谭继平（Ping Tom，1935—1995），男，祖籍广东（汉语介绍中标识的英文名字是Tan Tom，按照这个英文在网上找不到他的生平介绍。维基百科上有他的介绍，他的英文名字是Ping Tom，美国华人企业家、社会活动家）。

谭先生毕业于伊利诺伊州西北大学，获经济学学士、法学学士学位。

他当过律师。曾任芝加哥华商会第一任会长，曾任中美协进会会长，芝加哥华人咨询服务处顾问，马来亚公司总裁，华埠华人公司、利侨公司老板，华埠发展有限公司总经理。

1987年获得芝加哥人类关系协会颁发的人类关系特别奖等多项奖项，表彰他积极参与改善华埠治安活动、倡议发展住宅、促进族际关系所做的贡献。

8.迈阿密市雕像

（1）哥伦布雕像

在市中心哥伦布的雕像傲然挺立，1953年建立。在雕像的下面基座上，刻有一首诗歌：

He dreamed greatly;　　　　伟大的梦想；

He dared courageously;　　　勇敢的冒险；

233

He achieved mightily;	巨大的收获;
Guided by the hand of God;	在神的引导下;
He gave us a new world—	他给我们一个新世界——
America.	美洲。

1953 年 10 月 12 日

克里斯托弗·哥伦布 （Christopher Columbus，1451—1506），为意大利航海家、探险家，是第一个到达美洲的欧洲人。在西班牙女王的支持下，他先后 4 次出海远航。

（2）各种艺术雕像

迈阿密街头到处都是艺术品雕像。

在一个大楼前面有一个圆溜溜的雕塑，仿佛是两个女士相依在一起，我看不懂作者的真正意思是什么，不过黝黑光滑的大理石让人感到丰乳肥臀的丰满张力。

9. 新奥尔良市雕像

新奥尔良的街道一角都有特别的瓷砖标识，例如，"1762—1803 年新奥尔良为路易斯安那西班牙省的首府"。

（1）安德鲁·杰克逊雕像

杰克逊骑马的雕像矗立在杰克逊广场上，战马前蹄高昂，马嘶长鸣，杰克逊将军左手紧握佩剑，右手高举礼帽，一副沉着英勇的将军风范。这个雕像在美国共有四座，是完全相同的雕像。

安德鲁·杰克逊 （Andrew Jackson，1767—1845），是美国第 7 任总统 （1829—1837）。他是首任佛罗里达州州长，1815 年新奥尔良战斗中的英雄，民主党创建者之一，杰克逊式民主因他而得名。19 世纪 20 年代与 30 年代的第二党体系 （Second Party System） 以他为极端的象征。杰克逊始终被美国的专家学者评为美国最杰出的 10 位总统之一。

（2）圣女贞德雕像

贞德 （Joan of Arc，1412—1431），法国的军事家。在英法百年战争 （1337—1453） 中，她带领法军对抗英军，最后被捕处决。

她于 1429 年解奥尔良之围，后带兵多次打败英格兰的侵略者，并促使查理七世于同年 7 月加冕为王。

以异端和女巫之名贞德被判火刑，她死后成为西方文化的一个重要角色。许多作家和作曲家，包括莎士比亚、伏尔泰、席勒、柴可夫斯基、萧伯纳等都创作过有关她的作品，而以她为题材的电影、戏剧、音乐一直持续到今天。

20 年后，她年老的母亲说服教宗，于 1456 年为她平反。500 年后她被梵蒂冈封圣。

（3）第一座女士雕塑

美国第一座为女人竖立的雕像是新奥尔良的玛格丽特·霍革赫瑞，于 1884 年建立。雕像是一位女士，她坐在椅子上，手揽一个小孩。穿着一双厚厚的普通鞋子，网状的女罩衫，头发后挽着一个发髻。她有些矮胖，长着爱尔兰式的方脸。但是，她望着你的眼神，就好像母亲望着孩子一样。

玛格丽特·霍革赫瑞（Margaret Haughery，1813—1882），被誉为"三角地带的天使""孤儿的朋友""新奥尔良的面包女"（The Angel of the Delta，The Orphans' Friend，The Bread Woman of New Orleans）。

玛格丽特生于爱尔兰。一说，她还在褴褓里的时候，父母就去世了。一说，1818 年 5 岁时她随父母到美国。父母只带着 3 个孩子去了美国，留下 3 个在爱尔兰。登陆后不久，最小的妹妹死于疾病。1822 年，黄热病夺去了父母的生命。不久，弟弟失踪，他们再未见面。9 岁的玛格丽特成了孤儿，由朋友收养。

她 21 岁结婚，第二年（1835 年）随丈夫搬到新奥尔良。可是没过多久，她的丈夫就去世了，小孩也死了。

玛格丽特在洗衣房工作，起早贪黑。

随着孤儿的急剧增多，孤儿院负担不了，他们需要得到帮助。

玛格丽特买了两头奶牛和一辆送鲜奶的小车。她开始每天沿街送奶，边送牛奶边向一些酒店和富贵人家乞讨一些剩饭，然后把食物带给孤儿院。在最艰难的日子，这点食物就是孩子们维持生命的唯一食粮。

玛格丽特还用她的积蓄建了一座房子送给孤儿院。

玛格丽特买下了一间面包房，内战一结束，她就买下了一个蒸汽厂，用蒸汽来烤面包。

她去世时，把攒下的3万美元留给了所有的孤儿。她的遗嘱没有签名，只画有一个钩。

她的葬礼隆重庄严，名人众多，有路易斯安那州在任州长、前任州长、继任州长，新奥尔良市市长，还有一些当地的商界名人等。

另外，关于最早的一座女士雕像，还有一个说法是麻省的汉娜·达斯汀雕像，它早于玛格丽特10年。

汉娜·达斯汀（Hannah Duston，1657—1737），育有9个孩子，被印第安人俘虏，后来她杀死了10名印第安人，成为英雄。具体经过是，她们三人被俘，晚上她们袭击了印第安人，杀死10人，其中6个孩子，当时他们在睡梦中。

后人为她竖立了六座雕像。新罕布什尔州矗立着她的一个雕塑，右手握着小斧头，左手握着一把头皮，于1874年竖立。

从历史的角度来看，有人对她有不同的看法，雕像经常被人涂鸦，鼻子用步枪打烂，是英雄还是恶人？有人提议把雕像推倒。

10. 圣安东尼奥的托马斯雕塑

托马斯·克莱本·弗罗斯特（Thomas Claiborne Frost，1833—1903），教育家（educator）、法官（attorney）、公务员（public servant）、士兵（soldier）、商人（merchant）、银行家（banker）。

他生于亚拉巴马州，毕业于田纳西州的欧文学院（Irving），之后来到得州奥斯汀大学做助理教授。学习法律，获得律师执照。

1857年，加入得克萨斯骑兵队（Texas Ranger），保护当地居民不受印第安人的入侵。当选为地方法官。

1861年，组建得州第一支骑兵步枪队，后来加入南部邦联部队。

1867年，哥哥邀请他参与经商和拍卖生意，后来参与羊毛销售，成为银行家。

他在圣安东尼奥市去世。

11. NBA 著名球星的雕像

NBA 比赛众所周知，其技术和配合已经达到世界顶尖水平。美国不仅建有名人堂以纪念他们。对于一些特殊贡献的球星，在主会场或者公园也设有他们的雕像。商业意识也非常浓厚，销售印有球星号码的运动衫。

飞人迈克尔·乔丹标志性的单手飞扣雕像立于芝加哥。

"大鲨鱼"沙奎尔·奥尼尔的雕像立于洛杉矶斯塔普斯球馆外。在他的大学母校路易斯安那州立大学也有他的雕像，他标志性的动作是双手大力灌篮。

威尔特·张伯伦的雕像在他去世后才完成，在宾州费城76人主场外。雕像分为上下两部分，上部是他单手暴扣，下部是他教小孩子打球。

哈基姆·奥拉朱旺，是火箭队历史上最伟大的球星，因为他信仰伊斯兰教，而伊斯兰教不尊偶像，所以奥拉朱旺没有雕像，只有一个球衣雕像，或者说是个纪念碑，位于休斯敦市。

12. 其他雕像

公共场所现代化的雕像更是五花八门、富有创意，比如，洛杉矶市安永会计师事务所（Ernst & Young；台湾译为：致远，现在改名为：EY）是全球四大会计事务所之一。Ernst 与 Young 是两家公司创始人的名字，1989年两家公司合并，成为当时最大的事务所。然而，他们两人一生从未谋面，巧合的是1948年两人在相隔几天之内逝世。他们给安永留下的是文化遗产，是创新、奋进、职业敏感与职业关注。其大厦前的雕塑是一个手提皮箱、脑袋撞入墙内的铜像。

还有一些非常另类，甚至恐怖的雕像。比如，在华盛顿特区，有座满含忧伤的雕像。其原件作品安放在一个公墓中，这是复制品。

雕像作品叫作"黑阿吉"，据说，直视这座雕像眼睛的人会走霉运。

故事渊源是，巴尔的摩市某医院的护士叫阿吉（Aggie），她善良温柔，深受患者喜欢。但是她照料的病人似乎都难逃病死的厄运，流言四起，有人说她是女巫。后来，她被处死了，然而在她死后的第二天有人证明了她的清白。为了纪念她，人们在墓园里为她立了一座雕像。

传说，她的眼睛晚上会滴血。一群女孩子晚上去试探，第二天，全部死在了雕像前。

这是美国雕塑家奥古斯塔斯·圣·高登斯的作品（Augustus Saint-Gaudens，1848—1907）。高登斯被视为19世纪美国最伟大的雕塑家。在他之前，美国的雕塑家属于理想主义和新古典主义风格，高登斯继承了这种理想主义，并将其与人物的写实主义很好地融合在一起。芝加哥林肯公园中站立着的林肯雕像也是他的作品。

另外，马里兰州的国家港口设有"醒来"雕像，是座埋不掉的巨人雕像，大大的左手露出地面，头部仰天，嘴巴张开，右臂从肩膀处露在空中，仿佛在挣脱挣扎。

除了雕塑，一些特殊的纪念物也会被保留着，比如，金门大桥修建后，在桥头花园有一截钢缆实物，直径接近一米，内部钢丝有27572根。从1933年开建一直到1937年建成，站在宣传板的不同角度，看到的是不同时期大桥的不同景象。

二　美国大学校园中的雕塑

美国大学无论是建筑还是校园风光都非常有观赏价值。

先谈一下常春藤联盟（Ivy League）的8所名校，包括：哈佛大学、耶鲁大学、宾夕法尼亚大学、普林斯顿大学、哥伦比亚大学、布朗大学、达特茅斯大学和康奈尔大学。威廉玛丽大学是美国第二所大学，但是它没有加入常春藤联盟。

另外，还有公立常春藤（Public Ivy），是指同常春藤盟校具有同等教学和学术水平的公立大学。这个词最早是加州大学圣克鲁兹分校的教授理查德·摩尔（Richard Moll）在他的著作《公立常春藤：美国最好的公众本科大学指南》（1985）中创造的。

2012年又评选出新常青藤大学，包括：

私立大学：斯坦福大学、埃默里大学、圣母大学、圣路易斯华盛顿大学、波士顿学院、塔夫茨大学、伦斯勒理工学院、卡内基梅隆大学、范德比尔特大学、麻省理工学院、加州理工学院、罗彻斯特大学、莱斯大学、纽约大学。

公立大学：密歇根大学（安娜堡分校）、加州大学洛杉矶分校、加州大学伯克利分校、弗吉尼亚大学、北卡罗来纳大学教堂山分校、威廉玛丽学院。

文理学院：鲍登学院、韦尔斯利学院、斯沃斯莫尔学院、科尔盖特大学、里德学院、斯基德莫尔学院、阿默斯特学院、富兰克林欧林工程学院、科尔比学院、戴维逊学院、凯尼恩学院、威廉姆斯学院、麦卡利斯特学院。

美国校园中的雕塑主要分为几种：历史人物、神话中的人或者物（或是虚构的奇形怪状的动物）。历史人物主要是逝去的英雄或是为学校的发展做出巨大贡献的校长或校友，可以说，几乎每一所大学都有一个或站或坐的铜雕像。

我们一起浏览一下美国最早的大学。

1. 哈佛大学（Harvard University）

哈佛大学，建于 1636 年，是美国最早的大学，位于马萨诸塞州的波士顿市。

该坐姿铜色雕像蕴含三大谎言，同时鞋头锃光瓦亮，引人注目。底座上写着三行字，JOHN HAVARD，FOUNDER，1638，意思是："约翰·哈佛，创始人，1638 年。"其一错误是，雕像不是哈佛本人的肖像，而是找了一个年轻人为模特；其二，哈佛先生并不是"创始人"，而是一个重要的捐助人，是牧师；其三时间也不是 1638 年，而是 1636 年。左脚锃亮的原因是摸摸脚，智商就会提高。就像在我国旅游，对于一些神秘的东西，"摸摸头不犯愁；摸摸腔，不生病"，只是一个心理安慰而已。

2. 威廉与玛丽学院（College of William & Mary）

威廉玛丽学院，位于弗吉尼亚州，创立于 1693 年，是美国历史上第二所大学，以纪念英国国王威廉三世和玛丽二世，被誉为"美国母校"。1906 年，成为公立大学。

法学院门口的雕塑是约翰·马歇尔大法官（John Marshall，1755—

1835）和他的老师、美国第一位法学院教授乔治·韦思（George Wythe，1726—1806）。

马歇尔是美国政治家、法学家。1800—1801 年出任美国国务卿，1801—1835 年任最高法院第 4 任首席大法官，任职 34 年。任期内曾做出著名的马伯里诉麦迪逊案的判决，奠定了美国最高法院的权威，对国会的法律具有审查权。

马伯里诉麦迪逊案

国父华盛顿总统不属于任何党派，然而从第二任总统开始，权力之争已经非常明显。

联邦党人亚当斯为第二任总统，和第三任总统、民主共和党人杰斐逊政治观点相反，简单地讲，前者强调中央政府权力，后者强调权力下放。

约翰·亚当斯连任竞选没有成功，于是他利用《宪法》赋予的权力任命法官，以达到卷土重来的目的。1801 年 1 月 20 日，亚当斯任命国务卿约翰·马歇尔出任最高法院首席大法官，参议院投票通过。

亚当斯于 1801 年卸任前的倒数第二天，突击任命了华盛顿特区的 42 位治安法官（Justice of the peace），任期 5 年；最后一天晚上，即将换届的参议院匆匆通过了亚当斯总统的提名，这些法官被称为午夜法官（midnight judges）。

国务卿马歇尔当时非常忙，一方面，交接国务卿事宜；另一方面，他已经兼任首席大法官了，准备主持总统宣誓就职仪式，于是乎工作出现了问题，是疏忽也好忙碌也好，不管怎样，有 17 份委任状在马歇尔卸任国务卿之前没能及时发送出去，而是放在办公桌上。

第三任总统托马斯·杰斐逊对亚当斯的做法非常不满，让自己的国务卿詹姆斯·麦迪逊把这 17 份委任状统统扣发。

威廉·马伯里是 17 位被提名的治安法官之一，马伯里等几人向最高法院提起诉讼。

马歇尔面临困境，处理这个案件，非常棘手，他的判决要考虑多方面的因素：从政府方面，现任总统和国务卿根本不理会最高法院。从前任总统方面，国会通过了总统提名、总统签署并加盖了国玺应该就是法律。自己曾任亚当斯的国务卿，是信任的"自己人"。从国会方面，马伯里聘任的律师引用的是国会 1789 年 9 月通过的《1789 年司法条例》第 13 款，该做法没有问题。

他用智慧解决了此案，马歇尔用《宪法》是第一大法解决此案。

首先，他判决委任状没有问题，国会通过，总统签字，盖了国玺，对 17 人的任命就没有问题，是不可撤销的。政府拒发委任状，是法律问题；政府应该提供法律保障。这个判决对亚当斯和他任命的 17 人予以肯定。

然而，马伯里等人期盼的是法院的强制执行力。杰斐逊等民主共和党人早有准备，即便是最高法院下了强制执行令他们也不会执行。但马歇尔避开这个问题，他没有下达强制执行令，把判决转向法律与《宪法》孰重孰轻这一根本性问题。

他引证《宪法》第 3 条第 2 款说："涉及大使、其他使节和领事以及以州为一方当事人的一切案件，最高法院具有原始管辖权（original jurisdiction）。对上述以外的所有其他案件，最高法院具有上诉管辖权。"据此，马伯里既非外国使节，也不是州政府的代表，所以最高法院对这类民告官的案子没有初审权。也就是说，马伯里应该从地方法院起诉，这样马歇尔就把案子推出去了。马伯里要赢官司，只能从地方法院起诉，估计是很难成功的。即便成功，也要费时费力。

马伯里的律师也大名鼎鼎，国会《司法条例》第 13 款规定最高法院有权向政府官员发出执行令。

马歇尔解释说：第 13 款是与《宪法》冲突的。如果按照第 13 款，实际上是扩大了《宪法》明文规定的最高法院的司法管辖权限。如果最高法院执行第 13 款，那就相当于公开承认国会可以任意扩大《宪法》明确授予最高法院的权力。因此，马歇尔正式宣布：国会通过的《1789 年司法条例》第 13 款因违宪而被取消。

这是最高法院历史上第一次宣布联邦法律违宪。马歇尔的成功审判，使得最高法院确立了有权解释宪法、裁定政府行为和国会立法行为是否违宪的制度。

3. 耶鲁大学（Yale University）

耶鲁大学位于康涅狄格州纽黑文区，于1701年建立，是美国第三所大学。

1701年，毕业于哈佛大学的10名牧师，每人捐献40本书，组建耶鲁学院。1718年迁址到纽黑文市。

英克利斯·马瑟（Increase Mather，1639—1723）于1692—1701年任哈佛大学第六任校长，与学校神职人员发生分歧。

儿子科顿·马瑟（Cotton Mather）帮学校与伊莱胡·耶鲁取得了联系，请求他提供经济帮助新建教学楼。耶鲁是威尔士商人，时任东印度公司在印度的代表。他向学院捐助了9捆货物和417本书。为了感谢耶鲁，科顿把学院名字改为耶鲁学院。

耶鲁大学的使命就是教育学生要有远大的抱负，并通过大量的思维训练、社会体验发展他们的智慧、品行、责任感和创造力，使其深受人类丰富遗产的陶冶，服务于美国特有的价值观。（The mission of Yale is to create ambitious students, to develop their intelligence, morality, responsibility and creativity by means of the richest mind training and social experience so that they can be influenced by human legacy and serve the American Values.）①

永远强调对社会的责任感、蔑视权威、追求自由和崇尚独立人格，被认为是"耶鲁精神"的精髓，它是耶鲁人献给世界的宝贵财富。

19世纪末至20世纪初，一些耶鲁学子自愿来中国传教、行医、办教育，在1901年创建了著名的雅礼协会（Yale-China Association），此外耶鲁大学还为中国培养了詹天佑、马寅初等杰出人才。

（1）首任校长雕像

耶鲁大学首任校长亚伯拉罕·皮尔森，即耶鲁大学的创始人。

亚伯拉罕·皮尔森（Abraham Pierson，1646—1707），出生于纽约

① 《总统的摇篮》，《走进耶鲁大学》第11期，http：//www.tingroom.com/print 360727.html。

长岛，父亲是牧师。

1668 年，哈佛毕业，跟随父亲从事牧师职业，10 年后父亲去世，他接替父亲成为牧师。

（2）西奥多·伍尔西雕像

西奥多·德怀特·伍尔西（Theodore Dwight Woolsey，1801—1889），耶鲁的第 10 任校长，牧师，1846 年至 1871 年期间的 25 年里任校长，是耶鲁大学历史上任期最长的校长。

伍尔西于 1820 年毕业于耶鲁大学，到普林斯顿大学学习神学。1831—1846 年的 15 年时间里，他为耶鲁大学希腊语教授。

伍尔西校长能给学校带来好运气。耶鲁和哈佛是竞争对手，之前的多次橄榄球比赛，耶鲁都被打败了。有一次比赛，到了最后一刻仍然是平局，轮到耶鲁罚球，校长亲自上场罚球，一锤定音赢得比赛。校长去看球的时候耶鲁总是赢，因此他的铜像左脚被摸得锃亮，被戏称为"幸运之脚"。

伍尔西在校长任职期间把教授会制度固定下来，确立了"教授治校"的管理特色，学术权力战胜了行政权力。学校的财富和名声都有极大提高。

舅舅德怀特四世曾于 1795—1817 年的 22 年里任耶鲁大学第 8 任校长，该家族与耶鲁大学关系密切。德怀特四世毕业于耶鲁大学，妻子是纽约最富家族。1886 年，德怀特四世的孙子德怀特五世任耶鲁大学校长，共 12 年。

（3）内森·黑尔铜像

内森·黑尔（Nathan Hale，1755—1776）为美国最早的间谍。黑尔是耶鲁大学的毕业生，他为美国独立战争做出了贡献。自告奋勇，到城中打探英军军情，以"间谍罪"被英军送上绞刑架，留下了千古名言："我唯一的遗憾就是只能为我的国家奉献一次生命。"

（4）女生纪念碑

耶鲁大学东亚图书馆前有一个黑色花岗岩的水池，叫女生碑。花岗岩剖面的中间是一个圆孔，每天上午 9 点开始出水，一波一纹向整个桌面漫延，剖面上刻着自 1873 年以后女毕业生的名字和数字。在建校后的 172 年里，学校没有招收女生。

设计者是林璎，是林徽因的侄女。

4. 宾夕法尼亚大学（University of Pennsylvania）

宾大位于费城，成立于 1740 年，是一所私立大学，是美国的第四所大学，是开国元勋本杰明·富兰克林倡导建立起来的。宾大有多个富兰克林的雕像。

5. 普林斯顿大学（Princeton University）

成立于 1746 年，是美国的第五所大学，位于新泽西州的普林斯顿。校园景色幽雅，绿树成荫，清澈的河水环绕小城，静静流淌，文化氛围浓郁，充满贵族气息。2001 年普林斯顿成为全美第一所"无贷款"学校。

1783 年的大陆会议从费城迁到普林斯顿召开。普林斯顿曾经是美国的首都，是建国过程中的第一个首都，只持续了 4 个月，后来又定都在纽约、费城，最后才定都华盛顿。普林斯顿有美国最早的国会大厦。

（1）约翰·威瑟斯彭雕像

约翰·威瑟斯彭（John Witherspoon，1723—1794）是普林斯顿大学的第 6 任校长，从 1768 年到 1794 年任职 25 年；大陆会议的主要人物，也是一位虔诚的基督教徒；是《独立宣言》的签署者之一，在签署者中是唯一一位神职人员，也是唯一一位大学校长。

他毕业于英国爱丁堡大学，在苏格兰教会声誉很高，其著作在美国广为人知。1766 年董事会推选他为大学校长，但是夫人不愿意离开苏格兰，因此谢绝。

两年后的 1768 年，他带着 300 本书，与妻子和 5 个孩子一家人先到达费城，几天后搬到普林斯顿，受到了热烈欢迎。

当时南部殖民地注册入学的比例令人担忧，学校财政也有问题。他有计划地出访招收学生，并说服朋友乔治·华盛顿（国父）给大学捐赠 50 金币（gold guineas，英国旧时金币），华盛顿的养子也是这所大学 1799 年的校友。

教学管理任务繁重。他每周日布道两次，聘任数学和自然哲学教授后，他主要教授哲学、神学、修辞学、历史、法语。

他认为，信仰和理性之间没有冲突，鼓励学生通过实验和经历检验信仰（experiment and experience）。

他的管理是普林斯顿大学的重要转折点。

他重视对神职人员的培养，亲自教授政治和宗教，全心全意支持自由事业，成为大陆会议的领导成员。1774 年，约翰·亚当斯第一次参加大陆会议的途中到访普林斯顿大学，拜访了威瑟斯彭校长，称校长为"自由之子"（as high a Son of Liberty as any Man in America）。

他的许多学生参与政府服务，除了一个总统和副总统，他培养出 9个内阁成员，21 个参议员，39 个国会议员（congressmen），3 名最高法院大法官，12 名州长。

1787 年制宪会议的 55 名成员中，有 9 人毕业于普林斯顿大学，其中 5 人是威特斯彭的学生。（Five of the nine Princeton graduates among the fifty-five members of the Constitutional Convention of 1787 were students of Witherspoon.）

（2）老虎雕像

位于校园里最古老的建筑拿骚大楼（NASSAU HALL）前，现在是大学的行政大楼。

（3）毕加索的女人头部雕塑（Head of a Woman）

（4）亚历山大厅前的现代抽象雕塑

斜倚的人形雕塑是英国雕塑家亨利·穆尔最具代表性的著名作品。透过抽象而富有变幻的艺术空间，能看到被神奇割裂而完美统一的视觉世界。

（5）十二生肖铜首雕像

2012 年 10 月罗伯特逊会堂外增设了雕刻精美的中国十二生肖铜首雕像，是圆明园十二生肖头像的仿制品。十二生肖雕塑群成为普林斯顿大学的旅游新景点。

6. 哥伦比亚大学（Columbia University）

哥大位于纽约市曼哈顿区，于 1754 年成立，为美国第六所大学。

根据英国国王乔治二世颁布的《国王宪章》而成立，取名为国王学院，属于私立的常春藤盟校，为纽约州的第一所大学。

（1）门口雕像

门口有两个站立的古希腊白色大理石雕像，一个代表科学，一个代表艺术。男子左手抱着一个圆圆的球体，上写"科学"（science），女子胸前抱着一本厚厚的书本，从中间打开，面向前方。

哥大的一个经典建筑是旧图书馆，被称作"罗氏图书馆"（Low Library），1897年建成，是哥大的第一栋楼，以第12任校长Seth Low的父亲命名，Seth Low也是最早提出迁址哥大校园的人。1937年开始，该图书馆已经不当图书馆使用，当初的阅读室用于每年的普利策新闻奖颁奖。

（2）图书馆前的Alma Mater雕像

它是雕塑家丹尼尔·切斯特·弗伦奇的作品。丹尼尔（Daniel Chester French，1850—1931），美国雕塑家，作品以富有技巧和表现力而著名，作品包括林肯纪念堂里的林肯雕像，哈佛大学约翰·哈佛铜像等。

Alma Mater是哥大校园里的第一个雕像，这里不是"母校"的意思，而是代表着智慧女神雅典娜，在拉丁语中意为"养育生命的母亲"。塑像右手手持权杖，象征着哥大前身国王学院；左手向前自然伸展；左右两侧的提灯象征着智慧与教育；女神的膝上是一本打开的《圣经》。据说可以在女神衣服的皱褶上找到一只猫头鹰。要是谁能一眼找到猫头鹰，他将被邀请致毕业辞，或者就能在对街的女校找到自己理想的伴侣。

（3）范·阿姆林奇雕像

范·阿姆林奇纪念四方院（The Van Amringe Memorial Quadrangle），常常被叫作范·阿姆四方院（Van Am Quad），纪念大学首位院长约翰·范·阿姆林奇（1836—1915）。两块草坪之间是一个白色圆形建筑，里面有范·阿姆林奇的雕塑。他是著名的教育家、数学家，美国数学学会第一任会长。他毕业于哥伦比亚学院，1865—1910年在哥大做教授，是哥大本科学院的院长，做了无数次演讲，深受学生喜欢。从1911 年开始，数学系设立范·阿姆林奇数学奖，奖励大一大二数学最好的学生。2003 年开始，数学奖扩大到大三学生。

（4）罗丹作品

哲学院门口有罗丹的雕塑作品《思想者》。这是全球 4 个高品质仿制品之一。巨人思想者弯腰屈膝，右手托着下颌，注视下面发生的一切，目光及姿态表现出非常痛苦的心情，不但在全神贯注地思考，而且沉浸在苦恼之中，他同情人类，又不能最终判决那些犯罪的人，所以他怀着极其矛盾的心情。这个雕塑在启迪着大师们如何培养人才，不断地追求真理，让大学卓尔不凡。

（5）《走钢丝的人》

这尊雕塑有两个人，其中一个走在钢丝上，另一个站在他的肩上。是由基斯·韦卡德创作，为了纪念法学院 1907 届的毕业生威廉·约瑟夫·多诺凡将军，作品表现了多诺凡将军的勇气和谋略。

威廉·约瑟夫·多诺凡（William Joseph Donovan，1883—1959），为美国士兵、律师、情报官员和外交官。被人们称为"狂野的比尔"（Wild Bill），为美国现代情报系统之父，中情局之父。"一战"后，他被国会授予荣誉勋章。"二战"期间，多诺凡负责情报办公室，也就是中央情报局的前身。一生荣获 4 枚国家最高荣誉勋章，是唯一的一位。

该雕塑也蕴含着大学教育理念：要培养超过老师的学生，老师肩负重任，艰辛前行，目的是让学生"青出于蓝而胜于蓝"。师生共进，互帮互助，为了追求真理，学生须爱老师，求教于老师，而要发展真理，学生又须踏着老师的肩膀创新发展超越老师。

（6）狮子雕像

由于狮子是英格兰皇室的象征，学校使用"狮子"作为昵称，是哥伦比亚美式足球队的吉祥物，游泳池的底部也画着两个大狮子头。狮子和皇冠被誉为哥大的象征。

1917 年，霍华德·迪埃茨在哥大新闻学院短暂学习后，成为高文图片集团的副总裁。高文集团是米高梅集团的前身，米高梅集团把狮子

下篇 美国社会环境下隐性教育举隅

稍作改动，作为集团的标志。哥大的校歌是"怒吼吧，雄狮！怒吼吧！"而高文集团的雄狮在 1928 年 7 月放映的一部无声电影《南海白影》开始时，发出了第一声咆哮。

化学系楼前面的石狮子叫学者狮（Scholar Lion），是哥大校友毕业生格雷格·怀亚特（Greg Wyatt）2004 年完成的作品并捐赠给哥大。

7. 布朗大学（Brown University）

该校于 1764 年刚创建时，叫罗得岛学院，位于罗得岛州，是美国的第七所大学。1804 年，尼古拉斯·布朗（Nicholas Brown）捐款 5000 美元，为了纪念布朗对学院的慷慨捐赠，罗得岛学院正式改名为布朗大学。

（1）奥古斯都·恺撒铜像（Augustus Caesar statue）

该铜像是完全复制梵蒂冈经典的奥古斯都雕像（Augustus of Prima Porta，Prima Porta 为罗马的一个区）。塑像的手臂在 1938 年的台风中被折断。

奥古斯都·恺撒（Gaius Julius Caesar Augustus，前 63—14），罗马帝国的开国君主，元首制的创始人，统治罗马长达 40 年。原名叫屋大维（Octavian），被尊称为奥古斯都，恺撒大帝是他的外舅祖父。公元前 44 年恺撒大帝指定屋大维为第一继承人并收他为养子，恺撒被刺后屋大维登上政治舞台。他平息了企图分裂的内战，改组罗马政府，给罗马带来了 2 个世纪的和平与繁荣。

盖乌斯·尤利乌斯·恺撒（Gaius Julius Caesar，前 100—前 44），是罗马帝国的奠基者，有恺撒大帝之称。罗马共和国末期的军事统帅、政治家。花了八年时间征服了高卢全境（约是现在的法国），还袭击了日耳曼和不列颠。公元前 49 年，他率军占领罗马，集大权于一身，实行独裁统治。公元前 44 年，恺撒遭暗杀身亡，享年 58 岁。

（2）奥里留斯雕像

马库斯·奥里留斯雕像是整个校园最值得留恋的艺术珍品。

马库斯·奥里留斯（Marcus Aurelius，121—180，又译：马可·奥勒留），古罗马的第 16 任皇帝，统治罗马 19 年。

马库斯是 2000 年上映的电影《角斗士》（Gladiators）中的老皇帝。他希望罗马军队里最有威望的将军马克西姆斯继承王位，可见他用人唯贤、唯能的博大胸怀。不过引起了残忍凶狠的儿子卡默多斯的怨恨与不满。儿子弑父篡位，并下令杀死马克西姆斯将军。马克西姆斯潜逃埋名，被迫成为竞技场里的角斗士，然而他丰富的作战经验使他逐步成为最受欢迎的角斗士之一。马克西姆斯用自己的声名和角斗技术带领罗马人民起来推翻暴君。

马库斯有一本著作《沉思录》（Meditation），被尊为服务和职责的哲理巨著，描绘了如何发掘和保持平静心态，一如佛陀教诲，与老子的《道德经》不谋而合。他的思想继承了古希腊的精神，而古希腊的哲学思想，和中国的哲学思想何其相似。

例如，从祖父那里，我学会了待人以善，也领会了克性守礼。（good morals and the government of my temper.）

接受命运约束你的事物，爱那些命运让你们相遇的人，而且要全心全意。（Accept the things to which fate binds you, and love the people with whom fate brings you together, but do so with all your heart.）

做每件事就像做最后一件事一样。不烦躁焦虑，不麻木冷漠，亦不带偏见。这就是完美性格。（Execute every act of your life as though it were your last. Never anxious, never apathetic, never with an attitude—here is the perfection of character.）

如果你总是想别人明天会怎么看你，你是在浪费神所赋予你的今天大好时光。（You are wasting time that god has given you today, if all your mind is set on what men will say of you tomorrow.）

8. 达特茅斯学院（Dartmouth College）

该学院成立于 1769 年，位于新罕布什尔州的汉诺佛小镇。

1816 年，州政府打算接管该学校，将其变为公立大学，但达特茅斯学院没有让步。校友丹尼尔·韦伯斯特上诉到最高法院，感动了大法官，赢得了官司，奠定了美国私立学校独立发展不受政府干预的基础。丹尼尔的结束语是："先生，正如我所说的，这是一所小学校，然而它具有喜爱它的所有魅力。"（It is, Sir, as I have said, a small college. And yet there are those who love it.）基于这个原因，达特茅斯学院一直称呼自己为"学院"，绝不升格改名为"大学"。

丹尼尔·韦伯斯特（Daniel Webster, 1782—1852），美国著名的政治家、法学家和律师，曾三次担任美国国务卿，长期担任参议员。1957年，参议院将韦伯斯特评选为"最伟大的五位参议员"之一。

丹尼尔的雕像在纽约中央公园中设立（介绍参见纽约中央公园）。

毕业生特色：擅长经商，但是没有担任校长的。

学校的竞争对手是康奈尔大学，自己的昵称是大绿（Big Green），应对康奈尔的大红（Big Red）。

9. 康奈尔大学（Cornell University）

该大学成立于 1865 年，位于纽约州伊萨卡市（Ithaca）。有 3000 英亩（18000 亩）的校园，有经典的维多利亚式建筑，是常青藤联盟大学中校园环境最漂亮的大学。

伊萨卡（Ithaca）受欧洲文艺复兴文化的影响，是希腊西部的一个小岛，据说是荷马史诗《奥德赛》主人公俄底修斯的故乡。

徐志摩曾到康奈尔大学游学，译之为"伊的家"。据说胡适给了一个形象而美丽的译名"绮色佳"（音"起"。美丽）。冰心也在那里访过学，称之为"婍色佳"（音"起"。容貌佳）。笔者认为：旖（音 yi，上声。柔和）、漪，同"渏"（音"一"。水流），都可以是这个美丽城市的译名。

康奈尔大学是常春藤盟校中第一所男女合校的大学。一开始就致力于把大学建成一所人人都能上得起的大学。2007—2008 学年，64% 的康奈尔学生领取了各类资助。校训："我将建立一座任何人在此都能找到所有学科教育的机构。"（I would found an institution where any person can find instruction in any study.）

录取率 30% 左右，最容易被录取，但最难毕业。

（1）康奈尔雕像

康奈尔大学共同创始人伊斯拉·康奈尔（Ezra Cornell, 1807—

1874），美国商人、政治家、慈善家、教育管理者。曾担任纽约州的参议院。

（2）校长雕像

康奈尔大学第一任校长安德鲁·迪克森·怀特（Andrew Dickson White，1832—1918）的雕像是坐着的。他和康奈尔共同创办该大学，带领大学特别是在农业研究及工程学上表现优秀。从 1865 年建校到 1879 年的 14 年里，他担任校长。辞去校长职务后，他成为美国驻德国（1879—1881）公使、俄国（1892—1894）公使及驻德国大使（1897—1902）。在俄国时，怀特认识了作家列夫·托尔斯泰。

这两位创始人是非常好的朋友，两个雕像面对面，中间的路上分别有一串不同颜色的脚印，方向都是朝着中间。据说晚上两人会走到中间来说话。

10. 斯坦福大学（Stanford University）

（1）加莱义民雕像

《加莱义民》是罗丹的代表性群雕之一，取材于历史真实故事。14世纪中叶英军入侵法国，加莱城忍辱受降。英军要求六个有威望的加莱居民，拿着加莱城的钥匙去英军处受降并被处死，还要求必须光着头，穿着囚服，脖子上套着绳子。为了保全加莱城人民的生命与财产，这六个义民光荣地献出了生命。

罗丹以真实的手法创作了这些历史人物，赋予了每个人独特的个性和精神，面容多样，有坚定的人，有绝望的人，也有顺其自然的人。

（2）罗丹雕塑公园

斯坦福大学艺术博物馆收藏着近 200 个罗丹的作品，大多数在博物馆的室内，还有一部分陈列于校园里的罗丹雕塑公园。

《地狱之门》题材取自但丁的《神曲》。《地狱之门》上面共雕有 186 个人物。

《地狱之门》是罗丹一生中最为非凡的作品，他连续不断地工作了 37 年。直到去世前一年，还在修改上面的雕像。

罗丹公园里的雕塑，大多来自地狱之门。《地狱之门》最顶上是

"三个幽灵"，他们站在那里，头部互相接近，三只手臂都指向下面的地狱。

"殉教者"与真人大小相仿，是一个平躺在地上的女人，身体微向左侧，头向左后方仰，面部向上，目光绝望迷离。

11. 麻省理工学院（MIT）

麻省理工的雕像比较突出抽象性。

2012 年 5 月，蕴含着中国元素的新雕塑《圆石链》落户麻省理工，这是旅美华人艺术家蔡国强为大学创作的公共艺术品。他擅长焰火作品，2008 年北京奥运会开幕式上的 29 个焰火"大脚印"，就是他的作品。2003 年他在麻省理工访问交流一年，因此，他从家乡福建泉州用一块 10 米长的巨石，精心设计雕刻成石环，作为礼物赠给麻省理工。

虽则校园里没有创始人罗杰斯的人物雕像，我还是想给大家介绍一下。

麻省理工是罗杰斯于 1861 年在波士顿创立的，由于当时处在南北战争期间，直到 1865 年才有了第一批学生。

威廉·巴顿·罗杰斯（William Barton Rogers，1804—1882），19 世纪著名的自然科学家，1861—1870 年以及 1879—1881 年间两度担任麻省理工学院的校长。

他出生于宾州费城，父亲从爱尔兰移民到美国，后来成为大学教师。1819 年父亲成为威廉玛丽学院的哲学、数学教授，直到 1828 年去世。

罗杰斯有一个哥哥两个弟弟，都是出色的科学家。哥哥詹姆斯是化学家；弟弟亨利是地质学家；弟弟罗伯特是化学家。

他曾就读于威廉玛丽学院，但未能取得学位。

1828—1835 年，罗杰斯在威廉玛丽学院任教。1833 年弟弟亨利从英国回国，对地质学充满热情，两人共同研究，成为当时著名的地质学家。研究阿巴拉契亚山脉的煤层，为工业革命铺平了道路。1835—1853 年他在弗吉尼亚大学任教，长达 28 年，为物理学家、地质学家。辞职后，到达波士顿，主要是想建立一个以技术为主的大学，他创办了麻省理工学院，为了募捐和引起关注，他做了很多报告。1861 年，他被任命为马萨诸塞州的石油仪表督查，提高了测量标准。

45 岁结婚。

弗吉尼亚的最高峰被命名为罗杰斯山。

12. 西点军校（The United States Military Academy，又称 West Point）

西点军校成立于 1802 年，其正式名称为"美国军事学院"，位于纽约州，占地 1.6 万多英亩（近 10 万亩），距离纽约市约 80 公里。

首任校长是乔纳森·威廉姆斯，他是著名政治家本杰明·富兰克林的外孙。

西点军校内的广场、道路、建筑、大厅、会议厅都是以著名军事将领或西点名人的名字命名的，如华盛顿大楼（国父）、萨耶尔大楼（校父）、马汉大楼（美国海军理论和战争理论之父）、格兰特大楼（内战时的北方联邦军司令）、谢尔曼军营（内战时的北方联邦军将军）、罗伯特·李军营（内战时的南方邦联军总司令）、潘兴军营（"一战"时欧洲远征军总司令）、艾森豪威尔大楼、麦克阿瑟军营和雷兹广场等。

马汉大楼里有一个阿诺德厅（美国首任空军总司令），厅内有美军历史上各航空联队（军级）的标志和文物，包括支援中国的美国陆军航空兵陈纳德将军率领的飞虎队的一些纪念文物。

校园内立有多座名人的塑像和纪念碑，包括国父华盛顿、校父萨耶尔、早期设计堡垒的波兰人萨丢斯·科什乌兹科、约翰·塞杰维克雕像、五星上将艾森豪威尔雕像、五星上将麦克阿瑟雕像。

（1）萨丢斯·科什乌兹科上校雕像

西点军校成立之前，1778 年美国邀请波兰人萨丢斯·科什乌兹科上校（Tadeusz Kościuszko，1746—1817）协助设计西点军事要塞。他参加过独立战争中扭转战局的萨拉托加战役。经过勘察，他在西点这个重要的 S 形河道处建立了大小 14 个据点，控制河道和防御水陆两栖的进攻。各据点彼此呼应，相互支援，形成一个完整有效的防御体系。可以说，一夫当关万夫莫开，地势险要固若金汤。英军如果从水路入侵，无异于自投罗网。

为了纪念这位波兰人，1828 年西点军校为他竖立了塑像，这是西点的第一座人物雕像。

（2）西点军校校父萨耶尔的塑像

萨耶尔被尊称为西点军校校父，不过他不是首任校长，而是建校后第 15 年才任校长，贡献突出。

雕像矗立在校长楼的斜对面，仿佛注视着西点的一切。

西尔维纳斯·萨耶尔上校（Colonel Sylvanus Thayer，1785—1872），1817 萨耶尔成为校长（superintendent），到 1833 年共 16 年的时间。他在任期间采取了许多重大措施，取得了重大成绩，提高学术水准，严明军事纪律，强调诚实正直。还倡导了萨耶尔教学法：由通晓专业知识的教官进行小班授课，学员和教官对课程进行讨论，该方法至今被广泛应用。

萨耶尔把土木工程设置为学校的主要课程，其毕业生修建了美国最初的大部分铁路、桥梁、港口和公路。美国内战之后，课程开始扩展到土木工程之外的领域。

（3）约翰·塞杰维克的塑像

约翰·塞杰维克（John Sedgwick，1813—1864），在其他学校任教 2 年后，到西点军校上学，1837 年毕业，成绩在 50 人中排名第 24。后任联邦军陆军少将军长，内战期间牺牲。塞杰维克是当时牺牲在战场上的最高级军官。（葛底斯堡国家公园也建有他的雕像）

一个传说是，如果西点学员穿着白色制服、装备武器，外罩行军灰色礼袍，在子夜转动赛杰维克雕像马靴上马刺的齿轮，在期末考试时将得高分。（Academy legend has it that a cadet who spins the rowels of the spurs on boots of the statue at midnight while wearing full parade dress gray over white uniform under arms will have good luck on his or her final exam.）[①]

他被子弹击中后说的最后一句话很有讥讽性："你们为何躲避？在

① John Sedgwick，https：//en. wikipedia. org/wiki/John Sedgwick.

这个距离上，他们不可能击中大象。"（Why are you dodging like this? They couldn't hit an elephant at this distance. ）格兰特将军听到死讯时，非常吃惊，不停地问："他真的死了吗？"（Is he really dead?）对手下说，他的牺牲比失去整整一个师部都要糟糕。南方将军罗伯特·李也对老朋友的牺牲深表遗憾和伤痛。[①]

（4）艾森豪威尔雕像

德怀特·戴维·艾森豪威尔（Dwight David Eisenhower, 1890—1969），欧洲远征军最高司令，哥伦比亚大学校长，第 34 任总统，他是美国唯一一个当上总统的五星上将。（参见章节"总统图书馆及博物馆"）

（5）道格拉斯·麦克阿瑟雕像

"二战"盟军统帅麦克阿瑟（Douglas MacArthur, 1880—1964），五星上将，赫赫有名。有长达 50 多年的军事实践经验，是美国战争史上的奇才。

1903 年毕业于西点军校，成绩是全班第一，平均 98.43 分，创造了西点军校的毕业分数最高的纪录。他在西点上学时，母亲租房陪读，每天早上看儿子出操，整整陪读了 4 年。

1917 年参加"一战"，任第 42 步兵师参谋长，该师成员来自美国各州，被称为"彩虹师"。1919—1922 年任西点军校校长，是该校最年轻的校长，被誉为"现代军事教育奠基者"。

1922 年，前往菲律宾担任驻菲美军总司令。

1928 年，担任美国奥林匹克委员会主席。那次奥运会上，美国队取得了有史以来最好的成绩。

1930 年，出任陆军参谋长。成为美军历史上最年轻的陆军参谋长，成为当时军队中唯一的四星将军。

1937 年，担任菲律宾总统的军事顾问。成为菲律宾的元帅，也是美军中唯一被外国授予元帅的人。

1941 年，罗斯福总统任命他为美军远东部队总司令。12 月，第二

---

① John Sedgwick, https://en.wikipedia.org/wiki/John Sedgwick.

次世界大战全面爆发，率部开始菲律宾保卫战。

1945 年 8 月被任命为盟军最高统帅，代表盟国在日本投降仪式上签字。

仪式在军舰上举行，舰上本来悬挂的是海军五星上将尼米兹的将旗，麦克阿瑟坚持要把自己的陆军将旗也挂上去，同一根桅杆挂两面旗帜，这在美军历史上是首次，也是唯一一次。

签字时，他用了五支派克金笔：第一支写了 doug，送给身后的美国中将温赖特（Jonathan Wainwright）。当时他皮包骨头，弱不禁风；第二支写了 las，送给身后的英军司令帕西瓦尔（Arthur Percival）。此前他们二人被日军关押在中国沈阳，经历了 3 年磨难。签字仪式后，麦帅又将温赖特和帕西瓦尔用专机送到马尼拉，让当年俘虏他们的山下向他们签字投降。第三支写了自己的姓氏麦克阿瑟（MacArthur），送给美国政府档案馆；第四支写了职务和军衔"盟军最高统帅"（Supreme Commander），送给西点军校；第五支签了年月日，这是支粉红色派克笔，送给妻子。

1945—1950 年，作为盟军总司令和占领军最高指挥官，全面改造日本。

1950 年 9 月，指挥"联合国军"在仁川登陆，导致中国抗美援朝。

麦帅被杜鲁门撤职，回国时受到热烈的欢迎，几天后，在国会发表演说《老兵不死》，名言是"老兵永不死，他只是悄然凋隐"。

婚姻

1922 年结婚，时年 42 岁，但是妻子希望他弃戎从商，麦帅坚决反对，两人离婚。1935 年 10 月，他前往菲律宾赴任的轮船上，认识了 35 岁的琼·费尔克洛斯，两人一见钟情，1937 年结婚，生下一个儿子，是他唯一的孩子，那时他 58 岁。

（6）巴顿雕像

乔治·巴顿（George Smith Patton，1885—1945），为陆军四星上将，"二战"中著名的军事统帅。巴顿作战勇猛顽强，重视坦克作用，强调快速进攻，有"热血铁胆""血胆老将"之称。

巴顿说，只要能让我打仗就行，谁是上级，谁是下级无所谓。巴顿火爆的性格和无遮拦的言论影响了他的前程。巴顿在德国外出打猎时突遇车祸而受重伤，不久后逝世，一说是谋杀。

1950 年，西点军校图书馆对面建立了巴顿塑像。他头戴四星的钢盔，身着戎装，手持望远镜，面对图书馆。巴顿花了 5 年时间毕业，比正常多 1 年。他曾经幽默地说，没有找到图书馆。这个雕像的寓意也很幽默，你不是说找不到图书馆吗？你手拿望远镜，总该找到了吧！

（7）战斗纪念碑（Battle Monument）

耸立于哈得逊河口处，是一个高高的花岗石纪念碑，是西半球最高大的整块花岗石纪念碑。上面刻有 2000 多个名字，纪念在美国内战时牺牲的战士。顶部是一个插翅欲飞的女神"名声女神"（Lady Fame）。四周是八个基座，上有大炮和圆球。每个基座上有两门大炮，永远镇守着哈得逊河；两门大炮的中间放置着一个大理石圆球，圆球中间平行于地面绕着一圈铜色圆环，刻有阵亡战士的名字。

（8）毕业墙

第 46 期学员毕业前的一天深夜，学员们执行离校前的最后一次水上巡逻，因疏忽大意导致巡逻艇撞上了海上的油轮。要想活命只能爬上油轮高达 4.2 米的甲板，当时没有任何攀岩工具，他们靠搭人梯的方法爬上了甲板。

学校知道这事儿后，在训练场上搭起了高达 4.2 米的墙，每一期学员以 60 人为单位必须在 15 分钟内全部爬过高墙才能毕业。

攀爬方法：最早上墙的学员由下面的人推举上去，然后从上面接应后面的学员，那么最后一名不能助跑，不能跳跃。如何够得着上面接应的同伴？方法是上面的学员倒垂下来，用手接住最后一名的双手。最后一名学员的双腿先往上翻，由上面的伙伴抓住后拉上去，就成功了。

12. 得州农工大学（Texas A&M University）

（1）校长雕像

铜像是前校长劳伦斯·苏利文·罗斯（Lawrence Sullivan Sul Ross, 1838—1898）。他曾当过兵，曾任参议员、州长，之后担任过农工大学校长。许多重要的仪式都在雕像那里举行，比如纪念逝去的校友活动（Silver Tap），毕业前校园行走活动（Elephant Walk），大屠杀纪念周（Holocaust Remember Week，在铜像前朗诵"二战"期间被屠杀的犹太人的名字）等。

铜像脚下有许多学生捐赠的硬币，学生认为这样可以得到更高的分数。

（2）戒指雕像

从第1889届学生开始，在校生课时达到一定要求，就可以申请纯金戒指，内侧刻有学员的名字。价格在2000美元左右，学校补贴一半多。

2009年9月18日学校为新建立的黄铜大戒指复制品（replica）揭幕，金黄色的戒指重量达6500磅（近3000千克），高12英尺（3.66米）。它的意义刻在校友中心的墙上：今天你继承了仁慈的瑰宝，全世界都羡慕嫉妒。（Today you inherit a legacy of benevolence that is admired and envied throughout the world.）

13. 得克萨斯理工大学（Texas Tech University）

威尔·罗杰斯雕塑

威尔·罗杰斯（Will Rogers，1879—1935）曾是得克萨斯州的一名牛仔，后成为艺人、幽默作家。

威尔·罗杰斯骑马的雕塑位置特殊，马屁股朝着竞争对手得克萨斯农工大学。在主场橄榄球赛前，该雕像会被缠上红色的纱绸；发生国家灾难事件时，被缠上黑色的纱绸。

14. 莱斯大学（Rice University）

莱斯大学占地不到1800亩，相当于潍坊学院的面积。大学里有一个很大的草坪，两边是枝叶繁茂的橡树，命名为邓肯橡树，是纪念查理·邓肯（Charles Duncan）为大学所做的贡献。

捐资者对于橡树的保护值得我们关注，一棵橡树就是一个招生名额。开始是689棵橡树，因此第一届招了689个学生。到后来校园里的橡树"饱和"了，共4890棵。莱斯规定：无论到何时，学校里的学生不许超过 4890 人!

目前,本科生、研究生加起来总数是 6000 多人。与斯坦福大学、加州理工学院、麻省理工学院等 25 所高校被称为"新常春藤"院校。

(1)莱斯铜像

莱斯大学是私立大学,1892 年由得州巨富威廉·马歇尔·莱斯创建。1912 年开放。

威廉·莱斯(William Marsh Rice,1816—1900),生于麻省,22 岁到达得州。在得州和路易斯安那州投资土地、房地产、木材、铁路、棉花等。34 岁结婚,岳父是铁路大王。后来,搬到纽约州。

(2)柏林墙

2000 年起,柏林墙纪念物被树立在莱斯大学校园。

柏林墙上写着"Salut mes amis"(你好,我的朋友),是在 1989 年倒塌之前涂写上的。

15. 黎巴嫩谷学院(Lebanon Valley College)

该校成立于 1866 年,位于宾夕法尼亚州。该校的雕像是"热狗"店主人弗兰克·艾特莫斯。如果说其他高校中的人物雕塑都是有名的历史人物或是著名校友,黎巴嫩谷学院的人物雕塑就比较特殊了。弗兰克·艾特莫斯雕像,真人尺寸、穿着围裙,1997 年起矗立在校园。艾特莫斯于 1928 年在小镇上开了一家热狗店。当然,他是这所学院的好朋友。

除了人物雕像,大学校园里还有许多概念雕像,也就是各种雕塑艺术品,有抽象的,也有写实的,构成了校园的特有风格和历史印记。

美国高校的传统活动较多,不少高校的学生活动都与雕塑有关。给雕塑戴花环、缠胶带等都不算过分。例如,麻省理工学院的地标被学生在前面加上了 V 和 O,成了 VOMIT "呕吐"。可以说,麻省理工学生的聪明和求知欲无与伦比,任务越复杂,越富有冒险性和探索性,学子们也越有兴趣。几年前,一群麻省理工的学生晚上到哈佛校园,将哈佛的铜像打扮成游戏中的超级勇士。戴上了游戏主角的头盔,手臂靠着一把机枪,右肩戴着理工学院的海狸肩章。

加州理工和麻省理工，一西一东，是竞争的对手。2006年加州理工校园内的加农炮，被麻省学生虚设了一个公司，光明正大地骗过保安，从西海岸搬运到东海岸。这门大炮是加州理工的镇宅之宝，每年举行活动时鸣炮致礼。加州理工学院校长、前麻省理工教授戴维·巴尔的摩称麻省理工的行动"富有想象力"。

有些雕塑是艺术品，比如，美国学生联合会总部蒙娜丽莎雕塑，由电脑晶片组成；美国新墨西哥州圣达菲某大学的雕像是臀部坐进了地面以下的女士雕塑。

有时，学生也会把雕塑当成菩萨，供奉尊敬，"保佑"通过考试、顺利毕业。马里兰大学（University of Maryland）的雕塑是陆龟（Testudo），学期期末时，同学们会给这只乌龟提供食物和其他"献祭"，祈求保佑。

三　国家机关及机构的雕像

美国的联邦机构、各州州府、市政厅以及事业单位的主楼，总有一些与该单位发展密切相关的纪念性雕像或者纪念厅（馆）。

1. 中央情报局

在总部大楼前建立了内森·黑尔的雕像。

内森·黑尔（Nathan Hale）是独立战争期间著名的爱国者、民族英雄，美国第一位间谍，被英国处以绞刑。（事迹参见本节；又见本书总统图书馆）

2. 得州州府奥斯汀议会大厦前的雕像

首府奥斯汀议会大厦前矗立着多个铜铸雕塑，多是手握长枪、骑在马背上的西部牛仔形象，纪念当年的得州游骑兵。

当然在维科市的骑兵名人堂的外院，也有这个形象。

内战时期南部邦联诸州的总统杰斐逊·戴维斯说："特里游骑兵已经做了我们期盼或者要求士兵们所做的一切。"（The Terry Rangers have done all that could be expected or required of soldiers.）

3. 路易斯安那首府内雕像

州府大厦前的台阶上刻着美国各州的名字和时间，最低的台阶上刻着最早加入联邦的州名和时间，依次递进，以此纪念美国的历史。

进入路易斯安那州的大厦，在一楼大厅是多个白色的大理石雕像。

其中之一是威廉·查尔斯·克莱本（William Charles Cole Claiborne，William C. C. Claiborne，1775—1817），他是路易斯安那州的第一任州长，美国最年轻的议员，22岁当选众议院议员。

他生于弗吉尼亚，16岁到纽约市。父亲有限的支持迫使他完全依靠自己的努力完成个人学习计划，开拓未来前景。

在众议院任职员（当时众议院所在地在纽约），跟随联邦政府搬到宾州。开始学习法律，1794年到田纳西从事律师行业。1796年被州长任命到最高法院工作，第二年辞职参选众议员。

美国购买路易斯安那地区之后，他于1803年到达该地区负责过渡，任总督。1812年，路易斯安那加入美国，他竞选成功，成为该州第一任州长，任期4年。1817年任联邦参议员，直到去世。

有三个县以他的名字克莱本命名，分别属于路易斯安那州、密西西比州和田纳西州。

不论是人物雕像，还是非人物雕像，一方面纪念他们曾经为社会、国家机关、学校或其他机构的发展所做的贡献；寓意着历史文化的传承和延续，给人一种历史的浓厚感；提供更广阔的遐想空间，体味设计者的创新创意，启发观摩者的灵感。而另一方面也是非常关键和重要的一个作用，这些雕塑时时刻刻给后人以潜移默化的教育，改变着他们的思想和行为。

第六节 特色鲜明的得州博物馆

得州是美国本土面积最大的一个州（阿拉斯加面积最大，本土之外）。人口达2300万（2006年），为仅次于加州（3300万）的第二大州。

得州有254个郡，是美国拥有最多郡的一个州，分为中部、北部、东部、南部及墨西哥湾区、西部及潘汉德尔区域（Panhandle）（County，县、郡，在美国county比city范围大）。

261

得州的历史非常久远，具有浓厚的文化气息，得州从墨西哥独立成为共和国，再到加入美国成为一个州，可以说，其发展之路构成了孤星之州独特的文化。因为面积大，地广人稀，再加上西部牛仔的特殊性，这种"野云万里无城郭，雨雪纷纷连大漠"的边疆生活让得州人建立了较多的堡垒、要塞、军营及栅栏来抵御外敌，具有独特的边疆风情与风格。

得州的博物馆众多，即便是一个小城市、小镇都有博物馆，不仅具有大型博物馆"博"的特点，也具有鲜明的地方特色，是很好的教育基地。得州是西部开拓者们的边疆地带，面积广大，资源丰富，特别是石油储藏量巨大。大多西部牛仔影片与得州密切相关，荒凉、原始、暴力、粗犷是那里的特点。历史小镇宁静的古建筑给到访者慢慢诉说着历史，各种博物馆为后人了解开拓者们的艰辛提供了便利。

本节主要内容：一、得州的独特风格（得州的"独立"情结、得州丰富的资源、得州人的开拓精神、得州的异国文化）；二、得州的部分博物馆艺术馆（简略介绍61个博物馆）。

一 得州的独特风格

下面是几个笑话，供大家一乐。虽则是一些笑话，也能看出得州地域的一些特点和得州人的幽默。

笑话1：在得州有一个流传很久的笑话，问："下一个名胜在哪儿？"答："不远，沿着路往前走，就能看到，也就一百英里。"

笑话2：得州人和澳洲人炫耀农场，得州人不以为然地说："不算什么，我的麦地至少有这两个大。"澳洲人又让得州人看自己的牛群，得州人立即说："这算什么？我养的牛至少有它们两个大。"无论怎样，得州人都会吹嘘自己的更大，谈话陷入僵局。

这时，一群袋鼠蹦跳着经过，得州人惊奇地盯着这些从未见过的怪物："这是什么动物？"

澳洲人漫不经心地抬起头，紧皱眉头说："怎么？你们得克萨斯连蚱蜢也没有吗？"

笑话3：

第一位夸耀地说："你们知道吗？我家后院有8口油井。"

"这不算什么！"第二位反驳说，"你知道吗？我家厨房里就有一口油井——做饭都是直接在油井上点火！"

"这不稀奇！"第三位不服输地说，"我家汽车的后座上就有一口油井！我的汽车从来不需要加油。"

1. 得州的"独立"情结

得州一直都有一种与美国其他各州不同的意识，即"区别"意识：从1836年到1845年，得克萨斯是一个独立的国家——得克萨斯共和国，独立了9年时间。因此长期以来，部分得州人都有着自己的独立意识，喜欢和首府华盛顿唱反调。

美国内战时，得州人有的希望加入南方邦联而独立，希望"独立"的人数和反对人数之比是4∶1，可见希望独立人士的比例突出。不过，时任州长休斯敦先生宣布即便是回到独立状况也不加入南方各州的叛乱。南部邦联最后通牒他，如果两天内不加入南方各州，就要罢免他。休斯敦凛然不屈，因而被罢免州长职位。那一年，休斯敦已经68岁，他解甲归田。两年后的1863年7月，休斯敦病逝于他的故乡亨茨维尔，他预言南北战争南方各州一定会失败，但他没有能够活到那一天。

1995年12月，理查德·兰斯·麦克拉伦发起成立了"得克萨斯共和国临时政府"，认为该"国"自南北战争后被"美国非法占领"，得州应该独立。

这些独立派的观点不一，分成三派，第一派麦克拉伦主张"军事斗争"，第二派大卫·约翰逊和杰西·恩洛埃主张上层暗杀，而第三派丹尼尔·米勒和阿尔奇·洛夫，时而主张合法方式，时而迎合麦克拉伦派或者约翰逊派的主张。

1997年，麦克拉伦的妻子被捕，麦克拉伦为了营救妻子，绑架了两名人质，并与军警对抗一周。后来，五名"得克萨斯共和国"骨干被捕入狱。麦克拉伦被判99年，随即他的派别日落西山。第二派大卫·约翰逊派宣称要刺杀总统克林顿，他们也被捕入狱，其派别虎落平阳。只有第三派"合法斗争"的米勒仍然存在着。他于 2003 年改组了"临时政府",建立了"官方网站",收捐款、发护照。据称有"骨干成员 4 万"。按照他们所谓的"宪法"规定,任何一位在得克萨斯境内住满 6 个月的人就可成为"共和国公民"。不过除了网络造势、出售护照之类敛财行为,真正的"斗争方式"只是在每年 3 月 2 日"得州独立日"、7 月 4 日美国国庆日进行"独立公投"。

"得克萨斯独立运动"只是一个团体,得不到多数得州平民的支持。或者说只是一种行为艺术,从人口比例上看,不到得州人口的 1.5%。一般说来,得州是共和党的天下,奥巴马竞选成功后,部分"独立"分子非常活跃,只是借机宣泄对民主党掌权的不满,以及表达对共和党在总统大选中败选的郁闷。

过去的 13 年里,得州把联邦政府告上法院 40 次。2015 年 12 月,得州共和党的一个执行委员会批准了一个支持得州脱离美国寻求独立的决议案,并号召把这个问题交付全民公投,然而,党内高层领导否决了这一动议。

2. 得州丰富的资源

得州面积广大,资源丰富,真可谓地大物博。

曾听人们说,得州是美国的农村。我们可能会认为得州较穷,其实不然。得州是美国大公司总部最多的州,2007 年,财富 500 强企业在得州设立总部最多,共有 58 个,超过第二的纽约州和第三的加州(52 家企业)。

石油、天然气、硫黄、石灰、盐和水资源丰富。全美最大的 20 家石油巨头的 19 家总部都在得州。得州人也吹嘘石油财富。能源工业著称于世,是美国最大的能源生产州。2011 年,人均 GDP 为 50951 美元。

二叠纪盆地又称西得克萨斯盆地(West Texas Basin),已探明石油储量位居美国第三,油气产量占全美的 1/5,堪称美国的石油聚宝盆。

页岩油是非常规石油,不同于天然石油。得州的 Eagle Ford、二叠纪盆地(Permian)、Barnett 等页岩油区得以开发,估计该州的储量超过 600 亿桶(1 吨 = 7.3 桶)。中国的可开采页岩油资源量约是 160 亿吨。

50 年来，仅找到 60 亿吨可采储量（438 亿桶），至少还有 100 亿吨左右的储量等待进一步的勘探发现。"十二五"期间，我国石油总产量为 10.47 亿吨（约 76.4 亿桶）。

2017 年原油价格一直下跌，下跌的部分原因是美国页岩油的大量开发（美国共有 18 个页岩油开发地区），原油库存量的不断上升，以及出口量的大幅增加。截止到 2017 年 6 月，原油价格从 51 美元跌至每桶 44 美元，正指向 40 美元。欧佩克石油国希望通过限量生产，保持国际油价。然而，他们的努力无效，油价依然下跌。他们似乎走入了一个怪圈，无论增加还是减少原油产量，自身的利益都无法得到保护。

美国人的创造力以及高科技为页岩油产业的发达提供了保障，液态二氧化碳注入法（Carbon-Dioxide Injection）在得州和新墨西哥州广泛使用，使得他们在目前价格下，不仅能存活，而且可以进一步发展，这么低的价格仍然获利，美国油商自然非常高兴。如果油价上升，美国油商储存的原油，马上会进入市场，进一步获利。目前，其他石油输出国则损失巨大，例如俄罗斯石油和天然气占出口份额的 60%，油价大跌，让俄罗斯经济蒙受巨大的损失。

2017 年 2 月，我国成为全球进口美国原油的第一大国。总的来看，我国受益，但是从页岩油开发行业来说，我们是很难发展起来的，因为我们的成本太高。页岩油发展不起来，最终结果是受制于国际市场，任人宰割。

另外，得州的农业比较发达，居全美第三位，主要农产品有棉花、高粱等。得州的畜牧业为全美之冠，主要饲养牛、猪、羊、禽。畜牧业如此发达，因此烤肉（BBQ）成为那里的特色。超市里牛肉、鸡肉的价格较低，换算成人民币，比国内价格还有竞争力，因此访学期间牛肉和鸡肉成了我的主要选择。

3. 得州人的开拓精神（entrepreneurial energy）

从早期西部开发和移民，得州就成为开拓者的首选，地域之大任凭勇士开拓，因此得州人以"大"为自豪。地域广大，也造就了人们的博大胸怀、乐观豁达的精神。

得州采取各种措施吸引投资，得州人才辈出，例如，蒂勒森和佩里。

雷克斯·蒂勒森（Rex Tillerson，1952—   ）为埃克森美孚集团的董事长兼 CEO。该集团是世界 500 强的第二名，总部在达拉斯郊区。总统唐纳德·特朗普提名蒂勒森为新任国务卿。特朗普执政的一个重要理念是改善美国公民的生活待遇和水平。

里克·佩里（Rick Perry，1950—   ）连续三届任得州州长，也曾竞选总统。特朗普任命他为能源部部长，参议院以 62：37 投票通过提名，也可以看出佩里在能源等方面的卓越成就。佩里是得州农工大学的毕业生，任职达 14 年 30 天。在农工大学上学期间，曾任运动比赛指挥（yell leader），加入学校的军校团队。获得动物科学学士学位。

得州投资环境很好，商务环境富有竞争力，吸引了 2000 多家国外跨国公司设立分公司。房子便宜也是吸引投资的一个重要原因。美国独立屋的中位数在 22 万美元左右，而得州的中位数在 14 万美元，加州、纽约州的中位数在 50 万—60 万美元。得州农工大学（Texas A&M）房地产研究中心于 2007 年第三季度的统计结果表明：首府奥斯汀平均房价为 17.1 万美元；达拉斯为 13.4 万美元；休斯敦为 12.4 万美元，而美国的平均房价是 22.6 万美元。

福布斯 2009 年发布了全美最适合人居住的 25 大宜居城市中，得州占据 5 个席位：奥斯汀、达拉斯、休斯敦、圣安东尼奥、福特沃斯（沃斯堡）。

最适合情侣居住的城市排名第一的为达拉斯，此外得州也有三个城市进入了前十名，包括休斯敦、奥斯汀和圣安东尼奥。

4. 得州的异国文化

得州充满了西班牙及墨西哥文化，在得州几乎到处都能看到受墨西哥文化影响的饮食、艺术及音乐。西班牙语盛行，许多地方英语和西班牙语同时使用，可以听到充满西班牙口音的美语。

因为靠近墨西哥的关系，在得州的墨西哥人非常多，从墨西哥角度看，他们不叫非法移民，而是"无证移民"。因为美墨接壤，目前也是偷渡、贩毒的陆上路线，长达 3000 多公里的边境线，让美国政府如鲠在喉。

二 得州的部分博物馆艺术馆

我访学的得州农工大学位于大学城（College Station），与布莱恩市相邻（Bryan），这两个城市是姊妹城，区划属于得州中部。

得州中部包括12个主要城市、30多个县，主要城市有州府奥斯汀、布莱恩、圣安东尼奥、圣马科斯、维科、博耐特、弗雷德里克斯堡、冈萨雷斯、科尔维尔、拉格浪奇、新布朗费尔斯、塞金（Austin，Bryan，San Antonio，San Marcos，Waco，Burnet，Fredericksburg，Gonzales，Kerrville，La Grange，New Braunfels，Seguin）。

其他主要城市有：休斯敦（Houston）、加尔维斯顿（Galveston）、达拉斯（Dallas）、福特沃斯（Fort Worth）、阿灵顿（Arlington）、埃尔帕索（El Paso）等。

1. 布拉索思河谷自然历史博物馆（Brazos Valley Museum of Natural History）

布莱恩市不大，截止到2010年人口76201人。加上姊妹城市大学城93857人，两个城市加起来人口不到20万。

布莱恩如此之小，也设有自然历史博物馆，令人佩服。它位于Briarcrest Drive 3232号。

那天我去参观时，几乎没有人，我可以细细地进行学习和欣赏。

一进大厅，可以看到蒙古包和蒙古文化展品。展厅里摆设着各种形象生动的动物标本，你可以如此近距离面对面地欣赏它们。墙上悬挂着多种较大动物的标本，是肩部以上的头部标本，紧贴墙体固定着，仿佛是从墙上钻出来的，有野鹿、羚羊，长长的双角，前所未见。

美洲野猫标本（Bobcat）：四肢立在粗粗的木头上，深邃的目光盯着下方，仿佛在捕食猎物。野猫体长65—105厘米，高45—58厘米。猫当然吃老鼠，然而美洲野猫较为奇特。它的主食是家兔或野兔，也吃老鼠，还可以吃鹿。像家猫一样，它们白天晚上都活动。每年只生产一次，每次能产三个到六个幼崽。

海狸标本（beaver）：海狸吃树枝，啃木头，是北美最大的啮齿类动物。在我国是一级保护动物，只在北部存在。

鸟类的标本有猫头鹰，有力的爪子抓着岩石，黑色的翅膀自然伸展，它形象的名字叫"密西西比风筝"。

橱柜中展览着手枪和步枪，是历史上不同的阶段所生产和使用的不同款式的枪支。

大厅展览着一辆西部大开发所用的做饭马车，这种流动炊事车（Chuck wagon），是承运食品和做饭用具的马车，驾驶它的人叫"cookie"（精明强干的人），在车队中排在第二位，仅次于老板的位置，他的角色经常是厨师、理发师、牙医和银行家等多位一体的融合体。发明这种车子的是得州的一个农场主，叫查理斯·古德奈特（Charles Goodnight），于1866年引入这种概念。chuck是俚语，意思是食物。马车后部是一个橱柜，挡板放下来就是案板、餐桌，立起来就是橱柜的门。

车子前部挂着牛仔帽和防风灯，还有手枪、步枪和子弹带，可以想象当初西部开发时的艰辛和激战的场景。还有牛仔帽、护腕等（Wrist Cuff），护腕是厚厚的牛皮制作的，连接处有一圈一圈的牛皮绳连接，护腕的作用是保护衬衣袖口不被弄脏，也能起到保护作用，以免利器对手腕手臂的伤害。其实，这样让牛仔更像牛仔，更加彪悍威武。

得州是产棉大州，因此与棉花有关的物品也是展品的一大亮点。其中有给棉花包涂抹文字的模板（Bale stencil），就是一块铁片，镂空出一个英文字母，用来在棉花包外面印上主人姓名的首字母和数量，相当于今天的商标，便于区别和交易。

还有各种鲜活的生物，如蛇类，有奶蛇（Milk snake）、王蛇（King snake）、玉米蛇（Corn snake）。这三种蛇构成游蛇科的铁三角，都是宠物市场上不可或缺的重要角色。奶蛇为红黑白相间的花纹。王蛇，是黑白相间的花纹，加州王蛇（California King snake）是王蛇的一种，而且是王蛇类中最普遍的一种，所以在美国也称为"普通王蛇"（common king snake）。王蛇自身无毒，却以毒蛇为食，它对毒蛇的毒性几乎免疫，经常以响尾蛇或铜斑蛇为食。当然它的食物来源还有蜥蜴、老鼠、鸟类等小型动物，王蛇一般是以蟒蛇的缠绕方式让猎物窒息死亡后再吞食。如果住处附近有鼠类为患，一条王蛇就可以让方圆几公里之内的鼠类不见踪迹。玉米蛇（Corn snake），黄白相间，猛地一看是黄黄的，颜色像玉米。

中国水龙（Chinese Water Dragon），在笼子里爬上爬下，脊背像玩具恐龙一样，身子是淡绿色，尾巴是淡白色和褐色相间。用老百姓的说法，水龙就是变色龙。在墨西哥热带岛屿上，随处可见，就像我们看到的麻雀一样普遍。

2. 布莱恩市某艺术馆

展出了美国西部的过去与现在（The American West: Then and Now）。

3. 布拉索思河谷非裔美国人博物馆（Brazos Valley African American Museum）

位于布莱恩市，创办者是退休教育家梅尔·普鲁伊特女士（Mell Pruitt），1999 年得到官方确认，2006 年对公众开放。周二至周六下午 1 点开放。

目的是探索、发展、保护及展示非裔美国人的历史和遗产。网站是 http://www.bvaam.org。

票价：成人 5 美元；学生 2 美元；5 岁以下免费；8 人以上，每人 3 美元。

4. 约翰逊航天中心（Johnson Space Center, JSC）

休斯敦市为得州第一大城市，美国第四大城市，仅次于纽约、洛杉矶、芝加哥。

休斯敦的博物馆、艺术馆和休闲场所众多，适宜居住。

约翰逊航天中心位于休斯敦市中心东南 40 公里处，1961 年国家航空航天局（NASA）建立了载人航天飞行中心。中心有 140 多栋大小各异的建筑，是美国最大的太空研究中心，由研究中心、指挥中心、培训中心及大型展览馆四部分组成，里面容纳了进行航天活动和应用研究的各类设备。

269

1969 年，"阿波罗 11 号"宇宙飞船首次起飞，成功抵达月球。

发射中心位于佛州的肯尼迪航天中心，登月飞船和航天飞机发射后，其飞行和降落的指挥、追踪以及信息交流都是在约翰逊航天中心进行的。

中心广场有两架 45 度角飞向太空的飞机模型；入口处是退役的波音 747 大型飞机驮着一架航天飞机。

一进大厅，在展柜里摆放着各种陨石和从太空运回的岩石，介绍得非常清楚；宇宙飞船，失重状态下旋转着的宇航员；在太空中洗澡的模型，以及健身器材；月球车的模型，空间站的知识等。

电影院播放太空知识。

中心备有内部游览车子（tram tour），把游客从一个展室拉到下一个展室，工作人员认真地给予讲解。已经不用的指挥中心成为人们认识当年航空发展的讲堂。在另外一个展厅，从楼道上可以看到科研人员的工作场景；室外矗立着大型的航空器，可以近距离地观看复杂的发动机。

室内有登月火箭——土星 5 号运载火箭（Saturn V），是多级可抛式液体燃料火箭，高达 110.6 米。在 1967—1973 年间美国共发射了 13 枚 5 号运载火箭，其中有 9 枚将载人的"阿波罗"宇宙飞船送上月球轨道。最后一次发射是在 1973 年，任务是把"天空实验室"空间站送入近地轨道。旁边的解释非常清楚，从阿波罗 1 号到 17 号的所有简介；水星、双子星座研究进展情况，宇航员的任务介绍和团队合影。

门票是 29.5 美元。大厅销售有关 NASA 的小商品，高尔夫球、钥匙环。在乘坐游览车之前每个人都要被拍摄，出来时自愿购买照片，价格不菲。

5. 休斯敦自然科学博物馆（Houston Museum of Natural Science）

自然科学博物馆位于休斯敦市赫曼公园的东北角，是休斯敦最大的博物馆，紧邻休斯敦将军战马昂首的铜像及喷泉广场，与莱斯大学相邻。

6. 健康医学博物馆（John P. McGovern Museum of Health & Medical Science）

位于休斯敦市。

7. 国家葬礼历史博物馆（National Museum of Funeral History）

位于休斯敦市。

8. 休斯敦艺术博物馆（The Museum of Fine Arts）

艺术博物馆紧邻自然科学博物馆，建于 1900 年，是得州最古老的博物馆，也是美国中南部地区最大的博物馆。

馆内收藏着包括法国印象派大师（如毕加索）、美国现代主义大师和得克萨斯后现代主义大家的作品。雕塑园里有罗丹（Rodin）等大师的作品。

我那天去时，本来买了一张 50 美元的通票，因为家人不去我就退了。到了博物馆门口，工作人员刚刚上班，非常热情，给我们免了门票。

费用为 15 美元，13—18 岁半价，12 岁以下免费。

每周四免费。每周六、周日，6—18 岁的青少年持当地公共图书馆的借书证可免费。雕塑园每天开放，对所有人都免费。

9. 梅尼尔艺术馆（The Menil Collection）

位于休斯敦市，是私人艺术馆，1987 年 6 月对公众开放，藏品有16000 多件，展品范围从史前时代到当今。网站是 www.menil.org。

2009 年最后一天，我们一起去参观梅尼尔私人艺术馆，下图是艺术馆周边的一个艺术品，像两个重重的十字架。

下篇　美国社会环境下隐性教育举隅

令人印象深刻的是：

（1）器官作品

展品独具特色，为身体局部器官作品，是放大或缩小身体的某一部分。比如一个特大、独立的手，该作品在许多文化中出现。19世纪，在刚果医学界它代表着治愈病人，因此手的尺寸特别大。15世纪时，在法国文化中，特大的食指表示旺盛的生命力及延续性。

从展品中也能看到古时候对性器官的崇拜，有来自刚果的人形生殖器；尼日利亚的一位骑马者，阴茎特别突出；一个坐着的人，很长的阴茎；叙利亚的木雕，在13世纪，突出阴茎；爱尔兰，长长的身子，下面挂着两个头颅，象征着睾丸；女性则突出乳房。

有个烟袋锅是个人头。

（2）多贡文化

多贡人是非洲西部土著居民，生活在尼日尔河河湾处，现在属于马里国，以耕种和游牧为生。多贡祭坛的人形作品中，头部是个凳子，这个凳子代表多贡人的原始祖先诺母人（Nommo）。身体和凳子关系的转换表明这个凳子（基础）不仅由人支持着而且由人体现着。多贡人相信，在远古时代，天狼星系的智慧生物"诺母"（Nomma）到达地球，给他们传授知识。"诺母"是一种两栖生物，外貌像鱼又像人，但须生活在水中。

多贡人傍着峭壁建造泥制房屋，四四方方、比较简易。有的顶部是草芥扎制的圆顶，就像一个草帽扣在屋顶，用来储存粮草。房屋的颜色和周围的黄色岩石、泥土浑然一体，景致独特。

多贡人没有文字，靠口头来传授知识，擅长面具舞，祭祀仪式独特，称为"达马仪式"，被列为世界文化遗产。多贡人的玄学思想体系要比绝大多数的其他非洲民族更为抽象。

他们的面具以木制为主，形状细长，有的长达5米。多贡族面具种类多达80余种，每种面具都有着不同的寓意。牛头代表勤奋工作；羚羊提醒下一代不能放弃狩猎生活；水牛代表力量和勇气。最有名的面具是"卡纳加"（Kanaga），上面一横代表天，下面一横代表地，中间一竖表示天地合一。也有人认为，这是祖先外星人"诺母"像。

多贡族实行一夫多妻制，女人没有权利戴面具。

村落整体看起来，就像一个"人"：男人集合的场所是人头，长老们住在村落中心，胸部位置。

村子附近有一个水塘，生长着很多鳄鱼，居民自发投入食物，他们把鳄鱼视为守护神。

（3）现代艺术

什么是艺术？我个人感觉，在美国人眼里，艺术的门类简直是太多了。也许是受 20 世纪 50 年代末期纽约抽象表现派（Abstract Expressionism）的影响，太抽象，我们凡人没法看懂，更谈不上欣赏了，我感觉他们的艺术就是涂鸦（scribble）。

现代作品以油画为主，有些现代艺术的材料五花八门，包括：沥青、沙砾、纤维、木头、金属、钟表，是拼贴艺术（collage）。

许多抽象的艺术难以理解，比如一幅作品表达四季，就是四块板子，每块板子就是一种颜色：浅黄、淡绿、浅灰、暗灰。

1）托雷斯·加西亚（Torres Garcia，1874—1949）

那里经常举办国外名人作品展览，比如西班牙的艺术家托雷斯·加西亚，他也教过 7—12 岁的孩子，熟知心理学和教育学，侧重玩中学习。制作具有教育意义的木头玩具，成立了公司，他的玩具由多部分组成，可以拆卸和重装（dismantle and reassemble）。

1920 年，他到美国纽约居住了近两年，然后去了意大利、法国。

他的木头艺术品的特点是表面带毛边（scrubby surface）、木材纹理暴露（exposed woodgrain）、网格不规则（irregularity of the grid system）。

下图①是他 1924 年创作的作品《咖啡馆里的人》（figure in café）。

1931 年的作品《两个叠加形状》（two superimposed forms）：图②。

1931 年作品《弯曲形状之构建》（construction with curved forms）：图③。

1932 年作品《叠加木头条的构建》（constructive composition with superimposed wood strips），图④，人的形状在整个框架中只是一小部分，表

273

①   ②

现了作者对人道主义僵局（impasse between humanism）的创造性解决办法。人在上半部分，而灵性（spiritualism）由几何图形代表，位于下半部分。

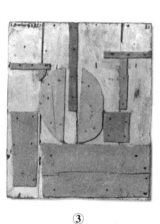

③   ④

2）赛·托姆布雷（CY Twombly，1928—2011）

他生于弗吉尼亚州，1957 年搬到地中海。

他是著名的抽象表现主义艺术家，成为 1950 年继乔治·布拉克之后，首位为卢浮宫创作永久藏品的当代艺术家。托姆布雷被看作"二战"后最有影响力的艺术家之一。

其作品将潦草书写、素描、涂鸦和油画结合起来。其作品的拍卖成交价达数百万美元。

20世纪50年代末纽约盛行抽象表现主义（abstract expressionism），几位艺术家比如 Robert Rauschenberg 和 Jasper Johnss 受到运用材料和诗意破坏的影响（poetic disruption），重新认为艺术可以用任何东西创作。

托姆布雷的作品包括一块块的透明胶（Scotch tape），上面印着肮脏的拇指印；蓝绿蜡笔（crayon）由石墨点缀薰衣草色素（lavender pigment），还有擦拭的石墨（graphite）。罗兰·巴特（Roland Barthes）写道，我们看托姆布雷的作品时，对于表面上的层层物品代表着什么，我们不得不参透它可能指的是什么。

1966年到1971年间，托姆布雷用白色蜡笔在灰色背景上重复画圈而创作出了一批画作，将该系列作品命名为"黑板"。他最珍贵的作品几乎都诞生于20世纪60年代末。

作品价格

20世纪90年代末，他的部分60年代末的作品一直没超过10万美元。21世纪初，其作品被国际接纳。2004年，成交均价超过了1700万美元。2008年，成交价突破了2100万美元。

2014年11月，托姆布雷"黑板"系列中的一幅较小尺寸的画作以6960万美元创纪录成交。

2015年11月11日晚，纽约拍卖54件作品，包括抽象表现主义、普普艺术、极简主义及后现代主义的杰作。其中塞·托姆布雷的《无题（纽约市）》是1968年"黑板"系列中的一幅，以7053万美元成交（约合人民币4.49亿元），刷新了其作品拍卖纪录。

专家说托姆布雷的"黑板"画作在私下交易时，价位基本都能超过5000万美元。

2014年11月，一位女画家因为太喜欢他的作品而亲吻了作品，留下口红，被控污秽名作。

2012 年，保罗·盖蒂博物馆收藏了 29 件赛·托姆布雷的照片作品。

10. 休斯敦火箭队主赛场丰田中心（Toyota Center）门口纪念碑

赛场门口赫然矗立着一个石碑，纪念被休斯敦人视为标志性的人物奥拉朱旺，石碑中间是 34 号运动上衣，下面是奥拉朱旺的名字和介绍。

哈基姆·奥拉朱旺（Hakeem Abdul Olajuwon，1963— ），尼日利亚裔美国人，中锋，身高 2.13 米，NBA 历史上盖帽的纪录保持者（总数 3830 个）。场上征战 18 年，带领火箭连续两次获得 NBA 总冠军，昵称"哈基姆·大梦"，荣获总决赛的最有价值球员（MVP）。1996 年亚特兰大奥运会，奥拉朱旺加入美国梦之队（梦三队），夺得了奥运会金牌，此后又被选入 NBA 历史 50 大巨星行列。2008 年日，奥拉朱旺正式入选 NBA 名人堂。

17 岁之前，他没有打过篮球，不过擅长手球和足球，因为身体的优势，被球探发现后带入美国。大学时，就读于休斯敦大学，从大学二年级开始在校队打球，毕业后参加 NBA 选秀，以状元的身份被休斯敦火箭队选中录用。

他形成了自己独特的技术"大梦摆动"：面对强敌，奥拉朱旺先是带球左右晃来晃去，然后以一只脚的脚尖为轴心，猛地一转身，便轻而易举甩掉对手，上篮得分。

迈克尔·乔丹曾说，如果在历史最佳阵容当中选出一位中锋的话，他选择奥拉朱旺。原因很简单，他如此全面，能给球队在各个位置带来帮助。

2001 年，他从休斯敦转会，到了加拿大多伦多猛龙队后，3 年的年薪是 1800 万美元。不过 2001—2002 年赛季结束后，他因为伤病宣布退役。18 年收入是 1 亿 700 万美元。

信仰：是个虔诚的伊斯兰教徒，因为信仰把名字阿基姆（Akeem）前面加了一个字母 H，改为阿拉伯拼写的哈基姆（Hakeem）。

其他：而且是一个语言天才，除了英语，还能流利地使用法语、阿拉伯语和四种尼日利亚方言。

他代言了斯伯丁牌篮球鞋，球鞋售价适宜老百姓，仅为35美元。

11. 得州监狱博物馆（Texas Prison Museum）

该馆位于休斯敦市以北70英里的亨茨维尔市（Huntsville），人口38000多（2010年）。该博物馆建于1989年，描述犯人的生活，展示自1848年以来得州监狱系统的发展历程。包括囚犯的生活用品、行刑工具、违禁品、越狱用品、绘画、雕塑等。游客花上3美元可以穿上囚服体验当囚犯的感觉。还有走私货展览，以及鸳鸯大盗邦妮（Bonnie）与克莱德（Clyde）被打死时所驾驶的汽车。

博物馆介绍了得州的行刑历史及工具：从绞刑、电刑到目前的注射死亡（lethal injection）。展品中有一把电刑椅，绰号是"老冒烟"（Old Sparky，有的州绰号是Old Smoky），因为电击，浓烟滚滚。得州的这把电椅，到1964年的40年时间里，执行了361名囚犯的死刑。1971年，达拉斯的一个组织发起请愿想再次使用电刑椅，收到了10000多份背书（endorsements）。（白宫请愿网站的规则，对于在30天内超过10万人签名的请愿，白宫需要做出回应。）

铅笔点火：弯曲铁丝制成可以插入插座的正负极，一头连接铅笔芯，一头连接一段电线，当铅笔头和电线碰撞时，因为短路，产生火花，可以点燃卫生纸。这是狱中的犯人发明的打火器，用来点烟。

鸳鸯大盗

邦妮·派克（Bonnie Parker），1910年生于得州，是家里3个孩子中的老二。4岁时，父亲去世，母亲一人抚养她，生活较为贫困。高中时，成绩优异，写作出色，曾赢得了文学竞赛的冠军。

克莱德·巴罗（Clyde Barrow），1909年生于得州，7个孩子中排行第5。1926年，他没有按时归还借来的一辆汽车，又在警察问询时逃跑，因此被监禁。之后在1927年至1929年间，一直撬保险柜、偷商店、盗汽车。

邦妮读高二时，爱上了罗伊·桑顿（Roy Thornton），在邦妮16岁生日前6天之时，退学嫁给了罗伊。3年后，他们没有离婚而分道扬镳，此后的1年里，邦妮在达拉斯市遇到了克莱德。两人一见钟情，邦妮加入了克莱德的犯罪活动。

两人在大萧条时期是一对大名鼎鼎的歹徒、强盗，带领黑帮团伙，无恶不作。抢劫银行名噪一时，不过克莱德更喜欢抢劫小型店铺或加油站。

1934 年 5 月，在路易斯安那州，他们被得州和路州的 6 名军警伏击，枪战中双双身亡。军官射出 130 发子弹，两人中枪 50 多发。在他们被伏击的地方，立有一块石碑，而附近的小镇每年举行一次纪念节日活动（Bonnie and Clyde Festival）。

葬礼上，有 2 万多名黑帮参加。

好莱坞以他们的故事拍过几部电影，1958 年拍摄 *The Bonnie Parker Story*，1967 年拍了电影 *Bonnie and Clyde*，2013 年拍摄同名电影，基本都译为"鸳鸯大盗"。

1967 年的电影中，克莱德正直诚实，监狱里狱警的皮鞭与呵斥，让观众倍感同情，感到一个小人物的无奈；他只是在万不得已的情况下才开枪伤人杀人；新闻报道中有许多罪行并不是他们所犯的，记者只是为了吸引眼球强加给他们；在逃亡的过程中，那种被迫和无奈表现得非常明显，对爱情的向往，对美好生活的愿望，都在警察的追赶和枪击中破碎。他们一直在逃亡，从得州逃到了俄克拉荷马州，再到艾奥瓦州，大有《末路狂花》电影中两位逃亡女性的悲壮效果。电影结尾的时候，他和邦妮在没有任何准备的情况下，被警察伏击，被乱弹打死。

2013 年的电影中更加突出了邦妮的痴情、英勇和果敢，克莱德入监时，她不断地写信给他，表达思念情愫；她深入监狱给克莱德送去手枪，相约日期开车接应他；为了突出自己，她独自一人到那位发表报道的记者家里，让记者明白自己的英勇；为了掩护克莱德，她放弃逃走的机会，故意让警察逮住，在法庭上表演出色，以弱女子的形象赢得了同情而被无罪释放。

博物馆的警示教育作用

在展厅里有两排大大的相片，相框精美，是展示 2011 年被执行死刑的罪犯。特别是临行前的遗言以及家人说的话，对到访者是最大的教育。

米尔顿案例

米尔顿·马蒂斯（Milton Mathis）于 2011 年 6 月被执行死刑。12 年前的 1999 年，32 岁的他被判处死刑。他的辩护律师说他有智力缺陷，但是 3 年后最高法院才裁定对有智障的人士实施死刑违反宪法。

得州惩治局（Texas Department of Corrections）于 2000 年对他进行智商测试，发现其 IQ 低于 60。然而，2005 年，得州某地方法院否定了其智商低下的裁断，认定他在街上犯法时相当聪明（a street smart criminal）。联邦法院和州法院没有否定该地方法院的裁定。当事人米尔顿最后的缓刑诉求（a last-ditch petition）被最高法院否定。

米尔顿是否有智力问题，各方争辩激烈。州长里克·佩里（Rick Perry）的发言人声明，没有缓释董事会的推荐，州长是不能给他提供缓刑的（reprieve）。董事会成员此前投票，结果是拒绝给予米尔顿缓刑。

支持米尔顿的一方包括前州长马克·怀特（Mark White）。他呼吁里克州长授权董事会进行缓刑投票，他说米尔顿一年级、五年级和八年级都不及格，九年级退学了。（He failed the first, fifth and eight grades and dropped out of high school in ninth grade.）

然而，一位检察官不同意前州长的说法，他说米尔顿的智力缺陷不是那么严重以至于可以取消他的死刑。（Mathis's mental deficits were not severe enough to disqualify him from the death penalty.）

按照法庭记录，米尔顿在 12 岁时就开始吸食五氯苯酚和大麻（PCP and marijuana）。

米尔顿的遗言：我所有担心的是上帝是否宽恕我……主啊，请怜悯我的灵魂，主啊，请怜悯这些人的灵魂吧……当我敲响天堂之门时，他们将会打开让我进去。妈妈，还有所有的人，我爱你们，我现在就能感觉得到这种爱，我的生活，我的生活。（All I have to worry about is God forgive me...Lord, have mercy on my soul. Lord have mercy on these people's soul...When I knock at the gates, they will open up and let me in. To my mom and everybody, I love you, I can feel it right now. My life, my life.）

母亲说：我生命中最难的时刻是和他最后的交流。他很有幽默感，一直微笑着。

从中我们看出，在妈妈眼里，他不是什么罪犯，而是情浓于水的眷恋。

12. 山姆·休斯敦纪念博物馆（Sam Houston Memorial Museum）
位于亨茨维尔市。

在高速公路上，首先看到的是一座高大的白色塑像。路边标牌上写着"欢迎到亨茨维尔，山姆·休斯敦的故乡"（WELCOME TO HUNTS-VILLE，HOME OF SAM HOUSTON）。

"山姆·休斯敦"右手拄着拐杖，左手叉腰，抬头挺胸，目视前方，整个不大的公园里面洋溢着这位民族英雄的一身正气。棕红色的花岗岩塑像底座上，镌刻着"SAM HOUSTON"的名字和他的生平年份"1793—1863"。

山姆·休斯敦是19世纪美国著名的政治家和军事家，曾历任得克萨斯共和国首任总统和得克萨斯州首任州长、美国联邦参议员。

个人经历：山姆到得克萨斯州，用375美元购进了4428英亩土地（每英亩8美分），并接着陆续购置了上万顷土地。

阿拉莫被包围时，他变卖了4000英亩土地，用所得的2500美元装备了一支军队（每英亩近63美分）。

山姆·休斯敦最突出最著名的贡献则是带领得克萨斯从墨西哥独立，成立"得克萨斯共和国"，并任第一任和第三任总统，尽管美国北方势力千阻万扰，终于在1845年2月，带领得克萨斯加入美国联邦，成为美国的第28个州，称为"孤星州"，得州也曾被称为"孤星共和国"。加入联邦之后，休斯敦从"总统"身份降格为"联邦参议员"达13年之久。1859年，休斯敦当选为得州州长。休斯敦病逝于亨茨维尔，他预言南北战争南方必败，但他没有能够活到那一天。

13. 芭比·扎哈利亚斯博物馆及游客中心（The Babe Didrikson Za-harias Museum & Visitor Center）

位于休斯敦东部140公里的沿海城市博蒙特（Beaumont），周一至周六，免费开放。

该博物馆是为了纪念芭比·扎哈利亚斯（Babe Didrikson Zaharias, 1911—1956），她生于得州阿瑟港（Port Arthur），这个城市与博蒙特相邻，是姊妹城市。4 岁时，随父母移居博蒙特市。

芭比擅长缝纫，缝纫机使得非常棒，是一位出色的裁缝，参加裁缝比赛，参赛服装都是自己制作的。她声称参加过达拉斯举办的得州展览会（State Fair of Texas）裁缝比赛，并获得冠军，实际是博蒙特举办的南方地区展览会的冠军。

20 世纪 30—50 年代，她是优秀的运动员。1932 年洛杉矶夏季奥运会中，她获得两枚田径金牌，分别是 80 米跨栏短跑和标枪项目（hurdle, javelin），跨栏 11.7 秒，标枪 43.69 米。还获得一枚跳高银牌，1.657 米，冠军是美国选手琼·希利（Jean Shiley, 1911—1998）。当时两人都跳过了 1.657 米，达成平局。提高到 1.67 米时，都没有跳过。芭比被裁判裁定使用了不合适的技术（improper technique），而获得亚军（一说，被取消资格）。她使用的是跳高动作是"滚杆式"（western roll）。

她还是篮球运动员，曾入选全美明星篮球队。1935 年又开始打高尔夫球，共取得 83 个女子高尔夫业余和职业冠军头衔。《纽约时报》评价说："在高尔夫历史中，除了阿诺德·帕尔默，没有人能和扎哈利亚斯一样受欢迎。"1950 年，她帮助成立女子职业高尔夫球联盟（Ladies Professional Golf Association, LPGA），和丈夫建立夫妻基金，为癌症研究和妇女运动提供赞助。

她与病魔（结肠癌）顽强抗争，1953 年做了手术，次年重返赛场。在 ESPN "过去 100 年间北美最伟大的 50 位运动员"评选中，她高居第 10 位，也是前 10 位中唯——位女运动员。

14. 得州海港博物馆（Texas Seaport Museum）

位于得州南边海港城市加尔维斯敦（Galveston），博物馆内收藏有 1877 年高桅船舰"艾丽莎"号（Elissa），被国家历史保护局称为国家古迹。游客可以登上"艾丽莎"号，也可参观旁边的博物馆和剧院，认识"艾丽莎"号修复的过程。

艾丽莎是3个桅杆的船只,19个船帆,于1877年在苏格兰制造,为商船。目前,它是美国历史上为数不多的最久远的船只之一。

1918年,改为两根桅杆,加装了蒸汽机。桅杆是由俄勒冈州的道格拉斯杉树制成。

1930年卖给芬兰,改成双桅纵帆船(schooner)。1959年,卖给希腊。1970年卖给美国旧金山海事博物馆(the San Francisco Maritime Museum)。1975年由加尔维斯顿博物馆收藏。

1986年,艾丽莎航海到纽约市,参加自由女神像100周年庆典。

2013年,博物馆发起捐款,募集资金300万美元,对艾丽莎进行修复,2014年该船能够继续航行。

15. 捷克遗产博物馆(Czech Heritage Museum)

捷克遗产博物馆位于伯利森县(Burleson County),截止到2010年,该县人口17187人。最大的城市及伯利森县政府所在地是考德威尔(Caldwell),人口只有4104人。该县名字取自得州独立期间的爱德华·伯利森(Edward Burleson,1798—1851),得州共和国的第三任副总统。

每年9月的第二个周六,在考德威尔市举办捷克的传统节日甜面包节"哥拉奇"(kolach)。这个单词的拼写较多,还有:Kolache, kolace, kolacky,是一种糕点,有馅,种类较多,有各种水果、罂粟种子(poppy seed)、西梅干(prunes)、奶酪等。

节日这天,附近的人们像赶集一样从四面八方赶来,小镇一片繁忙,有卖吃的喝的、促销产品的,有游戏玩乐的,各种特色物品,琳琅满目,一派生机。

我们去时,正好是小雨。当时在小雨冷风中,一位胖胖的女士坐在盛满水的大缸沿边促销产品,年龄已过半百了吧,那种专注和认真令人钦佩。

各种拖拉机摆了长长的一队,有的拖拉机前面的两个小车轮几乎并排,有的间距很大。有的轮胎特大,前面的轮子跟我们常见的一般拖拉机的后轮一样大,有深凹的轮纹,抓地能力奇强。各种拖拉机记载着美国历史的发展。

还有一个拖车上载有各种蒸汽机，皮带轮飞快旋转着，突突地冒着烟。

不远处一个拖车架子上悬挂着各种各样拖拉机的座位，由钢板或者特色塑料铸造，颜色有白色、黑色、蓝色、黄色、咖啡色、红色、粉红色等，主人按照不同的颜色排列，悬挂五层，平放一层，琳琅满目，很吸引人。

挂毯展览给人印象深刻，每一张挂毯上是多个图形符号，都寓意着一个故事。

这个捷克裔小镇，有几家纪念馆，陈列着先祖遗留下来的物品，供人参观欣赏。有 1896 年购置的缝纫机，一直用到 2000 年。

16. 手工家具博物馆（The Museum of Texas Handmade Furniture）

位于得州的新布朗费尔斯市（New Braunfels），与圣安东尼奥市相连。

该市于 1845 年由德国后裔所建。2010 年人口 5700 多人。该馆展示早期德国人的工艺，德国老式房屋，结构是半木半石（half timber, half masonry）。

17. 得州纪念博物馆（Texas Memorial Museum）

位于奥斯汀大学内，是奥斯汀的第一家科学博物馆，涉及古生物学、地质学、生物学、爬虫学、鱼类学、昆虫学等。也有恐龙化石等，如，得克萨斯翼足龙（Texas Pterosaur），翼展 40 英尺。

奥斯汀博物馆网站提供游览信息（www. AustinMuseums. org）。

门票：13 岁以上来访者为 4 美元。9 月 20 日是奥斯汀博物馆日，所有博物馆都是免费的。

18. 南奥斯汀流行文化博物馆（South Austin Museum of Popular Culture）

简称 SouthPop，2005 年成立。

19. 得州共和国博物馆（Republic of Texas Museum）

位于奥斯汀市。

20. 麦克唐纳天文台（McDonald Observatory）

麦克唐纳天文台是美国第二大天文台（第一个位于夏威夷），属于得克萨斯大学奥斯汀主校。也可以理解成"麦当劳"天文台，这个天文台与快餐店麦当劳毫无关系，也不是快餐麦当劳赞助的。

赞助者是金融家麦当劳先生，他终生未婚也没有子女。20 世纪 30 年代死后，他把所有 130 万美元捐献给了得克萨斯大学。他的亲戚不满意，通过官司，想把钱要回来。最后经过两年多的官司，大学拿了 85 万美元，亲戚们拿了 45 万美元。大学用这笔钱建造了天文台，纪念麦当劳的贡献。

望远镜的镜头重达 1700 吨。麦当劳天文台的主要成就是发现了海卫二和天卫五，另外在黑洞方面的探索是世界领先的。黑洞每秒以 29 万英里的速度向太阳系逼近，目前距离约为 1 万多光年，（1 光年＝94605 亿公里），按照这个速度，需要多少年的时间到达太阳系？我约算为不到 6479 万年。那时也许真的就是人类的大灾难了，不过我们不必担心。

天文台对外开放，每周二、周四下午有教授讲解。晚上教授会带领大家到山顶观看星星，讲述星星的轨迹等知识。

21. 奥斯汀玩具博物馆（Austin Toy Museum）

藏有 2 万多件玩具，大多数是 20 世纪 80 年代的玩具，也有 20 世纪初期的玩具。

门票：孩子 3 美元，大人 8 美元。

22. Brush 广场博物馆群（Brush Square Museums）

该馆群包括三家博物馆，第一所是苏珊娜·迪金森博物馆（Susanna Dickinson Museum），她是阿拉莫战役的幸存者；第二所是欧·亨利博物馆；第三所是奥斯汀消防博物馆，1938 年建立，免门票。

（1）苏珊娜·迪金森（Susanna Wilkerson Dickinson，1814—1883）

在 1836 年的阿拉莫战役中，她的丈夫是总司令（队长），和其他防卫者共 183 人牺牲，她和她的婴幼儿女儿幸存下来。

后来多次结婚，最终定居在奥斯汀，葬在奥斯汀，她们的房子成为博物馆。

（2）欧·亨利博物馆（O. Henry Museum）

该馆是得州最具文学气息的博物馆，建于 1886 年，是一座独特的安妮女王风格的历史建筑。1893—1895 年，欧·亨利家人曾居住在那里。

博物馆藏有欧·亨利的物品，屋内的摆设和装饰都是原样，一架钢琴自 1895 年就在那里，已有 100 多年的历史。

每年 5 月，博物馆会举办"世界双关语锦标赛"，吸引了不少国际人士参加。

欧·亨利（O. Henry，1862—1910），与法国的莫泊桑、俄国的契诃夫并称为世界三大短篇小说家。自 1918 年，美国设立一年一度的"欧·亨利纪念奖"，专门奖励短篇小说的成就人士。

他在奥斯汀当过歌手、戏剧演员、药剂师、绘图员、记者和出纳员等，他的短篇小说构思精巧、语言幽默、结局突兀、出人意料，被誉为是"欧·亨利式的结尾"，令读者回味无穷。

爱情婚姻：1885 年，23 岁的欧·亨利认识了 17 岁的阿索尔（Athol Estes），当时她还在中学读书。欧·亨利追求了她两年。1887 年 7 月 1 日夜，念完中学的她瞒着父母和欧·亨利跑到一位牧师家里举行了婚礼。姑娘的母亲十分生气，数月不理那位牧师。10 年后，妻子阿索尔因病去世。

坎坷人生：1891 年欧·亨利在银行工作，1896 年被指控账目出现问题，保释后逃亡到新奥尔良、洪都拉斯，1897 年他因妻子病危回到奥斯汀，被捕。1898 年 2 月被判入狱 5 年。真正服刑 3 年零 3 个月。服刑期间他认真写作，发表了大量小说，引起广泛关注。

1907 年他 45 岁，再婚，第二年离婚，之后生活质量江河日下。一周的六天时间里他经常喝酒赌博，第七天里写一篇短篇小说发表维持生计。48 岁时，因肝硬化去世。

在狱中他创作了著名短篇小说《麦琪的礼物》，大意是：圣诞节到了，女主角德拉把自己漂亮的秀发卖了，给丈夫吉姆买了表链作为礼物，而丈夫把祖传的金表卖了，给妻子买了一个精美的梳子。丈夫的表链和妻子的梳子暂时都用不上了，然而看似无用的礼物却寓意着爱情真挚、真情永在。（两人想给对方一个惊喜，而牺牲了自己最好的东西，值得佩服。不过，我认为，何必如此做法？从实际角度考虑，如果有了沟通交流，就不会这样了。然而，爱情，有惊喜是值得的，虽然暂时看起来有所损失。）

《警察与赞美诗》中，主人公苏比想尽一切办法入狱，都没有成功：苏比先是想通过骗吃骗喝不给钱，让警察逮捕他。然而不等他进店，就被阻拦；随后，他砸人家的玻璃，站在那里等警察逮捕他，警察却不相信是他干的；再就是想以调戏妇女耍流氓的方式入狱，没想到路边的美女搂着他的脖子拉着他就想让他请她喝酒吃饭，他被吓跑了；然后，大喊大叫扰乱治安，警察不理，说他是疯子；他抢人家的伞，没想到人家承认错误说那天拿错了，把伞给了他。最后，他来到教堂，站在教堂旁静静聆听美妙的赞美诗，决心自食其力，重新做人。然而，就在他想做好人的时候，无缘无故地让警察逮住送入监狱，小说讽刺了社会的阴暗面，揭示了穷人的悲剧命运。

《两位感恩的绅士》：两位老人先后入院，一位是"富人"因饥饿入院，另一位是穷人因为吃饭过度而入院。饥饿者曾经是富人，约好每年请这位穷人吃顿饭，而这次穷人在来他家之前被别人强行请吃了一次，而为了两人多年的约定还是继续吃这位富人给安排的饭局，不过这位曾经的富人此时却穷困潦倒，食不果腹，为给穷人准备这顿饭已经挨饿多日。因此，饭后两人先后入院。

《最后的常春藤叶》：病人盯着窗外的树叶，每掉下一片，就感到自己的生命少了一天，情绪低沉、沮丧忧郁，失去生活的希望，认为最后一片叶子降落时就是自己的末日。然而狂风暴雨之后，树上的一片叶子岿然不动，生机盎然，于是他燃起生命的激情，活了下来。结果是，朋友画家因病去世，原因是在雨中他为病人冒险画了一片树叶，因此得了肺炎而去世。

23. 艾玛·巴里恩托斯墨西哥裔美国文化中心（Emma S. Barrientos Mexican American Cultural Center）

该中心位于奥斯汀市，始于 20 世纪 70 年代，免费参观。致力于墨西哥裔美国人和其他拉美文化的保存、创新、展示和促进。

24. 得州州长官邸纪念馆（Texas Governor's Mansion）

该馆位于奥斯汀。

25. 鲍勃·布洛克得州历史博物馆（Bob Bullock Texas State History Museum）

该馆位于奥斯汀，在州议会大厦北部几个街区。博物馆有一个三维科幻剧院（3D）。

26. 约翰逊夫人野生花卉中心（Lady Bird Johnson Wildflower Center）

1982年，约翰逊夫人和电影演员海伦·海耶斯成立国家野花研究中心，来保护北美本土植物和自然景观。1996年，官方命名为博德野生花卉中心。

中心有700多种植物，有图片展览，户外雕塑，还有植物销售。

博德·约翰逊（Lady Bird Johnson，1912—2007）为美国第36任总统约翰逊的夫人。

她毕业于得克萨斯大学，获得历史、新闻双学位。是精明的投资人，创办媒体，支持丈夫，竞选总统时，她曾在4天内做了47次演讲，为丈夫拉票；1963—1969年任第一夫人期间，进行植物绿化事业，为美国的高速公路绿化做出了贡献，被誉为"护花使者"。因此，"高速公路美化工程"又被称为"博德夫人法案"。第38任总统福特夫人贝蒂·福特赞叹说："她的'美丽工程'让整个国家受益，她将自己的一生都奉献给了这片她所热爱的土地。"

海伦·海耶斯（Helen Hayes，1900—1993），美国著名演员，职业生涯几近80年，被誉为"美国剧院的第一夫人"，是同时获得艾美奖、格莱美奖、奥斯卡奖、托尼奖为数不多的12名演员之一，四奖合并称为EGOT（Emmy，Grammy，Oscar，Tony Award）。还获得总统自由勋章。

27. 得克萨斯军事博物馆（Texas Military Forces Museum）

该馆位于奥斯汀，1992年开馆。藏品众多，有10000多件三维立体手工艺品、6000多本书籍、20000多张历史照片、600多份档案资料以及大量的军事武器。

展品包括制服、武器、坦克、大炮、直升机、手工艺品等，丰富多样的展品讲述了自 1823 年至今的军事历史，以及军事在战争与和平年代的重大作用。

28. 得克萨斯音乐博物馆（Texas Music Museum）

该馆位于奥斯汀，成立于 1984 年，主要侧重于奥斯汀东部非洲裔美国人的音乐历史，探索奥斯汀是如何成为"世界音乐会之城"的。

包括相册、密纹唱片、钢琴纸卷、视频文件、母带录音，此外，还有列传、历史性的海报等。音乐类型有早期爵士乐、布鲁斯音乐、爵士乐、福音音乐以及最近流行的说唱音乐。

29. 奥斯汀数字艺术博物馆（Austin Museum of Digital Art）

博物馆建于 1977 年，是世界上第一个以数字艺术为主题的博物馆。

博物馆的目的是加强游客对数字艺术的了解和鉴赏。数字艺术的最终形式是可以在网站或者软件上观看，这也是不同于传统博物馆的最大特点。

艺术产品以影像和音乐为主，在音乐中融入动画，把观众引领到一个奇异的世界，让观众浮想联翩，不得不感叹数字技术的强大。

30. 杰克·布兰顿艺术博物馆（Jack S. Blanton Museum of Art, BMA）

1963 年成立，位于得克萨斯大学奥斯汀主校区，是美国最大的大学艺术博物馆之一。

永久收藏了近 18000 份作品，包括欧洲、美国、拉美的作品。

布兰顿（1927—2013）是休斯敦的石油巨头，得克萨斯大学历史与美国研究主席。

住在波士顿的女儿进入产房时，布兰顿从休斯敦赶到医院探视。探视时间已经结束了，于是，他顺着医院的火灾逃生梯攀爬上去，看望他的新生孙女。他随身带着一袋来自得州的尘土，他把这袋尘土铺在婴儿摇篮下。这样，孙女就可以在得州的土壤上开始她的新生命了。

得州大学师生免费；成人（21 岁以上）9 美元；13—21 岁 5 美元；12 岁以下免费；其他大学学生 5 美元；对所有教师免费。每周四免费。

31. 法国公使博物馆（French Legation Museum）

该馆位于奥斯汀，为奥斯汀最古老的房子，早期的外交官邸，建于1841年，得克萨斯共和国时期法国的公使馆。

32. 雅各布·方丹宗教博物馆（Jacob Fontaine Religious Museum）

33. 怪异博物馆（Museum of the Weird）

该馆位于奥斯汀市。

（1）于2013年7月3日展出曾经轰动一时的"明尼苏达雪怪"。在那之前，这个高1.8米的神秘生物已经消失了45年。

1968年雪怪被展览后，它和主人突然从公众视野消失了。两位生物学家认为这个"雪怪"是人类进化史上所缺失的一环。

（2）长毛的鲑鱼（Fur bearing Trout，Fur Trout），只是传说中的鱼。博物馆中的标本是用兔子毛皮精心包在鲑鱼外面制作而成。

现实中，没有毛鲑鱼物种，但是有两种东西，看上去极像毛鲑鱼，因为它们表面附着一层毛样的东西。一种是水霉（Saprolegnia），附着在鱼上，像是毛鲑鱼。另外一种是真鱼——异鳍鱼（Mirapinna esau），有毛发样的鱼鳍。

在美国有几个关于毛鲑鱼的传说。美国故事大王S. E. 施洛赛尔（S. E. Schlosser）讲述了一个荒诞的故事，说毛鲑鱼是两瓶或四壶溢出的护发素的结果。要想抓住毛鲑鱼，渔夫要将自己装扮成理发师，提供免费的修剪或修刮服务（trim or shave），以吸引毛鲑鱼从水中出来。

缅因州有一个故事，讲的是毛茸茸的鲑鱼被捕捉后，是应该放回水中还是归渔夫所有呢？如果一条鱼被抓住了，管理员将比对着渔夫的脚来测量鱼的长度。如果鱼的长度与渔夫脚的大小相符，这条鱼就可以吃，外皮就制成毛茸茸的拖鞋。

34. 录音博物馆（Museum of Magnetic Sound Recording）

该馆位于奥斯汀市。

35. 奥斯汀市的斯帕姆午餐肉（SPAM，火腿）博物馆

20世纪30年代初，荷美尔公司推出了它的第一种罐装肉制品，没有打开市场，遭遇惨败。公司向社会广泛征求新名号，一位演员提出用

"猪肩肉加火腿"（Shoulder of Pork And Ham）的缩写 SPAM 作为新产品的商标。官方版本是"Specially Processed Assorted Meat"，意思是"特殊加工过的混合肉"。

1937 年 6 月 5 日，第一听斯帕姆午餐肉罐头面世。其主要原料是猪肩肉、火腿、食盐、水、糖等，能提供 170 卡热量。有十多种口味，价格是普通肉类的 1/3。

"二战"期间，午餐肉成为美军的主要食粮。1941—1945 年，战争部花了 3.73 亿美元，采购了数以十亿罐斯帕姆午餐肉。一日三餐，全是午餐肉，美军对它是既恨又爱。然而，盟军的士兵非常羡慕美军，他们认为美军是娇生惯养的公子哥，这么好吃的东西竟然还抱怨。

2002 年，总厂向全世界售出了 60 亿听斯帕姆罐头，40 多个国家在食用这种罐头。

36. 善意电脑博物馆（Goodwill Computer Museum）

该馆位于首府奥斯汀市，展品包括科技发展过程中的产品，比如被淘汰的电传机（telex）、软盘驱动器（floppy drive，软驱）等。

（1）康懋达（Commodore）公司 1977 年生产的 PET，是一种个人电脑，PET 是个人电子处理器的缩写（personal electronic transactor）。康懋达公司是与苹果公司同时期的个人电脑公司，曾经创造过奇迹，其产品 Commodore 64 被吉尼斯认证为销量最多的电脑。该公司于 1994 年宣布破产。

（2）TRS－80 电脑，Tandy Radio Shoek 公司的产品，于 1977 年发行，是微型电脑，更像一个带有字母和数字键盘的计算器，是最早的大规模生产和销售的电脑之一。

（3）苹果笔记本电脑（MacBook Air）于 1982 年进入市场。最新的笔记本一次充电最长可运行 12 小时，具有超强的续航能力，令人惊叹。因此，你从大早一直到下班，无须插电就可以持续使用。同时，它的待机时间最长可达 30 天，让你即使把电脑闲置数周，再掀开屏幕还能从上次停下的地方继续使用。

该博物馆也负责回收电子产品，每月回收 2.15 亿磅电子产品。

（We do 215 million pounds of recycling of electronics here every month.）

37. 恶魔刺绳（铁丝网）博物馆（Devil's Rope Barbed Wire Museum）

该馆位于得州的麦克莱恩市，观众可以了解铁丝网的历史、种类、作用和使用方法，等等。堪萨斯州也有类似的铁丝网博物馆。

38. 阿拉莫战役遗址博物馆（Site of the Alamo Battle）与得州纪念碑

这是两个不同的地方，不过因为历史事件相关，合在一起介绍给大家。

阿拉莫遗址位于圣安东尼奥市，是阿拉莫之战的发生地点。以阿拉莫（Alamo）命名的公司、街道有很多，如阿拉莫租车公司（又译为：爱路美）、阿拉莫街道、阿拉莫广场、阿拉莫药品服务公司（The Alamo Pharma Services，位于宾州、得州圣安东尼奥市）。1960 年、2004 年分别拍摄电影 Alamo（边城之战）。

阿拉莫是 1718 年西班牙人建立的传教基地。

1836 年，得州人为寻求自由民主（一说，最初并不想从墨西哥独立出来，只是想寻求更多权利），得州志愿军占领了圣安东尼奥市阿拉莫堡垒，接着墨西哥部队 2000 人包围了此堡垒，兵力是守卫兵的 10 倍。经过 13 天的防御，最终，阿拉莫的守卫者至少 183 人遇难，誓死捍卫自己的民主自治权利，直至流尽最后一滴血，这就是阿拉莫精神。此次保卫战促使了得州的独立，也是 1847 年美墨战争的前奏（美墨之战让美国的领土扩大了 1/10）。

经过：得州的美国定居民（settler）越来越多，墨西哥总统圣塔·安纳（Santa Anna）将军废除了《宪法》，实行独裁，得州和墨西哥政府的矛盾日益凸显。

1832 年，争取独立的得克萨斯人推选史蒂芬·奥斯汀（Stephen Austin）为主席与墨西哥当局谈判。1833 年 4 月，这些定居民举行了会议，准备了一封呼吁信给墨西哥总统。

奥斯汀带着信到墨西哥谈判了半年。奥斯汀满意地返回，途中被捕，他认为得州独立会更好，被关入狱 1 年半。得州人自称 Texians，计划要独立。1835 年 11 月，得州各地代表聚会，组织成立了临时州政府，并组建了军队。1836 年 2 月，墨西哥出兵 7000 人，到达了圣安东尼奥市。3 月 1 日，得州人在华盛顿镇召开会议（Washington-on-the-Brazos），宣布成为独立的共和国。大会的第二天，阿拉莫驻军司令来信说，自己被墨西哥 1000 人围攻了 5 天。山姆·休斯敦（Sam Houston）独自一人带领部队去解围。休斯敦的救援没有及时赶到，3 月 6 日，阿拉莫的至少 183 名（189 名）守卫者全部牺牲。（遗址处建有纪念碑纪念牺牲的勇士。）

墨西哥又清缴了 400 多名得克萨斯民兵，将他们全部杀害。

4 月 21 日，在圣哈辛托河口（San Jacinto），休斯敦带领 800 余名得州人，成功反击，他们的口号是：记住阿拉莫。打败了两倍于自己的墨西哥政府军，墨军死亡近 700 人，圣塔·安纳总统成为俘虏。1836 年 5 月 14 日，得州总统大卫·博内特（David Burnet）和司令山姆·休斯敦与墨西哥政府签署条约，得克萨斯从墨西哥独立出来，成为得克萨斯共和国。

为了纪念休斯敦及勇敢的士兵，在圣哈辛托古战场处建有纪念碑，距离休斯敦市约 26 公里，现已成为州立公园，纪念塔高达 174 米，可乘电梯登上塔顶，塔下是历史博物馆，塔顶上安放了一个重 200 吨的星星。

大卫·博内特（David Burnet，1788—1870），1836 年任得州共和国临时总统，1838—1841 任第二任副总统（拉摩尔为第二任总统），1841 年任临时总统，1846—1848 年任得州州务卿。

1806 年，博内特为了委内瑞拉从西班牙独立出来而参战；此后两年在智利和委内瑞拉作战。1812 年回到美国，1826 年到了得克萨斯，以企业家的身份被给予大片土地，但因不能吸引足够的移民，被迫出售。

1836 年，他收到阿拉莫的请求后，跑到华盛顿镇寻求帮助，这个地方是得州独立的指挥中心。他留在那里，3 月 17 日当选为临时总统，任职到 10 月 22 日。

39. 山姆·休斯敦堡博物馆（Fort Sam Houston Museum）

该馆位于圣安东尼奥市，是圣安东尼奥的第一个永久性军事设施，是一个国家历史地标，同时也是山姆·休斯敦堡博物馆的所在地。

馆里的工艺品和照片展现了该堡从 1845 年至今的历史，让游客亲身体验和了解城市的军事历史。还包含了美国军队医疗部博物馆，是全美唯一的军队医疗博物馆。

40. 放映机博物馆（Magic Lantern Castle Museum）

该馆位于圣安东尼奥市。幻灯（Magic Lantern）是世界上最早的放映机，出现在 17 世纪晚期，简单地讲就是玻璃片上作画，投影播放。

19 世纪 90 年代中后期出现电影，之前幻灯是主要的放映仪器。幻灯被称为是"电影之父，电视之祖父"（the Father of motion pictures, and the Grandfather of television）。

41. 木质镍币博物馆（Wooden Nickel Museum）

该馆位于圣安东尼奥市。馆内藏有 1500 万个木质镍币，包括世界上最大的木质钱币，13 英尺高，重达 2400 磅。

木质镍币是一种木头硬币，象征性的货币，通常是商人或银行发行，为了促销。

美国英语中有一个谚语从字面意思上看是"不要接受木质镍币"（Don't take any wooden nickels），被认为是一种轻松的提醒，译为"当心，小心"。19 世纪早期，西进运动是美国历史上城镇化的一个高峰，很多乡下人向城市转移，一开始这句话是警告当心城市里的骗子，后来发展成为一切具有欺骗或欺诈的行为。

42. 巴尼·史密斯马桶盖博物馆（Barney Smith's Toilet Seat Art Museum）

该馆位于圣安东尼奥市。巴尼·史密斯是一名退休的水管工专家，显然他对自己的收藏感到非常自豪。在简陋的博物馆里，他利用每一寸空间，摆满了带有异想天开设计感的马桶盖。

43. 达拉斯的蒸汽时代铁路博物馆（Age of Steam Railroad Museum）

美国在 20 世纪 40 年代制造了"大男孩"机车（Big Boy），是人类建造的最大蒸汽机车。6000 马力，40.47 米长。

共生产了 25 台，现存在世的只有 8 台，其中 3 台保存在达拉斯博物馆。

44. 达拉斯的水族馆（World Aquarium）

45. 达拉斯艺术博物馆（The Dallas Museum of Art）

该馆成立于 1903 年，名人名作较多，包括印象派和现代派画家，从塞尚到梵·高。

46. 沃斯堡市科学和历史博物馆（Fort Worth Museum of Science & History）

沃斯堡和阿灵顿的交界处被认为是得州最适宜退休者居住的地方。

科学历史博物馆的一层是恐龙馆和儿童博物馆，二层是养牛者（Cattle Raisers）博物馆。

47. 亚蒙·卡特美国艺术博物馆（Amen Carter Museum of American Arts）

该馆位于沃斯堡市。卡特博物馆的宣传语强调"对美国艺术的震撼人心的纵览"（stunning survey of American arts），其网站是 www.cartermuseum.org。

印象较深的是：免费参观；恶劣天气（inclement weather）时，学校放假，那么艺术馆随之关闭；停车场分为免费停车场地和收费场地；无障碍入口（Barrier-free entrance）；禁止摄影者使用三脚架和独脚架（tripod, monopod）；三岁以下婴儿（stroller）必须使用手推车，入口处有车子。

48. 沃斯堡艺术博物馆（Modern Art Museum of Fort Worth）

49. 得州牛仔竞技名人堂（Texas Rodeo Hall of Fame）

位于沃斯堡市，目前有 40 人入选名人堂。

展示各种牛仔的技能，比如捆绑小牛、骑野马、障碍马术竞技、骑公牛（calf roping, bronc riding, barrel racing, bull riding）。

50. 得州游骑兵博物馆（Texas ranger Museum）

该馆位于维科市（Waco），该市在达拉斯市和奥斯汀首府的中间，人口 12 万多（2010）。

294　　该馆又名得州游骑兵名人堂与博物馆（Texas Ranger Hall of Fame

and Museum）。

得州游骑兵于 1823 年成立，主要是一个保护农场利益的民间组织，与当地土著居民战斗。

印第安人擅长弓箭，游骑兵常常处于被动。1837 年，世界上第一把实用型的帕特森（Paterson）转轮手枪由柯尔特公司（Colt）生产出来，这才彻底改变了游骑兵被动的局面。

1835 年，民团性质的得州游骑兵被正式收编，成为政府的武装。直到今天，得州游骑兵依然是州府公共安全部下属的独立警备力量，对于偏远地区的巡逻做出不少贡献。

1861—1865 年内战期间，得州游骑兵被称作第 8 得州骑兵（The 8th Texas Cavalry），又叫特里得州游骑兵（Terry's Texas Rangers），是特里组织的志愿者，为了南部邦联诸州而战。4 年里，在 7 个州，参与战斗 275 次。

51. 得克萨斯体育名人堂（Texas Sports Hall of Fame）

位于维科市，名人堂现有入选名人 352 位（inductee）。1951 年，崔斯·史皮克（Tris Speaker）成为第一位入选的名人。崔斯（1888—1958），绰号灰鹰（The Grey Eagle），棒球队员。年少时，从马上掉下来，伤了右臂，因此一直是左撇子。

门票：成人 7 美元，60 岁以上老人 6 美元，1—12 年级学生 3 美元，6 岁以下孩子免费。

另外，得州游骑兵（Texas Rangers）是棒球队名字，属于美国职棒大联盟。

52. 胡椒博士博物馆（The Dr. Pepper Museum）

该馆位于维科市，1991 年开放。胡椒博士，是美国七喜公司生产的一种碳酸饮料，是美国最古老的软饮料，是新潮的气泡饮料，有 23 种口味。1906 年开始，到 20 世纪 90 年代，在维科市灌装饮料，目前公司在达拉斯市。

胡椒博士之马（the Dr. Pepperhorse）是博物馆的一大亮点。该马的雕塑是由瓶盖和易拉罐做成。尼曼·马库斯商店举行活动（Neiman

Marcus）时，制作了马的雕塑。尼曼是美国的一家高端商店，以经营奢侈品为主，是当今世界最高档、最独特、最时尚商品的零售商，总部在达拉斯市，已有 100 多年的历史。

胡椒博士瓶装公司的老板吉姆（Jim）夫妇获得这个展品，于 1998 年捐赠给博物馆。

53. 福特故居博物馆（Fort House Museum）

威廉·福特（William A. Fort）的故居，位于维科市。注意要区别 Fort William（威廉堡），威廉堡是苏格兰的一个旅游胜地。

从 1868 年到 1968 年那里是威廉的居住地。是早期西部移民开拓者功绩和忍耐的见证（efficacy and endurance），早期移民的开拓精神包括节俭、实用主义、信念、冒生命之险争取成功等，依然是当今维科文化的传承经典。

54. 农场家园纪念遗址（Homestead Heritage）

位于维科市以北几英里的艾尔·莫特（Elm Mott）镇，是一个农耕社区（Agrarian），主要特点是传统的农业和手工艺品制造业。

农场有 550 英亩（3300 市亩），由许多小家庭宅基地组成，农场上有耕种的牲畜（draft animals），主要种植小麦、燕麦、大麦、玉米、土豆、红薯、甜高粱、斑豆以及各种水果蔬菜（wheat, oats, barley, corn, potatoes, sweet potatoes, sweet sorghum, pinto beans and a cornucopia of fruits and vegetables）。

谷物由水车推动的磨坊磨碎（gristmill），有 250 年的历史了。

在工艺村，有陶器制作坊、铁匠商店、奶酪制作坊、精美木工家具商店、纺织针织坊，由获奖的手工艺人经营，常年对公众开放。

2016 年 11 月 25—26 日，举办第 29 届年度家园博览会（Annual Homestead Fair）。

社区还建有犁铧研究所（the Ploughshare Institute for Sustainable Culture），全年开设工艺技能课程，包括木工、铁匠工艺、陶艺、纺织等。

这里的居民信仰基督教，秉承再洗礼教派做法（Anabaptist tradition，重新洗礼，重洗派。天主教的做法是一出生就给婴儿洗礼），把

《圣经》应用到现实生活中，恪守简朴的生活习惯。

55. 阿姆斯特朗"勃朗宁"图书馆及博物馆（The Armstrong Browning Library & Museum）

该馆位于维科市的贝勒大学，是收藏英国诗人罗伯特·勃朗宁和伊丽莎白·勃朗宁作品最多的图书馆。阿姆斯特朗于 1912 年至 1952 年，任贝勒大学英语系主任。图书馆最初是阿姆斯特朗博士的私人宝库，1918 年他把图书馆捐赠出来。1943 年贝勒大学校长捐赠 10 万美元建立新图书馆。

该图书馆为美国最美丽的五大大学图书馆之一，铜铸大门是优美典雅的意大利文艺复兴风格；图书馆有 62 扇彩色玻璃窗。

（1）罗伯特·勃朗宁（Robert Browning，1812—1889）

英国诗人，剧作家。

（2）伊丽莎白·芭蕾特·勃朗宁（Elizabeth Barrett Browning，1806—1861）

她是勃朗宁的妻子，是英国维多利亚时代最受人尊敬的诗人之一。

15 岁时，她骑马不幸跌损了脊椎。下肢瘫痪达 24 年。39 岁时，结识了罗伯特·勃朗宁，罗伯特比她小 6 岁，幸福地生活了 15 年。她的作品议题广泛，对艾米丽·狄金森、艾伦·坡等人都有影响。

勃朗宁夫妇的爱情为他们的文学作品奠定了坚实的基础，由他们的诗歌可以看出。因为爱情，她站立了起来；因为爱情，她为勃朗宁创作了 44 首十四行诗；因为爱情她跟他私奔；因为爱情，他们居住在佛罗伦萨 15 年，没有分开一步。

（3）勃朗宁诗歌

我们改变不了昨天——此事显而易见，

在明天到来之前，亦不能将它提前，

因此，无论是对你还是对我，

都要把每一个今天过得尽可能地蜜甜。

原文：We cannot change Yesterday—that is quite clear. /Or begin on Tomorrow until it is here：/So all that remains, both for you and for me, /Is

297

to make each Today just as sweet as can be. ①

56. 维科猛犸象国家纪念馆（Waco Mammoth National Monument）

面积 30 亩，展有 24 个哥伦比亚猛犸象化石，猛犸象生活在 1 万到 100 万年前。

57. 狗博物馆（The Dog Museum）

该馆位于维科市。

58. 梅伯恩博物馆综合体（Mayborn Museum Complex）

博物馆大楼面积 13200 平方米，2004 年开放，位于维科市的贝勒大学。

这是自然历史博物馆，以得州中部自然历史为中心，有 16 个主题展室，通过亲自动手了解不同时期的知识。

综合体还包括一个 53000 平方米的历史村庄，包括移动展厅画廊、剧院、博物馆商店、快餐区域。

59. 第一装甲师博物馆（1st Cavalry Division Museum）

该馆位于得州基林市外胡德堡（Fort Hood），距离奥斯汀和韦科市各约 100 公里。

胡德堡陆军基地是美国陆军现役装甲部队最大的本土基地，是以内战时期南部邦联将领约翰·胡德的名字来命名的。

美国陆军在"二战"期间组建了 20 个装甲师，全部派往欧洲作战，除了早期几个师，其余部队都在胡德堡军事基地进行过军事训练。此外，还有不少的步兵师在此进行训练。

60. 埃尔帕索艺术博物馆（El Paso Museum of Art）

61. 艾尔帕索历史博物馆（Al Paso Museum of History）

另外，在大学教学楼、办公楼的大厅和走廊也有小型的博物馆，在展柜里有动物标本，比如，臭鼬（skunk，黄鼠狼）。

各种活动丰富着人们的生活。例如，位于休斯敦市赫曼公园（Hermann Park）旁边的米勒露天剧院（Miller outdoor theater），从 4 月底到

① esan9999 的博客：《读旧日诗文有感（25）：座右铭（英国：罗伯特·勃朗宁）》，http：//blog. sina. com. cn/s/blog 577b36760100d878. html，2009 年 5 月 30 日。

11 月底几乎每个周末晚上（五六日三天），都有高水平的免费演出或者电影：交响乐、芭蕾舞、歌舞、爵士乐、西班牙歌舞等，应有尽有。每年 7 月底到 8 月中旬，这里还举行莎士比亚戏剧节（Shakespeare Festival），演出莎士比亚的剧目。

1993 年 12 月 7 日，山东省与得州缔结了友好省州关系。得州农工大学英语系和潍坊学院、潍坊医学院、潍坊职业学院等关系密切，Larry Oliver 教授和中国的多位教授建立了良好的合作关系，为大学的教学和科研提供了大力的支持和帮助。

得州人非常好客，信仰笃诚，得州物价偏低，环境优美，是学习生活的好地方。

第七节 面积广袤的国家公园体系

相比于博物馆，公园的面积大、范围广，具有得天独厚的优势，人们在游览山水、攀岩探险、远足跑步、垂钓泛舟等各种活动中，欣赏领略到高耸入云的山脉、巧夺天工的峡谷、原汁原味的海滩、奇异绚丽的溶洞、千姿百态的生物等。既了解了历史，拓展了知识面，又提高了公民的爱国热情和综合素质。

国家公园是指为了保护一个或多个典型生态系统的完整性，为生态旅游、科学研究和环境教育提供场所而划定的需要特殊保护、管理和利用的自然区域。

美国的第一个国家公园也是世界上第一个国家公园于 1872 年建立，随后逐渐建起多个国家公园。1916 年，美国建立国家公园管理局（National Park Service，NPS），负责保护和保存最美丽的自然景观，使全世界都能够体验到美国的魅力。目前，管理局等政府部门负责管理 419 个国家公园和历史遗址，其中著名的国家公园有 59 座。

在过去的 100 年中，国家公园管理局管辖的保护区不断增加。从古战场到美洲原住民的遗址再到风景风貌，管理局一直在努力确保国家的历史和自然宝藏能够世代传承。

保护这些自然和文化宝藏是美国人高瞻远瞩的体现，是可持续性发展的关键，是非常好的主意。虽然投资不少，然而对保护环境、保持生态平衡带来的价值难以预计。有人统计，向国家公园投资的每 1 美元，都收获 10 美元的回报。

本节主要包括以下内容：一、建立国家公园的理念和原因；二、美国国家公园的亮点；三、国家公园的先驱开拓者；四、美国国家公园之最；五、国家历史公园及遗址；六、众多的州立公园等。

一　建立国家公园的理念和原因

美国是最早建立国家公园的国家，基本理念是让每一个普通人都能享受到大自然的馈赠。"国家公园"的概念是由艺术家乔治·卡特林（George Catlin）首先提出。1832 年，在去达科他州旅行的路上，他看到西部开发对印第安文明、野生动植物和荒野的破坏和影响，他深表忧虑，建议把它们保护起来，希望政府通过一些保护政策设立国家公园，让所有的一切都处于原生状态，保护自然之美。

美国政府着力建设国家公园主要有以下诸多因素。

1. 国家公园是培养民族自豪感和文化身份认同感的场所

"（国家公园）是神圣的，值得珍惜的地方，是我们最伟大的个人和国家宝藏。"当代探险家、摄影师乔纳森·爱尔兰（Jonathan Irish）说。他拍摄了许多令人难以置信的图片，展示地球上最美丽的地方。

独一无二的动植物、美丽壮观甚至是世界之最的自然景观、各种历史意义的遗址等让每一位美国人的自豪感倍增，也让每个人体会到国家发展到今天的不易和经历，坚定了为祖国的繁荣而奋斗的信心，更加牢记作为上帝选民的美国人的责任感和使命感，全力以赴地付诸行动。

正如国家公园之父约翰·缪尔所言：荒野是必需的（Wildness is a necessity）。这些自然资源直接让人们在消遣娱乐的同时，间接地也是更重要的功能是进行着文化、历史教育，潜移默化地培养着孩子们的爱国热情，令其增强了自信心。

保尔森研究所所长、美国前财政部长亨利·保尔森在北京签署合作协议时说："我们的国家公园是我们共同的民族自豪感和文化身份认同的一个重要来源。"①

2. 国家公园等是锻炼身体、净化灵魂的场所

国家公园的设施齐全，能够满足不同爱好者的需求，徒步、骑车、开车、帐篷野营、垂钓、极限运动等，给不同爱好者提供不同的场所，满足不同年龄、不同运动的需要。

户外活动对孩子的成长至关重要。美国的儿童教育专家对全美1.8万余名15岁以下的少年儿童调查发现，喜欢钓鱼的孩子中吸烟、酗酒、吸毒、旷课和暴力参与的比例，要比不爱垂钓的孩子中的比例低得多。佛蒙特州教委特意把每年6月的第一周定为"垂钓周"，以便孩子们能名正言顺地学习和参加垂钓。

2013年10月11日，乔治亚州哥伦布市某中学校长宣布全校停课一天。理由是天气实在太好了！校长表示，这里已经好久没有出现这么好的天气了，老师和学生们应该出去好好玩一天。有意思的是，华盛顿某小学校长也因同样原因给学生放过假。

更重要的是，国家公园是对人类灵魂进行净化和洗礼的场所。国家公园能让人们更加热爱生活、热爱土地、热爱自己的国家，感悟生命的真谛，感受永恒的东西。国家公园之父约翰·缪尔认为大自然"是上帝的教堂"。

其次，第一任国家公园管理局长史蒂文·马瑟也坚信大自然对人类灵魂的净化和洗礼。深邃湛蓝的湖水大河、烟雾缭绕的温泉瀑布、空旷遥远的蓝天白云、浓密的绿树森林、世界之最的古树植物、原始沧桑的荒原、万丈深渊的溪谷、千姿百态的地形、奇异多样的动物生灵、人迹罕至的古径、残缺荒凉的遗址、被人遗忘的历史，等等，在那里，灵魂与大自然融为一体，融入神圣的环境，远离了喧嚣世界，更加接近真理，足可以感知自然、洗涤灵魂、陶冶情操、思考人生、积淀智慧、重

---

① 《美媒：中国效仿美国建国家公园体系已与美合作》，《参考消息》，2016年10月，http://www.cankaoxiaoxi.com/china/20161007/1331338.shtml。

塑自我。

　　起初，许多人认为人能超越自然，可以随意获取和剥夺自然资源。而缪尔出于他的信仰坚信大自然的一切，小到蚂蚁大到大山，都有自己存在的价值和权利，他认为大自然是神圣不可侵犯的。人可以不信奉上帝，但一定要崇拜敬畏自然。他在著作中把国家公园当作人类"休息身心、汲取灵感、祈祷祝愿的地方"，接触体验自然是人类的精神食粮，能洗涤净化人类灵魂。

　　史蒂文·马瑟说，国家公园不断地扩展和丰富着我们国家的生命。因为没有任何国家机构能像它们那样平息这个国家的躁动不安，它们是国家性格和健康的修复者，它们给每一个理性的生命以崭新的动力。

　　第17任局长玛丽·博马认为，有些特殊的地方能把所有美国人凝聚在一起——国家公园就是那样的地方。

　　1854年，梭罗在《瓦尔登湖》一书中详尽地描述了他在湖畔度过两年又两个月的生活情况以及他的许多深度思考。他于1845年28岁时开始隐居生活在地处马萨诸塞州东部的瓦尔登湖。湛蓝的湖水，浓密的森林，令人神往。在田园生活中，他融入静谧而神圣的环境，灵魂与大自然融为一体。

　　徒步行走或开车过程中，一旦看到野生动物，心情无比爽快。

　　还有许多地方让你能以最佳的方式放松消遣。例如，沸腾河（Boiling River）是黄石公园内允许游泳的地方，也是唯一的。置身水中，浸润在温暖的泉水里，抚摸着鹅卵石，欣赏着咖啡色的沿岸，如梦如幻，一切烦恼灰飞烟灭，让理性战胜感性，对人生有了新的感悟。再看忠实的喷泉时，大自然的力量让你顿生敬畏，惊叹自然的伟大，更加珍惜生活。

　　3. 国家公园是交流传递亲情和至爱的场所

　　孩子的第一个老师是父母。到大自然去，自然离不开父母，户外活动既让孩子品尝了大自然的盛宴，也让孩子感受到古人今人智慧的馈赠，更能增强父母与子女间的交流和亲情。

　　12岁的泰戈尔随父亲到喜马拉雅山。每当太阳从东方的峰岭喷射出万道金光时，泰戈尔和父亲早已在户外散步了，然后回屋读一小时的英文，读完后到冰水里沐浴。下午仍是读书，讨论宗教问题，晚上坐在星空下，听父亲讲天文知识，欣赏高山美丽迷人的夜色。父子俩在那里整整度过了 4 个月，这对他来说是绝佳的人生经历。

4. 国家公园等能拓展人们的知识面

能成为国家公园必须有它的优势，或者是有生态保护价值，或者是有特殊的历史意义，因此，国家公园是更大的国家自然或历史博物馆。

要了解温泉等知识，到黄石国家公园；了解冰川，到阿拉斯加或蒙大拿冰川公园；了解沼泽、水下世界，到佛罗里达州和美属领地；看溶洞到猛犸洞、卡尔斯巴德溶洞；看峡谷和死谷，到美国的西部诸州。

大自然是一个博学的老师，有你所有问题的答案。众多的国家公园以及州立公园可以让人们了解自然界的各种生物和地貌。当然，因为保护得力，美国国家公园的物种丰富，具有自己的亮点。比如沙子到底有多少种颜色？除了白沙、黄沙，夏威夷有黑色的沙滩，而加州 1 号公路沿线有一个紫色沙滩。

人类和野生动物和谐相处，才能达到人类自身发展的需要。环境好了，人才能精神倍爽。在国家公园，无论是步行、乘车、乘坐独木舟、坐船还是乘坐缆车，都可以很好地观察到野生动物。同时，在美国你可以随处欣赏到较多的野生生物，不用去国家公园或保护区，在生活区的湖边，你也能看到白鹭、野鸭等，当然松鼠遍地，一如我们的麻雀。不过，要想深度欣赏野生生物，国家公园是不二之选，例如，在黄石公园，人们可以欣赏到叉角羚、麋鹿和狼。

二　美国国家公园的亮点

1. 国家公园体系完善、种类多，数量大

美国国家公园体系是目前全球规模最大、体制最早、最完善的。现在，美国国家公园管理局管理着 59 个以自然风光闻名的国家公园，共有 413 个具有国家意义的自然景观、历史文化、休闲度假国家公园。还有 12000 个历史遗址和其他建筑，8500 座纪念地和纪念馆。

303

以得州为例，国家公园系列包括：国家公园（National Park）或国家保护区（National Preserve）、国家历史遗址（Historic Site）、国家历史公园（National Historical Park）、国家纪念堂（National Memorial）或国家纪念碑（National Monument）、国家历史意义步道（National Historic Trail）、国家娱乐休闲度假区（National Recreation Area）。

一般说来，每个州至少有一个突出的国家公园，自然风光比较有特色的国家公园，共有 59 个，加上国家森林或保护区等以生态环境为主国家公园，包括国家海滨公园（National Seashore），美国总共有 400 多个国家体系公园。

国家历史遗址、国家历史公园、国家纪念堂或国家纪念碑、国家历史意义小道等遗址的特色是具有历史纪念意义。在 85000 个注册的历史遗址中，有 2500 个被确立为国家历史地标性遗址（National Historic Landmark，NHL）。国家公园管理局解释说，公园是 historical "有历史的"，遗址是 historic "有历史意义的"。

宾州、麻省、纽约三个州的历史遗址约占全美国的 1/4，这 3 个州的 3 个城市波士顿、费城、纽约市分别比 40 个州的遗迹都多。首都有 74 个遗址。

还有 100 多个战舰和残骸被确立为国家遗址。

国家纪念堂（碑）和遗址的不同在于纪念堂的位置未必然在原址。美国有 30 个国家纪念堂。最早的是华盛顿纪念碑，最近的是"一战"纪念碑。

另外，美国还设有国家休闲度假区（National Recreation Area），目前设立了 26 个休闲度假区，第一个是米德湖度假区。

2. 政府管理部门齐全，法律保障到位

联邦管理部门有：国家公园管理局（National Park Service）、美国森林管理局（United States Forest Service）、美国鱼类野生动物管理局（United States Fish and Wildlife Service）、土地管理局（the Bureau of Land Management）。

度假区由不同的联邦机构管理，多数在内政部或农业部管辖之下。

国家公园多数由国家公园管理局管理（内政部），一个由土地管理局管理（内政部），其他的由森林管理局管理（农业部）。

1900 年，美国通过了第一个《野生动物保护法》。

1916 年，美国与英国签署《候鸟保护条约》，并于 1918 年制定《候鸟（保护）条约法案》。

1934 年，美国通过了《鱼类和野生动物协调法案》，拨款保护联邦土地和野生生物。

1948 年，美国颁布了《水污染控制法》，1955 年颁布了《空气污染控制法》，1956 年颁布了《鱼类和野生动物保护法》。

1973 年，制定了《联邦濒危物种法》、1976 年制定了《国家森林管理法和联邦土地政策管理法》、1990 年以后颁布了几十项保护野生资源的法律。

各州政府也采取各种措施保护野生动物。不管是钓鱼还是狩猎，都需要购买相应的许可证，并且学习相关知识。政府对于猎杀数量或垂钓尺寸都有严格的要求。

美国对于濒临灭绝的动物保护措施更是严格。例如，金龙鱼在 1980 年被《华盛顿野生动物保护条约》列为濒危甲级保护动物，违者受到法律制裁。（在中国，金龙鱼被视为神鱼，可以旺家镇宅避邪，标价高达 48 万元人民币。）

3. 公园服务周到，注重生态保护，建设成效卓著

公园提供统一的地图和最新的公园小报。各种提示标牌突出明显，不仅指示路线，而且提醒人们环保，如黄石公园的牌子写着："留下的只是脚印，带走的只有照片。"

房车露营的地方，有电源的接口及自来水。地图上都标明了加油站的位置，电话的位置以及沿途加水的地方。

网站建设成熟。各个国家公园的网站，除了公园的地址、生态介绍外，网页上还有教育项目，比如大沙丘国家公园有两个栏目，一个是写给老师的教材，另一个是为不同年龄段孩子编写的游览计划。

保护措施得力，例如西部著名景点波浪谷，每天只限 20 人游览，

网络预约 10 人，还有 10 人现场抽签才能得到许可证。

因保护较早，成果显著，保留下来的世界之最较多，14 个国家公园被联合国教科文组织认定为世界遗产。比如，世界上最大的树是美洲杉（Sequoia，水杉、巨杉），其中"谢尔曼将军树"是世界上最大的树，是为了纪念美国南北战争时北方将军谢尔曼。说它大，是从体积和重量上来看，它高约 84 米，底部直径 11 米多，树龄 2000 多年。美洲杉是最大但不是最高的树，最高的树是红杉（Red Wood），高 115.2 米，在加州北边海岸的红杉国家公园（Redwood National Park）。

1993 年，位于佛州的沼泽地公园被列入濒危世界遗产名录中，通过不断的努力，生态得以改善。2007 年 6 月遗产大会宣布：鉴于保护工作卓有成效，将美国大沼泽地国家公园从"濒危"世界遗产名单上去除。

4. 公园根据自己的特色，注重教育功能，设立不同的教育项目

美国人把国家公园看作"没有围墙的教室"，管理者特别重视公园的教育功能，承担着给青少年提供生态、历史教育的使命，也就是爱国主义教育基地。（见前"路径"一节）。

总之，国家公园春夏秋冬都是书，满足地理系、美术系、历史系等不同专业学生的需求。

4. 门票多样，有效期长，价格实惠，有免票措施

在任何一个国家公园买套票，一辆车（6 人以下）是 80 美元，持这张票在一年内可以去任何一家国家公园游玩。公园实行一票制，没有园内的小门票，停车也全部免费。

以黄石公园为例，仅仅游览这一个国家公园，收费是每车 25 美元（7 座以下），7 天有效；如果不开车，则每人 12 美元，包括骑自行车、坐出租车、步行等。

商用车的价格要高一些。16—25 人座：每车 200 美元；26 座以上：每车 300 美元。

州立和县立公园大多没有门票；印第安部落所属的公园自定票价，最低的每人 2 美元，最高的羚羊谷（Antelope Canyon）每人 35 美元。

免票措施：

16 岁以下免票。

如果学校组织学生到国家公园参观，只要填写一张表格，说明参观的目的是以教育为主，就可以免门票。

军人免票；残疾人免票。

义工免票：凡在联邦政府机构担任义工 250 小时以上者，可以获得免费年票，自获得之日起，1 年内有效。

还有一些免费日或免费周，比如 2012 年 1 月 14—16 日马丁·路德·金纪念日；4 月 21—29 日，国家公园周；6 月 9 日，户外日（Get Outdoors Day）；9 月 29 日国家公共土地日（National Public Lands Day）；11 月 10—12 日退伍军人日（Veterans Day weekend），这些日期免费。

1916 年 8 月 25 日是国家公园管理局成立的日子，因此 8 月 25 日这一天国家公园免费。

三　国家公园的先驱开拓者

举世闻名的国家公园，如优胜美地（Yosemite）、大峡谷（Grand Canyon）、美洲杉（Sequoia）、雷尼尔山（Mt. Rainier）等，能保存着如此壮观美丽的自然风景，让后人能欣赏和感受到大自然的伟大和魅力，得益于当初将这些自然生态奇观完好地保留下来的先驱们。

1. 约翰·缪尔（John Muir，1838—1914）的贡献

缪尔是著名的自然环境保护者，成为建设国家公园的主要推手，被尊为"国家公园之父"。缪尔毕生从事自然保护事业，走遍名山大川，著书宣传自然，游说政府国会，为美国自然生态的保护做出了重大贡献，其事迹永载史册。

17 岁时，缪尔考入威斯康星大学，学习化学、植物学和地理地质学等课程，成绩优异，出类拔萃。第二年，徒步 1000 英里（1600 公里），到达佛罗里达州。大学里学到的丰富知识，成为他日后探险活动的关键。

他非常聪明，发明了很多东西，被誉为"匠心独运的发明家"。当

年发明了阅读架，仍保存在威斯康星州历史博物馆里。

在工厂工作时，一次事故伤害了他的双眼，导致失明，休养期间，他对上帝和人进行了认真思考，康复后毅然走进大自然。开始时，他计划去南美的热带雨林，一场疟疾阻止了他。

缪尔于1868年30岁时来到旧金山，然后到达优胜美地山谷。他被那里的高山、瀑布、溪谷、流水等自然景观折服，他爱上了优胜美地，后来干脆搬去居住。为了生存，他替别人牧羊、锯木，又做导游，踏遍了优胜美地的山山水水，翔实地记录了自己的所见所闻，在那里生活了5年，自己的灵魂和情操得以升华，成了知名的专家。最著名的成就是他的冰川作用理论，解释了优胜美地地貌产生的原因。其间发生了地震，他是迄今为止唯一一位在地震发生时，身临其境，动态观测地震对地貌影响的地质学家，他完全否定了"地震造成优胜美地山谷"的学说。

从此，缪尔号召成立一个国家公园来永久保护优胜美地的自然杰作。

1876年，缪尔发表了关于红杉巨树生态分布的论文，再次引起轰动，引起了政府对濒临灭绝的红杉树林的关注。"国家森林保护计划"法案生效。红杉被定为"国宝"。

然后，缪尔倡导保护森林资源，保护野生原始树木。

1880年，42岁的缪尔走出大山，由朋友做媒结了婚，全家定居在加州湾区。

1882—1887年，缪尔主要从事妻子家族的水果种植生意，赚了大钱。缪尔重新恢复了野外自然探索和保护事业，妻子也非常理解支持他。他指着远方的群山说，那里是我的家。

1890年，美国国会立法要成立一个围绕着优胜美地的国家公园，把加州拥有的优胜美地公园圈起来。缪尔游说加州政府把优胜美地的部分土地交给联邦政府拥有和管理，最后于1906年成立了今天的优胜美地国家公园。

成功得有贵人相助，缪尔的贵人之一就是总统西奥多·罗斯福。1903年罗斯福邀请缪尔陪同访问优胜美地，他们彻夜深谈，共同露营。罗斯福旅行后意味深长地说："我们建设自己的国家，绝不能只顾眼前一时，而必须谋划长远。"罗斯福总统宣布成立美国首个国家野生动物保护区（鹈鹕岛）。

缪尔一生对于美国自然保护的成就和贡献无人可及，他带头创立了环境保护组织"塞拉俱乐部"（Sierra Club）并当选为首届主席，该俱乐部现在是美国最有影响力的自然环保组织之一。

1908年，"缪尔森林国家纪念地"设立，以纪念他在森林资源和自然环境保护方面的贡献，现在已成为美国著名的自然名胜。"约翰·缪尔小路"（John Muir Trail）长211英里，穿越优胜美地国家公园、国王峡谷和美洲杉国家公园，被无数徒步背包客称赞为美国风景最美的徒步线路。

1916年他去世后的两年，国家公园管理局宣告成立，专门负责管理所有的国家公园。

缪尔也是一个诗人、文学家，文采横溢。1869年7月，缪尔在日记中写道："日出破晓，天空从浅淡的玫瑰紫色柔和地变成淡黄、白亮，阳光从山峰之间倾泻泼洒下来，布满了优胜美地的苍穹，天地边际似乎在燃烧。银杉尖塔般的树冠，高耸入云，捕捉到太阳的第一道光辉，刹那间，我宿营的树林中也洒满颤动着的明亮阳光。"（袁传宽译）①

缪尔伟大的作品还有很多流传至今，包括《加州的群山》《我们的国家公园》《优胜美地》等著作，这些作品描绘的自然风光和环保思想不仅影响了当时的政府和民众，在当今人类社会仍有重要的现实意义。

2. 历届总统的贡献

从林肯、格兰特、西奥多·罗斯福、威尔逊，一直到今天，美国的多位总统为公园的建设和保护做了大量的贡献。

（1）林肯总统早在1864年就签署法令，要求加州政府保护优胜美地，成立了第一座州立公园，主要是保护红杉树。但当时的保护措施有

---

① 袁传宽，20世纪60年代毕业于北京大学数学力学系，1978年调入清华大学数学系任教，推荐人是华罗庚。80年代初赴美留学，师从当代大数学家樊矶教授和查理阿克曼（Charles A. Akemann）教授，获加州大学数学博士学位。樊矶与华罗庚、陈省身齐名。

限，肉店、木材厂、旅馆等遍布优胜美地。

（2）1872年，格兰特总统签署法案，成立第一个国家公园——黄石公园（西奥多·罗斯福称格兰特为"国家公园之父"）。1890年，美洲杉国家公园成立，为第二个国家公园；1890年，优胜美地国家公园成立（Yosemite National Park，又译：约塞美蒂），为第三个国家公园。

（3）第26任总统西奥多·罗斯福是公认的明确保护自然遗产的总统。1903年在佛罗里达州，他设立了美国第一个野生动物保护区来保护鹈鹕。然后他又继续设立了超过50个鸟类保护区，负责创立了美国林务局，并签署了《文物法》，这一法案赋予了总统保护自然和文化地标的权力。他运用这项权力设立了18处遗迹，还监督创建了5处国家公园，包括火山口湖国家公园和梅萨维德国家公园。从那以后的15位总统都陆续设立了国家纪念区。

总统西奥多·罗斯福（Theodore Roosevelt，1858—1919）

任总统前对大自然的钟情与他上任后大力推广国家公园建设是密不可分的，卸任后他的足迹遍布世界各地，是一位忠实的自然博物学家。

1880年，22岁的罗斯福与银行家的女儿爱丽丝·海瑟薇·李（Alice Hathaway Lee，1861—1884）结婚。4年后，爱丽丝生下一个女婴，但妻子不幸于产后两天因布莱特氏疾病去世（Bright's Disease，是一种肾脏疾病）。同日，罗斯福的母亲也去世了。他把女儿委托给大姐抚养，自己到了达科他州隐居起来，过起了放牧生活。

在北达科他州的牧场，罗斯福学会了骑马等牛仔技能。闲暇时他参加拳击赛。一段时间里他还担任了代理警长，追捕盗窃犯。1886年到1887年的严冬灭绝了牧场的牲口，他被迫返回东部。

1886年，罗斯福竞选纽约市长，得票数为第三。之后，他去了伦敦，与青梅竹马的恋人卡柔结婚（Edith Carow，1861—1948）。在欧洲度蜜月期间，罗斯福攀登了勃朗峰，他领导的探险队是历史上第三个登顶团队，他被英国皇家学会纳为会员。

（4）1916年，威尔逊总统签署法令，设立国家公园管理局，于1916年8月25日成立，当时美国已有35个国家公园和历史遗址，目前管辖着全美国的 417 处国家公园。

3. 国家公园管理局局长的贡献

美国第一任国家公园管理局局长史蒂文·马瑟，任职时间为 1917—1929 年。

史蒂文·马瑟（Stephen Tyng Mather，1867—1930），实业家、环保者，也是缪尔的好朋友。

他生于旧金山，高中是在旧金山一所私立男孩高中，大学是加州大学伯克利分校。

随家人搬到纽约，任记者。26 岁结婚。

开始在太平洋海岸硼砂公司工作（the Pacific Coast Borax Company），父亲是管理层。硼砂（Boarax）是清洁剂的原料，几乎全部从加州的矿区开采出来。

1894 年，马瑟在芝加哥建立了分销中心，创办品牌"20 Mule Team Borax"，全国出名。

马瑟帮助朋友建立公司，后来他加入朋友公司，1914 年两人都成为百万富翁。

1904 年，他和妻子到欧洲，重启了自己对自然的兴趣。

1915 年，他加入罗斯福建立的环保俱乐部。1916 年，他成为塞拉俱乐部（Sierra Club，山峦协会）的名誉副总裁。

他任内政部长的助手，1916 年威尔逊总统建立国家公园管理局，1917 年他被提名为第一任局长，直到 1929 年他因疾病辞职，任职 12 年，他把管理局建成一个最受尊敬和最有声望的政府机构之一。

在他离职时，国家的公园系统已经有了 20 个国家公园和 32 座国家纪念碑，其中包括 1926 年成立的仙纳度和大烟山国家公园（Shenandoah and Great Smoky Mountains）。

4. 媒体的贡献

国家公园的保护法规得以通过，还得益于一位记者对一个事件的报道。

1894 年 3 月，盗猎者埃德加·豪威尔进入黄石公园猎杀动物。管理员抓获他时，他正在给被他枪杀的野牛剥皮。面对斥责，豪威尔满不在乎地说："你们能把我怎样？把我的工具和枪全没收了，不过就26美元。"

记者乔治·格内尔被激怒，广泛宣传，请愿白宫，两个月后，总统克里夫兰签署了《黄石国家公园动物保护法案》。

四 美国国家公园之最

1. 第一个国家公园：黄石国家公园（Yellowstone National Park）

在美国的国家公园中，黄石国家公园是最著名的一个。1978年被列为世界自然遗产。

黄石国家公园，成立于1872年，格兰特总统签署法案。跨越三个州，主要位于怀俄明州，部分位于蒙大拿州和爱达荷州，面积达8983平方公里。

1903年4月，西奥多·罗斯福为黄石公园的拱门奠基，他说："黄石公园绝对是世界上独一无二的。为了大众的利益和乐趣，我们创建了这个公园。"拱门被称为罗斯福拱门，上面刻着为了大众的利益和乐趣（for the benefit and enjoyment of the people），成为保护环境、建立国家公园的象征。

特色主要包括：

1）有3000多处喷泉，有著名的间歇泉和地热。最著名的是老忠实泉（Old Faithful），之所以叫这个名字是因为它的喷涌非常有规律，每隔61—67分钟喷出一次，每次历时约4分钟，喷得最高最美之时是前20秒，高度达40—50米，温度是93摄氏度。

地热景观主要有四种：间歇泉（geyser）、热泉（hot spring/pool）、泥温泉（mud pot）、喷气孔（fumarole）。

2）有全国最大的山湖，形成著名的黄石大瀑布。

3）有丰富多样的野生动物，包括几百头黑熊、灰熊和成群的野牛（bison，俗称buffalo）。

1995年，黄石公园从加拿大重新引进狼群，以繁衍保护野生狼群。

2. 第二个国家公园：美洲杉国家公园和国王峡谷国家公园（Sequoia National Park and Kings Canyon National Park）

美洲杉国家公园和国王峡谷国家公园相邻，位于加州中部，优胜美地国家公园以南。该公园成立于 1890 年，哈里森总统签署法案。是美国的第二个公园，占地 1635 平方公里。

Sequoia，"美洲杉"。注意要区分加州西北部的 Redwood National Park，译为：红杉国家公园；中部的 Sequoia National Park 译为：美洲杉国家公园。

Redwood，"红杉"是一个概括的词语，分为 3 个种类，加州或俄勒冈州的（美洲）杉树（sequoia）、巨杉（sequoiadendron）和中国的水杉（metasequoia，dawn redwood），前两种能成为最高的树，分别是 sequoia（美洲杉）和 sequoiadendron（巨杉，giant sequoia）。

特色：

1）有美国本土最高山惠特尼山，海拔 4421 米。

2）有地球上现存最大的树——谢尔曼将军树（General Sherman Tree）。说它大，是从体积和重量上来看，它高约 84 米，底部直径 11 米多。有些更高大的树已经被砍伐。世界最大 10 棵树中的 5 棵在这个公园。

美洲杉（giant redwood，sequoia）被称为皇冠上的明珠，它是一种常绿、长寿的雌雄同株的树木，寿命长达 1200—1800 年。最古老的美洲杉树已有 3500 年的寿命。海岸红杉（coastal redwood）的树龄为 800—1500 年，山脉红杉高达 2000—3000 年。成熟的红杉树可高达 70—120 米。

红杉的根系并不深，不过都是成群生长，根部互相盘绕在一起，来抵御狂风暴雨。

加州北部的红杉国家公园内有世界上现存面积最大的红杉树林。那里靠近海洋，气候温和湿润，非常适宜红杉的生长。被记录的植物种类达 856 种，其中 699 种是土生土长的、最具优势的是红杉。

红杉树象征着中美友谊万古长青。尼克松总统的家乡在加州，

1972 年尼克松访华时，送给中国 4 株红杉树苗，周总理亲自栽种在杭州西湖边。

最高的树种是红杉树，加州的红杉近百米高的比比皆是，被列为濒危物种加以保护。最高的红杉树生长在红木国家公园，高 115.2 米。

第二高树是花旗松，又名道格拉斯冷杉（Douglas-fir）、道格拉斯云杉（Douglas spruce）、俄勒冈州松（Oregon pine），是美国西北地区特有的一种常绿针叶树种。道格拉斯冷杉是目前世界上第二高的针叶树种，排在红杉之后。俄勒冈州的一株冷杉高达 99.4 米，世界第二。华盛顿州奥林匹克国家森林公园里的一棵冷杉为世界第三高的树。

3. 第三个国家公园优胜美地国家公园（Yosemite National Park，又译为：约塞美蒂）

优胜美地位于加州东部，1890 年建成，哈里森总统签署，是美国第三个国家公园。占地面积达 2849 平方公里，是美国景色最优美的国家公园之一，与大峡谷、黄石齐名。早在 1864 年，林肯就将优胜美地谷划为保护地区，被视为现代自然保护运动的发祥地。1984 年被列入世界遗产。约翰·缪尔称赞说："上帝似乎总是在这里下功夫装扮美景。""没有任何人工的殿堂可以比美优胜美地"。"优胜美地"是印第安语，意即"灰熊"，是当地印第安人的图腾。

特色：

1）公园以瀑布、溪谷、山峰闻名，是攀岩者的热土。

那里有北美最长的瀑布，瀑布分为上下两段，上段水流湍急，下段水流略缓。

有刀削般的绝壁"半穹顶"（Half Dome），相当于一个圆形穹顶被削去一半，是著名的攀岩胜地。半穹顶是优胜美地的象征，加州 25 美分硬币（quarter）上有它的图像。海拔 2695 米，从谷底到顶端高度是 1444 米，具有挑战性的攀岩部分达 658 米，是山谷里最高的山峰。它三面绝壁，只有一面坡度稍缓，是北美第一，也是世界上最具挑战性的攀岩地之一。

半穹顶悬崖中部有条 12 米长的花岗岩狭长平台，被命名为"感谢上帝壁架"（Thank God Ledge）。

爱好者攀爬半穿顶，挑战自我，逐渐升级。

1957 年，罗耶尔·罗宾斯（Royal Robbins，1935—2017）等三人创造了美国第一次垂直登顶记录，攀岩难度最高（6 级），他们用了 5 天时间。为了安全，他们在花岗岩上打了一百多处岩钉，悬挂绳索，这种攀岩方式被称为器械攀登。他倡导无痕攀岩，即不用任何岩钉和膨胀螺栓进行攀岩，这样保护岩壁、保护生态环境。

20 年后，阿特·希吉比（Art Higbee）和吉姆·埃里克森（Jim Erickson）仅凭一条用于垂降的绳索，完全依靠手脚，用了 34 个小时攀爬至顶。

后来，有人徒手攀登，称作"单人自由式攀岩"（free solo），这是最令人心惊肉跳的攀岩。

西北岩壁难度是 6 级，必须借助绳索完成。然而，2011 年，历克斯·汉诺尔德（Alex Honnold），用前无古人的壮举，徒手攀爬半圆顶山的西北岩壁，用时仅为 2 小时 50 分钟。

人类挑战自己的步伐没有停止，半穿顶是挑战自我的胜地。

优胜美地有全世界已发现的最大花岗岩石"酋长岩"（El Capitan，船长），也是攀岩者超越自我的地方。"酋长岩"上有一条线路叫"nose"，第一次征服它时人们用了 47 天。今天，同样线路最慢的人需要 3—5 天。

这种好多天的攀岩，到了晚上怎么办？攀岩者要在岩壁上悬挂帐篷，睡觉休息，天一亮就立刻攀登。

征服"酋长岩"的最新纪录是 2 小时 36 分 45 秒，是迪恩·波特于 2010 年 11 月创造的。然而不幸的是，2015 年 5 月 16 日，迪恩·波特和他的搭档在优胜美地定点跳伞（BASE jump）不幸遇难，时年仅 43 岁。

2）"巨灰熊"美洲杉，约有 2700 年的树龄，是世界上现存最大的树木之一。

3）美国确认的 7 个生物区中，优胜美地国家公园内就有 5 个。

315

优胜美地生活着 500 多头野生黑熊。处处是警示牌，所有的食品必须放到规定的大铁柜里。给游客提供有关遭遇野熊时的应对措施：拔高你的躯干，显得高大，双手舞动，大力发声，以吓跑黑熊。记得在中学学过一篇课文《患难朋友才是真朋友》中，为了躲过熊的袭击，其中一个倒地装死，看样子书本中的做法不是事实，毕竟是故事。

4. 大峡谷国家公园（Grand Canyon National Park）

首先了解一下科罗拉多高原，它地跨犹他州、科罗拉多州、新墨西哥州和亚利桑那州，面积约 30 万平方千米。是一片令人赞叹的土地，红色大地、岩盘、拱洞、沙丘、峡谷，与蓝天苍穹形成色彩强烈的对比。其粗犷荒凉令人赞不绝口、啧啧称奇。吴宇森的电影《断箭》（*Broken Arrow*）中，演员约翰·特拉沃尔塔（John Travolta，饰演邪恶）和克里斯汀·史莱特（Christian Slater，饰演正义）正邪打斗的场景就是在那里拍摄的，到处是发烫的石块，寸草不生。

在科罗拉多高原上，有著名的大峡谷国家公园；犹他州有两个峡谷国家公园：锡安、布莱斯。科罗拉多州有峡谷纪念地（Monument），可以说是小型微缩版的峡谷。

大峡谷又称科罗拉多大峡谷，位于亚利桑那州西北部（与科罗拉多州没有关系），于 1919 年由威尔逊总统签署成立。1980 年列入世界遗产名录。当选《国家地理》杂志人生应该去的 50 个地方之一，位居第 16。

大峡谷面积 2724 平方公里，全长 446 公里，平均宽度 16 公里，最深处 1829 米，平均深度超过 1500 米。

2007 年 8 月，河南云台山国家 5A 级森林公园与大峡谷国家公园结为姊妹公园（2009 年 8 月石林与猛犸洞公园结为姊妹公园）。

特色：

1）体验大自然的神奇力量，欣赏造物主的鬼斧神工，感受超凡的敬畏。

1903 年，总统西奥多·罗斯福游览大峡谷时，感叹地说："大峡谷使我充满了敬畏，它无可比拟，无法形容，在这辽阔的世界上，绝无仅有。"

2002 年，《国家地理》杂志进行了一次评选：在美国最刺激、最富有挑战性的 100 项探险活动中，名列榜首的是沿科罗拉多河乘橡皮筏全程漂流大峡谷。

5. 锡安山国家公园（Zion National Park）

该公园位于犹他州，面积 593 平方公里。1909 年成立国家纪念地，1919 年更名为锡安国家公园。

九种地质层的大阶梯岩层，已有 2.7 亿年的历史，五彩缤纷，其中包括大面积的红色或黄褐色的纳瓦霍砂岩（Navajo Sandstone）。

公园内部及入口处的路面是红色的，用红渣取代之前的黑色沥青路面，以彰显红岩地质的主题，这也是锡安国家公园的一大特色和标志。

锡安（Zion）为希伯来语，神圣安详之地。19 世纪 60 年代，摩门教徒命名。所有著名的大石头，都和《圣经》相关，比如，天使降临（Angels Landing）、白色大宝座（The Great White Throne）、三圣父（The Three Patriarchs）。

6. 布莱斯峡谷国家公园（Bryce Canyon National Park）

该公园位于犹他州西南部，成立于 1928 年，总面积约 145 平方公里，是犹他州五大国家公园中面积最小的一个。

特色是有世界上最密集的岩柱群（Hoodoos）。

7. 波浪谷

波浪谷，学名是帕利亚峡谷·朱砂崖野外保护区（Paria Canyon-Vermilion Cliffs Wilderness），位于犹他州和亚利桑那州边界，成立于 1984 年，面积约 455.3 平方公里，由美国土地管理局管辖。

特色：

1）"纳瓦霍（Navajo）砂岩"地貌，砂岩上的纹路像波浪一样，形态各异。

2）每天限定 20 人游览。通过网上申请（10 人）和现场抽号（10 人）。网上申请时间是月初首日，发放未来 4 个月的许可证，许可证费为 5 美元。申请人填写表格，申请成功后，在规定的期限内，公园管理局把许可证寄达申请人住处，并附有步行地图和环保指南。现场抽号，就是游客到达那里，按照运气，抽出参观资格。

8. 羚羊谷（Antelope Canyon）

也是相似的红砂岩，位于亚利桑那州，属于纳瓦霍土著居民保护区，被视为与灵沟通、静思的圣地。分为上、下羚羊峡谷两个部分。下羚羊谷在纳瓦霍语中的意思是"拱状的螺旋岩石"，一年约有9个月不开放。

特色：

1）北美最美丽的峡谷。色彩以红色为主，波状纹理，形态各异，似梦幻仙境。

2）须有当地印第安人做向导。峡谷内没有人工灯光，从狭窄的入口处投入光线。也许上方阳光灿烂，但是如果暴雨突然降临，峡谷内会被洪水淹没，成为地狱，历史上曾有事故发生。

9. 科罗拉多国家纪念地（Colorado National Monument）

该地成立于1911年，位于科罗拉多州西部、靠近犹他州不远的地方，总面积约为83平方公里。犹他州都是以大规模、大尺度的国家公园而闻名，而这个纪念地没有大峡谷的幽深，然而却有各种岩层，其中谷底的深色岩层年龄最老达17亿年，可以说是其他几个大峡谷的微缩版，园内有层层叠叠的峡谷和千奇百怪的岩柱。

峡谷景点有"独立纪念碑"和"婚礼峡谷"，与该纪念地的创始人约翰·奥拓（John Otto）有关。他于1906年到达那里，大多数精力用在探索高原和峡谷，他在人们认为不可能通过的荒野之地开辟道路。该国家纪念地成立后，他被聘为第一任园长。1911年6月，约翰在"婚礼峡谷"举行了婚礼，同年7月4日独立日时，他爬上了"独立纪念碑"岩顶，并插上了美国国旗。

10. 拱门国家公园（Arches National Park）

该公园位于犹他州，1929年被列为国家历史遗迹，1971年成为国家公园，保存了超过2000座天然的岩石拱门。其中，精致拱门是犹他州的主要地标之一（另一个拱门是圣路易斯市拱门）。平衡石，体积相当于三辆校巴的巨石立在岩顶；双零拱门，两个相同大小的拱门；景观拱门，公园里最长的拱门。

11. 西奥多·罗斯福国家公园（Theodore Roosevelt National Park）

该公园位于北达科他州，是为了纪念老罗斯福总统，是唯一一座以总统名字命名的国家公园。

罗斯福的母亲和妻子在 1884 年 2 月 14 日同一天去世，这一天他在自己的日记里画了一个大叉，他写道："光明从我的生命中消失了"（the light has gone out of my life）。之后他来到北达科他州那一片荒凉之地，那里成了医治他心灵创伤的良药，自己认为这个经历对他成为总统有很大的影响。在任内他推动成立了全国性的国家公园管理体系，成立了 5 个国家公园、11 个野生动物保护区（Wildlife Refuge），以及 18 个保护区（National Monument）。

在 20 世纪初，他高瞻远瞩、荫泽后代的眼光和魄力，实在令人佩服。

1）该公园主要的景观是恶地地形（Bad land）及北美大草原。

其恶地被称为火星景观，保留了五颜六色的荒地地貌、含有石化木的河床。圆顶山的岩石和沉积物的表层形成了彩色条纹，非常漂亮。

2）园区内有丰富的生态系统，动物包括美洲野牛、叉角羚、大角羊、野马、草原狗、野生火鸡等。特色是草原狗（Prairie Dog），其实它不是狗，而是小型的地鼠，不过叫声像狗。

12. 朗格尔·圣埃利亚斯国家公园（Wrangell St. Elias National Park）

朗格尔国家公园是美国最大的国家公园，位于阿拉斯加州，占地 5 万平方公里，为世界自然遗产。

1）冰川面积大。

2）生态系统完整。灰熊、苍鹰、野山羊、土拨鼠随处可见。

13. 死谷国家公园（Death Valley National Park）

死谷国家公园是美国本土最大的国家公园，位于加州东南部，与内华达州接壤，占地 1.2 万平方公里。

319

死谷有著名的爱德华空军基地和太空实验场。死谷内最奢侈的酒店是"火炉溪谷旅馆"（Furnace Creek Inn）。有高尔夫球场，低于海平面67米，世界最低。旁边有机场，非常便捷。

1）沙漠、高温、极旱、雪峰、盐沼（恶水）、恶地为其主要特征（南达科他州有恶地国家公园，在印第安人眼中恶地是"好地"，认为光秃秃的山是有灵魂的）。

死谷极限温度达56.7摄氏度，年均降水量46.8毫米，仅比撒哈拉沙漠多了一点。

恶水是死谷和西半球的最低点，低于海平面282尺（近86米），炎热干燥。2007年，连续154天气温在38摄氏度以上。恶水没有毒，只不过盐分太高，不适合饮用。

2）有51种土生土长的哺乳动物、307种鸟类、39种两栖和爬行动物以及超过1000种植物。有1500多头野驴。

3）死谷的石头会走路。

十七名科学家和大学生组成探险队，在美国宇航局研究人员的领导下，研究死谷走路的石头。

经国家公园的批准，他们在一些游石的下面挖坑，埋下传感器。研究结果表明，通常石头的形状并不影响其运动，无论大小、重量或地理特点都不对其造成影响，它们任意"行走"。

14. 热泉国家公园（Hot Springs National Park）

热泉国家公园是美国面积最小的国家公园，位于阿肯色州，面积不到24平方公里。

15. 大沼泽地国家公园（Everglades National Park，又译：埃弗格莱兹国家公园）

大沼泽地国家公园，位于佛罗里达州南部，面积为5668平方公里，是美国本土上最大的亚热带野生动物保护地，落基山脉以东最大的国家公园，为世界遗产。

南部印第安人称这片沼泽地为"绿草如茵的水域"。这个区域地势平坦低洼，莎草丛生（saw-grass），高达4米，与高大的秃柏（bald cypress）相得益彰，是沼泽地的特色亮点。神奇的美国水杉靠悬空的须根吸取水分营养，就像是从湖底长出的一样。大沼泽地附近的万岛群岛上，生长着无数的红树，其根部成了海洋生物的栖息地。

350多种鸟类栖息在那里，包括箆鹭、苍鹭、白鹭、白鹤等。秃柏树林中生长着许多蛇和短吻鳄，各种鳄鱼大量繁殖。罕见的佛罗里达豹也隐居在那里，还有美洲豹、黑熊、水獭及白尾鹿。佛州仅剩下约1000头海牛，保护海牛的计划正在进行中。生性温和的海牛以水底植物为食粮。海牛伏在水下，每天吃多达90千克的食物，每隔一段时间回到水面呼吸换气。

美国作家、环保人士玛乔丽·道格拉斯（Marjory Stoneman Douglas, 1890—1998）被誉为是大沼泽地的保护者，曾把这片沼泽地描述为"地球上一个独特的、偏僻的、仍有待探索的地区"。她的著作《大沼泽——草河》（*The Everglades: River of Glass*）成为继雷切尔·卡森《寂静的春天》（*Silent Spring*）之后备受瞩目的生态著作。她的文字优美，大沼泽地令人遐想：广阔无垠，波光粼粼。碧蓝的苍穹，清风吹拂，气味咸中透甜。浩瀚的水面上，布满茂密的莎草，翠绿色和棕色的莎草相织成片，闪烁着异彩，草丛下，流水静淌，水色灿烂。

1993年，沼泽地公园被列入濒危的世界遗产名录中，经过不断的努力，生态得以改善。2007年6月遗产大会宣布：将大沼泽地国家公园从"濒危"世界遗产名单上去除。

16. 猛犸洞国家公园（Mammoth Cave National Park）

猛犸洞是最大最长的溶洞，位于肯塔基州中部，已经探明的通道有560公里（2006年），占地207平方公里。该公园于1941年建立，1981年被认定为世界遗产。猛犸是一种长毛巨象，已灭绝，猛犸洞穴与猛犸没有关系。起名"猛犸"，表示洞穴巨大。

洞内是奇珍异景，秘密莫测。洞外是花团锦簇、莺歌燕语，令人流连忘返，惊叹大自然的魅力。唐纳鸟、野火鸡等也在那里安居乐业。

洞穴中生活着200种以上的动物，有印第安纳蝙蝠和肯塔基洞鱼等。有1/3的动物一生与世隔绝，仅靠河水的养分生存，这是令人难以置信的自然奇迹，向人类对自然界的传统认识提出了挑战。珍稀动物如盲鱼、无色蜘蛛显示了动物对绝对黑暗和封闭环境的适应能力。

新墨西哥州有卡尔斯巴德溶洞国家公园（Carlsbad Caverns）。

117个洞穴中最长的超过了200公里长。约有80万只17个不同品种的蝙蝠居住在洞穴里，集体外出飞行是壮观的一景。

17. 夏威夷火山国家公园（Hawaii Volcanoes National Park）

那里有世界上最活跃的两个活火山，就像两个巨塔俯瞰着太平洋。

18. 珊瑚礁公园：美属萨摩亚国家公园（American Samoa National Park）

美属萨摩亚国家公园，位于夏威夷火奴鲁鲁（檀香山）以南大约3700公里，面积为36平方公里，其中水域面积为10平方公里。

那里有太平洋海域保存最完好的珊瑚礁。那里有火山岛、珊瑚礁、雨林、深水港和顶级白沙海滩，是度假的天堂。

萨摩亚原意为"圣土"，在那里可以充分体验萨摩亚人文化。

19. 阿卡迪亚国家公园（Acadia National Park）

该公园位于缅因州，占地面积为191平方公里，在美国的最东北部。拥有海岸、沙滩、峡湾、森林、湖泊、泉水、洞穴和各种动物，被列为全美十大最受欢迎的国家公园，仅次于黄石为第二大受欢迎的国家公园。

树种色彩艳丽，有云杉、白桦、红枫、白杨；海鸟种类繁多，有苍鹭和海鸥，鱼鹰和老鹰，海鸠和燕鸥，鸣鸟和碛鸟等。海洋哺乳动物有斑海豹、灰海豹、海豚、长须鲸等。

20. 库雅荷加谷国家公园（Cuyahoga Valley National Park）

该公园位于俄亥俄州，是该州唯一的国家公园。白兰地酒瀑布（Brandywine Falls）声名远扬，蓝母鸡瀑布（Blue Hen Falls）也魅力十足。

21. 大烟山国家公园（Great Smoky Mountains National Park，大雾山）

大烟山国家公园是游览人数最多的国家公园，位于田纳西州东部和北卡罗莱那州西部交界处，1934年成立，面积约2100平方公里。1983

年列为世界遗产。

特色：

1）每年游客约 1000 万人，是游客最多的国家公园。门票免费。

2）大烟山森林覆盖率在 95% 以上。它拥有 3500 种特有植物，有世界上最大的落叶林。有 30 多种哺乳动物，其中有著名的美洲狮和黑熊。有 30 多种爬行动物，乌龟 7 种，蜥蜴 8 种，蛇类 23 种。两栖动物类繁多，蝾螈（salamander）有 27 种，种类之多号称世界之最，其中赤面蝾螈是仅存于大雾山国家公园的特产。还发现了世界上最大的水栖蝾螈：鲵群。鲵（giant salamander，大隐鳃鲵），也就是常说的娃娃鱼，两栖动物，哭声像婴儿。

22. 游客较少的国家公园

公园每年的游客不到 10 万人。

1）爱达荷州石头城国家保护区（City of Rocks National Reserve）

被称为"寂静的石头城"（Silent City of Rocks）。有 60 层楼高的花岗岩塔；已标出 500 多条攀岩路线。公园建于 1988 年。

2）乔治亚州坎伯兰海岸国家公园（Cumberland Island National Seashore）

乔治亚州最大的岛屿。没有连接陆地与岛屿的桥梁。每天有两班渡轮。建于 1972 年。

3）科罗拉多州弗洛里桑特化石床国家纪念公园（Florissant Fossil Beds National Monument）

4）夏威夷州卡劳帕帕国家历史公园（Kalaupapa National Historical Park）

曾经居住着 1200 多名麻风病人。建于 1976 年。

5）亚拉巴马州拉塞尔洞国家纪念公园（Russell Cave National Monument）

拉塞尔洞是史前印第安人的庇护所。建于 1961 年。

另外，还有一些国家公园，都有自己的特色，例如，佛罗里达海龟国家公园（Dry Tortugas）、冰川国家公园（Glacier National Park）、冰川湾国家公园（Glacier Bay National Park）、北极之门国家公园（Gates of the Arctic National Park）、大盆地国家公园（Great Basin National Park）、大沙丘国家公园（Great Sand Dunes National Park）、约束亚树国家公园（Joshua Tree National Park）、拉森火山国家公园（Lassen Volcanic National Park）、雷尼尔山国家公园（Mount Rainier National Park）、化石林国家公园（Petrified Forest National Park）、仙人掌国家公园（Saguaro National Park）、风洞国家公园（Wind Cave National Park），等等。

还有一些国家保护区，如大灌木丛国家保护区（Big Thicket, BITH），占地455平方公里，位于得州东南部，1974年被授权。与佛罗里达州的大柏树国家保护区（Big Cypress National Preserve）是第一批被国家划定的保护区。

五　国家历史公园及遗址

国家历史遗址（Historic Site）、国家历史公园（National Historical Park）、国家纪念堂（National Memorial）或国家纪念碑（National Monument）、国家历史意义步道（National Historic Trail）等都是与历史有密切关系的地点或区域，能够让人们了解历史上发生的重大事件和重要人物，增强人们的爱国热情。

（一）国家历史公园

1. 福吉谷国家历史公园（Valley Forge National Historical Park）

1893年，福吉谷成为宾夕法尼亚州的第一个国家公园，1976年列为国家公园系统。公园中有历史建筑物、重建的营地、纪念馆、以原始手工品为特色的博物馆以及娱乐设施。公园还有26英里（41.6公里）的远足和自行车线路。公园全年提供各种节目、野生动物观赏、垂钓及泛舟项目。

2. 葛底斯堡国家军事公园（Gettysburg National Military Park）

葛底斯堡军事公园包括墓地和战场，这是美国规模最大的古战场纪念地。

葛底斯堡之役（Battle of Gettysburg）发生于1863年7月1日至7

月 3 日，当年双方 15 万人集聚葛底斯堡，5 万人献出了生命，是美国内战中最血腥的一场战斗，通常被认为是内战的转折点。

该事件被拍成电影，于 1993 年上映，被誉为电影史上最伟大的战争片之一。1994 年夏在电视网播出，成为收视率最高的有线电视电影。电影长达 4 个半小时，开始的 5 分钟是战士的图片，有许多是没有名字的英雄。

现在有 1000 多座纪念物和大炮，包括战斗中的许多后勤保障支持领域，如储备、供应和医院。还有 20 多个博物馆，详尽地重现了葛底斯堡战役的壮烈场面，展览着内战时期的文物。工作人员身穿 19 世纪中叶的服装，向人们介绍当年场地救护的情景，他们都是来自附近医院的志愿者。当年由于缺乏药品，许多手术是在没有麻醉的情况下进行的。

林肯曾住过的房间，现在是林肯博物馆，存放着林肯的演说手稿等，还有林肯的雕像，坐在那里握笔凝思。他的演讲稿只有 272 个字，提出"民有、民治、民享"思想，影响久远。

（二）国家历史遗址

1. 艾森豪威尔国家历史遗迹（Eisenhower National Historic Site）

该国家历史遗迹位于宾州葛底斯堡镇，从该镇向南 125 公里是首都华盛顿。由总统曾经的家园和农场组成。农场周围环境宁静，可以看到南部山区。有手机语音介绍总统夫妇在葛底斯堡的生活情况。

另外，艾森豪威尔总统图书馆位于堪萨斯州。

2. 戴维斯堡国家历史纪念区（Fort Davis National Historic Site）

该纪念区位于得州。1854 年，美国在得州西南角上建立了一个边防城堡，以保证从东面城市圣安东尼奥（San Antonio）到最西端的埃尔帕索（El Paso）这条 500 公里的通商大道上邮车、货车和移民的安全。名字取自作战部长杰斐逊·戴维斯（Jefferson Davis），他后来他成为南部邦联诸州的总统。许多建筑依然保存完好，包括兵营、商店和办公室。那里的荒野地貌非常突出，主要是岩石山谷、红色山峦和造型诡异的龙舌兰花，那里与世隔绝，足见当年的荒凉，也足见当年它的重要性，特别是在兵荒马乱的日子里。

内战结束后，主要靠从战场上撤下来的俗称"水牛战士"（buffalo soldiers）的黑人士兵守护，他们用石灰岩和泥土修筑了城堡外围的壕沟墙。

3. 九十六国家纪念遗址（Ninety Six National Historic Site）

该遗址位于南卡罗来纳州，距离格林维尔市 96 英里。这个 18 世纪早期的小镇名字叫"九十六"。

名字来源的另一种说法是"九"和"六"，指的是该区域的两大水系，一个是 9 条支流，另一个是 6 条支流。

（三）国家历史纪念塔（碑、堂、地）

1. 魔鬼塔（Devil Tower National Monument）

西奥多·罗斯福把怀俄明的魔鬼塔定为第一个国家纪念地。它高 260 多米，直径 300 多米。20 多个印第安人部落把那里当作崇拜的圣地，几个传说比较相似：熊把两个女孩当成猎物，女孩祈祷保佑，神让石头升高，形成高耸的石崖，熊的道道抓痕形成岩缝。

关于塔的形成过程有详细的解释，图文并茂，是地质课的良好教材。

魔鬼塔的周围有一条环塔步道，一圈走下来约 45 分钟，可以 360 度观看魔鬼塔及周围的景色，感受魔鬼塔俯视大地的气魄。

攀登难度较大，从 1939 年至今有 5 万人攀登，仅仅有 100 人成功。

导演史蒂芬·斯皮尔伯格于 1977 年拍摄电影《第三类接触》，让魔鬼塔的访客暴增。

2. 燧石采集场纪念地（Alibates Flint Quarries National Monument）

该地位于得州北部，面积为 5.55 平方公里，1965 年被评为国家纪念地。在历史上，燧石是人们取火的重要用具，关系着人们的生存。

3. Chamizal 国家纪念碑（Chamizal National Memorial）

该纪念碑位于得州埃尔帕索市，1966 年建立，占地 330 多亩。埃尔帕索和墨西哥的华雷斯市一桥之隔。Chamizal 是西班牙语，意思是四翅滨藜（four-wing saltbush），该植物遍地覆盖这个争议区域，是一种抗盐碱能力很强的树种。

美国社会隐性教育研究

1848 年，美国和墨西哥签约以格兰德河为界，相安无事，然而因为河道改变，造成双方边境土地的争端。1963 年肯尼迪总统和墨西哥达成协议。为了纪念美墨边境纠纷的和平解决，美国建立了这个纪念场地，在游客中心设有博物馆。

4. 木质风帆军舰"宪法"号（USS Constitution）

美国历史上第一艘木质风帆军舰"宪法"号，建于 1797 年，服役时间超过 200 年，服役年龄最长。总统华盛顿给它命名，象征着拼搏、胜利。有 44 门大炮。1812 年，"宪法"号参加了两次海战。第一次将英国战舰击入海底。第二次也大获全胜。这是该舰服役期间最重要的两场光荣胜利，从此，"宪法"号有了一个绰号叫"老铁甲"（Old Ironsides）。这一年里，它参加了近 40 次海战，从未失败。

现在存放于波士顿港口。一直作为展示船服役，每年独立节还要出海远航参加庆祝活动。现在舰上有 60 名舰员，为在役的水手和军官。

诗人奥利弗·赫尔莫斯的诗《老铁甲》让该舰得以保存。奥利弗（1809—1894），是物理学家、诗人、教授、演讲家、发明家。生于波士顿，20 岁毕业于哈佛。1830 年，创作诗歌《老铁甲》。后来在哈佛医学院毕业，获得医学博士，从事医学教学。

老铁甲舰	Old Ironsides①
作者：奥利弗·温德尔·霍姆斯	By Oliver Wendell Holmes
是的！扯下她破烂的旗帆！	Ay, tear her tattered ensign down!
它曾高高飘扬蓝天	Long has it waved on high,
众人舞动举目仰望	And many an eye has danced to see
看它在空中飘荡；	That banner in the sky;
战旗下也曾激战呐喊，	Beneath it rung the battle shout,
大炮的轰鸣如雷霆震天；	And burst the cannon's roar;
海洋上空飞逝的流星，	The meteor of the ocean air

---

① 诗歌引自：https://www.poetryfoundation.org/poems/46547/old-ironsides。

将不再把万里云朵扫卷！   Shall sweep the clouds no more.

她的甲板曾沾满英雄的鲜血，   Her deck, once red with heroes' blood,

也曾让降敌屈膝；   Where knelt the vanquished foe,

当狂风席卷洪水般海面，   When winds were hurrying o'er the flood,

她奋身冲开千层白浪；   And waves were white below,

凯旋将士足迹不再，   No more shall feel the victor's tread,

俘虏的跪拜不再；   Or know the conquered knee;

岸边的女妖   The harpies of the shore shall pluck

将拔掉这海上雄鹰的羽毛！   The eagle of the sea!

啊，但愿她满身创伤的身躯，   Oh, better that her shattered hulk

将深沉无边的汪洋；   Should sink beneath the wave;

她震天的雷声曾响彻深海，   Her thunders shook the mighty deep,

那里应该把她深深地安葬；   And there should be her grave;

把神圣的旗帜钉在桅杆上，   Nail to the mast her holy flag,

收起每一张旧帆，   Set every threadbare sail,

把她还给风暴之神，   And give her to the god of storms,

还给电闪雷鸣，暴雨狂风！   The lightning and the gale!

5. 波士顿茶叶纪念船（Tea Party Ship & Museum）

离儿童博物馆不远，船上的工作人员，穿着当年的服装，以生动的表演，解说倾茶的动机与历史。

6. 自由之路（freedom trail）

波士顿有 3 公里多长的"自由足迹"，是在地上用红色砖石或者红漆标示出的道路，沿途多为 17、18 世纪的房屋、教堂和独立战争遗址等 16 个历史古迹，是历史的见证。对自由的追求始终贯穿于美国人的信仰和生活中，通过"自由之路"之行，会让游客对崇尚自由的美国人、对自由观念与行动的发祥地波士顿产生敬意与赞叹。

出发点是波士顿公园，那是波士顿的最中心。城中的一片大型绿地，建于1634年，是美国最古老的公园，最初用于放牧牛羊。

（四）国家历史意义步道

美国的国家步道分为"景观步道""历史步道""休闲步道"以及"连接步道"（National Scenic Trail；National Historic Trail；National Recreational Trail；National Connecting Trail）四种类型。

1968年，国会通过了国家步道系统法案。

还有40000英里的自行车景观车道。

1. 国家景观步道

美国第一条公认的步道是阿巴拉契亚国家景观步道（Appalachian National Scenic Trail，AT），也是美国最负盛名的国家级景观步道。位于美国东部，从东北部的缅因州一直到乔治亚州，贯穿南北，穿越14个州、8个国家森林和6个国家公园，全长约3500多公里。

最初，徒步旅行爱好者迈伦·艾弗里绘制出AT步道的线路图，并组织了上百名志愿者修建。1923年第一个路段在纽约州开通，1937年全线贯通。目前，AT由农业部林务局管理，依靠大量的志愿者对道路进行维护。

卡塔丁山是缅因州的最高点，也是步道北部的始终点。先验主义大师亨利·大卫·梭罗（Henry David Thoreau）于1846年攀登卡塔丁，声称要直面大自然的原始灵魂。梭罗在山顶找到了他一直苦苦追寻的东西，后来他写道："这就是我们所认识的那个地球，从混沌和黑暗中孕育诞生。"

步道每隔16—19公里就有一个遮蔽棚，有水源、厕所等设施。每个遮蔽棚可供8—10人野营，为徒步者提供适当的休息场所。

从南到北或者从北到南一次全程走完AT的人数已经过万，需要5—7个月。最早的穿越于1936年完成。每年都有数以百计的人一次性走完全程。年龄最大的男性为81岁，女性为71岁。另外，分段走完全程的最高龄是86岁，还有两个6岁的男孩和一个8岁的女孩，跟随父母在一季走完了AT全程。

另外两条是大陆分水岭国家风景步道（Continental Divide National

Scenic Trail，CDT)、太平洋山脊国家风景步道（Pacific Crest National Scenic Trail，PCT)。

2. 国家历史步道

从 1978 年开始，国家设立 19 条历史小径步道，是西部开发时开拓者们留下的足迹。

俄勒冈国家历史步道（Oregon National Historic Trail)，从密苏里州到俄勒冈州，全程 3490 公里，于 1811 年到 1840 年由皮毛商人开辟，是通向西部最有名、最长的陆路。从密苏里州的独立市（Independence）到俄勒冈走完全程需要 6 个月左右的时间。

19 世纪初，路易斯与克拉克对密西西比河以西地区进行探险后，引领了 19 世纪中期西进移民的浪潮。

华盛顿州的惠特曼国家历史古迹（Whitman Mission National Historic Site）展有俄勒冈小径概貌。惠特曼夫妻是基督教传教士，于 1847 年被土著杀死。妻子纳西莎（Narcissa，1808—1847）和另外一位传教士伊莉莎（Eliza Hart Spalding）是于 1836 年第一个穿过落基山脉到西部传教的欧洲裔美国妇女。

六　众多的州立公园等

除了以上国家公园体系，各州都建有一些州立公园和城市公园。州立公园数量多，有些虽然达不到国家公园要求，但是非常有特色。

1. 阿迪郎代克（Adirondack）

是纽约州的州立公园，是美国本土最大的一个州立公园，占纽约州面积的 1/3，达 24700 平方公里，心脏区域是 16 万亩。比我们潍坊市大，潍坊是 15859 平方公里。（青州 1569 平方公里，寿光 2180 平方公里，临朐 1831 平方公里）。

那里是两届冬季奥运会（1932 年、1980 年）的主办地。

1894 年，纽约州规定，所有在阿迪朗代克范围内的私人领地统统划入国家公园范围内加以保护。这片辽阔的森林和一万个湖泊池塘将由公众与政府共同监管。

阿迪朗代克的特色是森林、山地、湖泊和河流。公园内有 42 座海拔高度超过 4000 英尺（1200 米）的山峰，山峦耸翠，森林茂密，流水潺潺，为天然氧吧。

最主要的动物是灰松鼠、红松鼠、啄木鸟、猫头鹰、黑熊、河狸、山猫、北美麋等。

有些动物濒临灭绝，1902—1909 年，动物学家找到了 35 只河狸，把它们送回阿迪朗代克，开始保护性恢复。到 2000 年，阿迪朗代克河狸的数量接近 2 万只。

由于河狸的繁殖，让消失多年的麋鹿重返公园，20 世纪 70 年代，麋鹿又出现了。

公园对猎人和狩猎行为的管理相当规范，每次都要申请办理狩猎许可证。交纳了当季狩猎费，一个狩猎季只允许猎杀一头麋鹿。

对所有进入森林的游客，服务与关怀无处不在，例如在一座小山和森林入口，在老树上钉着木箱，里面有一个大大的登记本，管理局建议游客进山前要登记信息，出来时再注销。这样游客迷路或遭遇意外时，人们可从登记本上发现他没回来，以便在最短的时间内去寻找去帮助。

2. 尼亚加拉大瀑布（Niagara Falls）

众所周知，尼亚加拉大瀑布是世界上七大奇景之一，更是北美最壮丽的自然景观，瀑布和旁边的公园一起称作尼亚加拉公园，它只是一个州立公园。

然而，每年有超过 1400 万人到访，高于游览人数最多的大烟山国家公园，那里的游客超过 1000 万人。

尼亚加拉瀑布从海拔 174 米骤然陡落至海拔 75 米，水势澎湃，雷霆万钧。由三部分组成，以山羊岛（Goat Island）为界，分为美国和加拿大瀑布；从大到小依次是：马蹄瀑布（Horseshoe Falls）、美利坚瀑布（American Falls）和新娘面纱瀑布（Bridal Veil Falls），新娘面纱瀑布位于两者之间。马蹄形瀑布位于加拿大境内，形如马蹄。高达 56 米，岸长约 675 米，瀑布溅起的浪花和水汽，有时高达 100 多米。阳光灿烂时，会出现一道七色彩虹。美国境内的瀑布是美利坚瀑布和新娘面纱瀑布。

在美国境内看到的只是尼亚加拉瀑布的侧面，而在加拿大可以一览全貌。

美加两国在尼亚加拉河上建有一座边境桥，被称为彩虹桥（Rainbow Bridge），由两国分享，一端属于加拿大，一端属于美国。

建有 4 个瞭望塔（3 个在加拿大），可以从高处欣赏瀑布；可以乘坐电梯到水下，聆听瀑布的轰鸣；可以乘船到瀑布脚下，仰望瀑布。

20 世纪 60 年代，美国把瀑布引开，对岩石等进行加固，以防侵蚀塌方。

美加两国建立发电站，充分利用水资源。瀑布总的最大流量可达每秒 6000 立方米，但是只有 30% 的水量流向河谷断层处，形成瀑布，其余 70% 的水量被用于发电。为使旅游开发和水力发电更好地相协调，1950 年两国签订了协议，商定在旅游旺季必须保证瀑布有足够的水量，流量为 3000 立方米/秒，平时可保持在 1500 立方米/秒的流量。

总之，国家公园、历史遗迹等为人们提供了美丽的大自然环境，让来访者心情愉悦、身体得到锻炼的同时，增加了对历史文化的了解，拓展了知识面，增强了爱国热情，更好地化为行动应用到自己的工作和生活中去。

结语　我国隐性教育的几点思考

美国的隐性教育发展较为成熟，社会层面的隐性教育比较健全，人格教育取得了很大成就。

"十三五"期间，我国各级政府、学校及各行各业都在进行全面的规划以做到科学地发展。通过了解美国的隐性教育，我想从以下几个方面阐述我对我国隐性教育的几点思考：

一、加强多维度的教育，进一步改进学校教育；二、推进生态文明建设；三、加强国家公园系统建设：（着手建设国家公园、进一步规范国家级自然保护区建设、着手建设国家步道、推广生态博物馆建设、加强古村落的保护、通过乡村游帮助脱贫、加大力度保护国家级非物质文化遗产）；四、加强博物馆建设和文物保护工作；五、中美文化交流中，要注重隐性教育的实施与策略；六、孔子学院在国外的发展策略。

一　加强多维度的教育，进一步改进学校教育

隐性教育是家庭、学校、社会等多位一体的综合教育。解决发展过程中出现的各种问题，是一个循序渐进的过程，我们既要看到我国传统的优缺点，又要借鉴国外的优点。

1. 学习古今中外先进经验，不断改进教育教学

从孔子、孟子、荀子、老子、庄子、墨子到韩愈、朱熹、王夫之、颜元，再到民国的蔡元培、黄炎培、胡适、张伯苓、经亨颐、晏阳初、陶行知、梁漱溟、陈鹤琴、叶圣陶，从古希腊三贤苏格拉底、柏拉图、

亚里士多德，到夸美纽斯，再到杜威、皮亚杰、苏霍姆林斯基、巴班斯基、布鲁姆、布鲁纳、马斯洛等著名的教育家，给我们留下了丰富的宝库，其教育思想从不同角度照亮人类发展的道路，我们要继承他们的教育资源。

我国古代的教育家一直非常重视环境教育，美国的公民责任教育也是美国教育的目标之一，也是美国中小学教育的重要组成部分，都是学习的方方面面。

党的十八大报告提出，立德树人是教育的根本任务，培养德智体美全面发展的社会主义建设者和接班人。教育部部署，推动全国大中小学聚焦立德树人根本任务，广泛开展文明校园创建活动，把学校建设成为锻造理想信念的熔炉、弘扬主流价值的高地、涵育中华文化的家园、滋养文明风尚的沃土，不断提升师生文明素养和校园文明程度。

加强社会主义核心价值观教育，核心价值观是一个民族、一个国家最持久、最深层的力量。把社会主义核心价值观作为每一位公民始终不渝的工作和生活的信念。

我国的许多教育者兢兢业业工作在教学管理第一线，以立德树人为根本任务教学中心。刘兴国在《增强高校学生思想政治教育有效性方法研究》中介绍了以理服人、以情感人、以事磨人、以制束人、以助化人的思想政治教育新方法——隐性教育法。

我国教育取得了重大成就，也存在着一些问题。比如当前中国大学生存在着一些问题，价值观模糊、功利主义严重、学习动力不足。上课玩手机现象普遍，有的甚至一问三不知。

我们应该拓展教育方式，注重渗透的隐性教育；打造良好育人环境，扩大社会影响力，形成文化自觉、文化自信、文化自强；发挥教师、校友、专家、名人的模范作用；在"四个自信"（道路自信、理论自信、制度自信、文化自信）的宏阔视域中，立足我国高校思想政治教育传统，坚持古为今用，洋为中用，取其精华，弃其糟粕，推陈出新。我们要认真分析美国思想政治教育隐性化的利弊得失，注意制度与文化的差异，不可直接拿来，生搬硬套。

2. 正视国际竞争给我国教育带来的挑战与机遇

国外教育给国内教育带来严峻的挑战。我们必须加大改革力度，提高教育水平，培养创新性人才，吸引更多的人才。

留学美国人数增加与美国移民政策改变给中国带来了巨大的挑战。

（1）留美人数的增加

2015 年，中国留学生攻读本科的数量首次超过研究生。美国高校的国际学生人数增长率为 35 年来的最高，在 2014—2015 学年，增长了近 10 万人，创历史新高。

美国国际学生中 31.2% 来自中国，突破 30 万人。中国和印度合计占国际学生增长总数的 67%，目前在美国接受高等教育的国际学生总数中中印两国占近 45%（http：//www. qianfandu. com/news/318857）。

（2）移民政策的变化

美国将移民配额改为有用的人才和有居民身份的家属优先，取消了各国的单一配额。另外，美国用优厚的条件来吸引高学历人才，因此留学美国的优秀国际学生大多选择留在美国。

2001 年至 2003 年，美国引进的高科技人才从每年的 11.5 万人增加到 20 万人。美政府特别批准，每年可有 6000 名外国著名科学家和高级科技人员直接到美国合法定居。

仅 2005 财年，美国就签发了 112 万张绿卡（永久居留证）。

2006 年，国会通过新的移民法，决定给所有在美国大学接受硕士学位以上高等学历，在科学、技术、工程与数学（STEM）方面的外国学生免除临时工作签证与绿卡配额的限制。毕业后只要愿意留在美国，政府就让他们较快地获得美国公民资格。这是美国在 21 世纪通过的第一部重要的移民法，进一步确保了人才竞争优势。

2007 年，美国高校共授予 22500 个自然科学与工程专业博士学位，有一半以上是外国留学生。同年全球用于科研的资金约为 11000 亿美元，而美国就占了 1/3。就怕你不优秀，只要是人才，总有地方留住你。因此，很多刚刚获得博士学位的外籍学生都愿意选择留在美国，而不是回国。

奥巴马说："我们教会了外国学生科研创新技能，却让他们回到中国、印度或墨西哥创业，反过来与我们进行竞争。这就是我们需要进行移民改革的原因。"①

2011年11月29日，众议院以压倒性的389：15通过了一项吸引高学历移民的法案，该案将在2015年完全取消职业移民的国家配额上限，并将亲属移民的配额上限由7%增至15%。简单点理解就是"博士绿卡"，拿到博士学位留美更加轻松。这项移民法案将使中印两国的高学历人才大大获益，让美国吸纳大量的高级人才。

7%是什么概念？美国每年接受约14万名职业移民。移民法规定每个国家的移民人数不得超过总配额的7%，即9800名，15%就是21000名，数量有了极大的提高。

那么硕士呢？

2012年11月30日，国会众议院以245：139，通过一项法案，给予外国出生，在美国大学获得科、技、工和数领域硕士以上学位的人绿卡，并允许上述领域已获得绿卡的高科技人才的配偶、子女来美团聚。

美国每年发放的临时类工作签证H1－B达到8.5万张。另外，美国加大吸引海外高层次人才，发放移民类工作签证14万张。外籍专业技术人员持有临时工作签证，可在美国连续居住6年，他们的配偶及子女（未满21岁）也可合法居住。在等待绿卡期间，配偶可以合法打工。另外EB－1签证，针对"杰出人才"，在科学、艺术、教育、商业或体育五大领域，不需要申请劳工证，可以直接申请移民并获得绿卡。

奥巴马"梦想法案"（the Development, Relief and Education for Alien Minors，首字母缩写为DREAM，"梦想"）是为16岁以前随父母非法赴美、连续生活5年的无不良记录的非法移民提供一条入籍途径。全美约有75万—120万人因此受益，可继续留在美国。其中加州占有约21万4000人，是人数最多的州。该法案提出的时间是2001年，2009年3月，众议院再次提起"梦想法案"，2010年12月8日，众议

① 《美国移民政策改革目标高科技人才》，《周方周末》，http：//www.edu.cn/qianrenjihua 10754/20130311/t2013031119138711.shtml，2013年3月11日。

院通过该案，但同年被参议院否决。2012 年，奥巴马再次推出"梦想法案"。

特朗普总统针对非法移民态度强硬，给在美国学习的外国非法身份学生带来很大的担忧。

然而，全美 300 多所大学校长已经联名上书特朗普，希望"梦想法案"可以延续，他们认为这是美国的道德责任所在，也是国家所需。随后，加州三大公立教育系统领袖上书特朗普。三大教育系统的学生总人数为 280 万人。加州大学总校长纳波利塔诺（Janet Napolitano）、加州州立大学总校长怀特（Timothy White）、社区学院总校长奥克莱（Eloy Oakley）联名恳请特朗普允许非法移民学生继续学业，而不必担心被驱逐出境。这样保证了学生的学习积极性。

3. 改革评价体系，综合评价学生

评价体系非常关键。我国各级学校应增加社会实践的比例。书本教育固然重要，必须和社会结合，才能把所学知识应用到实践中去，通过实践进一步巩固和创新所学知识，变为智慧。社区服务不仅要求学生，还要考核教师，让师范效应从多方面发挥出来。

从教师个人素质上要求教师成为双师型教师，从育人角度上要求教师富有社会服务功能。

二　推进生态文明建设

良好的生态环境是人类赖以生存的环境，也是人类发展的源泉，是陶冶情操净化灵魂的地方。"山好水好人更好"，有了好的环境，人的健康和精神自然会更好。

这也是我们党提出了五位一体战略部署之一，即经济建设、政治建设、文化建设、社会建设、生态文明建设，实现社会主义现代化和中华民族伟大复兴，党的十八大特别突出增加了"生态文明建设"。

各方面的建设取得了重大进步和成就，然而基于人口压力、工业化压力、市场压力，我国依然面临着越来越严重的环境问题，目前我国的生态环境状况堪忧，生态建设需要长期的努力。

《2016 中国环境状况公报》发布，主要问题如下：

1. 大气污染问题

检测设施和检测制度更加完善，保障了数据的可靠性。从 2015 年 1 月 1 日起，全国 338 个地级及以上城市的 1436 个监测点全部具备新标准监测能力，并实时发布 6 项指标监测数据。2016 年 11 月底，1436 个国控站点监测事权已全部完成上收，由以前的"考核谁，谁监测"转变为"谁考核，谁监测"，这样保障了监测数据免受行政干预，数据更真实。

从《公报》看，我国的大气污染比较严重。在第一批实施空气质量新标准的 74 个城市中，空气质量较差的前 10 位城市分别是衡水、石家庄、郑州、济南、太原等，京津冀及周边地区占到 9 席。

2016 年城市环境空气质量不达标的城市为 254 个，占到 338 个城市的 75.1%。机动车、工业生产、燃煤、扬尘等是当前城市空气中颗粒物的主要污染来源，约占 85% 至 90%。

2. 水污染问题

《公报》指出中央财政水污染防治专项资金达到 140 亿元，超过了大气和土壤。"水环境质量目标"作为约束性指标，首次被写入"十三五"环保规划。

我国地下水几乎有一半的水源都被污染了。据环保部门统计，目前水中污染物已达 2000 多种（2221），主要是有机化学物、碳化物、金属物，其中自来水里有 765 种（190 种对人体有害，20 种致癌，23 种疑癌，18 种促癌，56 种致突变：肿瘤）。

国外研究发现，水中有害物质只有 1/3 是通过饮用进入人体，另外 2/3 是通过皮肤吸收和呼吸进入人体，这就意味着在洗漱时，仍然受到水污染的危害。

3. 生物多样性问题

《公报》首次增加了"受威胁物种"数据资料，指出受威胁的高等植物占总数的 10.9%，受威胁的脊椎动物占总数的 21.4%。

中国依然是全球农药与化肥使用量最大的国家。处于亚健康和不健康的海洋生态系统比例占到了76.2%，中国海洋生态保护的任务仍十分艰巨。

在养殖业规模化和产业化的过程中，抗生素、重金属和兽药的使用问题突出，集中排放会造成对土壤、水源的集中污染。

森林资源锐减，生物物种加速灭绝。

4. 沙漠化面积扩大问题

科学家们正在研究一种叫作沙漠生物结皮固沙的技术，由土壤微生物、藻类、地衣和苔藓植物等孢子植物类与土壤结合形成有机复合体。

荒漠化地区风沙危害严重、自然灾害频发、土地生产力较差。据新华网报道，截至2016年6月，我国仍有荒漠化土地面积261.16万平方公里，占国土面积的27.2%；沙化土地面积172.12万平方公里，占国土面积的17.9%。

5. 水土流失问题

我国已成为世界上水土流失最严重的国家。

基于目前存在的问题，我国逐渐出台了一系列措施来保障生态环境，例如2017年2月发布了《关于划定并严守生态保护红线的若干意见》。

在社会发展中必须遵循生态环境发展的规律，经济发展和生态保护必须协调一致，制定生态环境可持续发展战略。自2017年1月1日起，海南岛开始全面禁止售卖砗磲及其制品。这种"戛然而止"的方式对以砗磲闻名的潭门镇来说是个巨大的打击。而5年前的2012年，当地政府大力发展砗磲业，"爆炸式"发展，砗磲已经成为潭门镇的支柱产业，有数万人以砗磲为生。

山东省省长龚正主持召开的2017年省政府常务会议，研究生态环保、文化惠民等工作。决定7月20日至10月20日组织开展首届山东文化惠民消费季。以文化消费惠民季为牵引，深入推进文化领域供给侧结构性改革，积极培育文化产业新模式新业态，推动文化与经济跨界融合发展。

党的十九大报告明确指出，"建设生态文明是中华民族永续发展的千年大计"。

三　加强国家公园系统建设

1. 着手建设国家公园

2013 年，我国制订了发展国家公园系统的计划。据报道，中国计划建立约 24 个国家公园。

2. 进一步规范国家级自然保护区建设

国家自然保护区的建设取得了成效。自 1956 年鼎湖山（广东）国家级自然保护区始，逐步建设了多个保护区：1961 年花坪（广西），1976 年猫儿山（广西），1978 年九寨沟（四川），这 22 年中共设立 4 个保护区，建设缓慢，处于探索阶段。

20 世纪 80 年代中后期，自然保护区快速发展。1998 年，我国国家级自然保护区走上规范化发展的路子。

截至 2012 年底，中国大陆（不含港、澳、台）共建立国家级自然保护区 363 个，面积 94.15 万平方公里，占国土面积的 9.7%。有一些面积较大，如四川九寨沟（600 平方公里）、湖北神农架（705 平方公里），有一些面积较小，比如广西大明山（170 平方公里）、广西猫儿山（170 平方公里）。

其中广西有 16 个国家级自然保护区。山东省有 7 个国家自然保护区，类型是：地质遗址（即墨）、海洋海岸（东营）、野生动物（烟台）、森林生态（烟台）、古生物遗址（潍坊临朐）、野生动物（威海荣成）、海洋海岸（滨州无棣）。

3. 着手建设国家步道

2013 年门头沟发布我国首个国家步道系统规划，该区将以京西古道群为主体，打造总长 270 公里的国家步道，串起 30 余个古村落。集中建设三条国家级价值的步道，第一条是以太行八陉为核心的太行山古道（陉，音：xíng，山脉中断的地方）；第二条是永定河国家步道。门头沟峡谷段是永定河步道最精华的一段；第三条是长城国家步道。

4. 推广生态博物馆建设

此概念最早于 1971 年由法国人提出。其"生态"的含义既包括自然生态，也包括人文生态。是以村寨社区为单位，保护和保存文化遗产的真实性、完整性和原生性。

1995年中国和挪威联合在贵州省建立中国乃至亚洲第一个生态博物馆，即梭嘎苗族生态博物馆。目前已有各种形式的生态博物馆十多个，主要位于贵州、广西、云南、内蒙古，成功地保护了苗、侗、瑶、汉等民族村寨的传统文化。

世界最大生态博物馆群位于浙江安吉，名字是安吉生态博物馆，2012年10月29日正式开馆，包括1个中心馆、12个专题生态博物馆和26个村落文化展示馆，覆盖全县。

5. 加强古村落的保护

各级政府增加投入，加强古村落的保护。

（1）世界上规模最大的农耕文明遗产保护群

一些国外博物馆和收藏家收藏保护中国的古村落，这也促使了政府对古村落的保护。皮博迪博物馆把安徽的荫余堂搬到美国，历时7年，耗资1.25亿美元。2003年6月21日正式对外开放。

1998年始，成龙先后从浙江和安徽购买了9栋明清建筑，进行修复保护。2009年成龙将自己的4栋古宅捐给新加坡科技设计大学，如今已成为该地区的新地标。他说，这些古宅的国籍仍然属于中国。

中国历史悠久，农村人口比例巨大，少数民族多元，特色鲜明，因此美丽的古村落遍布全国。再加上，建设家园是中国各族人民的一个共性，有了钱，他们会在故居的土地上或修复或新建房屋，一代一代传下来，就形成了今天具有一定规模、特色独特的建筑群落。山西的乔家大院、王家大院、常家大院、曹家大院；南方的徽派建筑群：西递、宏村等；婺源的古民宅、古祠堂、古府第和古桥；广东的碉楼；福建的土楼；等等。

然而，过去几十年里我国飞速的经济发展与古村落、原生态的保护存在着一定的冲突。近几年，我国加大力度保护文化遗产。

2012年开始，我国开始评审并保护国家级传统村落名单，分四批共计4157个村落，这标志着我国已经形成世界上规模最大的农耕文明遗产保护群。从 2014 年到 2016 年，提供 114 亿元补助资金，支持传统村落的维修与保护，每个村落平均每年获得 300 万元人民币。

（2）山东省传统古村落的保护与建设

从山东省来看，总共有 75 个传统村落成为国家级。2012 年第一批的 646 个中，山东省占有 10 个，占总数的 1.5%；2013 年第二批 915 个，山东省占有 6 个，占总数的 0.66%。2014 年第三批 994 个传统村落，山东省占有 21 个，占总数的 2.1%；第四批 1602 个，山东省占有 38 个，占总数的 2.3%。

而仅仅从第三批公布的名单中，可以看出我省与他省差距较大，云南占有 232 个，贵州 202 个，江西 56 个，广东 51 个，浙江 47 个，河南 46 个，四川 42 个，湖南 42 个，安徽 40 个，山东 21 个。

从第四批来看，浙江占有 225 个，比例为 14%。

山东省是中国北方最发达的经济科技强省，仅次于广东。沿海发展速度很快，青岛、烟台的经济位于山东省前列。经济发展与传统文化的保护应该不存在太大的冲突，关键在于保护的意识。曲阜是孔孟之乡，中国儒文化的发祥地，青州为九州之一的州府，以及齐国的商业发展也是有目共睹的，不过传统古村落的数量如此之少令人遗憾。

2014 年山东省着重保护省级传统村落 103 个、十大宁静古村落、山东最美古村落，等等。

1）章丘朱家峪村

山东加大力度保护 100 多个古村落，例如排在第一位的是章丘的朱家峪村，被誉为"齐鲁第一古村"，有 600 年的历史。弯曲的古道、依山势而建错落有致的古宅、古老的学校、祠庙、楼阁、石碑、石桥、石墙、古泉、蜿蜒的小河等，令人流连忘返。

1932 年，村子里的开明人士朱连拔、朱连弟创办了女子学校，这是农村地区较早的女子学堂。

看完历史古村落，攀登村头的一座小山。那日中午，在村落一户人家吃午餐，蝉鸣不断、微风习习、笨鸡飘香、野菜丰富，实在是美妙的享受。

在该村拍摄了多部电影，特别是电影《闯关东》，曾经不为人知的古村更加声名远扬。而重建的宾馆或饭店打破了村落的苍老，形成一种不和谐。

2）青州井塘村

省级前十之一、国家级古村落井塘村，隶属于我的故乡青州，已有500年的历史，已经家喻户晓，2011年，该村被列入山东省非物质文化遗产保护名录。明代建造的石头房子，100多家院落，青石板道路，古石桥、古井、古庙，十几棵古树，再加上丰富的"故事"。没有故事，就没有吸引力。

井塘古村的夫妻槐就是一个美丽的爱情故事，明朝衡王的女儿下嫁给贫穷百姓。衡王嫁女的故事，主要是告诫人们爱情是第一位的，不能嫌贫爱富。

衡王朱载圭有三个女儿：大女儿嫁给京城大户，三年后守寡。二女儿也是嫁给官宦，虽则山珍海味、绫罗绸缎，可惜丈夫是个病秧子。于是三女儿要求父母让她抛彩球选女婿。王爷信佛，亲自到青州市南部的云门山碧霞祠烧香，祈求老母保佑，挑吉日选女婿。

井塘的放牛郎吴氏，恰巧进城，听说可以混顿饭吃，就贸然去了。

没想到，一下子就被三公主看上了，然而王爷知道他家一贫如洗、给人家放牛的真相后，有些后悔。但是女儿同意，王爷就给他多割了一些地，盖了房子，修建了从偏僻村庄通城的大道。

3）故居青州大章庄

我非常怀念自己幼时的村庄青州市大章庄：两口古井，井旁的古碾棚，母亲说在我儿时天不亮她去推碾，还曾遇到狼；古井南边是一所小学，小学里的水泥板课桌；古井向东，是一个集体场院，周边是烘烤黄烟的烤房。记得爷爷晚上看炉，他是有经验的技术高手，而顺便炖出来的鸡汤，整个村子能够闻到扑鼻美味。场院南边是一个菜园，西红柿西瓜非常诱人，园子一旁的山药豆，入口绵软；场院北面，是一个水湾；东侧下面是一个防空洞，在那一片地里，我捡过一个很重的石头，圆圆的，回家用锤子费力地砸开，里面是四射的纹理，现在想想应该是一颗陨石。

旧宅很矮，是厚厚的土墙，木格窗户。冬天炉子旁，爷爷冲泡的藕粉汤甜蜜醉人；门后的广播，每天清晨听着"小喇叭开始广播啦"起床；不远处是一个大大的树园子，树木高大，夏天雨后，蝉声阵阵，当然"结了龟"（蝉的幼虫）成群结队；弯弯曲曲的古街，连着孩子们的欢笑；一过子时就出门拜年，跟着堂哥们走街串巷，当年最想的是多要几块糖。等快天亮基本结束行程，解散回家时，为了多要一块糖，跑到一户人家，发现不认识，因为是老人就喊"爷爷"，拜年问好。回家一说，才知那是平辈的兄长，这成为"贪财"的笑料。后来，和儿子一起，碰到手中拿糖的同事，让他喊爸爸，儿子毫不犹豫就喊了。再想，当年日本鬼子拿着糖块，问孩子八路在哪里，估计除非受过特殊训练，一般不好逃脱糖衣炮弹的袭击。

村西的深沟，溪水潺潺，源头泉水汩汩、绿树成荫，鸟语花香……村东不远还有一条深沟，姥姥家离深沟不远，沟底是饮水井。我从小没有肩挑过水桶，为了证明自己的孝心，一次次挑水，一桶水分成两桶挑，从沟底爬上来，双手紧握扁担，看到路人异样的眼光，我也不知他们为什么那么看我。等水缸满了，回到家里吃个煎鸡蛋就是最好的犒劳，好几天肩膀疼痛，等待母亲的口头表扬和物质嘉奖。

村南是水渠，下游是 V 字形斜坡，水库放水过后，水渠里存有十几厘米的渠底水，是孩子们捕鱼捉虾的天堂。沿着水渠到上游，靠近大坝的出水洞口，这里早已经是垂直的渠壁，有 U 字形钢筋扶手天梯，手拿水缸，从下往上爬，非常困难。到了上部，发现一根钢筋扶手没有了，大孩子能够爬过去，我胳膊短无法上去。此时听到有人喊，水库要开闸放水，恐惧中水缸掉到渠底，水和小虾撒了一地。大哭后不知多久，一个大人把我抱上去，我已经早不记得是否把小虾和缸子拿回了家。只记得发烧生病多日，打针吃药不见效，最后还是爷爷背着，在漆黑的夜晚，到那里"叫魂"，我站在上面，爷爷下去，拿着我的衣服，喊来喊去，说了一些莫名其妙的话，上来给我穿上，不久我就好了。

西沟的树木已经砍伐殆尽，古村搬迁房屋拆倒，早已成了一马平川，先是种植果树，现在成为正在建设中的九龙峪度假风景区，虽则有漂流、摩天轮等现代化的设施，然而当年的历史厚重感已经不在，如果保留下来，是绝佳的古村落。还好，大坝还在，水库还在。

古村落往往与经济密切相关，仿佛不太发达的区域，保存得更加完美。比如革命老区临沂，除了国家级传统村落，临沂市也在积极申报省级传统村落。2014 年 10 月，省住建厅公布了首批山东省传统村落名单，临沂市有 11 个村落上榜。2015 年 5 月，第二批山东省传统村落名单出炉，临沂市又有 13 个村落入选，至此，临沂市共有 24 个村落成为省级传统村落，总数位居全省第三。

6. 通过乡村游帮助脱贫

全国有 592 个国家级贫困县，贫困村更是众多。如何脱贫？发展旅游业是一个好的途径。

"十二五"期间，山东省先后引导 180 多个村发展乡村旅游，脱贫致富。山东省旅游扶贫村共有 400 个，其中有 47 个国家级贫困村，主管部门通过认领的方式让旅游部门和村落建立了纽带关系。通过发展乡村旅游，人均年收入有了很大提高，61 个村入选首批中国乡村旅游模范村。青州市有 4 个旅游扶贫村。

这些贫困村一般生态较好、地处偏僻位置、有一定的历史文化底蕴，民俗民风特点突出。

7. 加大力度保护国家级非物质文化遗产

《中华人民共和国非物质文化遗产法》于 2011 年 6 月 1 日起实施。国务院先后批准了四批国家级非物质文化遗产名录，共计 1517 项。2006 年 5 月第一批国家级非物质文化遗产名录（共计 518 项）；2008 年 6 月第二批国家级非遗名录（共计 510 项）；2011 年 6 月第三批国家级非遗名录（共计 191 项）；2014 年 7 月第四批国家级非遗名录（共计 298 项）。

这些非遗是中国传统的特色，也是吸引国外兴趣、爱好和投资的一个亮点，文化搭台经济唱戏是许多文化节的战略战术。

四　加强博物馆建设和文物保护工作

美国的历史虽然不长，他们建设博物馆保留历史文化的做法值得我们学习和借鉴。

我国博物馆业有了很大的发展，然而存在许多问题，应采取相应措施。

1. 收藏面临多种困难，战争破坏较重

中国近代史是屈辱的历史，晚清的实业派想通过经济强国，都面临着种种困难，就更不用说花钱建立博物馆了。

中国最早的现代意义上的博物馆是江苏的南通博物苑，由清末状元张謇（音：jian，三声）于 1905 年创建的（另外，1914 年在北京开放的古物陈列所，是中国最早建成的公立博物馆）。

然而，1938 年日本侵略军占领了南通，南通博物苑沦为日军的马厩，馆藏文物大部分被损毁掠夺。到新中国成立前夕，博物苑已是满目荒凉。

1983 年，中国"向阳红十号"南极科学考察船队赠送给博物馆一个来自南极的企鹅和地衣标本。

张謇（1853—1926），江苏常熟人。清末状元，中国近代实业家、政治家、教育家，主张"实业救国"。

他是中国棉纺织领域早期的开拓者，创办中国第一所纺织专业学校，首次建立棉纺织原料供应基地，上海海洋大学创始人。

一生创办了 20 多家企业，370 多所学校，被称为"状元实业家"。他被称为绅商，似官非官，似商非商，但有很高的社会地位。

毛泽东同志在谈到中国民族工业时曾说："轻工业不能忘记海门的张謇。"

个人经历

张謇的政见受到翁同龢的赏识，翁是同治帝和光绪帝的老师。于是李鸿章和张之洞都想重用张謇，他都谢绝了。靠自己的才华，努力考取状元。

1894 年，甲午中日战争爆发，他第五次进京考试。翁同龢迫不及待要提拔他，于是张謇在 41 岁的时候，终于得了状元第一甲第一名。这距离他第一次考中秀才已经过了 26 年。

父亲得知儿子中状元不久去世，按照传统，他在家守孝三年。随后 1898 年，翁同龢被革职。赏识自己的人不在了，同时，列强入侵，他弃官从商，开始实业教育救国。

棉纱业成为洋务派扶持发展的重点产业之一，他开办了大生纱厂，筹备了 4 年，关键是筹集资金，采用股份制。

将张之洞公款购买但是搁置的机器以股份的形式入股，这样成为官商结合。

早期的棉纱产品使用"魁星"商标，商标的主要部分就是魁星点斗、独占鳌头的形象。

辛亥革命后，他剪掉辫子，受孙中山邀请担任实业总长。1913 年袁世凯成为正式总统，任命张謇为农商总长。1915 年，袁世凯接受日本的"二十一条"时，张謇愤然辞职。在袁世凯称帝之前就彻底和他断绝了联系。

2015 年 4 月，以张謇命名的万米级载人深渊器科学考察母船"张謇"号开工建设。

2. 文物流失较多，应加强交流，处理好文物回流，并做好文物保护工作

文物蕴含着中华民族特有的精神价值、思维方式、想象力，体现着中华民族的生命力和创造力。保护利用好文物的意义深远，通过文物能继承发扬民族优秀文化传统，增进民族团结维护国家统一，增强民族自信心和凝聚力，促进社会主义精神文明建设。

（1）文物流失与回流

据 2007 年联合国教科文组织一个数据显示，中国流失海外的珍贵文物遍布世界 47 个国家的 200 多个博物馆，包括民间藏品在内共计超过 1600 万件，主要集中在欧美和日本。海外中国文物的回流成为一个不可抗拒的潮流。文物以什么方式回流值得研究，如果购买回来，昂贵

的价格是一个很大的负重；如果取得人家的捐赠，是最好的；如果以物易物，是不是造成新的文物流失？

（2）加强文化交流

文化部门间的交流提升了人们的认识，增强了友谊。2012年5月，中国文化部与史密森学会签署合作备忘录，确认中国将于2014年首次以国家名义参加第48届史密森民俗文化节。展示中国非物质文化遗产项目，推动中美文化交流和友谊。中国是世界上最大的非物质文化遗产国家，这是第一次到美国展示。

与美国博物馆联合，在中国进行展览。广州、山西、湖南博物馆都曾与美国加州宝尔博物馆联合在中国展出北美原住民文化，也就是说印第安人文化。展览通过北美洲原住民的生活用具与艺术珍品，展示给观众一个丰富、形象、直观的北美洲原住民世界。

（3）新中国对文物的保护

新中国一直加强对文物的保护，截止到2013年，总共公布了七批全国重点文物保护单位，总数为4295处。分为六个级别：国家、省、市、县、区、点。

从下面的数据可以看出，国家的保护力度逐年增强。特别是从2001年以后的三次公布，总数是3541处，占到所有文物单位的82%。

1956年，开始普查文物单位，1961年，国务院公布了第一批180处"国保"单位。其中，革命遗址和纪念物为33处。1982年，第二批62处。

1988年，第三批258处。1996年，第四批250处。

2001年，第五批518处。2006年，第六批1080处。2013年，第七批1943处。

我国历史悠久，文化遗产丰富，文物是文化遗产的重要组成部分。世界最高文物保护单位为联合国颁布的世界文化遗产。

3. 博物馆数量有待增加

相比发达国家，我们的博物馆数量还有待增加。说法一，目前我国有4165家博物馆，其中，国有博物馆达3354家。到2013年底，全国有 2780 家博物馆免费开放。年均增加百个。目前我国公立博物馆分为三级，国家一、二、三级博物馆数量相应为 130 家、189 家、406 家，共计 725 家。私人博物馆较少。

国家一级博物馆是国家文物局对博物馆在管理与设施、藏品、展览与社会服务等多方面综合评级的最高等级划分。

2017 年 5 月 18 日为第 41 个国际博物馆日，北京首次作为国际博物馆日中国主会场，新公布了 34 家国家一级博物馆名单，因此一级博物馆总数为 130 家（2008 年评出首批国家一级博物馆 83 家，2012 年评出第二批 17 家，曾有 4 个被取消资格）。

浙江自然博物馆、四川博物院成为 2017 年度最具创新力博物馆。

山东省共有国家一级博物馆 7 家，首批是 4 家：中国海军博物馆、青岛市博物馆、中国甲午战争博物馆、青州博物馆；第二批是 1 家：山东博物馆；第三批是 2 家：烟台市博物馆、潍坊市博物馆。

国家文物局局长刘玉珠讲道，进一步使博物馆成为改善民众精神文化生活的重要阵地，成为推动社会和谐发展的积极力量，为实现中华民族伟大复兴的中国梦做出更大贡献。

青州博物馆始建于 1959 年，馆藏文物 4 万余件，国家级文物数十件。商代铜器精品；全国仅存一套的齐刀币钱范，为研究齐国经济提供了依据；明代（1598 年）青州状元赵秉忠的殿试卷，价值连城，失而复得，传奇经历轰动中外。

1996 年中国目前唯一一处布局清楚、保存较好的唐代以前的大型寺院遗址：青州龙兴寺遗址被发现，发掘出土了北魏到北宋 500 年间的 400 多件佛教造像，数量大、品种多、雕工精、色彩艳，被列为中国十大考古新发现之一。

4. 艺术馆薄弱

世界十大艺术博物馆中没有中国的，上海博物馆位列第 19 位。

5. 私人博物馆兴起，起步较迟

美国的私立（艺术）博物馆，和公立博物馆相似，主要体现在非营利性和公共性，同样担当社会公益的职责。

马未都建立首个私人博物馆——观复博物馆，1997 年成立。

2004 年中国十大民间博物馆出炉，分别是：中国紫檀博物馆（北京）、金泉钱币博物馆（西安）、观复古典艺术博物馆（北京）、古陶文明博物馆（北京）、四川省建川博物馆（成都）、青瓷博物馆（深圳）、石龙家具博物馆（东莞）、包畹蓉中国京剧服饰艺术馆（上海）、粤唯鲜博物馆（天津）、四海壶具博物馆（上海）。

四川省的建川博物馆，分为四个主题（抗战、红色、民俗、地震）25 个分馆，是目前国内民间资金投入最多、建设规模和展览面积最大、收藏内容最丰富的民间博物馆。形成一个集藏品展示、教育研究、旅游休闲、收藏交流、影视拍摄等多项功能于一体的新概念博物馆。

6. 藏品收集方式及管理需多元化

在许多人眼里，博物馆是靠购买来增加自己的藏品。如果从这个层面上理解，博物馆是发展不起来的。真正赚钱是在买卖市场上，价格也高。乱世黄金，盛世收藏。三年不开张，开张吃三年。宁可万金买瑰宝，不能百元购稻草。收藏界的利润可观，一幅字画几年前几百几千，一旦被吹捧追捧，或者说作家一旦成名，或者一旦离世，其作品价格就飙飞到万，甚至几百万、几千万。例如，20 世纪 90 年代末，托姆布雷的部分 60 年代末的作品一直没超过 10 万美元。21 世纪初，作品被国际接纳。2004 年，其作品成交均价超过了 1700 万美元。2008 年，成交价格突破了 2100 万美元。2014 年 11 月，"黑板"系列中的一幅较小尺寸的画作以 6960 万美元创纪录成交。2015 年 11 月 11 日晚，托姆布雷的《无题（纽约市）》是 1968 年的"黑板"系列中的一幅，以 7053 万美元成交，（约合人民币 4.49 亿元），刷新了其作品拍卖纪录。

而进入了博物馆，不再流通了，它的价格也就固定了下来。因此，收藏界或倒卖文物者，一般不会卖给博物馆。

建立健全捐赠体系。美国博物馆中展品很大一部分来自捐赠。博物馆的建设主要靠政府投入是不足的，公立博物馆能得到政府资助，那么私立的博物馆艺术馆，缺乏固定的政府补贴，又没有完善的基金会制度、社会捐赠制度，其发展更是受到很大的制约。

扩大义工的作用。在中国的导游服务大多是收费的。而美国博物馆的讲解员认真仔细，让参观者尽情享受，游客也不用付小费。这些讲解员比较多的是义工，义工一小时的讲解含在门票里，博物馆负责介绍该馆的收藏品。

7. 展览、收藏技术需改进

不断创新博物馆展示技术。大都会博物馆的无线网络（Wi-Fi）全馆覆盖，通过手机可以自由浏览高清呈现的展品。数字媒体技术的应用，大大地促进了博物馆的发展。

加强对体积巨大藏品的研究。对于巨大文物的保护和收藏，是值得研究的问题。大都会博物馆把一个埃及的古墓收藏进来；皮博迪博物馆把一个徽派古民居"荫余堂"搬到美国，都是值得借鉴的。

8. 博物馆举办活动需规范

博物馆的第一功能在于保护文物。《奔跑吧兄弟》备受年轻人喜欢，主要拍摄场景在户外自然景观，第四季因为在杭州博物馆而引起争议。娱乐节目是否合适在博物馆肃穆庄严而静谧的气氛里举办引起强烈的反响，反对者居多。如果通过娱乐节目提高国人对博物馆的兴趣和爱好，更是我们的悲哀和悲剧。难道非要通过看娱乐节目才能提高博物馆的知名度吗？在文物面前要有敬畏之心。

撕名牌活动，就是把贴在对方后背上的名字标牌撕掉，自然免不了激烈对抗，对文物的安全带来危险。即便是宽敞的地方，强光的照射，也会影响纸质、丝质文物的保护。

可喜的是，龙门石窟和洛阳市博物馆都拒绝了跑男的拍摄。

2016 年，南京市博物馆馆长同某地产公司在馆内大成殿举行房地产新闻发布会。大成殿是祭奠孔子的地方。博物馆并未收取任何费用，只是觉得明星出场可以扩大博物馆的知名度，才同意提供场地。该馆长被停职。

而类似的事情时有发生，比如，故宫承办过商业品牌的发布会；美龄宫开过咖啡馆；北京太庙举办过婚礼，而太庙是皇家祭祖的地方；南京还出现过法拉利在明城墙上玩漂移。

结语 我国隐性教育的几点思考

五 中美文化交流中，要注重隐性教育的实施与策略

旅游是中美交流的一个重要方面，是了解异国文化的重要途径。

中国景区存在着大量的问题，如兜售产品，漫天要价等问题。

景区的经济效益是第一位的，门票价格相对于收入来说偏高。公园的保护目标不得不让位于发展旅游业的努力，旅游业是收入的一个重要来源。

1. 交流中要不卑不亢，注重发现别人的优点

美国人爱好提问，虽然我们觉得他的问题很傻。但是，久而久之你会发现他们的发展劲足，创新力强，非常实干。例如，美国的很多企业的总裁都是从车间一线干起，一步一步成长起来的。美国学者霍博建议中国的大学生应到工厂一线去工作锻炼。

2. 旅游中相互促进，加强服务等软实力建设

美国国家公园、博物馆注重的是社会公益性，即便是私人博物馆也和公立的一样，是推广美国软实力的阵地。

旅游的过程是学习的过程。提高旅游服务业水平，增强中国的软实力，让更多的外国人改变对中国的认识。

美国通过签证政策或者给予一些伙伴国家免签的政策，而提高了自己的身份，也增加了旅游收入。

出国就要签证，这是普遍的认识。如果免签证的话，说明这个国家和国人都受到信任，就像我们从一个城市到另一个城市那样简单，民族自豪感就更强了。世界有不少国家对中国的游客实行了免签证和落地签证，免签国家分别达到 21 个、28 个（普通护照和商务护照有差别），例如，俄罗斯、英国、巴西、巴基斯坦等。再加上落地签证，总共达到了 68 个，中国公民持护照前往这些国家短期旅行通常无须事先申请签证。旅游是所有人的共同爱好，因此免签极大地促进了这些国家的旅游业。

美国公民的自豪感极强，他们以为，国际世界离开了美国仿佛就不转了。世界上约有 186 个国家和地区给予普通美国护照免签证和落地签

证的待遇，其中有 150 个可以免签证进入。

而进入美国就不那么容易了，你到美国驻中国大使馆签证处签证时就知道了。2009 年我去时，排队不在院子，仅仅大厅就够了。2014 年签证时，院子里人山人海，为什么？2014 年底，美国给中国赴美旅游签证有效期延长，由原来的 1 年延长到了 10 年，也就是说一次签证，在 10 年内往返多少次都是可以的。我想，大概许多签证者是因为宽松的签证政策，到美国，签一次证至少 900 元人民币，这政策促使了出国旅游，一方面大大地减少了中国游客的费用，另一方面美国旅游业受益明显。

旅游能促进该国文化在世界范围内的推广，也能提高该国的国际形象和地位，如果旅游业搞不好就会起到反作用。

据美国商务部预测，中国游客人数或将以平均每年 18% 的增幅上涨。2011—2014 连续 3 年时间到洛杉矶旅游最多的游客是中国人。2014 年，到纽约的中国游客超过了 74 万人次，几乎是 2009 年的 5 倍。

游客的消费途径主要是购物，其次是参观博物馆艺术馆。

美国不仅专门设立一些亚洲主题的博物馆，而且在服务上也提供详尽的汉语服务等，从运营、管理、作品的陈列、保护，到观众、学术、研究、教育等，各方面都较好地体现了它的非营利功能，以及它对普通公众所起到的应有的艺术普及、推广、提升作用。

在美国，私立美术馆和公立美术馆性质上是一样的。私立博物馆所体现的非营利性和公共性，和公立美术馆一样，同样担当社会公益的职责。

美国是全球旅游观光产业收入最多的国家，然而其公园门票价格绝对实惠（参见"国家公园"），许多博物馆免费。我去美国国家公园卡尔斯巴德溶洞时，门票总计 10 美元左右，而我国普通的一个景区动辄百元人民币。

中国到国外旅游的消费成为世界第一，回来后，对国外无不啧啧称赞，抬高了国外的锐气，也就灭了自己的威风。这种潜移默化的"美国月亮比中国圆"的影响，是很令人担忧的。

353

而到中国的外国游客呈下降趋势。根据国家旅游局官网的数据，2014 年上半年的入境外国游客人数又比去年同期少了 22.77 万人次。

下降原因，主要是外国人对中国自然资源景点兴趣下降。许多国人都知道，中国的景点让人"不去遗憾，去了更遗憾"，相比国外的自然保护和服务，我们的问题较多，我们的水平还有待加大力度，比如，服务跟不上；人山人海，在拥挤中难以享受；价格较高，门票费用不低，小门票更是五花八门。

在 144 个国家和地区中，中国旅游方面排名在一百名以外的因素分别是：旅游观光设施（第 101 名）、环境持续稳定性（第 109 名），旅游观光业亲和力（第 129 名）。

另外，其他服务也跟不上。

外国人到了景区，自动取款机较少，不能满足服务，即便在一些宾馆，外币的使用也很难流畅。我陪同一位非洲裔入住潍坊某高级宾馆时，服务员英语不能沟通倒不重要，关键是对美元的辨别认识有疑问，生怕有假，最终以拒收为结局，给外宾带来很大的不便。

我访学回来时，到中国银行某营业点兑换剩余的百十美元，出纳通过验钞机反复辨别，询问美元的来源，让我感到巨大的疏远感。跟美国银行工作人员和你面对面的服务，实在是不能比较的。

网上某调查，你对中国旅游满意吗？不满意人数是满意人数的近 20 倍。

3. 心态要调整，提高收藏意识，学习文物知识

一个人的修养会令人尊重，博大胸怀会令人敬佩。真诚对待参观博物馆，要调整心态。

参观国外博物馆时，对于藏品的丰富，特别是馆藏中国古代文物众多表示吃惊那是自然的，人们说法不一。有的人说从大英博物馆中，看到的众多的中国历史文物，看到了列强国家的掠夺行径，义愤填膺，一副打算要回来的样子。

我觉得要调整心态。在我们没有文物保护意识的年代，又因为经济问题，不都是"败家子"的做法吗？经济是第一要素，败家子能把自

家的传家宝代代传下去吗，不一定什么时候就为了钱卖掉了。弱小贫穷的国家连生命都不能保护，更难保护自己的文物了。因此，强国更加重要，热爱自己的国家更重要。

再有，是不是艺术品，关键在于认识程度。门口有一块石头，当众多的人去买它的时候，主人才发现它的价值，其实它就是一块石头，关键是你怎么看它。因此，每个民族、文化都有独特性，我们不能因为太熟悉而不珍惜，也不能因为发展经济而放弃它们。当年从山西广胜下寺主殿墙上切割剥离下来的巨幅壁画，珍藏于法国吉美博物馆、美国宾州大学博物馆、美国纳尔逊博物馆。当年寺僧和地方人士决定舍画保殿，售价仅为1600块大洋。从此，壁画流失海外。

当然，目前中国为了让流失国外的重要文物回家，自然要付出不菲的代价，不仅是金钱，而且是更大的损失。以物易物，你没有认识到此物的重要，只认识到了那物的价值，交易几年后，你又发现被换出去的那物也很值钱，又得花更大的代价去赎回。也就是说，认识是非常重要的。老奶奶在市场上花费几百元买了一块玉石，经专家鉴定是历史悠久的玉石，这种捡漏不让卖方悔断了肠子？因此，对于文物，关键是认识。

目前中国古村落的保护，非物质文化遗产的保护，都是让文化、文明延续的方式，失去了再弥补是很难的。

4. 意识形态的不同，要防止西方的和平演变

毛泽东主席说：帝国主义灭我之心不死。

（1）意识形态方面的不同很难让美国和中国真正携手发展，说好听一点，是共赢双赢，说得严肃一点，是弱肉强食，帝国主义毕竟是帝国主义，毛主席当年的评断对于今天中国的发展依然具有很深刻的指导意义。美国是对华开展间谍情报活动规模最大、层次最高的国家，大使馆中也不乏间谍成员。美国国家安全局、国家侦察局、联邦调查局、国防情报局等机构，也是美国开展对华间谍情报活动的"主力选手"。

（2）经济方面也是发达国家制约发展中国家的一个重要方面。2016年12月11日，中国加入世界贸易组织（WTO）整整15年了。按

照 WTO 规则，15 年保护期结束后，中国将自动获得市场经济地位，然而西方主要几个国家否认中国市场经济地位，以美国和欧盟为主。

巴尔扎克那句著名的话非常正确：每一笔巨大的财富背后，都是同样巨大的罪恶。

六 孔子学院在国外的发展策略

孔子学院是一个纯文化交流项目，近年来发展很快。2004 年 11 月 21 日，全球首家孔子学院在韩国首尔成立，在不到 8 年的时间里已经在 106 个国家的 350 多个教育机构落户，中小学孔子课堂达 500 多个，成为推广汉语教学、传播中国文化及汉学的全球品牌和平台。

1. 孔子学院的任务

孔子学院的主要任务是传播中国优秀的传统文化，让西方国家更多地了解我们中国的文化，加强中外文化的交流。

汉语教学是孔子学院的一个重要任务，通过汉语学习，让国外学生了解中国悠久的历史、深邃的文化、勤劳热情的人民等中国优秀的文化，更好地搭建中美两国的交流和合作。

2. 孔子学院风波

2012 年 5 月 17 日，美国国务院向附设孔子学院的美国大学发出公告，称孔子学院部分教师违反了 J-1 签证的有关规定，必须在 6 月 30 日之前离开美国。当时由汉办派出的人员有 600 多人，影响面很广。

美国发公告基于两个关键问题：一是部分孔子学院中方教师持 J-1 教授签证却在中小学授课，违反了此类签证的规定；二是要求孔子学院申请有关资质认证。

美方发现在中小学任教、应持有"教师"类签证的孔子学院教师却持有"J-1（交流访问）"类签证，因此打算清理。

事实上，这既是一个问题，又不是一个问题。说它是一个问题，是因为这种混淆现象确实存在，也长期存在。J-1 签证是一种非移民签证，签发给来美国参加国务院批准的"交流访问者计划"的各类外籍人士。

孔子学院的中方人员很多来自中国的高等院校，多数拿的是访问学者签证（J-1），但是在美国从事的往往又是相当于中学水平的基础汉语教学活动。

至于资格问题则就更加复杂，孔子学院既不是正规的院校，也不是培训机构，在美国找不到可以申请认证的地方，确实是一个麻烦。

孔子学院于2004年成立。自2010年，美国方面就开始全面调查在孔子学院的作为。2010年，美国《彭博商业周刊》开始抽查在美孔子学院，要求孔子学院提供财务报表；调看所有邮件往来；严格审查教材，查看教材中是否有共产主义、红色思想、有没有价值观输入等。

他们没有发现问题，只是发现教材中的一个小问题：中小学教材中有一篇《哪吒闹海》，他们说哪吒穿肚兜相当于裸体，而美国的中小学教材中不允许有裸体。事实上，孔子学院的教材中只讲授中国的历史、书法、武术、中医等文化，更多的内容是汉语言。

媒体分析：有评论认为美方这一决定的背后有政治原因，还有评论认为这是美国试图阻挠中国输出软实力，甚至有评论认为，这是美国"麦卡锡主义"复辟。

中国某知名网站调查表明，95%以上的网友认为，美国对"孔子学院"发难属于意识形态范畴，只有不到5%的网友认为这只是单纯的法律问题。

应对措施：

汉办、中国大学、美国的81所高校、美国民众和媒体多方面形成了合力，迅速采取措施才使事件得以快速地解决。

北京大学和北京师范大学校长等都第一时间给美方合作院校写信沟通。

5月24日，中国驻美国大使馆教育处公使衔参赞方茂田与美方进行会谈（公使衔参赞的职位仅次于大使，高于一般参赞）。美方对此高度重视，表示不让任何人因此被迫离开美国。国务院公布了修订的公告，新公告规定：一、强调除非自愿，否则持有不当签证类别的中方教师不必限期离美；二、孔子学院与美国高校合作办学，相关的资格认证符合美

357

国规定；三、美国将会协助相关院校确保教师获得正确类别的签证。

国家汉办主任、孔子学院总部总干事许琳致信美国 81 所孔子学院所在学校的校长，强调尊重美国政府的法律和规定，但在此过程中，不愿意看到因此而造成中断志愿者项目的后果。

威廉玛丽大学校长亲自写信给此次公告的签署人说："作为美国最新设立孔子学院的大学，仅仅揭牌一个月，威廉玛丽已直接感受到该项目对我校中国语言与文化教学、研究、社区服务所带来的正面影响。"

匹兹堡大学孔子学院的美方院长哈瑞·福特公开表示："孔子学院为宾夕法尼亚州的学生打开了了解中国的窗口，我们不会就这样放弃。"

还有一些开设了汉语课的中小学校将此公告在第一时间通知家长和学生，家长中有些是国会议员和州议员，其中有 40 多位议员咨询国务院，表示被通知下学期没有老师给孩子们上中文课了。这样，给政府施压。

3. 推广孔子学院的几点思考

（1）注意发展速度与接受程度

孔子学院的发展速度非常快，有些人接受认可中国文化需要有一个过程。因此，我们应该思考孔子学院的文化传播效率及接受度，注重教学教育方式。

我觉得我们孔子学院的开设和推广，需要进一步加强隐性教育的比例。设立孔子学院是一个方面，关键要通过大量的活动和志愿者行动，深入到学习者的生活和学习中，在娱乐和轻松的环境下，让他们加深对中国文化的了解，以便今后进一步来中国深入学习。

得州农工大学的孔子学院，主要定位在大学和社区，以教授汉语为主，并且开设了一些文化讲座，并组织一些文化活动和有关中国的学术讲座。秋季还要给本科生开一个学分课研讨班。主要是为大学服务，推动大学的汉语教学和中国文化研究。

农工大学每年都举办国际节，来自各个不同国家的学生集聚一起，宣传自己国家的文化，孔子学院也设立专门区域宣传中国优秀传统文化；孔子学院开展志愿者活动，他们定期进入高中，和喜欢学习汉语的学生进行面对面的交流，并开设网络教学课程；在校园举办武术、舞狮子等表演，宣传中国文化。

（2）因地制宜地开展工作

孔子学院分布在100多个国家与地区，在统一的框架结构之下如何适应不同国家和地区的特殊情况，更是我们要认真思考的一个问题。

结论：本书介绍了美国的隐性教育现状与特色、实施路径；着重介绍美国社会环境下的隐性教育，从基督教、博物馆艺术馆、总统图书馆及博物馆、雕像及纪念物、国家公园等方面，较为全面地介绍了美国社会隐性教育的状况，并提出了我国隐性教育的几点思考。

教育方式非常关键，隐性教育让人在潜移默化中接受教育，润物细无声，在耳濡目染中改变受教育者的价值观念和思维方式，起到关键决定性作用。

当然，美国的隐性教育发展较为成熟、涉及面较广，本书还有一些方面没有提到，比如美国的货币，特别是25美分硬币彰显50个州、哥伦比亚特区以及四个美属自治领的特色。美国各州的汽车车牌，也凸显该州的亮点。到处悬挂的国旗、大大小小的节日、铺天盖地的义工活动、规模庞大的慈善机构及活动等，这些都在悄无声息中培养美国人的自信心、民族自豪感、爱国热情和社会责任感。

在新形势下，我们一定要全面把握"四个自信"的科学内涵，坚定中国特色社会主义道路自信、理论自信、制度自信、文化自信，把四个自信转化为推进中国特色社会主义伟大事业的内在动力。只有把握了文化自信的本质，我们对道路自信、理论自信和制度自信才能获得更基础更广泛更深厚的力量之源。进一步展开当代中国伟大的文化创造与意义建构，从而在世界的文化激荡中站稳脚跟，牢牢地把握住中国特色社会主义的文化使命、文化权利和文化责任。

作为一名光荣的高校教师，特别是在讲授英语语言文化的同时，一定要培养学生的民族自豪感，以文化自信为根本，既要看到国外的优点以借鉴，更重要的是看到中华民族的优秀以对外传播。你看得起自己，别人才能看得起你。你比别人优秀，别人自然尊重你。拈轻怕重、自私自利、光想让人帮助你，而一点社会公益都不参与，谁愿意与你为友？

育人是个家庭、学校与社会的综合体系。目前，高中教学和大学存在着一定的衔接问题，我们要积极把高校教育与基础教育联合起来，把英语教学和文化教育密切结合起来，把知识提高和能力素质培养结合起来。

加强社会实践和社区义工服务，让学生密切联系社会，把他们培养成为具有高尚的道德思想素质、高层次的科学文化素质、身心健康的全人，这样才能肩负继往开来的历史使命。

我们要从上到下坚持五位一体总体布局（经济建设、政治建设、文化建设、社会建设、生态文明建设），进一步推进生态文明建设，以更加坚定的信念贯彻党的十九大精神，不忘初心牢记使命，全面建成小康社会，实现社会主义现代化和中华民族的伟大复兴。

美国社会隐性教育研究

参考文献

一 中文专著

[1] 郝维仁、孔翠薇：《希腊三贤的教育思想》，吉林文史出版社 2014 年版。

[2] 黄坤锦：《美国大学的通识教育》，北京大学出版社 2006 年版。

[3] 金林南：《思想政治教育学科范式的哲学沉思》，江苏人民出版社 2013 年版。

[4] 刘建军：《寻找思想政治教育的独特视角》，中国人民大学出版社 2017 年版。

[5] 任杰：《中国共产党的宗教政策》，人民出版社 2007 年版。

[6] 宋元林：《中国传统文化与思想政治教育研究》，湖南大学出版社 2012 年版。

[7] 杨斌：《教育照亮未来》，华东大学出版社 2013 年版。

[8] 杨自伍：《教育：让人成为人——西方大思想家论人文与科学》，北京大学出版社 2016 年版。

[9] 张传燧：《解读中国古代教育思想》，广东教育出版社 2009 年版。

[10] 张德、吴剑平：《校园文化与人才培养》，清华大学出版社 2001 年版。

[11] 张小敏：《古今思想政治教育比较》，复旦大学出版社 2015 年版。

二 译著

[12]［美］杜威：《我们怎样思维·经验和教育》，姜文闵译，人民教育出版社 2005 年版。

[13]［美］梅拉·莱文森：《不让一个公民掉队》，李潇君、李艳译，人民出版社 2017 年版。

三 期刊

[14] 蔡如军：《美国高校思想政治教育隐性化及其借鉴意义》，《青少年学刊》2015 年第 5 期。

[15] 曹小妹：《美国高校隐性教育思想对我国高校的启示》，《中国成人教育》2014 年第 11 期。

[16] 陈涛、项久雨：《当代美国品格教育的内容与启示》，《学校党建与思想教育》2013 年第 4 期。

[17] 董琴：《论美国思想政治教育管理及其启示》，硕士学位论文，安徽大学，2010 年。

[18] 戴锐：《跨文化对话之条件与比较思想政治教育学之前路》，《思想政治教育研究》2014 年第 8 期。

[19] 葛婧琦：《中美家庭道德教育比较研究》，硕士学位论文，东北农业大学，2015 年。

[20] 龚树排：《生态博物馆的建设与民族文化的传承——以广西三江侗族生态博物馆为例》，《传承》2010 年第 5 期。

[21] 郭小香：《美国隐性教育的实施路径及其启示》，《思想理论教育》2011 年第 1 期。

[22] 李利、华晨：《构筑开放式博物馆——非物质文化遗产保护的规划方法探讨》，《城市发展研究》2009 年第 16 期。

[23] 李健文、孟庆金、金森：《旅游视角下的博物馆职能演变》，《科普研究》2010 年第 5 期。

[24] 乔雨：《"大博物馆"建设：八达岭长城景区未来发展的新思路》，

美
国
社
会
隐
性
教
育
研
究

《旅游学刊》2001 年第 16 期。

［25］宋晓甜：《美国宗教对我国德育工作的启示》，《改革与开放》2013
年第 4 期。

［26］Awoniyi Stephen，"The contemporary museum and leisure：recreation
as a museum function"，*Museum Management and Curatorship*，
2001.

［27］Julia Corbett Hemeyer，*Religion in America*（fifth edition），New
Jersey：Pearson Education，Inc.，2006.

［28］Marek M. Nowacki，"Evaluating a museum as a tourist product：using
the servqual method"，*Museum Management and Curatorship*，2005.

参考文献